suhrkamp taschenbuch 2112

»Die Wunde Heine beginnt zu vernarben, schief«, erklärte Heiner Müller noch 1985. Heute hat der ewige Streit um Heine, den Freigeist und Frondeur, spürbar nachgelassen und sich sogar glatt ins Gegenteil verkehrt. Die Richtungskämpfe der 70er Jahre zwischen Progressiven und Konservativen, Marxisten und Liberalen sind ausgekämpft. Über Rang und Bedeutung des Dichters, Sprachkünstlers und Zeitschriftstellers herrscht erstmals seit anderthalb Jahrhunderten Konsens. Heine, Vorläufer der Moderne, steht auf dem Klassiker-Sockel.

In siebzehn Beiträgen zieht der vorliegende Band eine Summe: in einer Reihe von Längsschnitten, werkübergreifenden Profilen, begreift er die Gestalt des modernen Dichters und Denkers. In einer Reihe von Querschnitten thematisiert er einzelne Werke und Werkkomplexe. Heine als Jude und Intellektueller, als Lyriker und Prosaschriftsteller, als Revolutionär und Ironiker, als Philosoph und Geschichtstheoretiker; Heine, der Liebeslyriker und Satiriker, der Lazarus und Mythologe, der Erzähler und Journalist. Der Band dokumentiert somit die wichtigsten Gestalten, in denen Heines Werk heute weiterwirkt.

Heinrich Heine
Ästhetisch-politische Profile

*Herausgegeben
von Gerhard Höhn*

suhrkamp taschenbuch
materialien

Suhrkamp

Umschlag: Heine. Bleistiftzeichnung von
Marcellin-Gilbert Desboutin. Paris nach 1853.

suhrkamp taschenbuch 2112
Erste Auflage 1991
© Suhrkamp Verlag Frankfurt am Main 1991
Suhrkamp Taschenbuch Verlag
Alle Rechte vorbehalten, insbesondere
das des öffentlichen Vortrags, der Übertragung
durch Rundfunk und Fernsehen
sowie der Übersetzung, auch einzelner Teile.
Satz: IBV Satz- und Datentechnik, Berlin
Druck: Nomos Verlagsgesellschaft, Baden-Baden
Printed in Germany
Umschlag nach Entwürfen von
Willy Fleckhaus und Rolf Staudt

1 2 3 4 5 6 – 96 95 94 93 92 91

Inhalt

*

Vorwort

»Die Wunde Heine beginnt zu vernarben, schief«, erklärte Heiner Müller bei der Verleihung des Georg-Büchner-Preises 1985, um den Finger in die offene »Wunde Woyzeck« zu legen. Diese revolutionstheoretische Metapher scheint ebenfalls geeignet, einen weit weniger aufrüttelnden Sachverhalt zu beschreiben.

Heute hat der ewige Streit um Heine, den Freigeist und Frondeur, spürbar nachgelassen und sich sogar glatt ins Gegenteil verkehrt. Über Rang und Bedeutung des Dichters, Sprachkünstlers und Zeitschriftstellers herrscht erstmals seit anderthalb Jahrhunderten Konsens – in der Bundesrepublik, muß man hinzusetzen, denn an der Weltgeltung des Lyrikers hat das Ausland nie gezweifelt. Die Richtungskämpfe der 70er Jahre zwischen Progressiven und Konservativen, Marxisten und Liberalen sind jetzt ausgekämpft. Die erstaunliche Heine-Renaissance, die mit der Studentenbewegung einsetzte und ein hohes wissenschaftliches Niveau erreichte, ist in den 80er Jahren abgeschlossen. Heine, der jüdische Spötter und Agent provocateur, provoziert offensichtlich nicht mehr. Weit entfernt: Der Schriftsteller, den das Junge Deutschland bewundert hat, den Baudelaire und Nietzsche verehrt und den Rühmkorf und Biermann mit Gedichten geehrt haben, dieser Vorläufer der Moderne wird heute als Klassiker gefeiert. Kongresse und Symposien, Gedenkveranstaltungen, Preisverleihungen und Ausstellungen sorgen für eine Art endgültiger Kanonisierung. Und angesichts der inflationären Würdigungen darf nicht verwundern, wenn man heute in der Presse ständig auf Zitate des ›travelling writer‹ und, einen Winter lang, des Deutschland-Kritikers stößt.

Zu den sicheren Ergebnissen der Heine-Renaissance gehört, daß die überholten Vorstellungen vom unpolitischen Liederdichter und ambivalenten Schriftsteller entscheidend korrigiert werden konnten. Mit der Verlagerung des Interesses auf die Prosa der Pariser Zeit und auf die mittlere Lyrik war der politische Dichter eindeutig in den Mittelpunkt gerückt. Damit wurde man erstmals Heines zweifacher, lange als widersprüchlich, wenn nicht als ausschließlich empfundener Ambition gerecht, gleichzeitig und in einer Person Artist *und* Publizist, Poet *und* Politiker zu sein. Das bezeugen eine Reihe von typischen Titeln und Untertiteln, die in jenen Jahren immer wieder das Verhältnis von Poesie *und* Politik einzukreisen versucht haben (z. B. *Funktionsübergang von Dichtung und Publizistik* – Preisendanz; *Ästhetik und Politik* – Betz; *Artistik und Engagement* – Kuttenkeuler als Herausgeber). Wenn Heine, der politische Dichter par excellence bei Anbruch der Moderne, zum Modell politischer Dichtung bei deren angeblichem Ende werden konnte, dann wohl auch deshalb, weil er das unauflösliche Wechselspiel von Ästhetik und Politik im Medium der Kunst reflektiert hat, kurz, weil er seine Zeit weder in »gereimten Zeitungsartikeln« aufgefaßt (ein Wort aus *Lutezia* vom 20. März 1843) noch umgekehrt der Kunst die Statthalterschaft der Politik aufgebürdet hat.

Daran gilt es in einer Zeit festzuhalten, in der sich das Interesse wieder vom politischen zum lyrischen Dichter zu verlagern beginnt. Bernd Kortländer, der diese Entwicklung im universitären und schulischen Betrieb verfolgt hat, spricht in diesem Band schon von einer »Trendwende«. *Ästhetisch-politische Profile* wollen dagegen den zweifachen Anspruch Heines aufgreifen und differenzierend bekräftigen (unter dem Titel *Philosophisch-politische Profile* hat Jürgen Habermas bekanntlich acht politisch einflußreiche, deutsche Philosophen gewürdigt). Der Plural ›Profile‹ besagt ferner, daß es sich von selbst verbietet, an eine neue eindeutige Einheit zu denken oder gar ein stimmiges, widerspruchsfreies Bild zu entwerfen. Das schließt schon die Anordnung eines Bandes aus, der vielmehr offen und pluralistisch konzipiert ist, ohne Mittelpunkt und ohne Hierarchie, und deshalb an Heines eigene Schreib- und Kompositionsweise erinnert, d. h. an seine Arbeit mit autonomen, kleinformatigen Texteinheiten, die nach den Prinzipien der Assoziation und des Kontrasts zu größeren Komplexen zusammengemischt werden. »[...] zusammengewürfeltes Lappenwerk« hat er das 1825 plastisch in einem Brief an Moses Moser genannt. Auf Einheit läßt allenfalls schließen, was Heine selber hinter dem verwirrenden Rollen- und Maskenspiel mit seinen wechselnden Identitäten verborgen hat, besser: verbergen mußte. Ob er als »Soldat im Befreiungskriege der Menschheit« oder als Hofnarr Kunz von der Rosen aufgetreten ist; ob er sich als Tribun und Apostel oder als »Sohn der Revolution« und als »deutscher Aristophanes« verstanden hat; ob er sich als stolzer Hellene gefeiert oder als elender Lazarus erlitten hat – immer hat er, der stets die Einheit aller seiner

Werke betonte, ein und dasselbe Profil sowohl versteckt wie gezeigt, das des treuen »Tambours« für umfassende Freiheit und soziale Emanzipation.

Die Beiträge dieses Bandes sprechen für sich und bedürfen keiner weiteren Fürsprache in Form von detaillierten Zusammenfassungen. Jedoch sei hier zu erwähnen erlaubt, welche Gesichtspunkte bei der Auswahl der ›Profile‹ vorherrschend waren und nach welchem Kompositionsprinzip verfahren wurde. Denn der Band soll nicht, wie bei Sammelbänden üblich, unterschiedliche Aspekte oder eine thematische Vielfalt einfach dokumentieren, sondern er will die wichtigsten Gestalten zeigen, in denen Heines Werk heute weiterwirkt, und außerdem möglichst alle größeren Texteinheiten dieses Œuvre berühren.

Die siebzehn Beiträge, die bis auf zwei Ausnahmen eigens für diesen Band geschrieben wurden, unterteilen sich in zehn Längs- und sieben Querschnitte mit zwei symmetrisch gleichen Untergruppen (lediglich die Beiträge von Helmut Heißenbüttel und Norbert Altenhofer sind Nachdrucke). Die Reihe der Längsschnitte nähert sich in werkübergreifenden Profilen der Gestalt des modernen Dichters und Denkers. Die Reihe der Querschnitte kreist um einzelne Werke bzw. Werkkomplexe und behandelt in chronologischer Folge jeweils erst die Lyrik, dann die Prosa. Die einzelnen Profile lauten zur Übersicht: 1) der Jude, 2) der Lyriker, 3) der Prosaschriftsteller, 4) der Intellektuelle; 5) der Revolutionär, 6) der Ironiker, 7) der Hermeneutiker, 8) der Ästhetiker, 9) der Philosoph und 10) der Geschichtstheoretiker. Weiter: 11) der Liebeslyriker, 12) der Erotiker, 13) der Satiriker, 14) der Lazarus; 15) der Erzähler, 16) der Journalist und 17) der Mythologe.

Die Modernität von Heines Dichter- und Schriftstellertum läßt sich ohne Bezug auf seine deutsch-jüdische Doppelexistenz nicht angemessen verstehen. Die Stellung zum Judentum kommt in diesem Band deshalb mehrfach zur Sprache (14. und 15. Beitrag). Eröffnet wird er aber mit Klaus Brieglebs Untersuchung zur biographisch-philosophischen Wechseldurchdringung, in der sich die Identität des Hegel-Schülers als moderner *jüdischer* Dichter früh konstituiert hat. – Die beiden folgenden Profile rücken das Bild von der ungleichzeitigen Modernität des Lyrikers und Prosaschriftstellers zurecht. Heines Selbstverständnis als »großer lyrischer Dichter« (*Geständnisse*) wurde bekanntlich von Theodor W. Adorno im Anschluß an Karl Kraus langanhaltend erschüttert

(*Die Wunde Heine*, 1956). In entschiedener Gegenrede deckt zuerst Helmut Heißenbüttel das Verfahren auf, mit dem schon der junge *Lyriker* die traditionelle poetische Redeweise destruiert und schließlich gründlich erneuert hat. Parallel dazu widerspricht dann Peter Stein weit verbreiteten Ansichten, wenn er den Prozeß rekonstruiert, durch den der Autor der *Reisebilder* sich von den Normen der Kunstperiode befreien und schon mit den ersten *Prosa*-Werken eine innovative Schreibweise entwickeln konnte. – In der Gestalt des demokratischen Schriftstellers, der öffentlich gegen die betrügerische Machtpraxis seiner Zeit protestiert hat, zeigen sich bereits klar die unverwechselbaren Züge des modernen *Intellektuellen* – Grund genug, angesichts der Rede vom ›Ende des Intellektuellen‹ nach Heines Platz in der Ahnengalerie dieser Figur zu fragen, die so typisch für das 20. Jahrhundert geworden ist.

Das Selbstverständnis des prophetischen Revolutionärs ist durch die französischen Umstürze von 1789 und 1830 entscheidend geprägt worden: Ihre Ideale waren Heines Ideale, ihre Helden waren seine Helden – zum unüberwindbaren Ärgernis seiner nationalistischen Landsleute. Fritz Mende legt die Wurzeln von Heines Erscheinungsbild als eines Sozial-*Revolutionärs* bloß. – Ironie (und Humor) sind für Heine, der lange Zeit nahezu ausschließlich als Ironiker verbucht wurde, bewußt maskierte Sprechweisen unter Zensurbedingungen, eine Auffassung, die Wolfgang Preisendanz als zu instrumentell und zu undifferenziert kritisiert. Sein ›Profil‹ des *Ironikers* begreift ›verstelltes‹ Sprechen als eigenständiges, widerspielerisches Element von Heines Schreibweise, die »kommunikative Ambiguität« sprachlich erzeugt. – Andererseits faszinieren Heines Texte immer wieder durch des Autors unbestreitbar hohe Befähigung, den Zeichencharakter historischer Phänomene zu erkennen und ihren verborgenen Sinn wiederum zu Zeichen und Signaturen zu verarbeiten. In seiner Darstellung des *Hermeneutikers* deckt Norbert Altenhofer die geheime Kommunikationsstrategie von Texten auf, die ihre hermeneutischen Bedingungen selbst enthalten. – Mit seiner durchdringenden These vom »Ende der Kunstperiode« hat Heine bekanntlich die Kunsttheorie der Goethezeit gesprengt und auch im Shakespeare-Essay ausdrücklich eine »neue Ästhetik« für die moderne Zeit verlangt. Rolf Hosfeld läßt sich auf diese Forderung ein und zeigt, inwieweit Heine das Programm dieser *Kunsttheorie* entwerfen und einlösen konnte. – Philosophen vom Fach, speziell Philosophie-Historiker, zeigen dem Schüler Hegels und Saint-Simons meist die kalte Schulter, weil seinem Denken allzusehr Systematik und logische Konsequenz fehlte. Auf die in der Heine-Forschung viel diskutierte Frage nach Heines Stellung zur Philosophie reagiert Heinz Pepperle mit dem Porträt des *Philosophen* unter den Dichtern. – Heines *Geschichtsauffassung* ist nicht nur Voraussetzung seines Denkens und Schreibens, sondern sie stellt auch seine Überlegenheit gegenüber anderen deutschen Schriftstellern seiner Zeit deutlich unter Beweis. Was heute an dieser Theorie nicht losläßt, das ist die äußerst luzide Art, mit der Heine die grundlegenden Widersprüche im beginnenden Prozeß der Modernisierung reflektiert hat.

Dem lyrischen Werk Heines sind vier ›Profile‹ gewidmet. Bernd Kortländer, der die bis in die jüngste Zeit so umstrittene, frühe Lyrik rehabilitiert, stellt jetzt ebenfalls ihren kritischen Gehalt heraus. Demnach ist nicht der Diskurs des zerrissenen *Liebeslyrikers* verlogen bzw. Lüge, sondern Lüge ist vielmehr der ›schöne‹ Schein der traditionellen Poesie, den diese Gedichte entlarven wollen. – Die neue, sinnenfrohe, in Paris entstandene Liebeslyrik, in Wirklichkeit moderne Großstadtpoesie, mußte im biedermeierlichen Deutschland so skandalös wirken, weil sie der herrschenden Sexualmoral einen Spiegel vorgehalten hat. Jost Hermand zeigt in seinem Plädoyer für den *Erotiker* Heine, wie dieser eben Erotik als Mittel benutzt, um die männliche Sexualmisere bzw. die sinnliches Glück verhindernde Moral anzuklagen. – Mit der Lucca-Prosa ist Heine zum meistgehaßten *Satiriker* seiner Zeit aufgestiegen, der in den 40er Jahren mit Hilfe seiner bösen Geißel (und der holden Göttin »Satyra«) auch noch radikale Zeitkritik in Versen betrieben hat. Was ist Satire? Und was ist eigentlich neu an Heines Satire?, fragt Karlheinz Fingerhut in seiner Analyse dieser Lyrik, die bis heute beispielhaft gewirkt hat. – Das Spätwerk Heines hat man erst in jüngster Zeit richtig entdeckt und sich den Gedichten des langsam sterbenden Poeten, ein wohl einmaliger Vorgang in der Weltliteratur, vorsichtig genähert. In der Rolle des *Lazarus*, die Joseph A. Kruse hier nachzeichnet, konnte Heine ein immer wieder aufs neue ergreifendes Mittel finden, den Gang der Welt und den eigenen Untergang völlig desillusioniert zu reflektieren.

Wenn nun der bahnbrechende Prosaschriftsteller Heine, der die neue deutsche ›Schule‹ eröffnet hat, nur dreimal ›profiliert‹ wird, dann liegt der Grund einfach darin, daß die *Reisebilder*, die *Französischen Zustände* mit *Vorrede*, die *Romantische Schule* und *Zur*

Geschichte der Religion und Philosophie in Deutschland an anderer Stelle behandelt worden sind bzw. behandelt werden (z. B. im ›Profil‹ des Prosaautors; in demjenigen des Intellektuellen, des Revolutionärs, des Ästhetikers oder des Journalisten; in den Porträts des Philosophen, des Intellektuellen oder des Geschichtsdenkers). Mehrere ›Profile‹ berücksichtigen auch Prosa der 50er Jahre, wie *Geständnisse* (allein die große »Denkschrift« über *Ludwig Börne* von 1840 wird mehrmals nur kurz berührt). Dagegen mögen nun die speziellen Analysen zur Prosa, vornehmlich auch zur späten Prosa, überraschen, denn sie konnten den Vorteil der pluralen Bandstruktur nutzen, um bisher wenig beachtete Aspekte aufzugreifen, zuerst den *Erzähler*. Heine hat sich in der Tat an europäischen Erzähltraditionen orientiert und versucht, den Schelmenroman oder die Konversationsnovelle zu erneuern. Den negativen Kritikern beweist jetzt Manfred Windfuhr, daß Heine mit dem *Rabbi von Bacherach* – und in der Nachfolge Walter Scotts – einen historischen Roman von beeindruckendem Detailrealismus geschrieben hat. – Im *Journalisten* Heine wollten die Zeitgenossen das allmähliche Versiegen eines lyrischen Talents ausmachen. Aber heute fragen wir: Was wäre der moderne Journalismus ohne die großen Berichte, die der Pariser Korrespondent nach Augsburg geschickt hat? Michael Werners Untersuchung stellt klar heraus, daß Heine seine Rolle als »Zeitschriftsteller« (ein Ausdruck Börnes) ohne die Presse – vom Dichter Bastionen in der »Zeit des Ideenkampfes« genannt – gar nicht hätte wahrnehmen können. Und schließlich muß gerade die Gestalt des *Mythologen* in einer Zeit reizvoll sein, die wieder intensiv nach dem Verhältnis von Mythos und Moderne fragt und über eine neue Mythologie nachdenkt. Heine, der Aufklärer und Gott im Exil, hat seine Zeitkritik in der Tat mythologisch erhöht bzw. Mythen zeitkritisch umfunktioniert. Vor dem Hintergrund der aktuellen Diskussion zeichnet Robert C. Holub das Doppelprofil des Mythologen Heine, Bewahrer und Zerstörer mythologischen Denkens.

Will man nun eine kleine Bilanz aufstellen, dann läßt sich ohne Zweifel als Gewinn verbuchen, daß nicht nur die bekannten Hauptwerke Heines, sondern auch weniger bekannte, kleine Schriften berücksichtigt werden konnten. Denn wer kennt schon die *Briefe aus Berlin*, den Aufsatz *Die Romantik*, die Tragödie *William Ratcliff*, die Abhandlung *Verschiedenartige Geschichtsauffassung*? Wem sind die Kampfschrift *Ueber den Denunzianten*, der

Shakespeare-Essay oder die *Gedichte. 1853 und 1854* vertraut – vom *Rabbi von Bacherach* und den mythologischen Schriften gar nicht zu sprechen? – Thematische Überschneidungen, um auch das zu erwähnen, dürfen allerdings bei der Anlage des Bandes nicht überraschen. Vielmehr drängt sich die Frage auf, ob es nicht am Geist unserer Zeit liegt, wenn Heines Geschichtstheorie gleich mehrfach behandelt wird, dreht sich doch die aktuelle Diskussion gerade um den verlorengegangenen ›Sinn der Geschichte‹.

»In den großen Entwürfen einer Ästhetik der Moderne fehlt der Name Heines«, hat Peter Bürger im Hinblick auf Benjamin, Adorno und Hugo Friedrich anklagend festgestellt (*Die Prosa der Moderne*, Frankfurt/Main 1988, S.80). Wenn ich jetzt den Autoren dieses Bandes für ihre Bereitschaft zur Mitarbeit danke, dann deshalb, und vor allem deshalb, weil Aussicht besteht, daß die Diskussion um den Begriff der Moderne künftig den Beitrag des Artisten Heine nicht mehr so leicht wie bisher übersehen kann. Insgeheim, scheint mir schließlich, haben alle Autoren wohl daran gedacht, Heines genaue Selbsteinschätzung aus den *Geständnissen* zu überprüfen und zu konkretisieren; dort macht sich nämlich der sterbende Dichter bewußt, daß er die »alte lyrische Schule der Deutschen geschlossen« und zugleich die moderne Schule eröffnet hat, um zu präzisieren: »Diese Doppelbedeutung wird mir von den deutschen Literarhistorikern zugeschrieben«. In der französischen Fassung findet sich hinter »double mission« der entscheidende Zusatz: »de destructeur initiateur«. Um die Aktualisierung gerade dieser Einschätzung hat sich der vorliegende Band intensiv bemüht. Allen Mitarbeitern herzlichen Dank.

Paris, im Frühjahr 1990.

Ästhetisch-politische Profile

Klaus Briegleb
Abgesang auf die Geschichte?
Heines jüdisch-poetische Hegelrezeption

> Niemand knetet uns wieder
> aus Erde und Lehm
>
> *Paul Celan*

I

Als jüdischen Liederdichter und Sonderling in einer Gesellschaft der Juden und Christen, in einem Spannungsfeld, in dem Juden und Christen, insofern die Christen den Juden dazu Raum lassen, um die Anteile am erschacherten Reichtum konkurrieren: so stellt sich der 19jährige Harry Heine in einem Bekenntnisbrief 1816 an den Jugendfreund Christian Sethe dar.[1] Auf seinem Erfahrungsfeld am Beginn des Jahrhunderts nach Napoleon hat der Heranwachsende, zumal in Hamburg, keine Zeichen entdeckt, die ihm lesbar gewesen wären als Spur gesellschaftlicher Selbst*verwirklichung*, gar als Ortsbeschreibung für einen Dichter. Als *Epigone* der Familienökonomie (gezwungener Lehrling und Boutiquier) führt Heine sein Leben mit Selbst*bewußtsein* aus der Sphäre ökonomischer Konkurrenz *hinaus*. Mit Hilfe eines Familienstipendiums des Onkels kann der Sonderling studieren. Wird ihn die Erwartung des Stifters bannen, das Jurastudium müsse ihn in die Sphäre der Familienökonomie zurückführen, an den Ort, wo Rechtsgeschichte und Theorie des gesellschaftlichen Rechtsgebrauchs in einer das Genie des Sprößlings realistisch transzendierenden Weise praktisch werden würden? Heine entzieht sich erst einmal der Erwartung durch Studien der romantischen Poetik und Orientalistik in Bonn und durch Dichtung des verkappt jüdisch-christlichen Dramas *Almansor* (1820). Und dann in Berlin 1822 hat Hegels Vorlesung zur Philosophie des Rechts sein Leben verändert.

Es sei ein großes Glück für ihn gewesen, so sagt Heine in einem Brief an seinen Genossen im Verein für Kultur und Wissenschaft der Juden, Immanuel Wohlwill am 7. April 1823, daß er just aus dem Philosophie-Auditorium gekommen sei, als er in den Zirkus des Welttreibens trat, denn er habe jetzt sein eigenes Leben philosophisch konstruieren können.

Den Vereinsgenossen – Kantianern und Hegelianern, Orientalisten, Archivhistorikern, Philanthropen, Tempelpredigern – war gemeinsam, daß sie sich die bürgerrechtliche Emanzipation der Juden im »wissenschaftlichen Zeitalter« des 19. Jahrhunderts wie ein Versprechen der geschichtlichen Logik selbst vorstellten. Es komme darauf an, das orthodoxe Judentum zuerst aus dem sozialen Glaubensghetto hinauszuführen und am Emanzipationsgedanken der aufgeklärten, wissenschaftlich fortschreitenden Vernunft zu orientieren. Mag dieses Programm der Berliner Emanzipationselite die Geschichte der Juden in Deutschland und Europa auch in die verhängnisvolle Abhängigkeit vom allgemeinen Schicksal gesellschaftlicher Befreiung im christlichen Staat gewiesen haben – ein Widerspruch, den Heine lebenslang als Einheit von Verrat am Judentum und Bedingung fortwirkender Märtyrer-Dispositionen diskutiert –, dieses Programm bürgerlicher Gleichheitslogik begründete in der Epoche der nachnapoleonischen Restauration in Mitteleuropa aber für Juden doch die Chance, aus dem Ghetto einen Schritt von ganz neuer historischer Qualität zu gehen, einen Schritt, der die konkrete Erfahrung einer *Dialektik* der Aufklärung in die Geschichte des europäischen Judentums trägt.

Hatte nämlich die Restauration napoleonische Aufklärungslinien und Reformanstöße, an denen entlang politisch und administrativ die bürgerliche Gleichstellung der Juden entwickelt werden konnte, wieder verwischt, so war die jüdische Intelligenz durch die Erfahrungsgeschichte der Französischen Revolution *gegangen*: und trat nun mit der Wahrnehmung, daß die Aufkündigung der Revolutionsziele wiederum im Namen der vernünftigen Aufklärung eine große internationale Klasse enttäuschter Menschen geschaffen hatte, zu denen *sie auch* gehörte, aus ihrer *Isolierung* als *jüdische* Befreiungsintelligenz heraus. – Sozialgeschichtlich haben wir es schlicht mit dem Auftreten eines allgemeinen Bewußtseins vom modernen Antagonismus der sozialen Klassen zu tun, dem sich die jüdische soziale Selbstkenntnis als nicht besondere zurechnen konnte. *Dichtungs*geschichtlich aber ist die Frage, *wie früh und seit wann mit Klarheit* Heine in diesem allgemeinen Bewußtseinsmilieu der Enttäuschung sich verstand und bewegte.

Im Mai 1823, beim Verlassen des Studienorts Berlin, als die hier betrachtete Äußerung an Wohlwill zu Papier kommt, hat der Verfasser der *Jungen Leiden*, der beiden Tragödien und des *Lyrischen Intermezzos*, der Flanierberichte aus Berlin und des Reisememoirs aus Polen sowie der ersten *Heimkehr*-Gedichte, hat der 26jährige gewitzte Schüler Hegels den *Prozeß der Verallgemeinerung* seines »großen Judenschmerzes« abgeschlossen. In späteren Schriften, seiner mittleren Periode, nennt er dieses Resultat sein Kindschaftsverhältnis zur Französischen Revolution. Es verschafft ihm noch vor seiner Taufe 1825, die so viel zitiert das Entreebillett in die moderne Gesellschaft war, zuerst den *sprachlichen Zugang* zur Intelligenz des Elends, zum allgemeinen Schmerz der Erniedrigung, zur Partei der Enterbten. Der Weg des jüdischen Liederdichters 1816, des Sonderlings, der allein sein *will*, an die Seite anderer, die so empfinden wie er, ist als ein Weg des sprachlichen Ausdrucks und der Ästhetik des Schmerzes geglückt. Ein schon großes Publikum ist gewonnen, die Leidtragenden der Restauration.

> [...]
>
> Mit deinen schwarzbraunen Augen
> Siehst du mich forschend an:
> Wer bist du, und was fehlt dir,
> Du fremder, kranker Mann?
>
> »Ich bin ein deutscher Dichter,
> Bekannt im deutschen Land;
> Nennt man die besten Namen,
> So wird auch der meine genannt.
>
> Und was mir fehlt, du Kleine,
> Fehlt manchem im deutschen Land;
> Nennt man die schlimmsten Schmerzen,
> So wird auch der meine genannt.«
> *(Heimkehr XIII)*

Die Gedichte, die jetzt entstehen, finden sich wenig später wieder auf anderem Aufschreibpapier, ihre populäre Allgemeinheit wird wie ›primär‹ korrespondierend verschlüsselt von der Liederästhetik des gleichaltrigen Franz Schubert. Das Schlußlied seines Heine-Zyklus, »Ich unglückseler Atlas! eine Welt,/Die ganze Welt der Schmerzen, muß ich tragen [...]« verweist uns aber zugleich auf einen anderen, ›zweiten‹, nicht mehr allgemeinen Schritt der beiden Künstler, der sie *von ihrem Publikum wieder trennt*, verweist uns auf ihre radikale Subjektivität.

II

»[…] Es war ein großes Glück für mich, daß ich just aus dem Philo-
sophieauditorium kam, als ich in den Cirkus des Welttreibens trat,
mein eigenes Leben philosophisch construiren konnte und objektiv anschauen –«

Dieser Satz als Satz ist eine Konstruktion, stellt eine symboli-
sche Szene vor: einen Augenblick des Übergangs; der da aus dem
Hörsaal tritt, erfahre das Unmögliche: eine Wechselerhellung von
Philosophie und Weltgeschichte im Entwurf eines selbstbestimm-
baren Lebens; »kritische Theorie«.[2] Nicht im Ernst behauptet der
Satz eine plötzliche Erleuchtung, als könne die bis dato erlebte
Welt gelöscht werden durch einen gelungenen Akt idealistischer
Selbstschöpfung, als wolle Heine sein Leben seit Kindheit und Napoleonischen Kriegen bloß als vorgeschichtliche Erfahrung des
Welttreibens seit der Jahrhundertwende gedeutet wissen. Der Satz
läßt eine Summe erlebter Geschichte als Reflexionsergebnis philosophischer Lehrjahre aufblitzen, die weitergehen; nicht ein Glück
fertiger Selbst-Bestimmung.

Es handelt sich um eine Methodenklärung. Was da zur Bearbei-
tung nun ansteht, ein erlebter Zusammenhang von Leben und
Weltgeschichte, ist kein Glück des Inhalts, vielmehr verbreitet der
Satz eine Aura von Trotz und Ironie um das Wort »Glück«;
»glücklich«, wer in dieser Zeitperiode, nach Waterloo und Karls-
bader Beschlüssen, nach preußischer Zurücknahme des Verfas-
sungsversprechens und Napoleonischer Rechtsreformen immerhin nun über eine Methode verfügte, die ihm erlaubt, sein Leben
in der Zeit, sein Außer-sich-Sein *in ihr*, unter die Obhut eines
›Sinnverstehens‹ zu nehmen; unter die Obhut einer Idee.

Wir sind an einem Punkt, der dem Historiker und Theoretiker
der deutschen Literatur sehr viel auf einmal abverlangt. Er soll darstellen, was sich in Textgeschichte, gar Schriftstellerbiographie
nicht ohne weiteres zeigt, ja, was sich dort in aller Regel verborgen
hält, nämlich die ideelle Verschränkung von Gedankenarbeit,
Schreibarbeit und Geschichtsverarbeitung; philosophisches Lernen und Innehalten; weltgeschichtliche Katastrophen in der Mi-
nistruktur individueller Verstehensakte, lebensgeschichtliche Ent-
mutigung in der psychischen Makrostruktur sozialer Verzweif-
lungsgründe; Sozialbindung, Moralexperiment, ideologische
Richtungsentscheidungen, neue Philosophie. Viele bedeutende

deutsche *Schriftsteller* nach den Systemdenkern Leibniz und Kant haben ihre geschichtliche Wahrnehmung und ästhetische Arbeit, ja ihr Kulturprogramm und ihre individuelle Existenz den Provokationen der Philosophie unterzogen. Ihre Schriften wurden und werden im selben Maße nur reduziert verstanden und überliefert, wie die Philosophie aus dem Horizont ihres Bedeutens ausgeblendet bleibt. – Ich nenne die Wirkungen des Philosophierens im Prozeß der Arbeit an *Texten*: ihre philosophische Integration.

Exkurs

Mit der Frage, wie ein Außer-sich-Sein als Bewußtsein möglich sei, hatte Novalis seine Lehrjahre bei Fichtes Fortschreibungen der Kantischen Urteilslehre aufgesprengt und sich *eine Bahn* ins Unbestimmte des Universums gelegt, die ihn als *Hörer einer Sprache*, die in ihm laut wird und sein individuelles Sein im Bewußtsein wesentlich übersteigt, selber zum Sprechen und Sprachgestalten bringt. So wie wir bei Novalis erkennen können, daß das romantische Prinzip einer universalisierten Aufklärungsfähigkeit und Modernität der Subjekte als Bruch der individuellen Vernunftsautonomie, und nicht einfach als vernünftiges Selbstbegrenzungswissen, gedacht wird, so wäre die philosophische Arbeit des Romantikschülers Heine ähnlich zu beschreiben als existentielle Nagelprobe darauf, inwieweit das Aufsprengen der Fichteschen Rationalität im Selbst-Bewußtsein dem modernen Schriftsteller eine angemessene philosophische Kontrolle seiner Erfahrungen aufnötige in einer Welt, die, insofern sie nur zu *erleben* (zu erleiden) ist, als gesprochene Welt dem sprechenden Ich die idealistische Selbstbeherrschung koste.

Die Arbeit Heines an den philosophischen Kategorien von Ich und Nicht-Ich, Bestimmtheit–Unbestimmtheit usw. kann hier detailliert nicht dargestellt werden, so notwendig das an sich wäre. Der Dichter hat diese Arbeit in Hegels Denkschule und in Auseinandersetzung mit den Genossen im Verein für die Wissenschaft und Kultur der Juden geleistet.[3] In Skizzenform wenigstens sei versucht, die philosophiegeschichtliche *Kreuzung*sstelle kurz begrifflich zu erhellen, wo die Ausformung der frühromantischen Ich-Philosophie durch Hegel einem literarischen Anfänger und studierenden Juden hilft, sein eigenes Leben zu begreifen. Denn diese Kreuzungsstelle, Berlin 1821/22 (Rechtsphilosophie), 1822/23 (Geschichtsphilosophie), ist der Ausgangspunkt der Titel-Frage. – Ich sagte, sein eigenes Leben philosophisch konstruieren zu können, habe für Heine nichts Geringeres bedeutet, als daß er mit Hilfe der Hegelschen Geschichtslogik seinen »großen Judenschmerz« hat universalisieren können und sich in der sozialgeschichtlichen Klasse derer aufgehoben fühlen konnte, die von der Rücknahme der großen Revolutionsziele ent-täuscht waren, aufgehoben in der Oppositionsgemeinde der Restauration. Die Dialektik, die in diesem Bild einer ›Gemeinde‹ steckt, gibt die resignative Seite des Hegelschen Geschichtsgedankens wieder; in Opposition sein ist nicht besonders vernünftig, ist nicht Sein im Allgemeinen, gehört aber als Besonderung in die Zeit. Und die Philosophie, sagt Hegel in der Vorrede zur Rechtsphilosophie, ist *»ihre Zeit in Gedanken erfaßt«*.[4] Die ganze Zeit. Als dialektische Zeitphilosophie erklärt sie objektiv das Oppositionelle als das vernünftigerweise Niedergeworfene, und ›nur‹ insofern sie *als Philosophie der geschichtlichen Zeit* parteilich artikuliert wird, *ver*wirft sie das theoretisch erneut, was sich aus der *Nieder*geworfenheit aufrichtet und gegen das in der Zeit durchgesetzte Vernünftige (prometheisch) opponiert.

Konnte Heine in dieser Auslegung Genugtuung finden für seine Erfahrungen? Als Ironiker gewiß. Es ist die *Rechts*auslegung der Dialektik, die den preußischen Staat als das sittliche Universum erkennt, dessen Unvollkommenheit kein Problem der Philosophie ist, denn Unvollkommenheit ist seine Bestimmung als in der Zeit Vernünftiges. Im Zusammenhang sagt Hegel: »Das was ist zu begreifen, ist die Aufgabe der Philosophie, denn das was ist, ist die Vernunft. Was das Individuum betrifft, so ist ohnehin jedes ein Sohn seiner Zeit; so ist auch die Philosophie ihre Zeit in Gedanken erfaßt.«

Das ist nun zugleich die große Diskriminierung der frühromantischen Philosophie eines gegenwärtigen Außer-sich-Sein-Könnens der Vernunft wie auch die womöglich ängstliche individuelle Irrelevanzerklärung politischer Opposition und jeglichen Soll-Katalogs im Tageskampf.

III

Wir sind hier an einer entscheidenden Stelle allgemeinen Mißverstehens in politischen Heine-Auslegungen. Man kann hier nämlich

dialektische Philosophie und praktische Politik, standesgemäß, re-
aktionär voneinander *trennen*, noch ehe sie, historisch gesehen (im
marxistischen Denken), zusammengeführt worden sind. Dann ergibt sich entweder, Heine sei kein Philosoph, sondern politischer
Dichter; oder: er sei beides zu seiner Zeit, nach Gutdünken, kühl-
gleichgültig, ironischer Philosoph, der Bescheid weiß und sich
nicht engagiert, oder, leidenschaftlich aufgebracht oder gekränkt,
auf der Seite der Oppositionen. Beide Folgerungen aus der Trennung von Philosophie und Politik sind falsch. Er habe 1822/23, behauptet Heine später, Hegel sogar für servil gehalten. Der Philosoph, heißt das, habe sich allem Anschein nach als preußischer
Beamter auf die Seite der *herrschenden* Vernunft im dialektischen
Zeitdenken geschlagen, während das Herz des Schülers für die liberale Opposition geglüht habe. Das Entscheidende aber eben ist,
daß Heine behauptet, beides sei auf dem Boden derselben Philosophie möglich gewesen. Natürlich kann man auf diesem Boden, als
der Pariser Juliaufstand 1830 neue Verhältnisse in Europa möglich
erscheinen läßt, auf seiner Seite bleiben, wie Heine, und die *Vernunft*, mit Blick nach vorn in sein-sollende Herrschaftszustände,
demokratisch *nennen*, wie weiland die Jakobiner schon einmal;
und vielleicht hat auch Hegel schon 1822 heimlich auf dieser Seite
seiner philosophischen Bestimmungen gestanden. Es kommt darauf nicht an. Die strenge geschichtsphilosophische Logik läßt verschiedene politische Anwendungen, nicht aber eine Abtrennung
des Politischen aus dem Zusammenhang der dialektischen Bestimmung der Zeitgeschichte zu.

Der Philosoph Heine wird bald nach 1823 schreiben, in Europa
gebe es nur noch zwei Parteien; der Philosoph Heine fügt dann politisch hinzu, seine ›unbedingte‹ Liebe zu Napoleon reiche nur bis
zum 18. Brumaire, denn da habe der General der Revolution die
Freiheit verraten. – Der Umkehrschluß allerdings, jede schlaue
oder dumme Politik sei auch philosophisch, kommt in Hegels Philosophie nicht vor. Wie gesagt, auf ein aus Philosophie ableitbares
So-oder-So-Meinen der Individuen kommt es zur Erklärung der
symbolischen Szene, wie Heine nun sein eigenes Leben beim
Übertritt aus dem Auditorium ins Welttreiben philosophisch zu
konstruieren beginnt, nicht an. Um an Immermann mitten aus
dem Vorlesungswinter 1822/23 schreiben zu können: »Kampf
dem verjährten Unrecht [...] Wollen Sie mich zum Waffenbruder
in diesem heiligen Kampfe, so reiche ich Ihnen freudig die Hand.

Die Poesie ist am Ende doch nur eine schöne Nebensache«, dazu hätte es keiner Philosophie bedurft.

Heines *Überschreiten* des oppositionellen Schmerzgefühls aller Leidtragenden also steht zur Debatte – seine radikale Subjektivität. Hier ist nur eine philosophische Erklärung möglich; keine abgetrennt politische, so als habe das besondere Leid des jüdischen »Sonderlings« *nur eben* einen besonders hohen Grad an Enttäuschung über die verdorbene revolutionäre Befreiungsbewegung in Europa hervorgetrieben und ihn zu einer Haltung und Schreibweise gedrängt, die als subjektiv ohnehin und als besonders radikal eben auch zu gelten habe: Das geläufige Bild des Reisebilderautors Heine wäre fertig.

Nein, Heine hat im Hörsaal begriffen, daß die Schläge, die »der Hammer der Zeit« ihm zugefügt hat, *das geschichtliche Allgemeine* sind; daß sich in ihnen, den Schlägen, die absolute Idee, das Ziel der Weltgeschichte des Geistes, an ihm ausspricht; ein Abstraktes, konkret gegen das Herz gestoßen und auf die Haut gebrannt – während die *Summe* aller Schmerzen und die Solidarität aller Leidenden nichts sind als, in Hegels Wort, das Partikulare, ausgeworfen im Geschichtsprozeß, in dem sich die Idee des Allgemeinen durchsetzt.

Weil Heine also schon immer, seit seinen ersten Prügeln und mythischen Trotzreaktionen als Schulkind in Düsseldorf, »bewußt« gelitten hatte, im Außer-sich-Sein bei »Bewußtsein« geblieben war, sind die Begriffsschläge Hegels nun nicht theoretische Vollstreckung des Leids als Partikulargeschichte im Bewußtsein, sondern praktische Aufklärung für den Schriftsteller über seine positive Stellung im Universum: durch diese Schläge (die Kategorien), die ihm seinen Anteil am negierten Teil der Geschichte zumessen, *hindurch* bis zu ihrer *Umdeutung*, die den dialektischen Modus des Meisterdiskurses beibehält.

Der Textarbeiter tritt vor das absolute Allgemeine, indem er einen universalen Naturraum sprachlich aufspannt, in welchem *er* die Regie übernimmt: als autonomer Sprecher in der Textproduktion das Zerbrechen der geschichtlichen Subjektivität durchspielt und dabei sein sprachliches Vermögen ausdehnt bis zur Gottkonkurrenz. Als Kranker natürlich, denn wer bleibt gesund als Geprügelter, der den Sinn der Prügel durchkreuzt, sich nicht unterwirft, sondern sein eigenes Leben nach dem Bilde des gewalttätigen Absoluten konstruieren kann, es selber aber nicht *ist*, sondern sich

›bloß‹ in ihm erkennt?

»Böse wilde Funken« schlagen die Schläge aus dem Herzen des Dichters, der dieses Herz, das Zentrum der Welt, im Bilde des »schwarzen Steins« in die Ich-Metapher eines Seins in Gottkonkurrenz hineinzitiert. Wogegen sich Heine durch solche Umdeutung, die ihm eine grandiose literarische Existenz als Hasser und Gehaßter eröffnet, *zur Wehr setzt*, vermögen wir heute genau genug zu erkennen.

Die Vernunft setzt sich als Weltgeschichte durch, das Vernünftige muß sein. Die Idee, die es lenkt, bedient sich des Vergänglichen, der Leidenschaften und Kämpfe der Individuen. Ihr »Untergang« ist die Bedingung geschichtlicher »Veränderung«.[5] – Welcher Geschichtsterror ist von sittlichen Staaten, *mit* Hegel im Kalkül oder *gegen* seine radikalen Protagonisten, ›die Marxisten‹, ausgegangen! Auch der Faschismus ist aus den Kategorien der Weltgeistlogik begründbar oder erklärbar. Hat auch das Erschrecken bei Heines Hegel-Deutung Pate gestanden? Wir kennen aus der Zeit in Berlin Zeugnisse des Erschreckens vor sich selber! Es schlägt 1830, für eine Zeit und im Kontext *aller* Äußerungen, »partikular« in begeisterte Freude über die neue Revolution um, in Freude über ›die eigene‹ titanische Geschichtserinnerung und Phantasie der Befreiung, »wie damals, als wir den Pelion stülpten auf den Ossa – Aux armes citoyens!«

Bleibt der Schreiber solcher Sätze subjektiv »unbeschadet«, da er ihnen wieder Sätze der Demut, der Ent-Täuschung folgen lassen muß? Bleibt sein eigenmächtiger, dämonischer Geschichtsrausch »unangegriffen«, wenn die Vernunft wieder einmal gesiegt haben wird? Vergeht dem Schreib-Titanen der Mut, wenn er sich gegen die Gewalt, die ihn in Fesseln schlägt, hochreckt bis zur intellektualen Anschauung des Gott-Täters und ihn aus dem Munde Hegels sagen hört: »Nicht die allgemeine Idee ist es, welche sich in Gegensatz und Kampf, welche sich in Gefahr begibt; sie hält sich unangegriffen und unbeschadet im Hintergrund«?[6]

Heine hätte bei seinen Vereinsgenossen Eduard Gans, dem Hegel-Mitarbeiter, -Exegeten und -Herausgeber, oder Moses Moser, seinem besten Freund in der Restaurationsperiode, *Schutz* finden können vor dem Herausforderungs- und Resignationsgehalt Hegelschen Denkens. Diese Freunde, Diskursführer im Verein, hatten von Hegel die Logik ihres Aufklärungs- und Emanzipationskonzepts in Gebrauch genommen, das ich anfangs skizziert habe.

Der historische Kompromiß, den der dem Absoluten zustrebende
Weltgeist laut Hegel in der Restaurationsperiode mit dem Rechts-
begehren der Individuen in Gestalt des sittlichen Staates in Preußen eingegangen war, eines Staates, den als »ein in sich Vernünftiges zu begreifen« notwendig sei, denn die Philosophie stelle nicht
dar, was sein soll – dieser Kompromiß war als Objektivitätsversprechen der Hegelschen Modernitäts- und Wissenschaftsauffas-
sung im »Verein« von größter Bedeutung. Die jüdische intellektuelle Avantgarde imaginierte im Ergreifen der Idee des Absoluten
den Schritt hinein in die moderne Staats-Gesellschaft, ausgestattet
mit einer ideellen Identität, die sie aus dem Unterdrückungs-
schmerz der jüdischen Geschichtsauffassung herausbrachte. Tatsächlich boten die Vereinsgenossen Harry Heine diese Version
einer Identität des einzelnen in der Idee des Allgemeinen auch als
Perspektive jüdischer Befreiung in allgemeiner Fortschrittsgewiß-
heit und als Maxime kultureller Befreiungs-Praxis an.

»Um des Himmels willen«, antwortet jedoch Heine Moser am
18. Juni 1823, »sag nicht noch einmal, daß ich bloß eine Idee sei!
Ich ärgere mich toll darüber. Meinethalben könnt ihr alle zu Ideen
werden; nur laßt mich ungeschoren.«[7]

Es mag wie eine witzelnde Beiläufigkeit klingen, was in Wahrheit aber Heines lakonische Verweigerung ausspricht, sich auf den
blanken Idealismus einer trivialen Politisierung der Identitätsphi-
losophie einzulassen, auch nicht in Hegels Version einer objektiven Methodik, die angibt, wie die stufenweise Selbstvollendung
der Idee in der Geschichte zu denken sei. Ja, Heine warnt den Verein, das Objektivitätsversprechen in Hegels Staatsphilosophie zur
Grundlage der Emanzipationsdoktrin gerinnen zu lassen.

IV

Die Differenz des Hegel-Hörers 1822/23 zu seinem Verein ist jedenfalls festgelegt. Das ideell Absolute, oder »Gott«, ist die Identität von Sein und Wissen, oder: gelangt im Menschen zum Bewußtsein seiner selbst. Wenn ihr diese Erkenntnis, so hält Heine den
Freunden vor, als Versprechen lest, im sittlichen Universum des
realen *Staates* werde die Freiheit als gesetzmäßige gewährt werden,
so vergeßt ihr die Erkenntnis-»Quelle« unserer Geschichte, den
großen Judenschmerz, der in der Universalisierung des Unter-

drückungsschmerzes im 19. Jahrhundert nicht aufgeht. »›Verwelke meine Rechte, wenn ich Deiner vergesse, Jeruscholayim‹ sind ungefähr die Worte des Psalmisten, und es sind auch noch immer die meinigen. – Ich wollte, ich könnte mich eine einzige Stunde mit Dir unterhalten über das, was ich, meist durch die eigene Lage angeregt, über Israel gedacht, und Du würdest sehen, wie – die Eselzucht auf dem Steinweg gedeiht, und wie Heine immer Heine seyn wird und muß« (an Moser am 9. Januar 1824).

Radikale Subjektivität gegen die Objektivitäts-Orientierung der Vereinsgenossen gesetzt heißt, auf den Punkt gebracht: Ich erkenne mich im Fremden, im Nicht-Ich; bis in die Höhe des absoluten Geschichtsprinzips reicht mein ihm ausgesetztes Sein, *aber ich gebe dieses Ausgesetztsein nicht ab*, weder an die Idee oder an ihre Verwirklichung im Vergänglichen, den sittlichen Staat, noch an ein Du, ein Wir, eine Partei. Ich allein verantworte mein Ausgesetztsein: *Ich setze mich aus*, dem absoluten Anderen in der Geschichte. Es ist mir in jeder Beziehung begegnet. Ich kenne es, ich spiele es, ich bin der Dämon Gottes. Ich bin Ich. Das absolute Andere ist in Liebe und Haß. »Ich habe die süße Liebe gesucht, und hab den bitteren Haß gefunden.«

Deshalb ist die Triebrichtung des Seins im Anderen umkehrbar. Das Eine begehrt das Andere und umgekehrt. Die Liebesdichtung als gesellschaftliche treibt diese Erfahrung auf die Spitze. In der Liebe erfährt Ich das Du als Ich im Anderen und als das Andere im Ich: Liebe ist dieser Dialektik gemäß stets auch Liebesentzug. ›Ich‹ weiß das; der lyrische Sarkasmus Heinrich Heines ist so begründet:

> Hörst du nicht die Klagetöne
> Selbst im Ton der eignen Kehle?
> In der Nacht seufz ich und stöhne
> Aus der Tiefe deiner Seele.[8]

Die Liebesdichtung als Ichklage repräsentiert die philosophisch zu Ende gedachte Erfahrung, *ausgesetzt* Alles in Allem zu sein, und den Entwurf, dies auch zu *wollen*: Erfahrung, dem Absoluten in der Geschichte ausgesetzt zu sein, wird salonfähig *gemacht*. Zugleich ist die Liebesdichtung die verdeckte Arbeit, das eigene Leben im Sein, die Existenz, in den Sprachformen der sarkastischen Gottkonkurrenz zu aktivieren; was davon als Wirkung bewußt wird, begründet den gesellschaftlichen *Fluch* über Heine.

Die jüdische Geschichtserfahrung ist zunächst immer erst, daß das Absolute sich objektiv als Verfolgung manifestiert, die moderne Staatsidee bietet keine Garantien gegen die ewige Redundanz dieser Selbstoffenbarung Gottes im Menschen. *Das Gedicht* des sarkastischen Lyrikers für den Verein lautet:

> Ein Jahrtausend schon und länger,
> Dulden wir uns brüderlich,
> Du, du duldest, daß ich atme,
> Daß du rasest, dulde Ich.
>
> Manchmal nur, in dunkeln Zeiten,
> Ward dir wunderlich zu Mut,
> Und die liebefrommen Tätzchen
> Färbtest du mit meinem Blut!
>
> Jetzt wird unsre Freundschaft fester,
> Und noch täglich nimmt sie zu;
> Denn ich selbst begann zu rasen,
> Und ich werde fast wie Du.
>
> *(An Edom!)*

Auf du und du mit dem Absoluten der Geschichte – das ist die Entgegenstellung des Schriftstellers zur Gott-Instanz der Philosophie, die er als *seine* Erkenntnisquelle dialektisch, und das heißt auch ironisch und parodistisch, für die Ich-Brechung im sprachlichen Universum seiner Schriften nutzt. In verkehrter Identitäts-Stellung tritt der Ich-Sprecher vor den Spiegel der Welt, und dort erblickt er den Gott der Philosophie in Märtyrergestalt. Dichtung ist in diesem Spiegelbild gemeint als höchster *Bewußtseinsakt* des leidenden Philosophen auf dem Theater seiner Fiktionen.

> Brich aus in lauten Klagen,
> Du düstres Martyrerlied,
> Das ich so lang getragen
> Im flammenstillen Gemüt!

Dies ist die Apostrophe an seine Rabbi-Dichtung, die Heine, nach Wiederaufnahme seiner Studien Januar 1824, in der Göttinger Bibliothek als erstes gestaltetes Manifest für seinen Berliner Verein auszuarbeiten beginnt. Im sprachwissenschaftlichen Jargon können wir gut ausdrücken, was nun beginnt: Das Märtyrer-Bild ist das Paradigma, aus dem Heine redundante Phrasen bildet, die über die Schriften verstreut ihr ›Gewebe‹ und, dann und wann zusammengezogen, auch ihren roten Faden bilden.

Vor der Synagoge im spätmittelalterlichen Frankfurter Ghetto, wohin er sich und seine Frau Sara vor einem christlichen Anschlag im pogromüberzogenen Rheinland gerettet hat, trifft Rabbi Abraham von Bacharach auf Isaak Abarbanel, Neffe des großen Rabbi Abarbanel. Der ist im Gewande eines spanischen Ritters auf die Bühne des Ghettos getreten. »Sein Gang, obschon gleichgültig hinschlendernd, hatte dennoch eine etwas gesuchte Zierlichkeit; die Federn seines Barettes bewegten sich mehr durch das vornehme Wiegen des Hauptes, als durch das Wehen des Windes; mehr als eben notwendig klirrten seine goldenen Sporen und das Wehrgehänge seines Schwertes, welches er im Arme zu tragen schien, und dessen Griff kostbar hervorblitzte aus dem weißen Reutermantel, der seine schlanken Glieder scheinbar nachlässig umhüllte und dennoch den sorgfältigsten Faltenwurf verriet«. Don Isaak, wie er sich nennt, besucht als getaufter, moderner, arabisch-wissenschaftlich ausgebildeter Jude das Ghetto; Gestalt und Gestus der Bewegungen verraten sein Fremdsein im angenommenen Gewand, aber auch in der durchwanderten Umgebung; sie verraten seine Unsicherheit. Der Rabbi blickt da durch, *nennt ihn beim Namen.* »Da klirrte das Schwertgehänge unter dem Mantel des Spaniers, seine Wangen erblichen [...] bis zur fahlsten Blässe, auf seiner Oberlippe zuckte es wie Hohn der mit dem Schmerze ringt, aus seinen Augen grinste der zornigste Tod.«

Auf das Gesicht des soeben noch kokettierenden, flanierenden Ritters treten die Züge des modernen Märtyrers, wie sie der Dichter noch öfters zeichnen und wieder verwischen wird, des Ritters vom heiligen Geist mit dem blutenden Herzen, kampfbereit und lebenshungrig, heiter und bitter zugleich; aus Geschichtswissen düster prophetisch, »Apostel [...] mit Ironie auf den Lippen«.[9] Die Begegnungs-Szene stellt die Dialektik der Geschichte nach, das Sein alles Alten im Neuen, die Zerrissenheit des modernen Bewußtseins, das das Alte nicht vergißt, sondern aus seinen Spuren erschüttert zu sich selber kommt: dem Ghetto *seiner* Geschichte dabei nicht *ent*kommt. Es ist, im berühmten Ausdruck Hegels in der *Phänomenologie*, die »Schädelstätte des absoluten Geistes«, in deren Gedenken Heine seine Figuren agieren läßt.

Über 3000 Figuren zähle ich![10] Im Spiel mit ihnen spielt der Autor seine Widersprüchlichkeit als Geschichtsbetroffener, Wanderer, Gestaltenhungriger aus. Im Nicht-Ich-Arsenal der Figuren mögen wir nach dem Philosophen suchen, der sein Leben konstruieren kann...

V

»Ich sah ihn nicht«, sagt Heine im »Traumjäger«-Bericht über seine Suche nach Shylock in Venedig, aber er hatte die *Stimme* des reichen Juden, des betrogenen Betrügers gehört, eine Stimme, »worin Tränen rieselten, wie sie nie mit den Augen geweint werden... Es war ein Schluchzen, das einen Stein in Mitleid zu rühren vermochte... Es waren Schmerzlaute, wie sie nur aus einer Brust kommen konnten, die all das Martyrtum, welches ein ganzes gequältes Volk seit achtzehn Jahrhunderten ertragen hat, in sich verschlossen hielt...« (*Portia*, 1837 im Shakespeare-Essay).

Sind möglicherweise die Figuren im Schriftentheater Heinrich Heines alles Juden? Der Liebling der Sonne, der tote Napoleon, Prometheus, der an der Nordsee am Strand liegt und weint, Antaios der Riese, dem die Kräfte im Kampf wieder wachsen, wenn er die Mutter Erde berührt, am Ende vom stärkeren Herakles in der Luft erwürgt wird, der Journalist Marat, der aus seinem Wassergrab herausschreibt und die oppositionellen Kleinbürger der Julimonarchie züchtigt, der aussätzige Lazarus, der ein ganzes Volk mit seinen Liedern erheitert, Hiob, der mit Gott hadert und das große Rechtsgespräch mit ihm anzettelt, der griechische Kämpfer Leonidas, der in der Rue Lafitte an einem Eckstein sitzt und sich in der Straße, wo Börne und der Baron Rothschild ihre Adresse haben, vom Kutscher eines der reich gewordenen Banditen, wie Heine die Bankiers nennt, mit Dreck bespritzen lassen muß, Simson, der Rächer, Laban, der Eifersüchtige, Schlemihl ohne Schatten, Fliegender Holländer, Tannhäuser, Adam, Eulenspiegel, Don Quijote, Gladiator, Bärenhäuter usw.? Schon die flüchtigste Hypothese, die sich aus dieser Frage bei Lektüre Heines bilden läßt, enthält den Hinweis, daß »Ich«, »der Schreiber dieser Blätter«, uns als autonomer Regisseur der *großen* Masken am nächsten kommt: seine Autonomie im Schreibprozeß verliert. Der Regie-Assistent Satyr scheint das Kommando bei Führung der *kleineren* zu haben, wenn das große Thema Weltgeschichte der Menschheit spöttisch als Komödie gezeigt wird, meist treten dann auch die ganz realen Figuren der Zeitgeschichte in den Kabinetten, Kontoren, Studierstuben und auf den Straßen ins Kostüm: der Prinz von Preußen, Gumpel in Hamburg, die Göttinger Professoren, Schneidermeister, Schafe, Esel, Ochsen usw.

Am Arbeitsplatz, wo der *Rabbi* erarbeitet wird, in der Göttinger

Bibliothek, wird eine Szene gezeigt, die kurz als Beispiel des Figurentheaters der Schriften besichtigt sei. Der Schauplatz der Schrift, die Schädelstätte des Weltgeistes, hat in Heines Texten oft die Raumstruktur und Bildspannung des Traums. Ich paraphrasiere: »Ich war müde wie ein Hund und schlief wie ein Gott«, die Kirchenglocke schlägt 12, die Saaltüre der Bibliothek öffnet sich langsam, und die Titanin Themis, die Mutter des Prometheus und Göttin der Gerechtigkeit, umwuselt von den Rechtsgelehrten der aufgeklärten Wissenschaft im 18. und 19. Jahrhundert in ihren verschollenen Trachten und längst vergessenen Gesichtern, sie disputieren die Titanin zur Verzweiflung, »bis diese die Geduld verlor, und in einem Tone des entsetzlichsten Riesenschmerzes plötzlich aufschrie: ›Schweigt! schweigt! ich höre die Stimme des teuren Prometheus, die höhnende Kraft und die stumme Gewalt schmieden den Schuldlosen an den Marterfelsen, und all euer Geschwätz und Gezänke kann nicht seine Wunden kühlen und seine Fesseln zerbrechen!‹« Tränenbäche stürzen aus den Augen der Göttin, die Prometheus-Napoleon-Beschwörung gegen die schwätzende Systemtheorie des Rechts läßt die Saaldecke platzen, die Bücher taumeln – »Ich« rettet sich in den historischen Saal, und niederstürzend vor den Bildern des Belvederischen Apoll und der Mediceischen Venus, besänftigt griechische Historiker-Ruhe seine Seele, unter dem Klang der Lyraklänge Apolls fällt der Vorhang.

Erwachend hörte ich noch immer ein freundliches Klingen. Die Herden zogen auf die Weide und es läuteten die Glöckchen. Die liebe, goldene Sonne schien durch das Fenster und beleuchtete die Schildereien an den Wänden des Zimmers. Es waren Bilder aus dem Befreiungskriege, worauf treu dargestellt stand, wie wir alle Helden waren, dann auch Hinrichtungs-Szenen aus der Revolutionszeit, Ludwig XVI. auf der Guillotine, und ähnliche Kopfabschneidereien, die man gar nicht ansehen kann, ohne Gott zu danken, daß man ruhig im Bette liegt, und guten Kaffee trinkt und den Kopf noch so recht komfortabel auf den Schultern sitzen hat.

(Harzreise)

Die Niederlagen der Gerechtigkeit unter der Marter der siegenden Listen der *Vernunft* werden im Universum der ironischen Texte ausgetragen, die zwischen Tod und Satire, Wüste und Idylle ihr Erfahrungsangebot unserer Lektüre unterbreiten. Den Text über die philosophische Frage, welche Identität der Ironiker habe, liest uns Don Quijote, ein Text über die Siege der maskierten *Textkämpfe* gegen die Übermacht des Zeitgeistes:

Es ist ein seltsames Martyrtum, das solche Sieger in unseren Tagen erdulden, es ist nicht abgetan mit einem kühnen Bekenntnisse, wie in früheren Zeiten, wo die Blutzeugen ein rasches Schafott fanden oder den jubelnden Holzstoß. Das Wesen des Martyrtums, alles Irdische aufzuopfern für den himmlischen Spaß, ist noch immer dasselbe; aber es hat viel verloren von seiner inneren Glaubensfreudigkeit, es wurde mehr ein resignierendes Ausdauern, ein beharrliches Überdulden, ein lebenslängliches Sterben, und da geschieht es sogar, daß in grauen kalten Stunden auch die heiligsten Märtyrer vom Zweifel beschlichen werden. Es gibt nichts Entsetzlicheres als jene Stunden, wo ein Markus Brutus zu zweifeln begann an der Wirklichkeit der Tugend für die er alles geopfert! Und ach! jener war ein Römer und lebte in der Blütenzeit der Stoa; wir aber sind modern weicheren Stoffes, und dazu sehen wir noch das Gedeihen einer Philosophie, die aller Begeisterung nur eine relative Bedeutung zuspricht, und sie somit in sich selbst vernichtet, oder sie allenfalls zu einer selbstbewußten Donquixoterie neutralisiert! *(Die Stadt Lucca XV)*

Der Philosophie-Kommentar des Dichters:

Die kühlen und klugen Philosophen! Wie mitleidig lächeln sie herab auf die Selbstquälereien und Wahnsinnigkeiten eines armen Don Quixote, und in all ihrer Schulweisheit merken sie nicht, daß jene Donquixoterie dennoch das Preisenswerteste des Lebens, ja das Leben selbst ist, und […] die ganze Welt […] zu kühnerem Schwunge beflügelt!

VI

Solche Bilder verraten das Begehren des Dichters, über seine Philosophie des Absoluten mit ihren eigenen Mitteln, der dialektischen Logik nämlich, zu triumphieren als Lebendiger; ein Begehren, das krank macht in und an der Zeit und also auf die Ewigkeit des Lebenswunsches verweist, also auf den eigenen Tod. In den Dimensionen des Sprachuniversums mag zwar die Frage, ob die Dichtung die Philosophie und den Tod überspielen könne, offen bleiben, triumphieren aber jedenfalls kann in diesem Universum der Raum- und Bilderträume das weltliche Lebensgefühl des modernen Dichtermärtyrertums, wie Heine das Schreiben aus der jüdischen Erinnerung nennt[11]: triumphieren *über die Geschichte*. In der Figur des Ewigen Juden hat Heine dieses paradoxe, der Geschichte ausgeliefert überlegene Lebendigkeitswissen maskiert. Der Ewige Jude haust in der universalen Raummetapher ›Jerusalem‹ als Wanderer, Pilger, Dichter, Märtyrer…

O des Jammeranblicks! rief
Einst ein Pilger, dessen Bart

Silberweiß hinabfloß, während
Sich das Barthaar an der Spitze
Wieder schwärzte und es aussah,
Als ob sich der Bart verjünge –

Ein gar wunderlicher Pilger
Mocht es sein, die Augen lugten
Wie aus tausendjährgem Trübsinn,
Und er seufzt': »Jerusalem! […]«

Wiederaufnahme des Schwurs gegen die Berliner Vereinsgenossen
im Alterswerk! »Verwelke meine Rechte, wenn ich Deiner vergesse, Jeruscholayim«: In dem Gedicht *Jehuda ben Halevy* (1851)
ist derselbe Psalm, der sog. Rachepsalm, wiederaufgenommen.
Diesem judaischen Selbstzitat nach dem Februar und März 1848
gelten nun letzte Bemerkungen.

Ist auf dem Figurentheater der Schriften nach 1848 eine Wende
in der Struktur des universalen Erinnerungsspiels zu erkennen?
Die Frage läßt sich beantworten mit Blick auf die Figur des Ewigen
Juden. Er braucht die Ent-Täuschung der gescheiterten Revolution von 1830 nicht noch einmal, 1848, zu verarbeiten, da der absolute Gottspieler dasselbe Stück nun ein zweites Mal aufführen läßt.
Welthistorische Ent-Täuschungen sind Klärungen, auch der eigenen Stellung gegen den absoluten Gott. Heine ist seit 1830 kein Republikaner mehr, »Sie […] werden nicht erstaunt sein«, schreibt
er an Meissner am 12. April 1848, »daß ich noch keiner geworden.
[…] Daß ich einen Augenblick furchtbar bewegt wurde […], das
wird Sie nicht verwundern.« Das Weltwissen des Ewigen Juden erkennt in den Krisen der Geschichte, ob seine Hoffnungen, in einer
gerecht gewordenen Welt Ruhe zu finden, neue Nahrung bekommen. Hoffnung tritt mit Angst zusammen, Philosophie steht still,
in der Bewegung der Seele sammelt sich das alte Wissen des Ent-
Täuschten. »[…] ich bin jetzt nur ein armer todkranker Jude, ein
abgezehrtes Bild des Jammers, ein unglücklicher Mensch!«[12] Dieses Bild ist nicht neu. Der Ewige Jude als Theaterspieler in den
Schriften und sein Autor, Heine, sind sich nur noch nähergekom-
men im wirklichen Leben. Auch dies eine philosophische Konstruktion des eigenen Lebens. Meine Krankheit nimmt zu, wie die
Revolution abnimmt, sagt der Spötter zur selben Zeit.[13] Zu sagen,

ob die Revolution endgültig gescheitert sei, entzieht sich seiner philosophischen Kompetenz. Hegel hat ausgedient. Der Hegelsche Gott aber hat seine alte Kälte. Im Schädel eines toten Dichters, sagt Heine[14], läßt er lebendige Menschen wie Spukgestalten toben. Der Dichter macht sie eigenhändig wieder lebendig, auf dem Schauplatz der Schrift geht der Kampf gegen den absoluten Gott, die »fixe Idee« der Juden, weiter.[15] Auch der *sterbende* Jude Heine löst sich nicht aus dieser Idee. Die gescheiterte Revolution und der nahende Tod aber haben die Energie seiner erinnernden Textarbeit gesteigert. Racheenergien speisen einen Sprachfluß der Drohbilder, gegen das Absolute der Geschichte gesetzt. Die Bilder sind so radikal wie menschlich: In die Klage des Ewigen Juden über seine Unsterblichkeit, den Fluch des Weltwissens, mischt sich und gewinnt das letzte Wort die Spracharbeit, in der eine *Versöhnung ohne Opfer* anklingt[16]:

Jehuda ben Halevy

»Lechzend klebe mir die Zunge
An dem Gaumen, und es welke
Meine rechte Hand, vergäß ich
Jemals dein, Jerusalem –«
[...]
»Jahre kommen und vergehen,
Menschentränen träufeln, rinnen
Auf die Erde, und die Erde
Saugt sie ein mit stiller Gier –

Tolle Sud! Der Deckel springt –
Heil dem Manne, dessen Hand
Deine junge Brut ergreift
Und zerschmettert an der Felswand.

Gott sei Dank! die Sud verdampfet
In dem Kessel, der allmählich
Ganz verstummt. Es weicht mein Spleen,
Mein westöstlich dunkler Spleen –

Auch mein Flügelrößlein wiehert
Wieder heiter, scheint den bösen
Nachtalp von sich abzuschütteln,
Und die klugen Augen fragen:

Reiten wir zurück nach Spanien
Zu dem kleinen Talmudisten,

Der ein großer Dichter worden,
Zu Jehuda ben Halevy?
[...]
Und Jehuda ben Halevy
Ward nicht bloß ein Schriftgelehrter,
Sondern auch der Dichtkunst Meister,
Sondern auch ein großer Dichter.

Ja, er ward ein großer Dichter,
Stern und Fackel seiner Zeit,
Seines Volkes Licht und Leuchte,
Eine wunderbare, große

Feuersäule des Gesanges,
Die der Schmerzenskarawane
Israels vorangezogen
In der Wüste des Exils.

Die *ästhetische* Denkfigur einer opferfreien Versöhnung der Menschen mit ihrer Geschichte ist *philosophisch* gerechtfertigt, aber unter der Hand des Ewigen Juden als Dichter bleibt sie eine Utopie in der Wüste des Exils, so leer wie diese oder ein Blatt Papier.

Wir sind mit dieser Schlußmetapher bei unserem Thema auch buchstäblich angelangt: Erinnerungskünste wie die des Dichters Heine haben im Fortgang der Weltgeschichte immer schon die Stimmen der Verzweiflung über den fortschreitenden Prozeß von Vernichtung der Erde und Selbstvernichtung der Menschen mitgehört. Oder: in den Gewißheiten jeglicher Moderne die ewige Postmoderne. Diese Erinnerungskünste reichen zurück an den Anfang der Geschichte, als sie bereits schon einmal verlorengegeben worden ist von denen, für die sie gemacht sein könnte.

Der Hegelschüler unterscheidet »Weltgeschichte« und »Geschichte der Menschheit«.[17] Als verlorene schleppt sich die Menschengeschichte durch die Weltgeschichte und wird von der »Dichtung« zu sich zurückgebracht, auch gegen die *Zeit*geschichte. Don Quijote jedenfalls liegt im Staub; »stoß zu« – diesen Satz schreibt Heine im November 1828, »stoß zu mit der Lanze, Ritter!« Das ist der Abgesang auf die Geschichte als Herrschaft im Begriff der Hegelschen Zielbestimmung, die eine Vernunft sich vollenden lassen möchte, in deren Namen das Partikulare vernichtet wird.

Anmerkungen

Vorgetragen in einer Ringvorlesung »Moderne/Postmoderne« im Sommersemester 1987 in Hamburg.

1 Dieser Brief, eine vernachlässigte Quelle für die Heine-Forschung, ist neu gedeutet in: Klaus Briegleb: *»Jeder Reiche ist ein Judas Ischariot!« Vorläufiges über Heinrich Heine und die Juden in Hamburg*, in: Peter Freimark und Arno Herzig (Hg.), *Die Hamburger Juden in der Emanzipationsphase (1780–1870)*, Hamburg 1989, S. 99ff. – Der Brief an Sethe ist am 27. Oktober 1816 geschrieben. Er wird hier nach der ersten Hirthschen Ausgabe zitiert: Friedrich Hirth, *Heinrich Heines Briefwechsel*, Bd. 1, München und Berlin 1914, S. 145ff. Die Bezugsstelle lautet u. a.: »Bey so bewandten Umständen läßt sich leicht voraussehen daß Christliche Liebe die Liebeslieder eines Juden nicht ungehudelt lassen wird. [...] Niemand bleibt mir übrig als *ich selbst*. Und wer dieser Sonderling ist [...]«.

2 Vgl. Peter Brückner, *Das Abseits als sicherer Ort. Kindheit und Jugend zwischen 1933 und 1945*, Berlin 1980, S. 88.

3 Vgl. darüber in: Klaus Briegleb, *»Jeder Reiche ist ein Judas Ischariot!«* [vgl. Anm. 1], und ders., *Opfer Heine? Versuche über Schriftzüge der Revolution*, Frankfurt/Main 1986, S. 198ff., 205ff., 385ff. u. ö.

4 G.W.F. Hegel, *Werke in 20 Bänden*, Frankfurt/Main 1969ff., Bd. 7, S. 26. Für das folgende siehe den Kontext dort.

5 *Vorlesungen über die Philosophie der Geschichte*, in: Hegel, a.a.O., Bd. 12, hier S. 98ff.

6 *Vorlesungen über die Ästhetik*, in: Hegel, a.a.O., Bd. 13, hier S. 257ff.; wörtlich in der *Philosophie der Geschichte*, a.a.O., S. 49.

7 Vgl. Albert Hoschander Friedlander, *The Wohlwill-Moser Correspondance*, in: Leo Baeck Institute (Hg.), Year Book 11 (1966), S. 262ff., und zuletzt Ismar Schorsch, *Breakthrough into the Past: The Verein für Cultur und Wissenschaft der Juden*, in: Year Book 13 (1988), S. 3ff., sowie Klaus Briegleb, *»Jeder Reiche ist ein Judas Ischariot!«* [vgl. Anm. 1], S. 108ff. und S. 119ff.

8 Heinrich Heine, *Sämtliche Schriften*, hg. v. Klaus Briegleb, München 1968–1976, Bd. I, S. 268. – Diese Ausgabe wird im folgenden mit der Sigle B zitiert (s. Anhang).

9 Handschriftlich, 1833; siehe Klaus Briegleb, *Opfer Heine?* [vgl. Anm. 3], S. 216.

10 Vgl. Register B VI/2.

11 *Bäder von Lucca IV.*

12 B V, 109.

13 B V, 789.

14 B VI/1, 203.

15 B IV, 264.
16 Vgl. Karl-Heinz Käfer, *Versöhnt ohne Opfer. Zum geschichtstheologischen Rahmen der Schriften Heinrich Heines 1824-1844*, Meisenheim/ Glan 1978.
17 B III, 68.

Helmut Heißenbüttel

Materialismus und Phantasmagorie im Gedicht

Anmerkungen zur Lyrik Heinrich Heines

Von der »Wunde Heine« sprach Theodor W. Adorno, als er 1956 aus Anlaß des hundertsten Todestages das allgemeine Urteil über den Dichter Heinrich Heine einer kritischen Revision unterzog. Was war, was ist, was kann die »Wunde Heine« sein? Adorno sagte 1956: »Das ›Buch der Lieder‹ hatte unbeschreibliche Wirkung getan, weit über den literarischen Umkreis hinaus. In seiner Folge ward schließlich die Lyrik hinabgezogen in die Sprache von Zeitung und Kommerz. Darum geriet Heine um 1900 bei den geistig Verantwortlichen in Verruf. Man mag das Verdikt der Georgeschule dem Nationalismus zuschreiben, das von Karl Kraus läßt sich nicht auslöschen. Seitdem ist die Aura Heines peinlich, schuldhaft, als blute sie.«

Ist es diese, wie Adorno sagt, »peinliche Aura«, die den Weg zum Werk Heines versperrt, die die Erinnerung daran zur Wunde werden läßt? Bei Adorno heißt es weiter: »Heines Gedichte waren prompte Mittler zwischen der Kunst und der sinnverlassenen Alltäglichkeit. Die Erlebnisse, die sie verarbeiteten, wurden ihnen unter der Hand, wie dem Feuilletonisten, zu Rohstoffen, über die sich schreiben läßt; die Nuancen und Valeurs, die sie entdeckten, machten sie zugleich fungibel, gaben sie in die Gewalt einer fertigen, präparierten Sprache. Das Leben, von dem sie ohne Umstände zeugten, war ihnen verkäuflich; ihre Spontaneität eins mit der Verdinglichung… (Heine) hat gleichsam eine dichterische Technik der Reproduktion, die dem industriellen Zeitalter entsprach, auf die überkommenen romantischen Archetypen angewandt, nicht aber Archetypen der Moderne getroffen. Darüber genau schämen sich die Nachgeborenen… Seine von der kommunikativen Sprache erborgte Geläufigkeit und Selbstverständlichkeit ist das Gegenteil heimatlicher Geborgenheit in der Sprache. Nur der verfügt über die Sprache wie über ein Instrument, dem sie in Wahrheit fremd ist.« Gröber ausgedrückt heißt das, Heines Unfähigkeit, Archetypen der Moderne in seinem Gedicht zu treffen, wie es etwa, so Adorno, Baudelaire vermochte, macht es auch heute noch (und heute wieder) schwer, Heine zu verteidigen; wir, die Nachgeborenen, schämen uns, daß der Vielgeschmähte tatsächlich nur ein geläufiger Verseschmied war, dem allenfalls im Umschlag des Nichtgelingens etwas gelang. Aber werden damit nicht wieder nur die alten Vorurteile erneuert und weitergetragen? Und was macht diese Vorurteile so hartnäckig? Oder sind es tatsächlich nicht Vorurteile, sondern Urteile?

Adornos Vortrag zeigt zumindest, daß am Werk dieses deutschen Schriftstellers Heinrich Heine offenbar auch heute noch etwas umstritten ist, daß es sich nicht bloß um eine historische Kuriosität handelt, daß dieses Werk nicht lediglich Beispiel und Übungsmodell für den Literaturgeschichtler darstellt. Oder scheint es nur so, weil Heine der exemplarisch verfemte jüdische deutsche Schriftsteller war? Liegt das, was man die »Wunde Heine« nennen kann, darin begründet, daß er ein vom Faschismus posthum Verfolgter war? Und was hat das damit zu tun, wie dieses Werk heute erscheint? Ist die historische, kritische und aktuelle Beschäftigung mit diesem Werk an die Pietät gebunden, mit der man nun, in moralischer Wiedergutmachungspflicht, die Ehrenrettung vollzieht? Nichts wäre schlimmer und fataler. Und was immer an dem Vortrag Adornos in diese Richtung weist, kann nur widerlegt werden dadurch, daß das Urteil Adornos seines Vorurteils überführt wird. Ich stelle zwei andere Charakteristiken zum Vergleich, Charakteristiken nicht prononcierter Art, sondern gleichsam Artikulationen gängiger Überzeugung: einmal aus dem Großen Brockhaus von 1954 und einmal aus einer populären Literaturgeschichte, der von Otto von Leixner, erschienen 1893. Im Brockhaus heißt es: »Anknüpfend an die Vierzeiler Eichendorffs und Wilhelm Müllers, verbindet Heine Zauber und Empfindungsreichtum der spätromantischen Poesie mit der Reflektiertheit und Skepsis der ›byronistisch‹-zerrissenen, vormärzlichen Geistigkeit. Zu bewußt und zu gespalten, um sich dem Pathos einer Empfindung noch rein hingeben zu können, zu aufrichtig, um eine Unschuld des Gefühls vorzutäuschen, die er nicht mehr besaß, führte Heine die sich auch über den eigenen Standpunkt erhebende romantische Ironie in die Lyrik ein. Dies ergab den häufigen, teils schrill-zynischen, teils melancholisch-dissonierenden Stimmungsumbruch in seinen Gedichten.«

Bei Leixner heißt es: »Der fressende Wurm an seinem Werk war die Ironie, die in ihrem Grundbestandteil an die romantische

Schule geknüpft ist, aber sich dennoch wieder von deren Epigonentum loslöst... Der Widerspruch, in dem er mit den Verhältnissen stand, trat wie in der Romantik durch die Ironie zu Tage, aber während die letztere mit der Welt und Kunst ihr launisches Spiel trieb, wandte Heine den Spott oft gegen sich selbst und sein eigenes Herz... Dieses Gift unterhöhlte langsam und schleichend die reinen Überzeugungen, es verdarb das ernste Streben, es verdarb die Mannheit und das sittliche Gefühl im Schriftsteller... Er höhnt alles, was dem Gemüt teuer sein kann, Liebe, Glauben, Unschuld und Gott; er greift zum kalten höhnenden Witz, zu den schmutzigsten Cynismen, den widrigsten Bildern, und verwendet diese üblen Würzen absichtlich zu Reizmitteln.«

Die verschiedene Färbung und Begründung der Urteile kann nicht darüber hinwegtäuschen, daß dasselbe gemeint ist. Ob das volkstümliche literaturgeschichtliche Verdikt des 19. Jahrhunderts sich der moralischen Verdammung bedient oder das Lexikon sachlich und kühl beschreibend das Negative benennt, oder der Kulturkritiker des 20. Jahrhunderts vom Herabziehen »in die Sprache von Zeitung und Kommerz«, von Verkäuflichkeit und Verdinglichung spricht, was die Urteilenden gleicherweise stört sind Unernst, Ironie, Zynismus und sprachliche Beliebigkeit. Sie suchen nicht zuerst dem Gedicht Heines nachzugehen, es zu verstehen; sie beurteilen etwas, das fehlt, das sie nicht finden: wahre Empfindung, Ernst, Archetypen der Moderne. Sie messen es an etwas anderem, an der sogenannten romantischen Ironie, an Eichendorff, an Baudelaire. Und wenn selbst Adorno dann, als Beispiel für die Möglichkeit des Unmöglichen, ein Gedicht zitiert, das in der Gruppe *Die Heimkehr* im *Buch der Lieder* unmittelbar auf die selbst im Dritten Reich nicht zu unterdrückende *Loreley* folgt (entstanden 1823/24), so läßt er damit das gesamte lyrische Spätwerk einfach unter den Tisch fallen, als sei es nicht fähig, das Urteil zu modifizieren oder gar zu revidieren. Beispielhaft zeigt sich in den zitierten Urteilen, die bis heute für das allgemeine stehen können, wie das Werk eines Autors gemessen wird nicht an seiner Erscheinungsform, nicht einmal an seinem Ansatzpunkt, sondern allein an einer einzigen Berührungsstelle mit dem, was sonst das Übliche und Gewohnte der Epoche darstellt.

Was das *Buch der Lieder* (publiziert 1827) mit der romantischen Lyrik, aber auch mit der Baudelaires, gemeinsam hat, ist eine auf Subjektivität bezogene metaphorische Redeweise. Beispiele sind so geläufig, daß sie nicht genannt werden müssen. Aber während bei Eichendorff oder beim jungen Mörike diese Redeweise ungebrochen erscheint, wenn auch oft melancholisch verdüstert, während Baudelaire die Bildersprache ins Befremdete, Finstere, Untergründige umwendet, erscheint sie bei Heine grundsätzlich gebrochen. Die Fähigkeit, Subjektives, Empfindungen, Stimmungen, Liebe, Schmerz, Verzweiflung, Enttäuschung usw. in der Form sprachlicher Bildandeutungen, in der Form von Metaphern auszudrücken, scheint immer wieder durchkreuzt von dem, was dann als Ironie oder gar Zynismus Heine den jahrhundertlangen Tadel einbrachte. Aber was heißt nun Ironie oder Zynismus? Zunächst nur, daß die metaphorische Redeweise nicht erfüllt wird. Was tritt an deren Stelle? Tritt etwas an deren Stelle? Einmal entleert sich die Aussage stereotyp ins Formelhafte. Etwa so:

> Andre beten zur Madonna,
> Andre auch zu Paul und Peter;
> Ich jedoch, ich will nur beten,
> Nur zu dir, du schöne Sonne!
>
> Gib mir Küsse, gib mir Wonne,
> Sei mir gütig, sei mir gnädig,
> Schönste Sonne unter den Mädchen,
> Schönstes Mädchen unter der Sonne!

Ein solches Gedicht ist nur an der Entleerung der Metapher zu messen, dies Negative ist sein Positives. Ein anderer Typus bricht die Subjektivität im Motiv des Todes, der Vernichtung, der Vergänglichkeit. In einem dritten Typus wird die Subjektivität, der metaphorische Ausdruck als Illusion entdeckt. Ansätze einer neuen sprachlichen Relation treten ins Gedicht. Etwa so:

> So wandl ich wieder den alten Weg,
> Die wohlbekannten Gassen;
> Ich komme von meiner Liebsten Haus,
> Das steht so leer und verlassen.
>
> Die Straßen sind doch gar zu eng!
> Das Pflaster ist unerträglich!
> Die Häuser fallen mir auf den Kopf!
> Ich eile so viel als möglich!

An die Stelle der Metaphern und Formeln treten, so könnte man sagen, einfache Aussagesätze. Gefühl wird nicht ironisch verspottet, es kommt nicht auf die Aggressivität des Spotts an, der Autor verwendet Spott und Ironie nicht als positive lyrische Elemente, sondern das Unvermögen einer bestimmten literarischen Verfahrensweise wird, in immer neuen Varianten, demonstriert. Das sprachlich Demonstrierte verdankt sich nicht bloßer Artistik, sondern formuliert die tatsächliche Fragwürdigkeit des subjektiven Empfindungsbereichs. Und wenn, wie es bei Leixner heißt, »alles, was dem Gemüt teuer sein kann, Liebe, Glauben, Unschuld und Gott«, in negativer Formulierung erscheint, so nicht, weil ein Böswilliger hier den wohlmeinenden Bürger schockieren will, sondern weil diese Wörter für den im Gedicht redenden Autor Heine tatsächlich fragwürdig geworden sind als Bezeichnungen für das, was das Leben der Epoche bestimmt. Die beiden Beispiele stammen aus der *Heimkehr*, und alles Gesagte bezieht sich zunächst auf den Heine des *Buchs der Lieder*. Hier ist der Ansatzpunkt, an dem er bis heute gemessen wird, gemessen an dem, was den, so könnte man sagen, Goetheschen Entwurf von Lyrik noch weiterzutragen vermochte. Aber widerrufen nicht bereits die Gelegenheitsgedichte des späten Mörike die romantische Stimmungslyrik des jungen? Was erscheint heute als lyrisch beispielhaft für die zweite Hälfte des 19. Jahrhunderts? Das Gedicht-Spätwerk Theodor Fontanes und die Verse Wilhelm Buschs, oder der metaphorische Leerdrusch Martin Greifs oder Emanuel Geibels? Wie hohl ist das Gegenpathos der »um 1900 geistig Verantwortlichen« geworden; und nur dort, wo er als Heine-Epigone auftritt, hält sich der Lyriker Karl Kraus. Gerade das Gedichtwerk von Kraus löscht ja sein Verdikt gegen Heine von selbst aus.

Nun setzt sich das Werk Heines charakteristischerweise eben an der Stelle fort, wo die metaphorische Redeweise von einfachen Aussagesätzen abgelöst wird. Bekanntlich findet sich am Anfang der Reisebilder in der *Harzreise* nach einem überleitenden Gedicht eine statistische Beschreibung der Stadt Göttingen. Nicht auf die ironische Brechung oder die komische Wirkung ist hier zu achten, sondern darauf, daß Heine etwas tut, was vorher kein anderer getan hat, er hält sich an Fakten und überliefertes Gerede. Er zitiert. Wenn er es witzig tut, bedeutet das nicht, daß er negativ eingestellt ist und verhöhnen will; er zeigt die andere Seite, er enthält sich des, wie man heute sagt, Affirmativen. Hier unterscheidet er sich von den vergleichbaren Werken, die vorangegangen sind, etwa dem *Tristram Shandy* von Lawrence Sterne, der doch in der Vermenschlichung die Allegorie des Vergangenen zeigt; oder den Dialogen von Denis Diderot, die von ähnlichem Protokollcharakter sind wie etwa die Dialoge der *Bäder von Lucca*, aber doch philosophisch das Bestehende diskutieren, während Heine kritisch ist ohne philosophische Absicherung. Was Adorno als unkritisches Verhalten gegenüber der Tagessprache, der, wie er sagt, »fertigen, präparierten Sprache«, rügt, was er als bloße Anwendung einer »dichterischen Technik der Reproduktion« herabsetzt, erweist sich als ein grundlegendes, positives Charakteristikum des Heineschen Werks überhaupt. Gegen die überlieferte Vorstellung von dichterischem und literarischem Reden setzt sich bei ihm immer mehr etwas durch, dessen Anregungen bis heute nicht erschöpft sind. Dabei sind Prosa und Lyrik, literarische und journalistische Prosa weniger voneinander zu trennen als bei irgendeinem anderen Autor. Niemals ist ausdrücklich genug darauf hingewiesen worden, daß zwischen der Veröffentlichung des *Buchs der Lieder* und den *Neuen Gedichten* 17 Jahre, zwischen diesen und dem *Romanzero* 7 Jahre liegen, daß diese Pausen nicht ein Schweigen des Lyrikers bedeuten, sondern daß notwendigerweise dazwischen andere Ausdrucksformen treten, daß der Wechsel zu den *Reisebildern* und zur journalistischen und polemischen Prosa, zu den Satiren *Atta Troll* und *Deutschland. Ein Wintermärchen* und zu der Ballettanweisung (Conceptional Art könnte man heute sagen) *Der Doktor Faust* sinnvoll in der Art dieses Werks begründet liegt. Im *Zueignungsbrief* zur deutschen Ausgabe der *Lutezia*, der nachträglichen Sammlung seiner Beiträge für die Augsburger ›Allgemeine Zeitung‹, datiert vom 23. 8. 1854, sagt Heine: »Ein ehrliches Daguerreotyp muß eine Fliege ebensogut wie das stolzeste Pferd treu wiedergeben, und meine Berichte sind ein daguerreotypisches Geschichtsbuch, worin jeder Tag sich selbst abkonterfeite, und durch die Zusammenstellung solcher Bilder hat der ordnende Geist des Künstlers ein Werk geliefert, worin das Dargestellte seine Treue authentisch durch sich selbst dokumentiert.«

Hier, wenn irgendwo, liegen die Kriterien, an denen Heines Werk gemessen werden sollte. An die Stelle der überlieferten ästhetischen Begriffe des Schönen, des Wahren, der Spiegelung, der Imitation, des Erhabenen, des Tragischen, des Komischen usw. treten Begriffe wie daguerreotypisch, authentisch, Dokumentation. Hier hat vielleicht selbst der moralisch entrüstete Leixner etwas gespürt, wenn er zu *Atta Troll* und *Deutschland. Ein Wintermär-*

chen anmerkt: »Beide Satiren sind so sehr politische Dichtungen, daß man sie vom rein ästhetischen Standpunkt kaum gerecht beurteilen kann.« Wobei man sich natürlich fragen muß, wie er denn den Widerspruch zwischen einer Dichtung, die bloß politisch ist, und einem rein ästhetischen Standpunkt aufzulösen vermochte.

Die grob skizzierte Grundcharakteristik des Heineschen Werks, die Angabe der möglichen Kriterien zeigen, daß es durch eine Vorstellung von Literatur bestimmt ist, die der überlieferten nicht mehr anzugleichen ist, ja ihr widerspricht. Die negativen Urteile gegenüber diesem Werk bis hin zur Gedächtnisrede Adornos halten sich an die überlieferte Vorstellung von Literatur, Dichtung und Kunst, die immer noch für den Bereich der deutschsprachigen Literatur bestimmt ist durch Goethe und die Romantik, das heißt durch die Überzeugung, Dichtung habe zur Aufgabe den sprachlich-metaphorischen Ausdruck der Subjektivität. Da jedoch das Werk Heines, so könnte man hier abgekürzt sagen, in seinen charakteristischen Teilen nicht dieser überlieferten Vorstellung folgt, sondern Ansätze entwickelt zu einer völlig anderen Literaturauffassung, werden die negativen Urteile zu Vorurteilen. Für eine noch ungeschriebene Literaturgeschichte stellt dieses Werk deshalb einen Testfall dar, weil es zum ersten Mal im 19. Jahrhundert die Entwicklung neuer Kriterien fordert. Erst wenn diese gefunden sind, kann erkannt werden, wo das, was hier ansetzt, weitergeführt wird. Gegen den Verfall der romantischen Poesievorstellung könnte eine völlig anders geartete Tradition aufgedeckt werden. Es könnte zugleich gefragt werden, wieweit diese Kriterien denen zu vergleichen sind, die für die veränderte Situation der Literatur im 20. Jahrhundert entwickelt werden können. Das, was an der Moderne des 20. Jahrhunderts immer noch befremdend, willkürlich und apoetisch erscheint, könnte so die ihm gemäße Tradition finden: Nicht weil es diese Moderne nötig hätte, eine eigene Vorläuferschaft zu konstruieren, sondern weil das, was im Verlauf des 20. Jahrhunderts passiert ist, tatsächlich bereits viel früher in seinen Ansätzen abzulesen ist.

Öffne ich nun nicht, wenn ich so argumentiere, neuen Vorurteilen Tür und Tor? Bin ich nicht in Gefahr, an die Stelle der einen, der negativen Schematik bloß eine andere, positive zu setzen? Was habe ich, das Werk Heines betreffend, gewonnen, wenn ich ihn zum Vorläufer mache? Die Möglichkeit einer anderen, einer Gegentradition dürfte natürlich niemals verabsolutiert werden. Was sie zeigen kann, ist eine Perspektive. Mehr als der Hinweis auf eine solche Perspektive, eine solche perspektivische Verschiebung, kann vorerst nicht gegeben werden. Gegeben, müßte er sofort wieder zurücktreten vor dem konkreten historischen Werk. Für dieses gilt allein die Identität seiner historischen Ausprägung mit der historischen Situation, in der es sich ausgeprägt hat und für die es stellvertretend steht. Erst wenn diese Identität in einer sowohl allgemein historischen wie auch linguistischen Hermeneutik realisiert worden ist, kann der Rückbezug auf die vermutete historische Konstruktion erfolgen.

Es wurde angedeutet, daß für das Gesamtwerk Heines nicht die Mehrgleisigkeit der Gattungen und Schreibweisen charakteristisch ist, sondern daß an einem bestimmten Punkt, nämlich nach Abschluß des lyrischen Frühwerks, das im *Buch der Lieder* gesammelt ist, der notwendige Übergang zur Prosa der *Reisebilder* erfolgte und von hier aus der weitere Übergang zur sogenannten polemischen und journalistischen Prosa und zurück. Heine war kein gedichteschreibender Journalist oder ein journalistischer Poet. Der Wechsel der Schreibweisen liegt im Stoff und in der Methode begründet. Begriffe wie »daguerreotypisch«, »authentisch«, »dokumentieren«, wie sie Heine für seine Paris-Berichte anwendet, gelten nicht nur für diese Berichte, sondern bestimmen das Gesamtwerk. Erst von hier aus kann der Zugang zu den überleitenden *Neuen Gedichten* und zum lyrischen Spätwerk gefunden werden.

Das läßt sich am leichtesten zeigen etwa an Partien von *Deutschland. Ein Wintermärchen*. Wenn es etwa heißt:

> Von Köllen bis Hagen kostet die Post
> Fünf Taler sechs Groschen Preußisch.
> Die Diligence war leider besetzt
> Und ich kam in die offene Beichais!

so ist das daguerreotypische Element deutlich zu fassen. Was die *Reisebilder* in der Prosa ausprobiert hatten, wird auf ein lyrisch-parodistisches Verfahren übertragen. Aber was wird hier im Sinne fotografischer Reproduktion reproduziert? Realität? (Und was könnte in diesem Fall Realität heißen?) Zweifellos läßt sich der Begriff des Daguerreotypischen zunächst und eindeutig nicht auf Fakten, sondern auf Sprachliches beziehen. Wichtiger als die Dokumentation einer tatsächlichen Reise zwischen Köln und Hagen ist die Reproduktion von Wörtern wie »fünf Taler sechs Groschen

Preußisch«, »Diligence«, »Beichaise« usw. Während sich in den *Reisebildern* vielleicht noch die Reproduktion von Fakten, Reisejournal, topographischer Abschilderung und sprachlicher Reproduktion die Waage hält, während vielleicht in den Pariser Berichten sogar das Faktische immer wieder Vorrang vor der reproduzierenden Formulierung gewinnt, ist das lyrische Spätwerk, wozu dann auch die beiden Satiren als lange Gedichte zu zählen sind, durch das bestimmte sprach-reproduzierende Verfahren gekennzeichnet.

Es findet seinen Ansatz in der Brechung der metaphorischen Redeweise, die das *Buch der Lieder* charakterisiert. Es setzt in zunehmendem Maß ein nichtmetaphorisches Sprachmaterial an die Stelle des metaphorischen. Dabei kann man in der Brechung der frühen Lyrik, die gegen Gemüts- und Stimmungsausdruck gerichtet ist, tatsächlich von Ironie sprechen. Die radikalisierte romantische Ironie deckt die Entleerung der Subjektivität auf. Zurück bleibt das, was das Lexikon als »teils schrill-zynischen, teils melancholisch-dissonierenden Stimmungsumbruch« bezeichnet. Es bedeutet die Rückführung der Subjektivität auf ihr eigenes Unvermögen, Weltschmerz, byronsche Zerrissenheit usw. Hierfür stehen die *Neuen Gedichte*. In dem Moment jedoch, in dem an die Stelle der metaphorischen Redeweise immer deutlicher ein sprachreproduzierendes und sogar zitierendes Verfahren tritt, verändert sich auch der Charakter der Ironie oder, genauer, der Brechung. Ist es denn Ironie, wenn es etwa in dem Nachlaßgedicht *Schnapphahn und Schnapphenne* heißt:

> Derweilen auf dem Lotterbette
> Mich Lauras Arm umschlang – der Fuchs,
> Ihr Herr Gemahl, aus meiner Bux
> Stibitzt er mir die Bankbillette.
>
> Da steh ich nun mit leeren Taschen!
> War Lauras Kuß gleichfalls nur Lug?
> Ach! was ist Wahrheit? Also frug
> Pilat und tät die Händ' sich waschen.

In der bloß ironischen Brechung könnten solche und verwandte Verse dem Vorwurf der Oberflächlichkeit verfallen. Tatsächlich werden die Diskrepanzen, die sich aus dem Zitatverfahren ergeben, zum Sprachwitz benutzt. Aber der Witz ist nicht Zweck des Gedichts. Laura ist als Zitat der Liebeslyrik-Tradition zu erkennen, die von Petrarca ausging. Die Frage nach der Wahrheit ist nicht zufällig auf Pilatus bezogen. Diese sozusagen weltgeschichtliche Zitatanspielung tritt unvermittelt neben die redensartliche von Lotterbett und Bux. Die nicht mehr ironische, sondern witzige Brechung bezieht das Höchste auf das Banalste. Sie deckt damit den ideellen Überbau auf als eine irrelevant gewordene Schablone des Naheliegendsten, des Alltäglichen, des materiell unmittelbar Bezogenen, des Diebstahls, des Scheckbuchs.

Dies ist ein Beispiel, das durch andere ergänzt werden muß und kann. Das Beispiel zeigt, daß der veränderten Methode eine veränderte stoffliche Beziehung entspricht. Nicht mehr wird hier die zerfallende Subjektivität formuliert. Vielmehr bezieht sich das Gedicht Heines nach *Atta Troll* und *Deutschland. Ein Wintermärchen* auf eine deutlich nichtsubjektive Thematik, auf Politisches, auf Kritik des Ideellen, auf Materielles, Gesellschaftliches usw. Dieser Bezug stellt sich her aus dem aufgegebenen Bereich des Subjektiven. Der Witz, der vielfach zunächst ein Sprachwitz ist, ist lediglich Ausdruck dafür, daß die Erinnerung an das Aufgegebene noch nicht zu löschen ist. Politisch hat Heine das etwa in der doppelt gebrochenen Verteidigung des Kommunismus formuliert, wie sie in der Vorrede der französischen Ausgabe der *Lutezia*, datiert vom 30. März 1855, zu lesen ist. Da heißt es: »Wahrhaftig, nur mit Schaudern und Schrecken, denke ich an die Zeit, da diese finsteren Bilderstürmer zur Herrschaft gelangen werden; ...Und dennoch, ich bekenne es mit Freimut, übt eben dieser Kommunismus, so feindlich er allen meinen Interessen und meinen Neigungen ist, auf meine Seele einen Reiz aus, dem ich mich nicht entziehen kann; ...ich bin davon besessen, und keine Macht der Teufelsbeschwörung könnte sie bändigen.«

Das bis hierher Angedeutete läßt sich aufzeigen allerdings nur an einem Teil des lyrischen Spätwerks. Irritierend stehen neben diesem Teil zumindest zwei Gruppen des *Romanzero*, die *Historien* und die *Hebräischen Melodien*. Dazu kommen entsprechende Nachlaßgedichte, und in bestimmter Hinsicht auch der Ballettentwurf *Der Doktor Faust*. Alle diese Arbeiten sind gekennzeichnet durch ein gewisses dekoratives Element. Metaphorische Redeweise scheint noch einmal naiv wieder in ihr Recht gesetzt, übertreibt sich aber zugleich immer wieder und wird in ihren Bezugsebenen immer wieder aufgehoben. *Prinzessin Sabbat*, das erste Gedicht der *Hebräischen Melodien*, beginnt:

In Arabiens Märchenbuche
Sehen wir verwünschte Prinzen,
die zuzeiten ihre schöne
Urgestalt zurückgewinnen;

Das behaarte Ungeheuer
Ist ein Königssohn geworden;
Schmuckreich glänzend angekleidet,
Auch verliebt die Flöte blasend.

Doch die Zauberfrist zerrinnt,
Und wir schauen plötzlich wieder
Seine königliche Hoheit
in ein Ungetüm verzottelt.

Maßgebend wäre für solche Verse nicht der Begriff der Reproduktion oder der der Entlarvung, maßgebend wäre ein Begriff wie der der Verwandlung, der Metamorphose. Nun aber nicht im Sinne Goethes als organische Verwandlung, sondern als Verzauberung und entsprechend: Entzauberung. Dazu kommt ein Zug, der sich aus dem *Doktor Faust* ableiten läßt. Dessen zweiter Akt endet mit dem Satz: »Im selben Augenblick zerrinnt, wie eine Phantasmagorie, auch die bewaffnete Ritterschar.« Ein bestimmter Teil der Gedichte im Spätwerk Heines hat, so könnte man abkürzend sagen, phantasmagorischen Charakter. Dieser Begriff ist uns heute geläufig aus der Diskussion zwischen Adorno und Walter Benjamin, die anschließt an eine bestimmte Formulierung von Karl Marx. Diese, im ersten Band des *Kapital*, lautet: »Dagegen hat die Warenform und das Wertverhältnis der Arbeitsprodukte, worin sie sich darstellt, mit ihrer physischen Natur und den daraus entspringenden dinglichen Beziehungen absolut nichts zu schaffen. Es ist nur das bestimmte gesellschaftliche Verhältnis der Menschen selbst, welches hier für sie die phantasmagorische Form eines Verhältnisses annimmt... Dies nenne ich den Fetischismus, der den Arbeitsprodukten anklebt, sobald sie als Waren produziert werden, und der daher von der Warenproduktion unzertrennlich ist.«

Hier nun läßt sich in aller Kürze eine mögliche Querverbindung andeuten, die die Beurteilung des Heineschen Werks vollends verändern würde. Wie, wenn man sagen könnte, Heine habe tatsächlich zum ersten Mal versucht, das im Sinne von Marx Phantasmagorische im Charakter der überlieferten poetischen Redeweise aufzudecken und zugleich zur Produktion einer ganz neuen Art von Gedichten zu verwenden? Hätte er nicht damit das getan, was Walter Benjamin sich für den dritten und nie geschriebenen Teil seines Baudelaire-Buchs vorgenommen hatte: die Ware als poetischen Gegenstand zu zeigen? Es würde dann nicht, wie es bei Adorno heißt, »die Lyrik hinabgezogen in die Sprache von Zeitung und Kommerz«, sondern die historisch unausweichliche und für das Spezifische dieser historischen Situation stehende Verwandlung der poetischen Redeweise in Ware würde literarisch benutzt und damit erst dem historisch Unausweichlichen sein Sinn gegeben. Die Folgerungen, die daraus zu ziehen wären, reichten bis in die unmittelbare Gegenwart und wären vorerst noch kaum abzusehen.

Auch dies ist eine Andeutung, in welcher Richtung Heines Werk aus sich und im geschichtlichen Zusammenhang angemessen interpretiert werden könnte. Für eine bis heute ungeschriebene Literaturgeschichte aber ergäbe sich dabei zweifellos nicht die Aufgabe, dieses Werk nun, versehen mit einem neuen Stellenwert oder mit einer neuen epochalen Wertmarke, einzureihen in den Musentempel des »ewigen Vorrats deutscher Poesie«, sondern die, aus der interpretierenden Beurteilung den historischen Bezug herzustellen. In der Deutlichkeit, mit der er sich im Werk formuliert findet, steckt allein der Qualitätsmaßstab. Mit anderen Beurteilungen könnte sich diese Beurteilung zur historischen Konstruktion ergänzen. An die Stelle des traditionellen ästhetischen Begriffs der Schönheit könnte etwa der des linguistischen Dokuments treten. Da allerdings wäre zu fragen, ob Heines Werk nicht ebenso interessant ist wie das Goethes, wenn nicht interessanter.

Drucknachweis: Helmut Heißenbüttel, *Zur Tradition der Moderne. Aufsätze und Anmerkungen 1964-1971*, Berlin und Neuwied 1972, S. 56-69. Nachdruck mit freundlicher Genehmigung des Luchterhand Verlages.

Peter Stein

»Prototyp einer Denk- und Schreibweise«[1]

Heinrich Heines »Reisebilder« als Auftakt zur »Julirevolution der deutschen Literatur«

Im September 1824 brach der junge Heine von Göttingen zu einer Fußwanderung in den Harz auf. Vom Brocken und einem wenig erfolgreichen Abstecher nach Weimar zu Goethe kehrte er, wie man weiß, vier Wochen später in das »verfluchte Nest-Göttingen« zurück, um sich auf das juristische Examen und die Promotion vorzubereiten. Tatsächlich hatte er jedoch mit dem Passieren des Weender Tores eine längere Reise begonnen, die ihn aus dem deutschen »Lande der Philister«[2] über London und Lucca 1831 nach Paris führen sollte. Es war nicht nur eine Reise aus der »Zeit der Fäulnis und Trauer«[3] in das »geweihte Land der Freiheit«[4], es war zugleich auch der Beginn eines Weges, auf dem Heine zum ersten modernen deutschen Prosaschriftsteller fortschreiten sollte. Ein wichtiges Dokument dieses für die Entwicklung der Vormärzliteratur richtungsweisenden Prozesses sind die vier Teile der *Reisebilder*, die Heine – bis zu diesem Zeitpunkt im wesentlichen als Lyriker hervorgetreten – 1826 mit der *Harzreise* eröffnete und mit den (überarbeiteten) *Englischen Fragmenten* 1830/31 beschloß. Als er, vier Monate nach Erscheinen des letzten Teiles, am 19. Mai 1831 im Pariser Exil eintraf, wurde er respektvoll begrüßt – nicht als Dichter des *Buchs der Lieder* (1827), sondern als Verfasser der *Reisebilder*.

Diese Rangfolge galt für die Heine-Forschung die längste Zeit nicht, wie Jost Hermand 1975 und zuletzt Gerhard Höhn 1987 belegten.[5] Die Bevorzugung des zum unpolitischen Poeten stilisierten Heine gegenüber dem kritischen Prosaschriftsteller entsprach Interessen im literarisch-wissenschaftlichen Rezeptionsprozeß des 19. Jahrhunderts, deren entpolitisierende Zwecksetzung Erich Mayser 1978 schlüssig erhellen konnte.[6] Sie blieben unter mancherlei Modifikationen durchaus weiterhin bestimmend. Erst im Kontext der seit Ende der 60er Jahre in Gang gekommenen Diskussion über das Verhältnis von Politik und Dichtung, politischer Tendenz und literarischer Technik, publizistischem Engagement und poetischer Autonomie konnte der spezifische Beitrag Heines und des *Reisebilder*-Werkes angemessener in den Blick genommen werden. Zu nennen sind hier insbesondere die Monographien von Jost Hermand 1976 (hebt vor allem das gesellschaftskritische Engagement hervor) und Klaus Pabel 1977 (betont stärker die ästhetische Formbestimmtheit des politischen Interesses). Offen scheint mir jedoch noch immer geblieben zu sein, was von Günter Oesterle und besonders von Klaus Briegleb zur Dialektik von Kontinuität und Wandel in Heines Prosastil vor und nach 1830 ausgeführt wurde.[7] Nach diesen Arbeiten dürfte es, was leider immer wieder geschieht, weder möglich sein, Jungdeutsches auf den Prosaschriftsteller Heine der 20er Jahre einfach zurückzuprojizieren, noch die Julirevolution als eine Epochenzäsur aufzufassen und neue Schriftzüge der Literatur nur nach 1830 bzw. vor 1830 lediglich als Vorstufe anzuerkennen.

Das Folgende ist der Versuch, die Diskussion an diesem Punkt kritisch fortzusetzen, wobei aufgrund des begrenzten Raumes und ohne ausgeführte Textinterpretationen nur eine Art Abstract möglich ist. Ich versuche dabei, den Herausbildungsprozeß von Heines *Reisebilder*-Prosa als »Prototyp einer Denk- und Schreibweise« zu entfalten, deren Modernität nicht einfach im antithetischen Abbruch da ist, sondern sich erst im widersprüchlichen Umbruch von ästhetischen Konventionen der Kunstperiode erzeugt. Diesem Prozeßcharakter wird die immer wieder zitierte Hypothese vom »Funktionsübergang von Dichtung und Publizistik« (Wolfgang Preisendanz) gerade im Hinblick auf das *Reisebilder*-Werk durchaus nicht gerecht. Mit ihr soll Heines Prosa, um sie nicht als politische (= nicht mehr ästhetische) »Publizistik« abgewertet zu sehen, für die »Dichtung« gerettet werden, indem das Ästhetische bis zu einem »Grenzphänomen« erweitert wird.[8] Eine derartige Opposition nebst ihrer Vermittlung dürfte sich wohl mehr der konservativen Aufregung im Kontext der Jahre um 1968 danken als den progressiven Hoffnungen, denen sich Heine am Ende der Kunstperiode mit seiner »Denk- und Schreibweise« verpflichtet fühlte. Hermand und Oesterle gehen allerdings in ihrer berechtigten Kritik an Preisendanz zu weit, wenn sie das literarhistorische Interesse an der »Schreibart« als Ablenkung von den engagierten Inhalten verurteilen. Dagegen konnte Briegleb in seiner genauen Interpretation von Heines Prosa zeigen, daß gerade ihre Entwicklung zu den »höchsten erreichbaren Grade[n] eines prosaischen Verschlußstils«[9] die Aussprache jener Gedanken ermöglichte, die Heine am Ende die Verfolgung eintrugen – auch wenn dieser später in ironischer Umkehr behauptete, nicht sie, sondern »die Schreibart, der Stil« seien sein Verbrechen gewesen.[10] Der in Heines Schreibweise zum Ausdruck kommende »Prototyp« war neu und doch auf historisch besondere Weise eng verknüpft mit dem Überkommenen. Er war politisch und passierte doch die Zensur; er wurde stilbildend bzw. machte Schule und war doch Audruck einer unnachahmlichen Subjektivität – und eben als ein solcher könnte er als das markante Prinzip der ästhetischen Produktionsweise der Moderne bezeichnet werden, als deren früher Beiträger Heine dann zu gelten hätte. Damit widerspreche ich der Wertung Oesterles, der im Zuge seiner Zurückweisung von Preisendanz' Deutung Heines Werk »nicht in Diskontinuität zur klassischen Ästhetik und ihrer Genese« sieht (dem noch durchaus zuzustimmen ist), sondern es »als radikale Endstufe derselben« auffaßt.[11]

Wenn es richtig ist, Denk- und Schreibweise in den *Reisebildern* als Einheit zu begreifen, dann liefert der Produktionsprozeß, d. h. Titelgebung, Entstehungs- und Publikationsprozeduren sowie Komposition der einzelnen Teiltexte, bedeutsame Aufschlüsse, wobei hier nur die wichtigsten Aspekte hervorgehoben werden können.[12] Als Heine ab Herbst des Jahres 1825, den er bei seinen Eltern in Lüneburg verbrachte, das Buchprojekt konzipierte, plante er ursprünglich den Titel »Wanderbuch«.[13] Dieser Begriff war für die Zeitgenossen zunächst ganz prosaisch festgelegt als Bezeichnung für ein Paßbuch, das ab 1808 zunehmend in den einzelnen deutschen Staaten den wandernden Handwerksgesellen als gesetzlich vorgeschriebene Legitimation abverlangt wurde. Eine Anspielung hierauf ergibt jedoch kaum einen Sinn. Wahrscheinlicher dürfte daher sein, daß sich Heine an Börnes 1822 im ›Morgenblatt für gebildete Stände‹ erschienene Reiseskizze *Aus einem rheinischen Wanderbuche*[14], das ja auch in stilistischer Hinsicht Vorbildliches für seinen neuen Produktionsplan enthalten konnte, anlehnte. Der Titel »Wanderbuch« wich dann während der Drucklegung ab Mitte Februar 1826 über die Zwischenstufe »Reise Schriften«[15] der Neuprägung »Reisebilder«. Mit diesem Begriff hatte Heine bis dahin bestimmte Landschafts-Gedichte bezeichnet, und er behielt diese Praxis bei der Benennung der *Nordsee*-Gedichte als »Seebilder«[16] noch länger bei. Der neue Titel »Reisebilder« steht nun jedoch für eine Textform, die weder als

Wanderbuch-Prosa im Stile Börnes noch als »Reise«-Lyrik im Stile des *Lyrischen Intermezzos* beabsichtigt ist. Sie knüpft zwar an eine Verschränkung von Lyrik und Prosa an, die ihre romantische Tradition hat, wofür das zeitgleiche Erscheinen von Eichendorffs *Der Taugenichts* im Jahre 1826 gerade wieder ein viel beachtetes Beispiel lieferte. Die Ausweitung des Synonyms für Lyrik zu einem Oberbegriff für Lyrisches *und* Prosa ist vielmehr ein Programm, gleichsam die Werkidee der neuen Produktion. Es ist, um es auf eine kurze Formel zu bringen, das Programm, die lyrische Rede der frühen Gedichte als *»geschichtliche Reflexion«*[17] in Prosa dialektisch aufzuheben, d. h. im hegelianischen Sinne zu beenden, zu bewahren und auf eine höhere Stufe zu heben. In manchen zeitgenössischen Rezensionen wird dieser Ansatz durchaus schon gesehen, wenn auch zumeist in seiner Dialektik verkannt: so hat z. B. Immermann in seiner insgesamt recht kompetenten Besprechung keine Schwierigkeit, die *Harzreise* als »ein Gedicht (denn so müssen wir es nennen) meistens in Prosa« zu bezeichnen, die neue Schreibart beurteilt er jedoch negativ als Verfehlen einer »runden, poetischen Gestalt«.[18]

Fast alle bisherigen *Reisebilder*-Interpretationen haben, fixiert auf die reine Prosa, diesen konstitutiven Anteil des Lyrischen außer acht gelassen bzw. allenfalls den Aspekt der Lyrik-Beendung wahrgenommen: sie haben Heines vielfache Äußerungen gegen die lyrische »Poesie« und für die Prosa zitiert[19] und nicht zuletzt darauf verwiesen, daß der Prosa-Anteil von Reisebild zu Reisebild und sogar von der 1. zur 2. Auflage der ersten Teile zugenommen hat. Die Aufmerksamkeit hat aber nicht bloß den auf der Textoberfläche zu erkennenden Gedichten, ihrem Gehalt und ihrer Funktion im Prosazusammenhang zu gelten (wie das relativ konventionell an der *Harzreise* und an der *Nordsee* praktizierbar ist), sondern vor allem der Transformation und Transportation der lyrischen Rede in Prosa. So bewahrt sich z. B. das Lyrische im *Reisebilder*-Werk in der Beibehaltung und Fortsetzung der Liebesthematik (von der Parodie der Werther-Passion in der *Harzreise* über die Evelina/Madame-Mystifikationen in *Ideen. Das Buch Le Grand* bis zur Maria-Passion in *Reise von München nach Genua*) ebenso wie in der Adaptation des zyklischen Kompositionsprinzips der frühen Lyrik. Heine verändert dabei jedoch auch die lyrisch-ironisch intonierte »individuelle Schmerzrede« (Briegleb) von der unglücklichen Liebe durch die Prosa-Kontextuierung und

erhebt sie damit in einem viel direkteren Maße zu einer gesellschaftskritischen Rede als das im rein lyrischen Zyklus möglich
war. Entsprechend wird die zyklische Bau- und Erzählform mehr
und mehr durchbrochen von einer seriellen, in der sich die späteren
»Pariser Reisebilder« ankündigen – weniger in den *Reisebildern* II
und III, stärker und ausdrücklicher im Fragment *Die Harzreise*
(hier aber noch eher begründet in der Gattungsform Reisebericht)
und in den *Englischen Fragmenten*.

Das Innovatorische von Heines Denk- und Schreibart in den
Reisebildern besteht also vor allem darin, daß er das Kunstprinzip
seiner Lyrik zur Prosa hin erweitert und dadurch transformiert
und daß er sich von nun an offensiv an eine Öffentlichkeit heran-
schreibt, auf die die frühe Lyrik noch subversiv zielte. Ich knüpfe
damit an Brieglebs Interpretationshypothese an, »wonach die Parole von einem preußischen Liberalismus ihre frühe und *elemen-
tare* Widerlegung in einem ästhetisch-dynamischen Innenraum
erfährt, wo eine individuelle Schmerzrede die Verbotsgewalt des
Sittlichen Staates gegen Triebbefreiung reflektiert«.[20] Praktisch begann Heine damit etwas, was er ab 1828 theoretisch immer schärfer
in den Blick nahm: die Verwirklichung der Erkenntnis, daß die
Kunstperiode an ihrem Ende sei und in ihm, dem »Dichter-Prosa-
isten«[21] der *Reisebilder*, der Auftakt des Neuen sich zu erkennen
gebe, welches dann im Rückblick als »Julirevolution der deutschen
Literatur« bezeichnet wurde. Erst in dem Maße, wie Heine den
Ursprung der (romantischen) Lyrik verließ und überging zum
(1831 so formulierten) Ton »jener modernen Lieder, die keine katholische Harmonie der Gefühle erlügen wollen und vielmehr, jakobinisch unerbittlich, die Gefühle zerschneiden, der Wahrheit
wegen«[22], verschob sich dann sein Reisebild-Begriff zu einem Synonym für reine Prosa, so daß er 1844 das *Wintermärchen* als »versi-
fizirte Reisebilder«[23] bezeichnen konnte. Briegleb sieht vor allem
in dieser Emanzipation der Prosa, die ihren Abschluß erst in den
30er Jahren bzw. schließlich in der *Lutezia*-Prosa findet, die Her-
ausbildung einer modernen Schreibweise; die Prosa der *Reisebilder* bis 1830/31 ist für ihn noch eine Vorstufe, die die kritische
Lyrik begleitete, nicht aber integrierte.[24] Ich denke, daß diese Einschätzung zu stark von den »Schriftstellernöten« Heines in den
30er Jahren rückinterpretiert. Um, wie Briegleb hervorhebt, »an
die prosagemäße Öffentlichkeit, nämlich die *breite*, zu gelangen«[25], mußte Heine in der zweiten Hälfte der 20er Jahre eben

noch nicht die Nöte mit Verlegern und vor allem mit der Zensur erleiden wie dann ab 1831 in Paris. Es ist nicht zuletzt dieser Umstand, der es ihm ermöglichte, vor 1830 den Prototyp seiner neuen Prosa zu entwickeln. Dazu müssen jedoch Aspekte mitberücksichtigt werden, deren Genese schon im Entstehungs- und Publikationsprozeß der *Reisebilder* zu entdecken ist.

Das *Reisebilder*-Buchprojekt entwickelte sich erst zur Jahreswende 1825/26, als bis auf eine Ausnahme alle Teilstücke des 1. Bandes schon geschrieben und in Zeitschriften als Einzelstücke publiziert waren oder kurz vor der Publikation standen. Noch der 2. Band enthielt (allerdings nur für die Dauer der 1. Auflage) mit den *Briefen aus Berlin* einen Text, der bereits 1822 erschienen war. Die Idee eines die verschiedenen Teilstücke und Teile zu einer Folge organisierenden Buchprojekts kommt also erst nach den (wegen der Zensureingriffe überwiegend negativ erfahrenen) Zeitschriftenpublikationen, liegt aber auch eindeutig vor der Bekanntschaft mit Campe, den Heine Ende Januar 1826 gerade zu dem Zeitpunkt kennenlernte, als nach langem Hin und Her endlich *Die Harzreise* in der Berliner Zeitschrift ›Der Gesellschafter‹ gekürzt und redaktionell zensiert an die Öffentlichkeit trat. Heine wußte jetzt, wie er künftighin nicht mehr veröffentlichen, aber schreiben wollte: Die *Harzreise* in ihrer ›gegubitzten‹[26] Publikations- und ihrer neuartigen Schreibweise zeigten die Richtung negativ und positiv an. In Campe hatte er einen modernen Verleger gefunden, der ihm raschen Druck in Buchform und buchhändlerischen Wagemut gegenüber der Zensur garantierte. Die Probe aufs Exempel lieferten die *Reisebilder* I: Sie erschienen ungekürzt und ergänzt bereits im Mai 1826 und passierten die Hamburger Zensur, da knapp unter zwanzig Bogen liegend. Gleichwohl sind sie, auch für Heine (der zunächst in der Einschätzung ihrer Qualität noch unsicher war), erst der Auftakt.

Deutlich ist schon jetzt die »diplomatische« Redeweise des »Tänzers«, bei dem »jede seiner Bewegungen eine politische Beziehung« hat und der Ausdruck daher »esoterisch« und nicht »exoterisch« zu rezipieren sei (wie Heine zum Abschluß der *Harzreise* formuliert).[27] Deutlich ist auch: Die Überredung zum »esoterischen« Verstehen der politischen Bezüge vollzieht sich hier noch vor allem im Gedicht (zentral in der *Bergidylle*), setzt aber zunehmend in Prosa Stilmittel der Witztechnik ein, die zuvor lyrisch erprobt worden waren. Schließlich wird deutlich: Das vorgelegte

»Werk« ist kein geschlossenes Ganzes, allenfalls ein offenes Ganzes aus verschiedenartigen Teilen (Fragmenten), und Heine kündigt im neu verfaßten Schlußteil an, daß er diesem Werkprinzip weiterhin folgen werde: »Mögen die einzelnen Werke immerhin Fragmente bleiben, wenn sie nur in ihrer Vereinigung ein Ganzes bilden.«[28] Damit läßt sich für das Werkkonzept, wie es spätestens mit der Publikation des 1. Teiles ausgebildet ist, folgendes festhalten: Heine will eine Folge von Reisebildern bringen, weil er nicht noch einmal wegen Abhängigkeit von zögernden Zeitschriftenherausgebern »um den Ruhm von 1825 geprellt«[29] werden möchte, weil er an »eine neue Sorte Reisebilder«[30] (d. h. an eine auch gegenüber dem 1. Teil neue Schreibart) denkt und weil er deswegen seine Texte unzensiert (d. h. als Buch mit mehr als zwanzig Bogen) publizieren will: das ist die Rangfolge der Motive. Inhalte und Komposition sind dagegen noch gar nicht festgelegt, allerdings abstrakt mitversprochen in den programmatischen (brieflichen) Ankündigungen des jeweils nächsten Bandes: »Es ist eine gar zu schlechte Zeit, und wer die Kraft und den freyen Muth besitzt, hat auch zugleich die Verpflichtung, ernsthaft in den Kampf zu gehen gegen das Schlechte, das sich so aufbläht, und gegen das Mittelmäßige, das sich so breit macht, so unerträglich breit« und: »Du wirst sehen, daß ich nicht im Gleise der alten Manier, sondern in einer neuen freyen Form weiter schreibe« und: »Das Buch ist vorsätzlich so einseitig.«[31]

So steht bei Heine am Anfang ein schriftstellerisches Programm als schreibstrategische Form: sie ist es, die den kommenden Texten der *Reisebilder* sozusagen auf den Leib geschrieben wird. Heine kann sogar so weit gehen und Immermann, Moser und Varnhagen bitten, eigene Texte als »Lappen, die ich in meinem Buch einflicken soll«[32], herzugeben: »Ich kann da Alles brauchen.«[33] Die Eigenart einer solchen Buchserie, für die Campe frühzeitig die Marktlücke sah, ist neu und konventionell zugleich. Folge-Charakter und Ankündigung einer zeitkritischen »Linie« sowie der zur Zukunft hin offene Inhalt sind publizistisch gedacht; Umfang und Erscheinungsweise sowie auch die Alleinautorschaft sind dagegen literarische Kennzeichen des tradierten Buchmediums. Man kann diese Kreuzung von Darbietungsweisen, bei der die *Reisebilder* gleichsam als Zeitschrift produziert und als Buch rezipiert werden sollen, als produktiven Versuch eines politischen Schriftstellers auffassen, die rückständigen und repressiven Kommunikationsbedingungen der 20er Jahre zu überwinden. Das an sich »schnellere« Medium Zeitschrift ist im restaurativen Deutschland faktisch »langsamer« und für eine direkte politische Kritik unbrauchbarer als das Medium Buch (von mehr als zwanzig Bogen), dessen Breitenwirkung wegen Preis, Auflage und Zugänglichkeit beschränkter war. Es ist daher nicht ohne weiteres richtig, wenn über Heine behauptet wird, er habe in den 20er Jahren und also auch in den *Reisebildern* gezielt das moderne Genre der periodischen Presse als primäre Publikationsform eingesetzt.[34] Tatsächlich steht jede Zeitungspublikation von den *Berliner Briefen* im ›Rheinisch-Westfälischen Anzeiger‹ (1822) bis zu den *Italienischen Fragmenten* im ›Morgenblatt‹ (1829) unter besonderen Vorzeichen, die nicht identisch bleiben und auf keine einheitliche Strategie hindeuten. Als junger und noch unbekannter Schriftsteller benutzt Heine bis zur *Harzreise* die Presse, um sich bekannt zu machen, und ist zunehmend frustriert über die zensierenden Beschränkungen. Als berühmt gewordener Schriftsteller setzt er ab 1827 den Vorabdruck eher zur Ankündigung (z. B. *Die Nordsee III*) oder des Geldes bzw. berufsstrategischer Gründe wegen ein (z. B. die Veröffentlichungen in Cottas Blättern). Der immer wieder zitierte Satz, den Heine am 11. November 1828 dem Redakteur Gustav Kolb schrieb (»Es ist die Zeit des Ideenkampfes, und Journale sind unsre Festungen.«[35]), ist – im Kontext der Diskussion mit Cotta über die von Heine nicht gewünschte Fortsetzung der Redaktion der ›Neuen allgemeinen politischen Annalen‹ betrachtet – kein Bekenntnis Heines zum Vorrang des Journalwesens, sondern eher Schmeichelei für den widerstrebenden Kolb, der die Arbeit für ihn machen soll. Daß der Satz *nach* 1830, nicht zuletzt durch die Aktivitäten der Jungdeutschen, seine Richtigkeit erlangen sollte, ist eine andere Sache. Für den Heine der *Reisebilder* stellen die Journal-Publikationen zweite Wahl dar, auch wenn sie mitunter Erstpublikationen sind.

Heines modern-unmoderne Publikationspraxis zeigt sich in ihrer Eigenart auch gut im Vergleich mit Börne. Börne ist wirklich der »Zeitschriftsteller« dieser Jahre, der seinen Einfluß durch die jeweils einmalige Publikation in vielen verschiedenen Zeitungen und Zeitschriften erwirbt, dabei gegen die Zensur anschreibt und erst 1829 seine Texte bei Campe ganz konventionell als *Gesammelte Schriften* erscheinen läßt, wobei er sich nachgeradezu noch schämt, daß seine »alte[n] Reden sich zum zweiten Male hören lassen«.[36] Die Buchpublikation ist bei Börne Abschluß und Zusammenfassung (Werk als Fazit), bei Heine dagegen ist sie, trotz oder gerade wegen einzelner Vorabdrucke, Eröffnung und Erweiterung (Werk in Serie). Börne übernimmt diese Publikationsstrategie, die immer auch eine spezifische Schreibweise wegen und gegen (sich ändernde) Zensur ist, erst ab 1830 mit den *Briefen aus Paris*, wobei er sie zugleich zuspitzt.[37]

Heine führt 1827 seine neue Strategie mit den *Reisebildern* II, die im wesentlichen Originalbeiträge bringen, erstmals gezielt und auch erfolgreich aus. Nun, kann man sagen, ist die nicht mehr nur subversive, sondern auch offensive Textur, wie sie insbesondere in *Ideen. Das Buch Le Grand* durch die Auseinandersetzung mit der Französischen Revolution und Napoleon praktiziert wird, von den Lesern verstanden und mit Beifall akzeptiert: Heine ist ab jetzt der Schriftsteller, der die *Reisebilder* geschrieben hat und von dem entsprechende Fortsetzungen erwartet werden. Nur die preußische (Nach-)Zensur hat das Neue noch nicht recht begriffen und läßt (mit Ausnahme der Rheinprovinz) das Werk des vorsichtshalber nach England abgereisten Verfassers unbehelligt; in Hannover, Mecklenburg und Österreich wird das Buch verboten. Dennoch: Diese relative Rückständigkeit der Zensur vor 1830, die auch die *Reisebilder* III (1829) nicht wirklich behindert, trägt mit zur Entfaltung von Heines Prosa bei. Schließlich ist der Verleger Campe, als nicht unwichtiger Dritter in dieser Verbindung, mit seinem Anteil zu benennen. Campe nämlich sieht beides: den neuen Markt für diesen *Reisebilder*-Heine und die kalkulierbare Konventionalität der Zensur. Was Wunder, daß er von 1827 an Heine unablässig bedrängt wegen der nächsten Bände, die er verlegen (und verkaufen) möchte und bei denen er seinen Autor – wiederum neu und ungewöhnlich – keineswegs zur Mäßigung anhält.[38] Doch nun geschieht etwas Merkwürdiges: Heine zögert und kommt nicht mit dem dritten Band, dessen Produktion ihm Ruhm, Zensor und Verleger auf je eigene Weise nahelegten, über. Schließlich erscheint der Fortsetzungsband fast zweiunddreiviertel Jahre nach dem zweiten Band im Dezember 1829 und dennoch in großer Hetze (»da dieser die Presse verließ, fast noch ehe er geschrieben war«[39]); gleichwohl waren größere Teile der *Reise von München nach Genua* bereits vorab im ›Morgenblatt‹, gekürzt und redaktionell zensiert, publiziert worden. Der Vorgang wiederholt sich dann mit dem vierten Teil *Nachträge zu den Reisebildern*, die im Dezember 1830 erschienen: Vorabdruck in den Cottaschen Blättern zwischen 1828 und 1829, neue Überarbeitung und eiligste Drucklegung ein Jahr später. Kann man da noch von einer Fortsetzung des *Reisebilder*-Konzepts sprechen? Ich denke: ja. Das Projekt, als politischer Schriftsteller publizistisch durch das Medium Buch zu einem zeitgenössischen Publikum über die eigene Gegenwart sprechen zu wollen, ist wegen seines Erfolges und den daraus sich ergebenden Folgerungen allerdings in eine Krise geraten, aus der es am Ende – fast gegen den Willen Heines – in Denk- und Schreibart weiter voranschreitet. Die Krise entsteht aus einer widersprüchlichen Überschneidung von Lebens- bzw. Berufsplan und Werkprojekt in diesen Jahren zwischen 1827 und 1830.

Heine ist dreißig Jahre alt, berühmt und immer noch ohne ein festes Einkommen. Anders als Börne, der neben seinen Honoraren über eine jährliche Rente von 1600 Gulden verfügte[40] (eine Summe, die Heine noch nicht einmal für seine gesamte 10-Jahres-Produktion erreicht hatte), glaubt er, eine derartige Garantie zu brauchen. Dabei erstreckt sich die Rücksicht darauf auf Gründe, die von den Auseinandersetzungen mit der Familie bis zu der Einsicht reichen, daß er ohne »eine sichere Stellung [...] *ja doch nichts leisten*«[41] könne. Zugleich möchte er, auf der Höhe des Ruhmes seiner bei Campe verlegten Bücher, als Buchautor letztlich weg von Campe und hin zu dem noblen Cotta in Stuttgart, dem führenden und zahlungskräftigen Verleger der klassischen deutschen Schriftsteller. Deswegen wird Heine ab 1828 ohne irgendeine Begeisterung Redakteur der von Cotta verlegten ›Neuen allgemeinen politischen Annalen‹ in München und liefert als Abzahlung auf seine vorzügliche Dotierung »das Gemäßigste [...], was ich geben kann«[42], die genannten Vorabdrucke an seinen Arbeitgeber ab. Aber: Der (immer illusionärer werdende) Berufsplan, den er zunächst vor allem und in München, später in Berlin und zuletzt in Hamburg zu verwirklichen hofft, soll nicht den Weg des politischen Schriftstellers Heine behindern! Und: Der Wunsch, von Cotta verlegt zu werden, hatte sich zu vertragen mit der eben im Juni 1828 publizierten Absage an den klassischen Schriftsteller und ein der »Kunstidee« verpflichtetes Werk.[43] In dem Maße, wie sein Berufsplan Chancen zu haben scheint, stellt Heine sogar »Mäßigung« in Aussicht und die Arbeit an den *Reisebildern* zurück. Aber man darf dies nicht so auffassen, als verspreche er bei Erfüllung seiner Wünsche Zurückhaltung, sondern muß vom Werkplan ausgehen: Da Heine bis zur Mäßigung gegangen wäre, wenn man ihn gewollt hätte, wird er nun in den *Reisebildern* bis zur Unmäßigkeit vorrücken, da man ihn nicht will und er deswegen alles riskieren kann: »Gottlob! sie haben mir nichts gegeben auf dieser Welt, und ich habe daher nichts zu verlieren.«[44]

Der durch den Erfolg der *Reisebilder* verstärkte Berufsplan widersprach dem Werkprojekt und förderte es gleichwohl, allerdings durch sein Scheitern. Er mußte scheitern, weil keiner der potentiellen Stellengeber das Angebot abnahm, Heines schriftstellerische »Klinge nur nach ihrer Schärfe zu schätzen, und nicht nach dem etwa guten oder schlimmen Gebrauch, der schon davon gemacht worden.«[45] Dies wird Heine bis Anfang 1831 bewußt, aber eben nicht durch passives Erleiden der Ablehnungen, sondern durch sein aktives Zutun als provozierender Schriftsteller. Nur so ist sein Ausruf nach Erscheinen der *Reisebilder* III zu verstehen: »Sie wissen nicht«, teilt er Varnhagen mit, »wie viel Opfer es mir gekostet, ganz rücksichtslos zu schreiben.«[46] Das größte Opfer, das »freywillige Exil«[47], steht Heine noch bevor: eine Selbst-Ausbürgerung, die der gesellschaftlichen Ausbürgerung zuvorkommt, die ihrerseits Reaktion auf die Gedanken ist, die das rücksichtslose Schreiben formulierte. Aber das ist kein resignativer Akt, sondern Konsequenz eines literarisch geführten politischen Kampfes: »Heine wählte das freiwillige Exil als notwendige Voraussetzung zur fernerhin bürgerlich geschützten Rede fürs Volk.«[48]

Das rücksichtslose Schreiben – gewissermaßen das offene Aufständischwerden des politischen Schriftstellers Heine – beginnt im Frühsommer 1829 mit der Überarbeitung der *Reise von München nach Genua* und sodann mit der Niederschrift der *Bäder von Lucca*: jetzt artikuliert Heine seine schneidende Kritik an Adel und Klerus, beschreibt die Aufgaben des politischen Schriftstellers im Kampf gegen den Feudalismus (»braver Soldat im Befreiungskriege der Menschheit«[49]) und faßt diese Frontstellungen im gnadenlosen »Krieg« gegen Platen zusammen, den er »den frechen Freudenjungen der Aristokraten und Pfaffen«[50] nennt. Und als in den Reaktionen auf die Platen-Kritik Heine von nur noch wenigen Freunden wie Varnhagen und Immermann verteidigt wird, setzt er sich hin und schlägt zurück mit den überarbeiteten Fassungen von *Die Stadt Lucca* und der *Englischen Fragmente*, beide jeweils mit noch schärferen Nachschriften (datiert vom November 1830) versehen. Religionskritik und Feier der »Freiheitsreligion« – Kritik an der despotischen Gewalt des Feudalismus und Begrüßung der befreienden revolutionären Gegengewalt des »Aux armes citoyens!« – Kritik am Schriftsteller, »der den Stoff beherrschen und hübsch objektiv bleiben soll, wie es die Kunstschule verlangt«[51] und Forderung nach einer Literatur, die mit Worten Beiträge zu den Taten der Befreiung leistet: bei allen (neuen) Widersprüchen, die sich hier auftun und den Stoff für die Pariser Jahre hergeben, muß doch festgehalten werden, daß solche Sätze in dieser Zeit ganz unerhört sind. Sie sind es, die das endgültige Ende des *Reisebilder*-Werkes und zugleich den expliziten Anfang der »Julirevolution der deutschen Literatur« bezeichnen. Letzteres hatte auch die preußische Zensur sofort begriffen, denn schon im April 1831 verbot sie die *Reisebilder* IV in allen Provinzen. Kurz darauf, Mitte Mai 1831, erschien (schon verstümmelt) *Einleitung* zu *Kahldorf über den Adel in Briefen an den Grafen M. von Moltke* mit der Einleitung von Heine, einer noch schärferen Abrechnung mit dem Adel und der Prophezeiung der Revolution in Deutschland: »wird die deutsche Revolution eine trockne sein oder eine naßrote ––?«[52] Als auch diese Schrift in Preußen verboten wird, ist Heine längst in Paris eingetroffen. Die Tatsache, daß er von nun an als Emigrant eine Denk- und Schreibweise fortzusetzen hatte, die spätestens seit der Italienreise ausgebildet und ihm von Rahel von Varnhagen 1832 explizit als Forderung an das künftige Werk gestellt worden war (»Dort müssen Sie schreiben, für hier«), sollte Heine in eine neue Schreibkrise stürzen, aus der sich dann die Paris-Prosa der 30er Jahre entwickelte.[53]

Anmerkungen

1 Heine wird nach den von Klaus Briegleb herausgegebenen *Sämtlichen Schriften* in der 12bändigen Taschenbuchausgabe (München 1976) zitiert. Titelzitat aus: *Entwurf einer Vorrede zur zweiten Auflage der französischen Ausgabe der Reisebilder* [1854], B 3,683. Der Begriff »Julirevolution der deutschen Literatur« stammt von Johannes Scherr, *Poeten der Jetztzeit*, Stuttgart 1844, wo es auf S. 104 heißt: »Die Pariser Julirevolution machte der Restaurationsperiode ein Ende, aber die Julirevolution der deutschen Literatur datiert schon von früher, datiert von dem Auftreten Heinrich Heines, der mit seinen ›Reisebildern‹, deren

erster Band 1826 erschien, die Polignacs und Peyronnettes unserer Literatur vom Ministertische jagte [...].«

2 *Reisebilder* IV, B 3, 601.

3 *Entwurf einer Vorrede*, B 3, 683.

4 *Reisebilder* IV, B 3, 601.

5 Jost Hermand, *Streitobjekt Heine. Ein Forschungsbericht 1945-1975*, Frankfurt/Main 1975, S. 97 ff.; Gerhard Höhn, *Heine-Handbuch. Zeit, Person, Werk*, Stuttgart 1987, S. 147 ff.

6 Erich Mayser, *Heinrich Heines »Buch der Lieder« im 19. Jahrhundert*, Stuttgart 1978.

7 Jost Hermand, *Der frühe Heine. Ein Kommentar zu den »Reisebildern«*, München 1976; Klaus Pabel, *Heines »Reisebilder«. Ästhetisches Bedürfnis und politisches Interesse*, München 1977; Günter Oesterle, *Integration und Konflikt. Die Prosa Heinrich Heines im Kontext oppositioneller Literatur der Restaurationsepoche*, Stuttgart 1972; Klaus Briegleb, *Opfer Heine? Versuche über Schriftzüge der Revolution*, Frankfurt/Main 1986 (darin insbesondere das Kapitel *Heine und Preußen*, zuerst 1982). Völlig unbeachtet im Kontext der *Reisebilder*-Interpretationen blieb Klaus Briegleb, *Schriftstellernöte und literarische Produktivität. Zum Exempel Heinrich Heine*, in: Jürgen Kolbe (Hg.), *Neue Ansichten einer künftigen Germanistik*, München 1973, S. 121-159.

8 Vgl. Wolfgang Preisendanz, *Der Funktionsübergang von Dichtung und Publizistik*, in: ders, *Heinrich Heine, Werkstrukturen und Epochenbezüge*, München 1973, S. 21-68 (zuerst: 1968). Bei Ronald Schneider, *Die Muse »Satyra«. Das Wechselspiel von politischem Engagement und poetischer Reflexion in Heines »Reisebildern«*, in: Heine-Jahrbuch 16 (1977), S. 9-19, wird dieser problematische Rettungsversuch vollends deutlich, wenn nämlich die poetische »Qualität« die politische Position in Frage stellt: leider habe jedoch die Erfahrung der Julirevolution »aus dem Poeten den Essayisten und Agitator Heine gemacht« (S. 18).

9 Briegleb, *Opfer Heine?* [vgl. Anm. 7], S. 62.

10 Variante aus *Die Götter im Exil*, B 12, 123.

11 Oesterle, *Integration und Konflikt* [vgl. Anm. 7], S. 3.

12 Vgl. die übersichtliche Zusammenfassung bei Höhn, *Heine-Handbuch*, S. 147 ff.

13 An Moses Moser, 15.12.1825, in: *Heinrich Heine Briefe*. Erste Gesamtausgabe nach den Handschriften hg., eingel. und erläutert von Friedrich Hirth, Mainz 1950, Bd. 1, S. 244 (im folgenden zitiert als *Briefe*).

14 Vgl. Ludwig Börne, *Sämtliche Schriften*, hg. v. Inge und Peter Rippmann, Bd. 5, Düsseldorf 1964, S. 1037 ff.

15 An Moses Moser, 14. 2. 1826, in: *Briefe*, Bd. 1, S. 252.

16 Vgl. Anm. 13; und noch mehrfach in anderen Briefen.

17 Briegleb, *Opfer Heine?* [vgl. Anm. 7], S. 59.

18 Zit. nach B 4, 738 und 744.

19 Z. B.: »Mit mir selbst […] hat es als Liederdichter wohl ein Ende, und das mögen Sie selbst fühlen. Die Prosa nimmt mich auf in ihre weiten Arme […]«. An Wilhelm Müller, 7. 6. 1826, in: *Briefe*, Bd. 1, S. 270. Bei diesen und ähnlichen Äußerungen legt der Kontext dar, daß Heine der Produktionsform des *alleinigen* Liederdichtens eine Absage erteilt und Neues in der Erweiterung in die Prosa sucht. Dem entspricht, daß er nach dem Erfolg der *Reisebilder* I sogleich an die Publikation seiner gesammelten Lyrik im *Buch der Lieder* geht. Vgl. zum Verhältnis von Lyrik und Prosa den sehr guten Kommentar in Heine, *Sämtliche Schriften*, Bd. 2, S. 646 ff., sowie auch: Hans Weil, *»Eine neue Zeit mit einem neuen Prinzipe.« Grundzüge der Poetologie, der Ideen- und Formenwelt in Heines »Reisebildern«*, in: WB 27/II (1981), S. 78-113.

20 Briegleb, *Opfer Heine?* [vgl. Anm. 7], S. 59.

21 Vgl. Ludolf Wienbarg, *Ästhetische Feldzüge* [1834], hg. von Walter Dietze, Berlin und Weimar 1964, S. 179.

22 *Reisebilder* II, B 3, 209 *(Vorwort zur zweiten Auflage)*.

23 An Julius Campe, 20. 2. 1844, in: *Briefe*, Bd. 2, S. 502.

24 Briegleb, *Opfer Heine?* [vgl. Anm. 7], S. 60.

25 Ebd., S. 61.

26 An Friedrich Wilhelm Gubitz, den Herausgeber/Redakteur von ›Der Gesellschafter oder Blätter für Geist und Herz‹, 9.3.1824, in: *Briefe*, Bd. 1, S. 153; Heine verbittet sich das »Gubitzen«, die vorbeugende redaktionelle Zensur, die in den 20er Jahren verbreitet war.

27 *Die Harzreise*, B 3, 147 f. Vgl. des weiteren die sehr guten Ausführungen dazu bei Norbert Altenhofer, *Harzreise in die Zeit. Zum Funktionszusammenhang von Traum, Witz und Zensur in Heines früher Prosa*, Düsseldorf 1972. Das Begriffspaar »esoterisch«/»exoterisch« taucht bei Heine erstmalig am 12. 10. 1825 in einem Brief an Friederike Robert auf, in: *Briefe*, Bd. 1, S. 232; ebenso in *Reise von München nach Genua*, Kap. XIX, B 3, 353.

28 B 3, 162.

29 An Moses Moser, 9. 1. 1826, in: *Briefe*, Bd. 1, S. 251.

30 An Moses Moser, 15. 12. 1825, in: *Briefe*, Bd. 1, S. 244; vgl. auch die verschiedenen Begleitschreiben, die Heine ab Ende Mai 1826 den Widmungsexemplaren der frisch gedruckten *Harzreise* beilegt. Am 24. 10. 1826 schreibt er an Karl August Varnhagen von Ense: »*Ich* darf jetzt alles sagen, und es kümmert mich wenig, ob ich mir ein Dutzend Feinde mehr oder weniger aufsacke.« In: *Briefe*, Bd. 1, S. 294.

31 An Wilhelm Müller, 7. 6. 1826; an Moses Moser, 30. 5. 1829; an Karl August Varnhagen von Ense, 19.11.1830, in: *Briefe*, Bd. 1, S. 270 f.; 392; 464.

32 An Karl August Varnhagen von Ense, 24. 10. 1826, in: *Briefe*, Bd. 1, S. 294.

33 An Moses Moser, 14. 10. 1826, in: *Briefe*, Bd. 1, S. 287.

34 So zuletzt Höhn, *Heine-Handbuch*, S. 3, und Florian Vaßen, *Georg Weerths England-Literatur. Von den Zeitungsartikeln zum Buchprojekt »Skizzen aus dem sozialen und politischen Leben der Briten« (1843-1848)*, in: Grabbe-Jahrbuch 7 (1988), S. 110, der dann aber am Beispiel Weerths die primäre Bedeutung der Presse für dessen Schreibstrategie verdeutlichen kann.

35 An Gustav Kolb, 11. 11. 1828, in: *Briefe*, Bd. 1, S. 381.

36 Börne, *Sämtliche Schriften*, Bd. 2, S. 331 (Ankündigung der *Gesammelten Schriften*). Es bleibt das markante Faktum, daß Börne, außer einigen Umgruppierungen und der Hinzufügung von ca. 15 neuen Texten, im Kern die zensierten Journal-Beiträge re-publiziert. Vgl. Wolfgang Labuhn, *Literatur und Öffentlichkeit im Vormärz. Das Beispiel Ludwig Börne*, Königstein 1980, S. 176ff.

37 Daß Börne durch Campe (und nicht zuletzt mittels Jeanette Wohl) zu dieser Strategie gleichsam überredet werden mußte und dabei ausdrücklich Heines *Reisebilder* als Vorbild erwähnt werden, erhellt der Briefwechsel, insbesondere Jeanette Wohls Brief vom 12. 11. 1830, in: Börne, *Sämtliche Schriften*, Bd. 5, S. 845f. Vgl. des weiteren Rutger Booß, *Ansichten der Revolution. Paris-Berichte deutscher Schriftsteller nach der Juli-Revolution 1830; Heine, Börne u. a.*, Köln 1977, S. 40ff.

38 Während der ›Morgenblatt‹-Verleger Cotta am 26. 1. 1824 Börne ermahnt, »alle Politik und alle politischen Anspielungen doch ja zu unterlassen«, schreibt ihm der Buchverleger Campe am 16. 9. 1830: »Ob Sie den Mut haben, sich zeitgemäß darüber auszusprechen, das darf ich Sie wohl nicht fragen! Jetzt ist die Zeit für politische Literatur!« (zit. nach Helmut Bock, *Ludwig Börne. Vom Gettojuden zum Nationalschriftsteller*, Berlin 1962, S. 157, 177).

39 An Moses Moser, 30. 12. 1829, in: *Briefe*, Bd. 1, S. 410.

40 Vgl. Börne, *Sämtliche Schriften*, Bd. 3, S. 1016. Für das auf fünf Jahre befristete Verlagsrecht an den 8bändigen *Gesammelten Werken* erhielt Börne 1829 von Campe 6000 Gulden (ebd., S. 1020), Heine für die *Reisebilder* III umgerechnet 765 Gulden (vgl. DHA VII/2, 547).

41 An Karl August Varnhagen von Ense, 4. 1. 1831, in: *Briefe*, Bd. 1, S. 471.

42 An Johann Friedrich von Cotta, 7. 6. 1829, in: *Briefe*, Bd. 1, S. 393.

43 Vgl. Heines Rezension von *Die deutsche Literatur von Wolfgang Menzel*, B 1, 444ff.

44 *Skizzen zu »Die Bäder von Lucca«*, B 3, 626.

45 An Johann Friedrich von Cotta, 18. 6. 1828, in: *Briefe*, Bd. 1, S. 364.

46 An Karl August Varnhagen von Ense, 3. 1. 1830, in: *Briefe*, Bd. 1, S. 413.

47 »Ihre Frage in Betreff einer Rückkehr nach Deutschland hat mir sehr weh gethan; denn ungern gestehe ich daß dieses freywillige Exil eins

der größten Opfer ist, die ich dem *Gedanken* bringen muß.« An Heinrich Laube, 23. 11. 1835, in: *Briefe*, Bd. 2, S. 105.

48 Briegleb, *Schriftstellernöte* [vgl. Anm. 7], S. 124.
49 *Reisebilder* III, B 3, 382.
50 An Karl August Varnhagen von Ense, 3. 1. 1830, in: *Briefe*, Bd. 1, S. 412.
51 *Schlußwort* zu *Englische Fragmente*, B 3, 603.
52 B 3, 656.
53 Zit. nach Briegleb, *Opfer Heine?* [vgl. Anm. 7], S. 225.

Gerhard Höhn

Heinrich Heine und die Genealogie des modernen Intellektuellen

Eine Gestalt der Moderne ist alt geworden. Sie wurde mit dem Jahrhundert geboren, erlebte ihr Goldenes Zeitalter und wird jetzt gemeinsam mit der Moderne beerdigt. Um so paradoxer muß erscheinen, daß gar nicht einmal klar ist, wer eigentlich begraben werden soll, denn bis heute konnte niemand auch nur die simple Frage eindeutig beantworten: Was ist ein Intellektueller und wer ist einer?

Seit ihrem ersten Erscheinen ist die für unsere politische Kultur unverzichtbare Gestalt des klassischen Intellektuellen stark umstritten. Die kontrovers geführten Debatten über Rolle, Verantwortung und Aufgabe des Intellektuellen, die in Krisenzeiten periodisch wiederkehren, vermochten seitdem kein klares Bild derjenigen zu entwerfen, die sich als das Gewissen der Nation ansehen. Ebensowenig gelang es der umfangreichen wissenschaftlichen Literatur, das Phänomen des kritischen, universellen Normen verpflichteten Kopfarbeiters unzweideutig zu erfassen – ja, die Forschung macht gar kein Hehl aus der schier unüberwindlichen Schwierigkeit, ihren Gegenstand klipp und klar zu definieren.[1] Das zeigt schon ein kurzer Blick auf die Intellektuellen-Forschung, wie sie in der ersten Jahrhunderthälfte vorgeherrscht hat. Einerseits hat sich die marxistische Soziologie auf die ambivalente Stellung konzentriert, welche die wissenschaftlich-technische Intelligenz im Produktionsprozeß und im Klassenkampf einnimmt (z. B. Lenin, Lukács und Gramsci). Andererseits hat man, in der Form der Wissenssoziologie, die schichtenspezifische Herkunft der Kopfarbeiter und ihre nicht genau bestimmbare soziale Zwischenstellung untersucht (z. B. Mannheim, Alfred und Max Weber, Geiger oder Schumpeter). In der zweiten Jahrhunderthälfte sind wissenschaftliche Klärungsversuche seltener geworden. In Frankreich z. B. hat sich das Interesse durch Aron, Sartre oder Debray mehr auf philosophisch-soziologische Essays verlagert. Einzig Pierre Bourdieu, Soziologe und Kritiker symbolischer Herrschaftsformen, analysiert eingehend Klassenlage und Karrierestrategien von akademischen Intellektuellen. An der jüngsten französischen Spezialliteratur fällt dagegen die eindeutig historiographische Einstellung auf, die sich als Teil der wieder erstarkenden politischen Geschichte empfindet.[2] Alle Versuche der letzten Jahre sehen sich nun aber mit einer ganz neuen Situation konfrontiert: Ihr Gegenstand selber ist problematisch geworden, und die Gestalt des Großintellektuellen hört seit den 70er Jahren nicht auf, verschiedene Tode zu sterben. Hier sei nur an den ›Tod‹ nach Sartre, Foucault und Lyotard erinnert. Zuerst hat Jean-Paul Sartre, Intellektueller par excellence, selbstkritisch, aber letztlich doch vergeblich versucht, die fetischisierte Sonderstellung des »klassischen Intellektuellen« zugunsten eines neuen Typus aufzugeben, der seinen Platz an der Seite des Volkes hat.[3] Definitiver ist dagegen der ›Tod‹ nach Michel Foucault. Für den Machtanalytiker steht aufgrund der historischen Entwicklung fest, daß der »intellectuel ›universel‹« durch den Typus des »intellectuel ›spécifique‹« längst überholt ist.[4] Und Jean-François Lyotard, der eigentliche Totengräber, braucht nur auf die neuen Technologien zu verweisen, um seine These zu stützen, nach der ein »universelles Subjekt«, das sich immer auch einem totalisierenden Zwang verdankt, einfach jede Existenzgrundlage verloren hat.[5]

I. Plädoyer für einen Intellektuellen
avant la lettre (Von Sartre zu Heine)

In der von unklaren Ausgangspunkten aus geführten Debatte über jene Schriftsteller, Gelehrte und Künstler, die sich dem Ganzen verantwortlich gefühlt haben, scheint nur eins eindeutig gesichert zu sein: die erste Manifestation des Gruppenphänomens und der erste Gebrauch des bekanntlich von den Gegnern geprägten Begriffs »les intellectuels«. Beides wird durch die Chronologie der Dreyfus-Affäre genau, sogar auf den Tag genau festgehalten.[6] Diese Eindeutigkeit verflüchtigt sich aber sofort, wenn man nach der Vorgeschichte des modernen Intellektuellen fragt, denn der Typus ist älter als der normative Wortgebrauch und schon längst vor 1898 erkennbar, z. B. in Gestalt der französischen Enzyklopädisten, der deutschen Junghegelianer oder der Meinungsführer in der Dritten Republik Frankreichs.[7] Bevor sich *»les* intellectuels« manifestierten, existierten schon *einzelne* Intellektuelle. So ist auch bisher die Frage nach der Rolle völlig ungeklärt, welche eine Einzelgestalt wie Heinrich Heine, wahrhaftig ein Intellektueller avant la lettre, in dieser Prähistorie gespielt hat. Was für ein Paradox: Als erster deutscher Schriftsteller und Liederdichter seines Ranges ist Heine in die Arena der Tagespolitik hinabgestiegen, hat alle Kämpfe seiner Zeit gekämpft und die Rollen eines écrivain engagé gespielt; er hat sich sein Leben lang dem Ganzen verpflichtet gefühlt und dafür schwere Denunziationen erleiden müssen. Kurz, der im Pariser Exil lebende Heine hat unser Bild des kritischen, radikalen Intellektuellen klar vorweggenommen und dessen Züge entscheidend geprägt, ohne daß die wissenschaftliche Literatur davon bisher näher Notiz genommen hätte. Werden Namen genannt, fehlt der seine. In der speziellen Heine-Literatur wird der jüdische Intellektuelle zwar oft erwähnt, aber sein Status oder sein genealogischer Platz bleiben theoretisch unbestimmt.[8] Heines hervorragende Stellung in der Vorgeschichte hat bisher einzig und allein ein Nicht-Spezialist ausführlich diskutiert, allerdings zum Preis einer halbierten Anerkennung.[9] Für Jürgen Habermas, der nach der spezifischen Rolle des deutschen Intellektuellen im öffentlichen Meinungsstreit fragt, ist Heine zwar »der Protointellektuelle«, aber historisch gesehen kann er nur den Rang einer »Vorläufergestalt« oder eines »potentiellen Intellektuellen« beanspruchen – er bleibt ein »Schattenriß«.[10]

Was liegt nun näher, als vor dem Hintergrund der bekannten Literatur nach Heines Platz in der Ahnengalerie des klassischen Intellektuellen zu fragen und eine Korrektur an der Genealogie vorzuschlagen. Speziell dient die Modell-Vorstellung, die Jean-Paul Sartre in seinem *Plädoyer für die Intellektuellen* entwickelt hat, als Ausgangspunkt und Leitfaden. Sartres Vorträge von 1965 besitzen gegenüber den marxistischen bzw. den schichtensoziologischen Untersuchungen den unbestreitbaren Vorteil, daß sie nicht vom objektiven Sein, sondern vom bewußten, kritischen Tun der Intelligenz ausgehen und eine konkrete Frage aufwerfen, die in Heines Fall zu sinnvollen Differenzierungen führt: Was verwandelt Experten in Intellektuelle, und wann geschah das? Entscheidend für das *Plädoyer* ist der historisch bedingte Widerspruch zwischen Universellem und Partikularem. Danach ist ein Intellektueller der »Techniker des praktischen Wissens«[11], der sich weigert, den universellen Anspruch seiner Kenntnisse länger in den Dienst partikularer Zwecke, d. h. der herrschenden Klasse, zu stellen. »Intellektueller ist also derjenige, der sich klar wird über den – in ihm und in der Gesellschaft virulenten – Gegensatz zwischen der Suche nach der praktischen Wahrheit (mit all den Normen, die sie impliziert) und der herrschenden Ideologie (mit ihrem traditionellen Wertsystem)« (Pl, 25). Historisch gesehen ist damit die Epoche gemeint, in der die Bourgeoisie aufgehört hat, eine »universelle Klasse« zu sein, ohne aber ihre humanistischen Ideale preiszugeben. Das hat sich laut *Plädoyer* spätestens mit dem Entstehen der Monopole vollzogen. Aus der Sicht der Herrschenden erscheint nun ein Intellektueller, der weiter an universellen Prinzipien festhält, als jemand – so lautet die treffende Formel –, »der sich in Dinge einmischt, die ihn nichts angehen« (Pl, 10, vgl. 24). Daraus läßt sich nun wiederum so etwas wie ein genealogisches Modell des klassischen Intellektuellen ableiten. Aber darin fallen erneut Begriff und ›Sache‹ zusammen, und die unmittelbare Vorgeschichte wird wieder ausgeblendet. Die französischen Aufklärer des 18. Jahrhunderts nämlich, z. B. Voltaire, Diderot oder Rousseau, gelten ausdrücklich nicht als die »ersten Intellektuellen«, weil sie noch » ›organische‹ Intellektuelle« des Bürgertums waren (wie Sartre mit Gramsci festhält). Erst anderthalb Jahrhunderte später ist dieses Zusammenspiel beendet. Unter Verzicht auf weitere Zwischenstationen der Vorgeschichte wird deshalb 1898 als ursprüngliches Datum bestätigt: »Im letzten Drittel des 19. Jahrhunderts jedoch und insbesondere nach der Dreyfus-Affäre sind die Enkel der Aufklärer *Intellektuelle* geworden« (Pl, 17). Für die Generation der Söhne heißt das kurz und knapp: Fehlanzeige. Sartres These zur Entwicklung speziell in Frankreich, dem Mutterland der Intellektuellen, deckt sich in diesem für Heines Stellung zentralen Punkt mit der allgemeinen Auffassung; deren Konsequenz lautet schlicht: Zwischen Voltaire und Zola gibt es nichts und niemanden.

Mit Sartre soll hier ein Plädoyer für einen modernen Intellektuellen gehalten werden, denn sein Modell legt nun doch drei Fragen nahe, die geeignet scheinen, in der Vorgeschichte der umstrittenen Gestalt zu differenzieren und eine Leerstelle auszufüllen. Erstens: Was heißt 1830, sich in Dinge einzumischen, die einen nichts angehen (II)? Fordert dieses Datum, ein Meilenstein in der ungleichzeitigen deutsch-französischen Entwicklung, nicht einen deutschen Schriftsteller in Paris dazu auf, im Namen universeller Ideale des 18. Jahrhunderts gegen den Partikularismus sowohl des alten Feudaladels als auch schon des neuen Geldadels einzugreifen? Zweitens: Was heißt 1830, sich *nicht* einzumischen (III)? Hat nicht damals ein großer Teil der deutschen Mandarine bewußt nationale Werte und Interessen über kosmopolitische Ideen gestellt? Und drittens: Welcher Preis wird für ständiges Sich-Einmischen verlangt (IV)? Konnte das für einen nicht-mehr-organischen Schriftsteller etwas anderes heißen, als alle Brücken hinter sich abzubrechen und den Leidensweg des Außenseiters zu beschreiten?

II. J'accuse

In was mischte sich der berühmte Autor der *Reisebilder* nach 1830 ein, und was ging den bekannten Liederdichter nichts an?

Im postrevolutionären Paris mußte der begeisterte Parteigänger der Julirevolution schnell seine Illusionen über den wahren Verlauf der Dinge verlieren, die er sich im rückständigen Deutschland über die Befreiung gemacht hatte. Denn 1830 hat nicht das Volk für sich gesiegt, wie Heine neun Jahre später in der Börne-Schrift seine damalige Enttäuschung und Ernüchterung reflektierte, sondern »jene Bourgeoisie, die eben so wenig taugt wie jene Noblesse, an deren Stelle sie trat, mit demselben Egoismus...« (B 7,60).[12] Nach der Julirevolution war tatsächlich eine Fraktion der Bourgeoisie, die Finanzbourgeoisie, an die Macht gelangt und hatte ihre Stellung durch Repression der linken wie der rechten Opposition konsolidiert. Was den Großreporter der französischen Zustände nun zum Eingreifen zwang, das war eine epochale Erfahrung, erlebte er doch unmittelbar, daß das moderne Bürgerkönigtum das französische Volk ebenso täuschte wie das halb-absolutistische Ancien régime das deutsche Volk. Und was ihn nichts anging, das waren die unterdrückten Volksinteressen in einem *post*revolutionären und die vorenthaltenen Menschen- und Bürgerrechte in einem *vor*revolutionären Land.

In glanzvollen Reportagen griff der zum politischen Journalisten avancierte Dichter zuerst das neue System, das bourgeoise Juste-Milieu, und Ludwig Philipp, den Bürgerkönig, an. Der Monarch ohne Kamarilla wird angeklagt, er versuche durch ein raffiniertes Rollenspiel den Widerspruch zu verdecken, der zwischen den demokratischen Versprechungen aus dem Jahre 1830 und der neo-aristokratischen Wirklichkeit von 1832 klafft. Die *Französischen Zustände* entwerfen näher ein Bild vom Bürgerkönigtum, das aus einem dichten, kaum durchdringbaren Gewebe von Schauspielerei und Täuschung, Verrat und Betrug besteht.

Auf die immer noch gemäßigten *Französischen Zustände* ließ Heine dann eine maßlose und unversöhnliche Abrechnung mit den verschimmelten deutschen Zuständen folgen, in deren Verlauf sich ein neuer Schriftstellertypus klar profilieren konnte.[13] Als im Herbst 1832 die jüngsten antiliberalen Tendenzen in der Innenpolitik der deutschen Bundesstaaten spürbar wurden, vertauschte Heine das Amt des Korrespondenten mit dem des öffentlichen Anklägers. Wie kein anderer ebenbürtiger deutscher Schriftsteller fühlte er sich aufgefordert, sein demokratisches »Sprechamt« wahrzunehmen (B 5,10), und er klagte sowohl im Namen des betrogenen deutschen Volkes wie des erniedrigten Vaterlandes die deutschen Fürsten wegen der »deplorablen Bundestagsbeschlüsse« vom 28. Juni und 5. Juli 1832 an. Jetzt war einfach zu offenkundig geworden, daß die Fürsten ihre liberalen Versprechungen aus der Zeit der Befreiungskriege endgültig aufgegeben hatten. Um sich richtig einmischen zu können, mißbrauchte Heine im Sinne Sartres seine »Berühmtheit« (Pl,11): Er warf sein ganzes Renommee als Lieder-Dichter und Prosa-Schriftsteller in die öffentliche Waagschale und forderte niemand Geringeren als die deutschen Fürsten, die preußische Regierung und auch den preußischen König vor die Schranken des Gerichts.

Die *Vorrede*, ein gut vierzehn Druckseiten umfassendes Dokument, dessen Veröffentlichung und Wirkung durch Zensur und Verbot 1832/33 viel Staub aufgewirbelt hat, ist ohne Zweifel einer der radikalsten und engagiertesten Prosatexte, die Heine je geschrieben hat.[14] Ohne persönliche Risiken zu scheuen, klagt hier ein einzelner heillosen Machtmißbrauch und Verrat am deutschen Volk an. Der ausdrücklich als »Doktor beider Rechte« Ausgewiesene, der damit die später immer wieder diskutierte Frage der (In-)Kompetenz des Intellektuellen kurzschaltet[15]), greift nun nicht nur die jüngsten Beschlüsse als rechtsungültig an; er klagt auch noch die fürstlichen Signataren der Wiener Bundesakte vom 8. Juni 1815 an, weil sie das deutsche Volk »aufs heilloseste getäuscht« haben: »statt der zugelobten Magna Charta der Freiheit«, hält ihnen der ausgebildete Jurist vor, haben sie »uns nur eine verbriefte Knechtschaft ausgefertigt« (B 5,99). Die ganze Wucht der Anklage aber trifft das betrügerische Preußen, »diese Jesuiten des Nordens«, die mit dem bloßen Anschein der Liberalität die antiliberalste Innen- und Außenpolitik betreiben. Namentlich wird auch Friedrich Wilhelm III., der meineidige König, vor die Schranken des Gerichts gestellt. In ihrem Kernstück hält diese leidenschaftliche Protest- und Bekenntnisschrift nun ein regelrechtes Tribunal ab, auf dem der Ankläger dreimal anhebt, um seine juristische, zivile sowie moralische Legitimation zu untermauern, und schleudert schließlich ihr vierfaches, unerhörtes J'accuse hervor:

Kraft meiner akademischen Befugnis als Doktor beider Rechte, erkläre ich feierlichst, daß eine solche von ungetreuen Mandatarien ausgefertigte Urkunde [Wiener Bundesakte] null und nichtig ist; kraft meiner Pflicht als Bürger, protestiere ich gegen alle Folgerungen, welche die Bundestagsbeschlüsse vom 28. Juni aus dieser nichtigen Urkunde geschöpft haben; kraft meiner Machtvollkommenheit als öffentlicher Sprecher, erhebe ich gegen die Verfertiger dieser Urkunde meine Anklage und klage sie an des gemißbrauchten Volksvertrauens, ich klage sie an der beleidigten Volksmajestät, ich klage sie an des Hochverrats am deutschen Volke, ich klage sie an!

Hier, in dieser rhetorisch äußerst wirkungsvoll aufgebauten und universell konzipierten Anklage, übt ein deutscher Emigrant und Citoyen nichts weniger als die radikale Haltung des modernen Intellektuellen ein. Begründet seine unversöhnliche Geste die Tradition des 20. Jahrhunderts, so knüpft sie auch an die des 18. an. Sein Selbstverständnis beruht auf Normen wie »Freiheit«, »Vernunft« oder »unveräußerliche Menschenrechte« (um nur aus *Vorrede* und *Vorrede zur Vorrede* zu zitieren, B 5,91 und B 9,11). Ferner klagt er im Stil der Aufklärung Machtmißbrauch und unterdrückte Rechte gegenüber den Herrschenden ein – eine Haltung, die Foucault als typisch für den »universellen« Intellektuellen bezeichnet hat.[16] Dieser Traditionsbezug wird außerdem im Rückgriff auf die aufklärerische Betrugstheorie spürbar, die schon in den *Reisebildern* Heines Politikverständnis im wesentlichen begründet hat.[17] Zugleich kündigt sich in der *Vorrede* aber schon die Protesthaltung des engagierten Schriftstellers an, die mit Zolas Schrift von 1898 ins allgemeine Bewußtsein gedrungen ist. Regelrecht verblüffend wirkt ferner, wie sehr sich der Text von 1832 auch formal mit der berühmten *Lettre à M. Félix Faure* berührt. So kehrt die anaphorische Konstruktion der Anklage gesteigert wieder, denn Zola erhebt neunmal sein »J'accuse« (*J'accuse* ist übrigens der vom Chefredakteur gewählte Obertitel der *Lettre*). Ebenfalls ähneln sich beide Anklagen durch ihren zugleich pathetischen und populären

Ton. – Was nun aber die Sonderstellung des ›J'accuse‹ von 1832 gegenüber jeder Tradition ausmacht, das ist Heines sozialrevolutionäres Selbstverständnis. Die *Vorrede* schließt mit dem prophetischen Bild des gebeugten deutschen Volkes, das aufstehen wird, um seinen Unterdrückern »mit dem kleinen Finger den Kopf« einzudrücken, so daß ihr »Hirn bis an die Sterne spritzt« (B 5,105). – Plädiert die radikale Geste der *Vorrede*, so fragt man sich deshalb letztlich, nicht noch für eine ganz andere Sache? Ohne einen Ortswechsel vornehmen zu müssen, aber mit einer deutlichen chronologischen Verschiebung, kann man wohl Paris 1832 und nicht erst Paris 1898 als die eigentliche Geburtsstunde des modernen (Links-)Intellektuellen ansehen – mit den *Französischen Zuständen* und der *Vorrede* als dokumentarischen Akten.

Die *Vorrede* hat nun aber keinen Glaubenskrieg ausgelöst, der wie 1898 die öffentliche Meinung gespalten hätte, sondern nur eine breite staatliche Verbotskampagne. Der *Vorrede* folgte auch kein Manifest mit 100 Unterschriften, sondern sie blieb die Tat eines exilierten einzelnen: Darin unterscheidet sich der Pariser Protest aus dem Jahre 1832 deutlich von allen folgenden. Deshalb konnte Jürgen Habermas auch betonen: »Heine kann noch kein Intellektueller im Sinne der Dreyfus-Partei sein, weil er von der politischen Meinungsbildung in den deutschen Bundesstaaten auf doppelte Weise ferngehalten wird: physisch durch sein Exil und geistig durch die Zensur.«[18] Dennoch darf aber nicht übersehen werden, wie nah und wie präsent Heine in den deutschen Bundesstaaten gewesen ist. Die Behörden vermochten nämlich nicht zu verhindern, daß die *Vorrede* durch den Buchdruck und die beiden Separatdrucke subkutan weit verbreitet wurde, ja, daß sie als Flugschrift sogar in die hessischen Kreise, speziell in die Hände des Rektors Weidig aus Butzbach, gelangt ist, der bekanntlich mit Georg Büchner zusammengearbeitet hat.[19] Wollte man jedoch insgesamt zu einer Einschätzung der Rolle kommen, die Heine trotz Zensur gespielt, und der Wirkung, die er trotz Verbotsmaßnahmen ausgeübt hat, müßte man seine ganze Publikationspolitik wenigstens streifen. Es ist ihm in der Tat gelungen, eine Reihe wichtiger deutscher und französischer Presseorgane als Plattform für seine Ideen zu benutzen. Man müßte ferner die strategische, artistische Schreibweise des »publizistischen Freibeuters« grundsätzlich erörtern (B 9,230; siehe dazu Michael Werners Beitrag in diesem Band). Um das hier versuchte Plädoyer zu stützen, mag es genügen, eine spezifische Praxis zu berühren, die in Heines Literaturkämpfen eine erste Bewährungsprobe erlebt hat und die für spätere Generationen konstitutiv werden sollte. Von 1832, seit Erscheinen der *Vorrede*, bis in die 50er Jahre sah sich Heine ständig gezwungen, öffentlich gegen Zensur, unterdrückte Wahrheit und persönliche Verleumdung Alarm zu schlagen. Das ist in einer ganz neuartigen Textgattung, den »Schriftstellernöten«, geschehen. Unter diesem Titel hat Klaus Briegleb erstmals ca. fünfzig Kampftexte völlig unterschiedlichen Umfangs veröffentlicht, die aber bei weitem nicht alle zu Heines Lebzeiten erscheinen konnten (B 9,9ff. und 551ff.). Aus der Reihe der Erklärungen, Erörterungen und Berichtigungen ragen nun zwei besonders signifikante Texte heraus, die eine Form erproben, welche erst gegen Ende des Jahrhunderts zur wichtigsten Kommunikationsform der protestierenden modernen Schriftsteller geworden ist. Mit Heine beginnt die Praxis der Offenen Briefe. 1836, nach dem Verbot des ›Jungen Deutschlands‹, schrieb er einen solchen Brief, signiert mit »Heinrich Heine, beider Rechte Doktor«, ausgerechnet *An eine hohe Bundesversammlung* (um freies Geleit und einen fairen Prozeß zu verlangen). Drei Jahre später erschien unter dem Titel *Schriftstellernöten* ein böser »Offener Brief des Dr. Heine an Herrn Julius Campe«, in dem der Autor die hausinterne Zensurpolitik seines Verlegers rüde anprangerte. Der bedrängte Volksschriftsteller Heine trat hier zwar in eigener Sache auf, aber er ergriff ständig Partei für allgemeine Interessen wie Presse- und Meinungsfreiheit. Allein – denn 1832 war noch nicht die Zeit der Manifeste und Petitionen.

III. Der Verrat der deutschen Intelligenz

Die rücksichtslose *Vorrede* von 1832 hält zusammen mit dem Tribunal der Herrschenden auch das ihrer servilen Lakaien ab. Heine, der sich radikal eingemischt hat, geht ebenso radikal gegen jene vor, die ihre Intelligenz weiter in den Dienst historisch überholter Regime stellen. Seine Kritik wendet sich von den Machthabern, die das Volk täuschen, deshalb den Mandarinen zu, die ihnen dabei zur Verfügung stehen.

Heines lebenslange Auseinandersetzung mit dem restaurativ eingestellten Teil der deutschen Intelligenz verleiht zwei Figuren Kontur: Im Schatten des modernen Schriftstellertypus profiliert sich auch sein Doppelgänger und Gegenspieler, der Anti- oder Gegenintellektuelle, und zwar in seiner spezifisch deutschen Gestalt.[20] In einer Zeit, die allgemein von Abfall, Täuschung und Verrat sowohl der Herrscher wie herrschender Geister gekennzeichnet ist[21], wurde Heine nicht müde, das konformistische und untertänige Verhalten deutscher Schriftsteller und Gelehrter als ›Sündenfall‹ oder präzise als »Verrat« zu geißeln. Damit sind neben den Ideologen der Restauration alle gemeint, die sich in den sog. »Freiheitskriegen« *gegen* Napoleon, den Imperator, aber auch Emanzipator, und *für* die deutschen Fürsten engagiert haben; auch jene, die sich vor und nach 1830 vom preußischen Liberalismus haben verführen lassen, oder schließlich die, welche 1830 als »Schreier der Freyheit« auf den Bühnen standen, bevor sie wieder ins preußische Glied zurücktraten.[22] Gedanklich radikal und mit satirischer Verve geht Heine in der *Vorrede* gegen deutsche Mandarine vor, die Sartre als »falsche Intellektuelle« und Paul Nizan als »Wachhunde« denunziert hat.[23] 1832 heißen sie »Lohnschreiber« und »Lohnlakaien« der Aristokraten, »gelehrte Knechte« und »Komparsen«, und sie tragen illustre Namen. Alle werden zur Rede gestellt, sie hätten sich von der preußischen Regierung zu staatsapologetischen Zwecken »benutzen« lassen (vgl. B 5,211: 1813 »benutzten die Regierungen eine Koppel Fakultätsgelehrte und Poeten«). – Näher lassen sich vier Gruppen unterscheiden, die im Dienst der deutschen Fürsten und Preußens »Nationalhaß« (B 9,10), Fremdenfeindschaft und Krieg gepredigt haben.

Zu den designierten Opfern der Kritik gehören zuallererst die deutschen Romantiker sowie deren Schule nahestehende Dichter und Schriftsteller. Diese Gruppe wird zu Beginn der 30er Jahre immer wieder angeklagt, 1813-15 die fortschrittlichen Ideale ihrer humanistischen Vorgänger verraten zu haben. In scharfem Gegensatz zum kosmopolitischen Geist eines Lessing, Herder, Schiller, Goethe und Jean Paul werden die romantischen Schulhäupter als diejenigen entlarvt, die damals »Hand in Hand mit dem Streben der Regierungen und der geheimen Gesellschaften« gegangen sind (B 5,379f.; vgl. z. B. B 3,666). – Viel Spott und Satire müssen zweitens Gelehrte wie die Historiker Ranke und Raumer ertragen, die sich – »rankender Knecht« der eine und »königl. Preuß. Revolutionär« der andere – zu Regierungspropaganda haben korrumpieren lassen (B 5,22 und 96). Unter den »Knechten« (B 5,94) und »gelehrten Hunden« (B 3,667) ragt noch jene »ganze Hundezunft«, die »ganze historische [Rechts]Schule« heraus (B 8,1025), deren Häupter wie von Savigny und Gustav Hugo schon seit den ersten Reisebildern zum Abschuß freigegeben worden sind. Die Tiermetaphorik soll wohl hier die Ansicht bestärken, daß es sich um preußische ›Liberale‹ handelt, die sozusagen wirklich ›auf den Hund‹ gekommen sind. – In die Schußlinie geraten nach 1830 drittens jene »Lohnlakaien«, die erneut den aristokratischen Interessen, und nach 1840 jene Dichter, die den nationalistischen Kräften zur Verfügung standen, allesamt Beispiele deutscher Servilität und deutscher Ideologie. Als Indiz der Anklage gegen die Vormärz-dichter mag nur die »Verhofräterei« Franz Dingelstedts stehen, der vom oppositionellen Lyriker zum Hofrat und Vorleser beim König von Württemberg aufgestiegen war (B 7,427; vgl. dazu im vorliegenden Band den Beitrag von Karlheinz Fingerhut).

Beispielhaft für die Verratssymptomatik ist aber schließlich – viertens – ausgerechnet das Verhalten derjenigen, die mehr als auf der Höhe der Zeit waren, denn sie haben, was die Philosophie-Schrift erstmals enthüllt hat, eine welthistorische Rolle gespielt. An Hegel und Schelling wird nun ein regelrechtes Exempel statuiert, weil sie eine »geistige Revolution« durchgeführt haben, um dann in den Dienst der versteckten bzw. der offenen Restauration zu treten. Diesen schwerwiegenden Sündenfall, den schon die *Reisebilder* aufgegriffen haben[24], prangert die Philosophiegeschichte scharf an. Sie hält dem »großen Hegel«, dem »größten Philosophen« Deutschlands seit Leibniz, vor, er habe »dem Bestehenden in Staat und Kirche einige allzubedenkliche Rechtfertigungen« verliehen.[25] Besonders signifikant ist dann wiederum die radikale *Vorrede*, weil sie die Anklage gegen Hegel und den Theologen Schleiermacher genau auf den Punkt bringt, um den es geht. Diese Schrift kreidet Hegel nicht nur trocken an, er »mußte die Knechtschaft, das Bestehende, als vernünftig rechtfertigen«, sondern klagt ihn zusammen mit dem Theologen ausdrücklich des »Verrats« und der Servilität an: »Empörend und verrucht ist die Benutzung von Philosophen und Theologen, durch deren Einfluß man auf das gemeine Volk wirken will, und die man zwingt, durch *Verrat* an Vernunft und Gott, sich öffentlich zu entehren« (B 5,97; Hervorhebung von mir, G. H.). Man stelle sich das Maß dieser unerhörten Anklage einmal richtig vor: 1832, nur ein Jahr nach seinem Tod, muß sich Hegel von seinem ehemaligen Schüler des »Verrats« an der Vernunft bezichtigen lassen! Da wagt ein unerbittlicher Preußen-Feind, den praktischen Fall des Meisters an der Höhe seiner theoretischen Leistungen zu messen!

Heines Verhältnis zu Hegel insgesamt ist bekanntlich größeren Wandlungen unterworfen. Dagegen wird mit dem (Ab-)Fall Schellings, der sich sachlich ganz eindeutig darstellt, in der Literatur- und Philosophiegeschichte kurzer Prozeß gemacht. Ein simpler Blick auf Schellings Karriere, die nach München direkt in den Dienst der restaurativen Macht geführt hat, belastet den Philosophen schon ungemein. Dort hat sich der früher pantheistische Naturphilosoph (zusammen mit Görres) in den »Schlingen der katholischen Propaganda« verfangen und die philosophische Wahrheitssuche zugunsten von »jesuitischer Lüge« aufgegeben (B 5,434f., 438f. und 633f.). Knapp und bündig heißt es über Schellings »Abfall« von seinem eigenen Denken, der noch schwerer wiegt als Hegels »Verrat«: »Herr Schelling verriet die Philosophie an die katholische Religion.«[26]

Die Auseinandersetzung mit der antiliberalen Intelligenz beschränkt sich nicht auf reine Polemik, im Gegenteil, sie hat eine bestimmte Verrätergestalt konkret nachgezeichnet. Die Konfrontation mit einem damals führenden Literaturkritiker, einem ehemaligen Liberalen, der nach 1830 die Fronten gewechselt hat, ist Anlaß zu einem typologischen Beitrag geworden, der die klassischen Züge des »Denunzianten« enthüllt hat. Der frühere Burschenschafter und Juli-Liberale Wolfgang Menzel, 1831 noch liberales Mitglied der württembergischen Kammer und Verteidiger der Judenemanzipation, hatte sich bald zum Vorkämpfer der Reaktion gewandelt. Die publizistischen Angriffe, die Menzel gegen Vertreter des ›Jungen Deutschlands‹ 1835 gestartet hatte, sind nach Heines Überzeugung ursächlich für das Vorgehen der Behörden verantwortlich. 1837 stellt er in dem nationalistischen Anwalt von Religion und Sitte den Typus des aktiven Verräters, eben des Denunzianten, bloß *(Ueber den Denunzianten)*. Als freiheitlicher Patriot warnt er vor der fatalen, populären Verwechslung von Franzosen*haß* und Vaterlands*liebe*; und in »pacifiker Mission«[27] verteidigt er die, welche »eine Freundschaft zwischen Frankreich und Deutschland zu vermitteln suchen«. Deshalb kann er dem scheinliberalen Gegenspieler unmißverständlich vorhalten: »Wer dieses nicht einsieht, ist ein Dummkopf, wer dieses einsieht und dagegen handelt, ist ein Verräter« (B 9,39 und f.).

Der Kritiker des deutschtümelnden Denunzianten versteht sich aber zugleich auch als Genealoge. So versucht er ausdrücklich, »die Keime und Ursprünge seiner [Menzels] Teutomanie nachzuweisen« (B 9,38) und entdeckt sie in der retrograden, altdeutsch-patriotischen Einstellung des aktiven Turnvater-Jahn-Anhängers. Im Gegensatz zu Ludwig Börne, der in Menzel den »Franzosenfresser« und »Überschleicher« gegeißelt hat, versucht Heine einem die Maske herunterzuziehen, der 1830 nur in »liberaler Vermummung« aufgetreten ist (B 7,104ff.), bevor er in die »alten Ideenkreise zurückturnte«. Was Heine hier an einem konkreten Beispiel demonstriert, wird von der späteren deutschen Geschichte voll bestätigt: Wie liberal sich Menzel und seine teutschen Gesinnungsfreunde, die National-Liberalen, auch zeitweilig gegeben haben, sie bilden eine Partei, die eigentlich schon umgefallen war, bevor sie überhaupt gestanden hatte, und der Deutschlands Einheit wichtiger war als Deutschlands Freiheit. – Zusammen mit der Polemik gegen die anti-intellektuellen Geistesarbeiter kann man *Ueber den Denunzianten* als einen frühen Beitrag zur Kritik der Deutschen Ideologie ansehen. Die kleine Schrift hat in der Deutschtümelei der sog. ›Befreiungskriege‹ die Keimzelle jener verhängnisvollen Trias ausgemacht, die schon 1837 überraschend präzise Gestalt angenommen hatte: deutsche Nationalität, Rassenmäklerei und Antisemitismus.[28]

IV. Das Ende der organischen Bindungen und der Beginn des Intellektuellen-»Märtyrtums«

Schon 1830 war das »goldene Zeitalter« mit seinem »organischen Konsens« vorbei, das Sartre zwischen Bourgeoisie und Intellektuellen im 18. Jahrhundert festgestellt hatte (Pl,16f.), und in Paris wird der Leidensweg erkennbar, der kritischen deutschen Schriftstellern wie ein Schicksal vorherbestimmt sein sollte. Seit 1830 steckt auch schon ein Wahrheitskern in den auf eine spätere Zeit gemünzten Worten, mit denen Sartre seinen ersten Vortrag schließt: »Als Produkt gespaltener Gesellschaften [sociétés déchirées] ist der Intellektuelle deren Abbild, denn er hat ihre Zerrissenheit [déchirures] verinnert [intériorisé]. Er ist also ein historisches Produkt.« »Sociétés déchirées«: Die Metapher trifft sich in der Tat mit Heines historischer Diagnose, nach der durch die Zeit der »große Weltriß« gegangen ist; »déchirures«: Das Bild ist Signatur und Symptom einer Zeit, welche die Julirevolution »in zwei Hälften auseinander sprengte« (B 3,405 f. und B 7,59). Zerrissenheit heißt aber auch der Preis, den Heine ohne Preisgabe seiner kritischen Intellektualität für sein europäisches Einmischen gezahlt hat. Besser noch müßte man im aktiven Sinn von ›zerreißen‹ und ›losreißen‹ sprechen: Er, der Jude, der nichts als ein »deutscher Dichter« sein wollte, sah sich gezwungen, alle traditionellen Bande zu zerreißen, ohne mehr als die immer gefährdete soziale Identität eines Außenseiters ›sichern‹ zu können. Früh schon ist er sich seiner Randstellung bewußt geworden. So teilte er bereits am 24. Dezember 1822 Karl Immermann über die Bestimmung des »wahren Dichters« mit: »das höchste was er erreichen kann ist doch nur ein Martyrthum« (vgl. B 3,406). Sein Lebensweg bedeutet tatsächlich ein ständiges Sich-Losreißen. Der ausgebildete Jurist war für seine Integration in die politisch noch unterdrückte bürgerliche Gesellschaft Deutschlands zum höchsten Opfer, dem seiner jüdischen Identität, bereit. Aber der Taufzettel, das vermeintliche »Entréebillett zur europäischen Kultur«, reichte weder zu einer juristischen Anstellung in Hamburg aus noch zu einem philosophischen Lehramt an der Berliner oder zu einer Professur an der Münchner Universität. Der ›rettende‹ Entschluß, als freier Berufsschriftsteller nach Paris überzusiedeln, ließ weitere Entfremdungen unvermeidlich werden – für die Gegner ›Verrat‹ am Vaterland. Noch bevor er ging, wußte er genau, daß die Übersiedlung den »Bruch mit den heimischen Machthabern« nach sich ziehen würde, wie er Varnhagen am 4. Januar 1831 gestand. Kurze Zeit später, am 28. Dezember 1832, schrieb er Campe klarsichtig, daß ihm die unverstümmelte Veröffentlichung der *Vorrede* »Deutschland auf Lebenszeit« versperren werde. Die radikale Deutschland-Kritik forderte bald weitere schwere Tribute. Zu den Angriffen auf den frankophilen Juden in Paris kamen die Verfolgungen durch die Behörden. Die Maßnahmen gegen das ›Junge Deutschland‹ bedeuteten für Heine nichts weniger als Berufsverbot. 1844/45 besiegelten die staatlichen Behörden dann mit Grenzhaftbefehlen den endgültigen Bruch mit dem Vaterland (sowohl gegen die Pariser Mitarbeiter der ›Deutsch-Französischen Jahrbücher‹ und des ›Vorwärts‹ als auch persönlich gegen den Autor des *Wintermärchens*).

Neben den persönlichen Bedrohungen mußte Heine, Prototyp des ›freien‹ Berufsschriftstellers, erfahren, wie die neuen Marktmechanismen seine Mission gefährdeten. Der sich allmählich entwikkelnde literarische Markt gewährte zwar neue Berufschancen, verlangte aber als Preis dafür Unterwerfung unter anonyme Gesetze und wechselnden Publikumsgeschmack. Außerdem war der Markt streng überwacht: 1832 und 1843 bewirkte Zensur den Abbruch der Tätigkeit für die Augsburger ›Allgemeine Zeitung‹. Ein weiterer Autonomieverlust wurde unvermeidlich, weil Heine, der von seinen literarischen Einnahmen nicht leben konnte[29], auf die finanzielle Unterstützung seiner Hamburger Familie angewiesen blieb. Nach dem Tod des Onkels Salomon Heine, eines Millionärs, kam es schließlich auch noch zum Bruch mit der »Geldsack«-Familie.

»[...] ich ging weil ich mußte«, notierte Heine bitter im Oktober 1833, nachdem er seine jüdische Religion geopfert, auf eine bürgerliche Karriere verzichtet und mit seiner Heimat gebrochen hatte (B 5,10). Heine, der Jude in Deutschland und der Fremde in Frankreich, hat sein kritisches Schriftstellertum nicht allein mit äußerem, sondern auch mit innerem Exil bezahlt. Was muß einer gelitten haben, der niederschrieb: »Mein Geist fühlt sich in Frankreich exiliert, in eine fremde Sprache verbannt« (B 11,634)?

Über die Stellung des klassischen Intellektuellen zu den Massen sagt Sartre treffend: »Der Intellektuelle steht allein, weil er von niemandem ein Mandat erhalten hat« (Pl,35). In der Tat, auf sich gestellt, ohne dauerhafte Bindungen an eine Gruppe, ohne solidarische Gemeinschaft, von Freunden und Gegnern gleichermaßen als Frivoler und Verräter verdächtigt und verurteilt – so mußte Heine, der sein deutsches Vaterland leidend geliebt hat, eine typisch deutsche »déchirure« verinnerlichen. Was Thomas Mann »Leiden an Deutschland« genannt hat, ist der Preis, den Heine für sein Einmischen in Dinge zu zahlen hatte, die ihn nichts angingen. ›Le mal allemand‹ gehört seitdem zu den unverwechselbaren, konstanten und vor allem bitteren Erfahrungen deutscher Intellektueller, ob sie im ›äußeren‹ oder nur im ›inneren‹ Exil gelebt haben.

*

Und heute? Sicher vermag keine bloße Reflexion auf die von viel Glanz, aber auch von viel Elend geprägte Vorgeschichte – um daran abschließend zu erinnern – die Gestalt des klassischen Intellektuellen aus der tiefen Identitätskrise zu retten, in die sie unleugbar geraten ist. Und keine noch so exemplarische Lebens- oder Leidensgeschichte könnte die Aura wiederherstellen, die unabdingbar zu seiner goldenen Zeit gehört. Dennoch stellt der hier aufgerollte, konkrete ›Fall Heine‹ die entscheidende Frage: Läßt sich mit der Figur des allgemeinen Intellektuellen auch eine allgemeine ›Sache‹ erledigen, für die Heine unverkennbar Profil gezeigt hat und die seit Beginn der Moderne zu den immer noch einklagbaren Versprechen gehört: Erweiterung von Demokratie und Menschenrechten?

Anmerkungen

Werkzitate mit Sigle B (plus Band- und Seitenzahl) nach der 12bändigen, von Klaus Briegleb herausgegebenen Taschenbuchausgabe; die Briefzitate nach der Säkularausgabe (siehe Anhang).

1 M. Rainer Lepsius, *Kritik als Beruf. Zur Soziologie der Intellektuellen*, in: Kölner Zeitschrift für Soziologie und Sozialpsychologie 16 (1964), S. 75-91, hier: S. 77; Art. *Intellektuelle, Intelligenz* (Klaus von Beyme), in: *Sowjetsystem und demokratische Gesellschaft*, hg. v. H. D. Kernig, Freiburg 1969, Sp. 185-207, hier: Sp. 188; Art. *Intelligenz, Intelligentsia, Intellektueller*, in: *Historisches Wörterbuch der Philosophie*, Bd. 4, Sp. 445-461, hier Sp. 447: es gibt »keinen verbindlichen Begriff« von Intelligenz und vom Intellektuellen; Christophe Charle, *Naissance des »intellectuels« 1880-1900*, Paris 1990. – In einem Gespräch gab Pierre Nora kürzlich die typische Antwort: »Ich sehe keine positive Definition des Intellektuellen.« Pierre Nora im Gespräch mit Ulrich Raulff, *Der Intellektuelle – Ein Gegenstand der Geschichte?*, in: Freibeuter, Nr. 43 (1990), S. 26-34, hier S. 30.

2 Z. B. Jean-François Sirinelli, *Intellectuels et passions françaises. Manifestes et petitions au XXe siècle*, Paris 1990; ferner: Pascal Ory, Jean-François Sirinelli, *Les Intellectuels en France, de l'Affaire Dreyfus à nos jours*, Paris 1986; Christophe Charle, a.a.O.; Pascal Ory (Hg.), *Dernières questions aux intellectuels*, Paris 1990 (mit Beiträgen von vier Historikern).

3 Jean-Paul Sartre, *L'Ami du peuple*, in: ders., *Situations, VIII*, Paris 1972, S. 456-476; S. 469: »je reste sur le plan de l'ancien intellectuel«.

4 Michel Foucault, *Vérité et pouvoir. Entretien avec M. Fontana*, in: L'Arc 70 (1977), S. 16ff.

5 Jean-François Lyotard, *Tombeau de l'intellectuel et autres papiers*, Paris 1984, S. 11-22. Ihm widerspricht Bernard-Henri Lévy mit: *Eloge des intellectuels*, Paris 1987.

6 Siehe dazu: Dietz Bering, *Die Intellektuellen. Geschichte eines Schimpfwortes*, Stuttgart 1978; Christophe Charle, a.a.O. – Am 14. Januar 1898, einen Tag nach Zolas *Lettre à M. Félix Faure, Président de la République*, veröffentlichte derselbe Pariser ›L'Aurore‹ eine von zahlreichen Schriftstellern unterzeichnete *Protestation* (und nicht, wie oft behauptet wird, ein »Manifeste des intellectuels«). Die Gegner einer Revision des Dreyfus-Prozesses sprachen am 21. Januar in ›Libre Parole‹ von einer »protestation des intellectuels«. Der nationalistische Schriftsteller Maurice Barrès popularisierte dann am 1. Februar 1898 in ›Le Journal‹ das pejorativ gemeinte Schlagwort »die Intellektuellen«.

7 Zu letzterem Aspekt s. Charle, a.a.O.

8 Eingehender aus der Perspektive der Wirkungsabsichten: *Zu Heinrich Heine*, hg. v. Luciano Zagari und Paolo Chiarini, Stuttgart 1981, *Einleitung*; und: Paolo Chiarini, *Alle origini dell' intellettuale moderno*, Rom 1987, *Introduzione*, S. IX ff.

9 Jürgen Habermas, *Heinrich Heine und die Rolle des Intellektuellen in Deutschland*, in: ders., *Eine Art Schadensabwicklung*, Frankfurt/Main 1987 *(Kleine Politische Schriften VI)* S. 27-54 (zuerst Vortrag in Düsseldorf 1986).

10 Habermas, a.a.O., S. 30 und S. 51 – Hauke Brunkhorst betont zwar ausdrücklich Heines Rolle bei der »intellektuellen Transformation der Philosophie in Deutschland«, erläutert sie aber nicht näher: *Der Intellektuelle im Land der Mandarine*, Frankfurt/Main 1987, S. 112 und S. 30 ff. Vgl. auch Martin Greiffenhagens Heine-Deutung, in: ders., *Propheten, Rebellen und Minister. Intellektuelle in der Politik*, München 1986, S. 9 und S. 88-98.

11 Jean-Paul Sartre, *Plaidoyer pour les intellectuels*, in: ders., *Situations, VIII* [vgl. Anm. 3], S. 375-455; dt. Übersetzung: Jean-Paul Sartre, *Mai '68 und die Folgen. Reden, Interviews, Aufsätze 2*, Reinbek 1975, S. 9-64 (im folgenden mit der Sigle Pl zitiert); Zitat: S. 17. – Zur Bedeutung dieses Textes siehe: Hauke Brunkhorst, *Sartres Theorie des Intellektuellen*, in: Traugott König (Hg.), *Sartre. Ein Kongreß*, Reinbek 1988, S. 408-428.

12 Am 19. November 1830, kurz nach der Julirevolution, schrieb Heine an Varnhagen: »Ich selbst hasse die aristocratie bourgeoise noch weit mehr« (als Adel und Kirche). Diesen Aspekt behandelt Fritz Mende im vorliegenden Band näher.

13 Die folgenden Ausführungen greifen zurück auf: Gerhard Höhn, *Heine-Handbuch. Zeit, Person, Werk*, Stuttgart 1987 (speziell S. 25-31, 220f., 244-247, 290, 309-315 und 335-342.) Vgl. Gerhard Höhn, *Heinrich Heine, intellectuel moderne*, in: Revue de Métaphysique et de Morale 94 (1989), S. 151-164.

14 Die *Vorrede* erschien zunächst im Dezember 1832 von der Zensur grauenhaft verstümmelt in: *Französische Zustände* (auf 1833 vordatiert);

vollständig kam sie aber erst Anfang Juli 1833 unter einem Decknamen als Broschüre in Paris heraus (nachdem ein fertiger Separatdruck mit *Vorrede zur Vorrede* an Campes Druckort Altenberg liegengeblieben war).

15 Lepsius, *Kritik als Beruf* [vgl. Anm. 1], S. 86ff.

16 Nach Michel Foucault, *Vérité et pouvoir* [vgl. Anm. 4], S. 23, leitet sich der Intellektuelle des 19. und frühen 20. Jahrhunderts von folgender Gestalt ab: »l'homme de justice, l'homme de loi, celui qui au pouvoir, au despotisme, aux abus, à l'arrogance de la richesse oppose l'universalité de la justice et l'équité d'une loi idéale.« – Als Vorläufer und intellektuelle Wegbereiter der Revolution hat Heine französische Aufklärer wie Voltaire und Rousseau hoch eingeschätzt, z. B. B 5,232 und 239 oder B 3,657.

17 Wieweit Heines Politikverständnis von der aufklärerischen Herren- und Priestertrugstheorie geprägt worden ist (Art. *Prêtres* von D'Holbach in Diderots *Encyclopédie*; ferner D'Holbach, *Le Christianisme dévoilé*, 1766, Helvétius, Condorcet), hat man bisher noch nicht befriedigend erforscht (s. dazu Günter Oesterle, *Integration und Konflikt. Die Prosa Heinrich Heines im Kontext oppositioneller Literatur der Restaurationsepoche*, Stuttgart 1972, S. 8-12; vgl. Höhn, *Heine-Handbuch*, S. 208f. sowie S. 238f. – zur Kritik von Betrug und Täuschung als Machtpraxis). Die zentrale, von den Reisebildern bis zur Philosophie-Schrift wiederkehrende Polemik gegen Thron und Altar bzw. gegen Adel und Klerus wird zunächst sowohl durch die typische Metaphorik von »Gift«, »Schlange« und »Schlangenlist« bestimmt als auch durch Begriffe und Ausdrücke wie »Betrug« und »Lug«, Kabale und Intrige, adelige »Roßtäuscherei« und jesuitisches »Ränke«-Spiel. Unmittelbar auf den Begriff »Paffen-« und »Priestertrug« bzw. auf die Betrugstheorie greifen dann zurück: *Die Stadt Lucca*, der Kahldorf-Essay, *Französische Zustände* und *Lutezia* (B 3,500; B 3,657; B 5,128; B 9,309, vgl. B 11,615). Ferner hat man bisher zu wenig beachtet, daß sich nicht allein Heines Vorstellung der *absolutistischen*, sondern auch, wie oben erwähnt, die der *modernen* Herrschaft wiederum von Praktiken herleitet wie Maskenspiel und Komödie, Verstellung und List (vgl. Bodo Morawe, *List und Gegenlist. Heinrich Heine als politischer Schriftsteller*, in: Euphorion 3/1988, S. 281-315, speziell S. 285ff. und S. 298ff.).

18 Habermas, *Heinrich Heine* [vgl. Anm. 9], S. 29.

19 Weitere Einzelheiten: Düsseldorfer Ausgabe DHA XII/2, 654-666 (zu Sigle s. Anhang).

20 Hier wiederholt sich nach 1830 im deutschen Rahmen, was bereits 1789 in Frankreich ausgebrochen ist: die Bipolarisation des politischen Lebens und die Spaltung der Intelligenz in Revolutionäre und Konterrevolutionäre, in Freund und Feind. – Auf 1789 datiert Hauke Brunk-

horst nach Edmund Burke die Entstehung des modernen Antiintellek-
tualismus (*Der Intellektuelle im Land der Mandarine* [vgl. Anm. 10],
S. 17).

21 Heine klagt nicht allein den Betrug an, den der preußische König und
der deutsche Adel an ihrem Volk begangen haben. Für ihn hat Napoleon am 18. Brumaire die Freiheit verraten; Zar Nikolaus ist von seinen
liberalen Prinzipien abgefallen, und das französische Volk wurde nach
der Julirevolution unter König Ludwig Philipp verraten. Ferner gehören zu den Renegaten, Verrätern und Abtrünnigen 1830 die Gruppe der
»Doktrinäre« (u. a. Guizot), 1848 Lamartine und sogar Heines Freund
Laube (»Verrath an der Sache der Vernunft und Wahrheit«, Brief an
Gustav Heine vom 15. November 1850), und dazu gehören schließlich
auch die Saint-Simonisten (»Märtyrer«, die sich in »Neo-Millionäre«
verwandelt haben, B 11,440).

22 Z. B.: B 3,336, 666f. und B 5,211. Auch für Julien Benda geht »la trahi-
son des clercs« auf die deutsche Romantik und die »clercs nationalistes«
zurück (*Der Verrat der Intellektuellen*, Frankfurt/Main, Berlin, Wien
1983, S. 97f. und S. 121). Zum preußischen Liberalismus: Klaus Briegleb, *Opfer Heine? Versuche über Schriftzüge der Revolution*, Frank-
furt/Main 1986, S. 46ff. und S. 51.

23 Pl,32f. – Paul Nizan, *Les chiens de garde*, Paris 1932 und 1960.

24 B 3,525 (gegen jene, die wie Hegel behaupten, »die Wand sei das Absolute, das Gesetzte, das an und für sich Seiende, das, weil es ist, auch vernünftig ist«; und die »uns in eine gelinde Knechtschaft hineinphiloso-
phieren wollen«).

25 B 5,633, vgl. 636: »Hegel aber ließ sich krönen zu Berlin, leider auch
ein bißchen salben.« – 1816, in seiner Heidelberger Antrittsrede, hat
Hegel den preußischen Staat als »auf Intelligenz gebaut« bezeichnet.
Heines Verhältnis zu Hegel untersucht z. B. Jean Pierre Lefebvre, *Der
gute Trommler. Heines Beziehung zu Hegel*, Hamburg 1986; im vorliegenden Band ferner Klaus Briegleb und Heinz Pepperle.

26 Vgl. den Brief an Karl Immermann vom 19. Dezember 1832: »Schelling
hat die Philosophie an die kath*olische* Kirche verrathen.«

27 Zu Heines kosmopolitischem Engagement s. Brief an einen Freund von
Anfang April 1833: »ich habe vielleicht überhaupt die pacifike Mission,
die Völker einander näher zu bringen. [...] Ich bin daher der inkarnierte
Kosmopolitismus«.

28 B 9,33,38; vgl. B 7,88f. und 108 sowie B 11, 455 und 652.

29 Die Einnahmen aus literarischen Tätigkeiten betrugen nur etwas mehr
als ein Drittel der Gesamteinnahmen; s. Michael Werner, *Genius und
Geldsack*, Hamburg 1978, S. 139. Auf dem literarischen Markt Frankreichs konnte Heine keinen größeren Erfolg erzielen.

Fritz Mende
Heinrich Heine, »Sohn der Revolution«

Heines Œuvre, auch seine Briefe und Äußerungen Dritten gegenüber, sind reich an bekenntnishaften Selbstbekundungen seines Dichtertums. Heine war sich 'der gesellschaftlichen, der politischen Funktion von Literatur im sozialen Spannungsfeld des Epochen-Umbruchs bewußt, und er hat aus seiner Zielsetzung kein Hehl gemacht, engagiert und an vorderster Front an der progressiven Gestaltung der Zeitgeschichte teilzunehmen. Zeitlebens ist er dem Grundzug seiner Persönlichkeitsentwicklung zum artistischen Neurer einerseits, zum politischen Schriftsteller und revolutionären Demokraten andererseits treu geblieben.

Schon in seinem frühen Brief an Immermann vom 24. Dezember 1822 setzt Heine ein Zeichen seiner politischen Standortbestimmung, wenn er dem Mitstreiter mit den Worten die Hand entgegenstreckt: »Kampf dem verjährten Unrecht, der herrschenden Thorheit und dem Schlechten! Wollen Sie mich zum Waffenbruder in diesem heiligen Kampfe, [...]. Die Poesie ist am Ende doch nur eine schöne Nebensache.«[1] Noch in den *Geständnissen* bezeichnet er sich 1854 als einen »Kämpen der Revolution und ihrer demokratischen Principien« (HSA 12, 71). Dazwischen fallen zahlreiche Äußerungen, in denen er sich öffentlich und Freunden gegenüber zu einer revolutionären Umgestaltung der Gesellschaft bekennt. So prägt er 1828 in der *Reise von München nach Genua* das Wort vom »braven Soldaten im Befreyungskriege der Menschheit« (HSA 6, 66), der er sein wollte, nennt er sich in seinem Brief an Laube vom 7. November 1842 den »entschiedensten aller Revoluzionäre«, der »keinen Fingerbreit von der graden Linie des Fortschrittes gewichen« sei (HSA 22, 36).

Heines Eintritt in die deutsche Literatur ist die eines Aufbegehrenden gegen Überkommens, eines Kritikers der bestehenden gesellschaftlichen Ordnung. Die Leitsterne seines Denkens sind die Begriffe »Freiheit«, »Emanzipation«, »Demokratie« und vornehmlich »Revolution«. Wenn er sich, unter dem Eindruck der Nachricht vom Ausbruch der Juli-Revolution in Paris, als einen »Sohn der Revoluzion« (HSA 9, 317) bezeichnet, so liegt darin mehr als ein enthusiastisches Bekenntnis des Augenblicks. Diese als spontaner Ausruf (möglicherweise im nachhinein) stilisierte Aussage kommt aus dem Zentrum seines Wertverständnisses, sie bringt das Programm seiner Wirkungsabsichten als Schriftsteller, als »destructeur initiateur« (wie er sich 1855 in der französischen Fassung der *Geständnisse* bezeichnen wird[2]) auf den Begriff.

Wenn Heine am 16. Juli 1833 Varnhagen schreibt: »Ich hatte die Wahl zwischen gänzlichem Waffenniederlegen oder lebenslänglichem Kampf, und ich wählte diesen, und wahrlich nicht mit Leichtsinn. Daß ich aber einst die Waffen ergriff, dazu war ich gezwungen durch fremden Hohn, durch frechen Geburtsdünkel – in meiner Wiege lag schon die Marschroute für das ganze Leben« (HSA 21, 58), so weist dies auf den sozialen Ursprung der gesellschaftskritischen Linie seines Denkens und Handelns zurück und markiert zugleich deren Programm: Beseitigung der Standesunterschiede und Verbreitung der »Idee der Menschengleichheit« als die heilige agitatorische Aufgabe des Dichters.[3] Bereits in seinem Brief an Varnhagen vom 4. Februar 1830 hatte es geheißen: »[…] jetzt gilt es die höchsten Interessen des Lebens selbst, die *Revoluzion* tritt ein in die Literatur, und der Krieg wird ernster« (HSA 20, 385). Ein halbes Jahr später prägte er den Begriff der »sozialen Revolution«[4], das Schlüsselwort seiner politischen Terminologie in den kommenden Jahren.

Wenn Heine in seinen Werken und Briefen von der notwendigen sozialen Umgestaltung der Gesellschaft, von der Revolution spricht (in welchem Kontext er auch das Thema der Zeit artikuliert), wenn er sich mit der Frage nach der »Bestimmung des Menschengeschlechts« beschäftigt und wenn er »über die Mittel« nachdenkt, »wie man die Leute besser und glücklicher machen kann«[5], so bewegt er sich, ausdrücklich oder unbewußt, in dem ihm durch die Französische Revolution vorgegebenen Denkrahmen. Seine Beschäftigung mit den politischen Vorgängen im Verlauf und im Gefolge der Revolution von 1789 bis 1793 fixiert die Koordinaten seines Geschichtsverständnisses, wie es allen seinen Werken zugrunde liegt: den politischen Manifesten wie der *Vorrede* zu den *Französischen Zuständen* (vom Oktober 1832) oder der *Vorrede* zum *Salon. Erster Band* (vom 17. Oktober 1833), in denen er als Tribun im Kampf um die aktuellen politischen Interessen des deutschen Volkes auftritt; den Zielvorstellungen seiner visionär in utopische Bereiche vorstoßenden sozialen Heilserwar-

tungen. Hier liegen die Wurzeln seines sozialen Verantwortungs-
bewußtseins wie der politischen Aufgabe, die er als Dichter übernimmt: »Zeitinteressen vortragen, revoluzionäre Wünsche anzet-
teln, die Leidenschaften aufstacheln, den armen deutschen Michel
beständig an der Nase zupfen, daß er aus seinem gesunden Riesen-
schlaf erwache«.[6]

Schon der junge Heine ist ein enthusiastischer Bewunderer der
Französischen Revolution, über die er ein Buch schreiben will[7],
und ihrer Helden. Er lebt eine Zeitlang, wie er 1834 rückblickend
gesteht, »von der Terminologie von 1789« und macht »einen sehr
großen Luxus von Tiraden gegen Clerus und Adel«.[8] Er analysiert
die Revolution als einen historisch folgerichtigen Entwicklungs-
schritt der Menschheit: »Jede Zeit hat ihre Aufgabe und durch die
Lösung derselben rückt die Menschheit weiter. [...] die Revoluzion ward ein Signal für den Befreyungskrieg der Menschheit.«[9]
Im »Streben nach Gleichheit« (implizite: Gerechtigkeit) sieht er
das »Hauptprinzip der Revolution«.[10] Dabei stehen die Begriffe
»Freyheit« und Sieg der »Vernunft« im Zentrum seiner Überlegungen.[11] Gleichzeitig zieht er aus seinen historiographischen Er-
kenntnissen bemerkenswerte Schlußfolgerungen. Er weiß: »Der
Charakter der französischen Revolution war aber zu jeder Zeit bedingt von dem moralischen Zustande des Volks und besonders von
seiner politischen Bildung.«[12]

Unter diesem Aspekt eines dialektischen Zusammenhangs zwischen dem Progreß der Geschichte und dem Bewußtseinsstand der
ihn mitbestimmenden Kräfte des Volkes kommt Heines Freiheits-
begriff, den er immer wieder, oft sogar synonym, mit der Französischen Revolution gleichsetzt, eine besondere Bedeutung zu.
Dieser ist zwar vom Impetus seiner Empörung gegen die feudalari-
stokratische Gesellschaftsordnung und deren überholte Ideologie
geprägt und richtet sich primär gegen die »Bevorrechtung der Geburt«[13]; er ist jedoch deutlich auch sozial determiniert. Heine
nennt 1831 in seiner *Einleitung zu Kahldorf über den Adel* als Be-
urteilungskriterium die »Volkwerdung« der Revolution (HSA 4,
263), denn schon früh ist er sich des sich zunehmend verschärfen-
den Widerspruchs zwischen Überfluß und Mangel, Reichtum und
Armut bewußt geworden. Die 1822 im *William Ratcliff* mit agita-
torischer Schärfe angesprochene Einteilung der Menschen in
»Satte und in Hungerleider« erscheint ihm wesentlicher als die in
Nationen (HSA 4, 85). So verbindet er mit seiner Vorstellung von

Freiheit generell die Idee einer übernationalen »allgemein europäischen Völkerverbrüderung«, deren »Freyheitskämpfe« alle Überreste einer mittelalterlichen Standesherrschaft hinwegfegen werden.[14] In den *Englischen Fragmenten* heißt es:

Nicht mehr die gekrönten Häuptlinge, sondern die Völker selbst sind die Helden der neuern Zeit, auch diese Helden haben eine heilige Allianz geschlossen, sie halten zusammen, wo es gilt für das gemeinsame Recht, für das Völkerrecht der religiösen und politischen Freyheit, sie sind verbunden durch die Idee, sie haben sie beschworen und dafür geblutet, ja sie sind selbst zur Idee geworden. (HSA 5, 184)

Es ist keineswegs erstaunlich, wenn Heine das gewaltsame Zerbrechen der Standesschranken, wenn er »die Freyheit« sogar als die »neue Religion« der Zeit bezeichnet[15] und die Errungenschaften der Französischen Revolution mit der urchristlichen Sozialethik vergleicht. Christus erscheint ihm als »reinster Freyheitsheld«[16], als ein »demokratisch gesinnter«, als ein »bescheidener Gott des Volkes, ein Bürger-Gott, un bon dieu citoyen«.[17]

Heine versteht den Verlauf der Geschichte als einen dialektischen Prozeß, der zwar nach einer immanenten Vernunft und Konsequenz abläuft, aber von gegeneinander wirkenden, dualistischen Kräften, von Reaktion und Fortschritt beeinflußt wird. In den *Französischen Zuständen*, wo er 1832 zu einer Definition der Revolution ansetzt, schreibt er: »Der heutige Tag ist ein Resultat des gestrigen. Was dieser gewollt hat, müssen wir erforschen, wenn wir zu wissen wünschen, was jener will« (HSA 7, 128). Und ein Jahr später formuliert er in der *Romantischen Schule* die Erkenntnis: »In der Weltgeschichte ist nicht jedes Ereigniß die unmittelbare Folge eines anderen, alle Ereignisse bedingen sich vielmehr wechselseitig« (HSA 8, 16).

Wenn der Dichter sich bei seiner Diagnose des Geschichtsverlaufs in Frankreich, des in Gang gesetzten revolutionären Prozesses von grenzüberschreitender, welthistorischer Wirkungsdimension, ausdrücklich auf jene »allgemeine Erkenntnißquelle« beruft, »die wir Vernunft nennen«[18], so stellt er sich dezidiert in die Nachfolge der französischen Aufklärer und ihres optimistischen Fortschrittsglaubens, deren Bedeutung er für den Ausbruch der Revolution von 1789 hervorhebt. Er beruft sich insbesondere auf Voltaire und Rousseau und ist der Ansicht, daß diese »noch jetzt das französische Volk geistig leiten und beherrschen«.[19]

In Heines von der Französischen Revolution geprägtem Geschichtsverständnis, welches die Erkenntnis einschließt, daß die grundlegende Veränderung der miserablen gesellschaftlichen Verhältnisse nur auf breiter Basis, durch eine soziale Revolution im umfassenden Sinne, möglich ist, macht sich zu Beginn der dreißiger Jahre, nach seiner Übersiedlung in die »Hauptstadt der Revoluzion«, ins »Foyer der politischen und socialen Revoluzion«[20], eine charakteristische Positionsveränderung bemerkbar. In seinen Zeitanalysen wie in seiner gesteigerten Revolutionserwartung werden unter dem Eindruck der sich rasch verändernden ökonomischen und ideologischen Verhältnisse der Juli-Monarchie neue Akzente gesetzt. Klarer als zuvor erkennt Heine, wie er Varnhagen in seinem Brief vom 19. November 1830 erklärt, »daß die Revoluzion alle sozialen Interessen umfaßt«; sein Kampf richte sich jetzt nicht allein gegen »Adel und Kirche«, sondern mehr noch gegen die verhaßte »aristocratie bourgeoise« (HSA 20, 422). Seine Begegnung mit Saint-Simonisten, seine konstruktive Rezeption der Philosophie Hegels, seine »Anschauung des Parteytreibens« (Heine an Varnhagen, Mitte Mai 1832; HSA 21, 37) und das ernüchternde Erkennen der »Dinge in der Wirklichkeit«[21]: der Zuspitzung der sozial-ökonomischen Gegensätze im nachrevolutionären Frankreich, lassen ihn in seinen politischen Überlegungen neue Schwerpunkte setzen und die Totalitätsideale der Französischen Revolution, die ihn früher zur Begeisterung hingerissen haben, neu überdenken.

Schon im Dritten Teil der *Reisebilder* hat er 1829 die Ursachen für das gewaltsame Aufbrechen der verhärteten Sozialstrukturen in der Weiterentwicklung der ökonomischen Grundlagen der Gesellschaft und der damit zwangsläufig verbundenen Veränderung ihres ideologischen Überbaus, der »geistigen Interessen«, aufgezeigt und die »Aufgabe unserer Zeit« in der Formel »Emanzipazion der ganzen Welt«[22] zusammengefaßt. Er spricht von einer »geistigen Partheypolitik«, die eine klassenübergreifende Rehabilitation und Wertschätzung des Individuums voraussetzt, die volle Entfaltung der Persönlichkeit in ihrer politischen und kulturellen Identität. In der *Reise von München nach Genua* heißt es: »Denn jeder einzelne Mensch ist schon eine Welt, die mit ihm geboren wird und mit ihm stirbt, unter jedem Grabstein liegt eine Weltgeschichte« (HSA 6, 63). – Diese Einsichten am Ende der zwanziger Jahre bilden einen wichtigen Grundbestandteil seiner politischen Überlegungen zur Weiterentwicklung der Demokratie, die er in den dreißiger und vierziger Jahren auf einer höheren Erfahrungs- und Erkenntnisstufe formuliert hat.

In den *Französischen Zuständen* forscht Heine im April 1832 nach der historischen Ausgangssituation und dem voraussehbaren Verlauf der 1789 und 1830 eingeleiteten »Universalrevolution«: »Was trieb die Franzosen, eine Revolution zu beginnen, und haben sie das erreicht, was sie bedurften?« (HSA 7, 129) Er gelangt zu dem Schluß: die vordringlich zu lösende gesellschaftspolitische Aufgabe ist die Überwindung des ›Mißverhältnisses‹, das zwischen Volk und Staatsführung im nachrevolutionären Frankreich besteht, also der Ausgleich der letztlich in den Eigentums- und Produktionsverhältnissen wurzelnden Widersprüche, des mangelnden »Einklanges« zwischen der »Geistesbildung« des Volkes und den »Staatsinstitutionen«.

In Heines auch die deutschen Verhältnisse tangierenden Überlegungen zu den Fragen, in welcher Richtung der revolutionäre Prozeß fortzuführen und mit welchen praktischen Schritten das Land in die »angemessenen Institutionen« (HSA 7, 129) hineinzuführen ist, treten drei bestimmende Gesichtspunkte auf.

Bereits in den *Englischen Fragmenten* erklärt er 1830, »daß auch die Armen berufen sind zum Genusse« (HSA 5, 189); in seinem Brief an Laube vom 10. Juli 1833 nennt er das »materielle Wohlseyn des Volkes« als die »tiefere«, die eigentliche Frage der »Revoluzion« (HSA 21, 56). Zur gleichen Zeit proklamiert er: »Ja, ich sage es bestimmt, unsere Nachkommen werden schöner und glücklicher seyn als wir. Denn ich glaube an den Fortschritt, ich glaube, die Menschheit ist zur Glückseligkeit bestimmt«.[23] Zu Beginn der vierziger Jahre rückt er sein zentrales humanistisches Anliegen, die Verteidigung des »materiellen Glücks der Völker«[24], erneut in den Vordergrund seiner politischen Polemik.[25] In seinem Versepos *Deutschland. Ein Wintermährchen*, in dem er sich an ein neues, heranwachsendes Geschlecht wendet (HSA 2, 354), hat er seine sensualistische Forderung in die Worte gefaßt:

> Es wächst hienieden Brod genug
> Für alle Menschenkinder,
> Auch Rosen und Myrthen, Schönheit und Lust,
> Und Zuckererbsen nicht minder.
>
> (HSA 2, 298)

Und selbst noch in den *Geständnissen* hebt er den sozialrevolutionären Aspekt der »Emancipation des Volkes«, die er als »die große

Aufgabe« seines Lebens bezeichnet (HSA 12, 60), die Unterrichtung und Ausbildung des Volkes, dieses »armen Königs in Lumpen«, als den wesentlichen Bestandteil seines demokratischen Konzeptes einer auf die Zukunft ausgerichteten Gesellschaftsvision hervor.

Heine sieht die Gesellschaft seiner Epoche »auf neue Gewalten«, auf »Wissenschaft« und »Industrie«, aus denen »die meiste Lebenskraft« quillt, begründet.[26] Dementsprechend bedürfen seiner Ansicht nach ihre sozialhistorische Struktur, die einer zunehmenden sozialen Differenzierung unterworfen ist, und die politische Spitze des Staates einer neuen Definition. Mit Aufmerksamkeit verfolgt er in Paris, im Brennpunkt einer »neuen Welt«, wo eine »neue Kunst, eine neue Religion, ein neues Leben« (*Französische Zustände*; HSA 7, 103) geschaffen werden, wie sich im Zentrum des europäischen Liberalismus »Kapitalisten« zur Stütze des Staates aufwerfen und die Macht übernehmen.[27] Mit ätzender Schärfe kritisiert er (in *Artikel V*) die Repräsentanten der sich konsolidierenden großbürgerlichen Ordnung des Juste-Milieu. Im vierten seiner *Vertrauten Briefe an August Lewald* (*Ueber die französische Bühne*) schreibt er 1837 in der ›Allgemeinen Theater-Revue‹:

Eine solche Verkleinlichung aller Größe und radikale Vernichtung des Heroismus verdankt man aber ganz besonders jener Bourgeoisie, jenem Bürgerstand, der durch den Sturz der Geburtsaristokratie hier in Frankreich zur Herrschaft gelangte und seinen engen, nüchternen Krämergesinnungen in jeder Sphäre des Lebens den Sieg verschafft. […] Aber das neue Regiment, das an die Stelle des alten getreten ist, ist noch viel fataler; und noch weit unleidlicher anwidern muß uns diese ungefirnißte Roheit, dieses Leben ohne Wohlduft, diese betriebsame Geldritterschaft. (HSA 7 K, 300f.)

Solche kritische Einschätzung, die sich, wie er 1844 in seinem Aufsatz über *Ludwig Marcus* deutlich macht, vornehmlich gegen die »überwuchernde Macht des Capitals«, gegen die »Ausbeutung der Armen durch die Reichen« (HSA 12, 120) richtet, beherrscht Heines gesellschaftsanalytische Beobachtungen der folgenden Jahrzehnte, in denen zugleich aber eine bemerkenswerte Weiterentwicklung seines Geschichtsverständnisses festzustellen ist.

Frühzeitig tritt Heine der von einem großen Teil seiner Landsleute in Paris vertretenen Vorstellung entgegen, die eingeleitete politische Entwicklung müsse, in Frankreich wie in Deutschland, gradlinig und auf revolutionärem Wege zur republikanischen Staatsform führen; prononciert und ausdrücklich mit Blick auf

Deutschland[28] stellt er eine schnelle und radikale Lösung der politischen Probleme, der gesellschaftlichen Widersprüche in Frage. Dagegen entwickelt er seine Vision eines »Königs des Volkes«[29], eines, wie er in der *Beilage* zu *Artikel VI* der *Französischen Zustände* ausführt, »mehr oder minder demokratisch« formulierten »konstitutionellen Königthums«, das er auch für die Deutschen zur geeignetsten Staatsform erklärt (HSA 7, 147). Seine bisherigen Ansichten über die »ächten Montagnards«, über Lafayette und auch über den »Bürgerkönig« Louis-Philippe, hat er dabei modifiziert und bezeichnet schließlich Mirabeau, in dessen Schriften »wir die Hauptidee einer konstitutionellen Monarchie« finden, als »das größte politische Genie unserer Zeit« (HSA 7, 146).

Beachtenswert sind in den *Französischen Zuständen* (*Artikel VII*) Heines prinzipielle Gedanken über das von ihm geforderte konstitutionelle Königtum, mit denen er sich schroff von den Republikanern abgrenzt. Als das die politische Linie der Staatsführung bestimmende Element stellt er die »Institution« (die den Monarchen stützen soll) heraus: ein »System von Staatsgrundsätzen, die unveränderlich sind«; den König charakterisiert er als »eine moralische Person«, die, dem verderblichen Einfluß der Höflinge entzogen, allein »den Bedürfnissen seines Volkes« zu gehorchen habe (HSA 7, 153). In dem Entwurf zu *Artikel IX* (vom 25. Juni 1832) hat er solche Ansichten unter dem Begriff »Sieg des demokratischen Prinzips« (HSA 7, 301) zusammenzufassen gesucht.

Doch was versteht Heine unter dem so oft im Kontext seiner Gesellschaftskritik und seiner revolutionären politischen Erwartungen gebrauchten Begriff »Demokratie« als Grundwert, und dem Endzustand, der Quintessenz der revolutionären Zeitbewegung? Welche Relation besteht zwischen seinen Erwartungen, die er in den Fortgang des durch zwei Revolutionen (1789 und 1830) initiierten Gesellschaftsprozesses setzt, und dem Fernziel einer Verwirklichung der »demokratischen Ideen der Revolution«?[30] Welche Vorstellungen entwickelt er von einem dauerhaften Ausgleich der divergierenden sozialen und ökonomischen Kräfte, wie beurteilt er den Kampf zwischen politischen Interessengruppen, die nach Macht und Machterhalt streben einerseits und den Verfechtern einer vernunftbestimmten Humanität andererseits?

Heines Demokratieverständnis hat sich auf dem Hintergrund und im Verlauf seiner Auseinandersetzungen mit den von ihm als hemmende Kräfte erkannten politischen und ideologischen Zeiterscheinungen gebildet, als da sind: doktrinär-absolutistische Machtanmaßung, republikanisch-kleinbürgerlicher Rigorismus, patriotisch-engstirniger Nationalismus, bourgeoiser Parlamentarismus nach dem Erscheinungsbild der Juli-Monarchie sowie Unwissenheit des Volkes, gepaart mit Mangel an politischem Realitätssinn.

Heines Kritik an der Machtausübung eines einzelnen wird besonders deutlich an seinem persönlichen Napoleon-Bild, das charakteristischen Wandlungen unterworfen ist.[31] In der *Reise von München nach Genua* kritisiert er Napoleon Bonapartes »geheime Vorliebe für Aristokratismus« und nennt ihn einen »adeligen Feind der bürgerlichen Gleichheit« (HSA 6, 60). 1842 wirft er ihm in dem *Lutezia*-Artikel XLIV vor, »stockblind für jede Erscheinung« gewesen zu sein, »worin sich die Zukunft ankündigte« (HSA 11, 145). 1854 gelangt er jedoch, alle früheren Einschränkungen beiseite schiebend, im *Waterloo*-Fragment zu dem abschließenden Votum: Napoleon war der »Gonfalonière der Democratie«, der für das »Banner der Revoluzion« gestritten habe (HSA 12, 137). Diese neue Wertung entspricht Heines Konzeption eines demokratischen Monarchismus, wie er ihn in *Shakspeares Mädchen und Frauen* (*Portia*) am Beispiel Julius Cäsars (als einem Vorbereiter des »Sieges der Demokratie«) mit den Worten gekennzeichnet hat: »Demokratie und Königthum stehen sich nicht feindlich gegenüber, wie man fälschlich in unsern Tagen behauptet hat. Die beste Demokratie wird immer diejenige seyn, wo ein Einziger als Inkarnazion des Volkswillens an der Spitze des Staates steht [...]« (HSA 9, 175).

Auch in Heines heftiger Auseinandersetzung mit dem Republikanismus[32] geht es ihm um die Verteidigung seiner spezifischen Vorstellungen vom Fortgang des Emanzipationsprozesses und der Herstellung von Demokratie. Dies läßt sich, wenn zwischenmenschliche Aspekte und ästhetische Implikationen außer acht gelassen werden, paradigmatisch an seinem Verhältnis zu Börne nachweisen, den er, wie er im Vierten Buch seines *Ludwig Börne* betont, für den »bedeutendsten Repräsentanten« der »deutschen Revoluzionäre in Paris« (HSA 9, 349) hält. Programmatisch wendet er sich gegen die »Kurzsichtigen« unter den deutschen Republikanern und beschwört im Namen der »Grundsätze der französischen Freyheitslehre«, die er anders als die Republikaner auslegt, eine politische Ideologie, die von den Begriffen »›Menschheit,

Weltbürgerthum, Vernunft der Söhne, Wahrheit...!«« abgeleitet
ist. Sich selbst bezeichnet er als einen »Repräsentanten des Cosmopolitismus«, als einen Gegner des »Fanatismus« der »regenerirten
Deutschthümler«, die mit den Worten »»Vaterland, Deutschland,
Glauben der Väter u. s. w.«« agitatorisch auf die Volksmassen ein-
zuwirken trachteten (HSA 9, 348). Die »Differenzen«, die nach
der Juli-Revolution zwischen Heine und den Republikanern ausgebrochen sind, können nicht schärfer charakterisiert werden als
mit den Invektiven »»argwöhnischer Kleingeist««, und »infame Tugend« (HSA 9, 350), mit denen er Börne verspottet. – Dieser
Standpunkt markiert eine der politischen Leitlinien seiner Korrespondenzberichte der frühen vierziger Jahre (*Lutezia*) in der ›Allgemeinen Zeitung‹, in denen er eine »neue Doctrin« verteidigt,
»die alle socialen Fragen von einem höheren Gesichtspunkt betrachtet« und die »von dem banalen Republikanismus sich eben so
glänzend unterscheidet, wie ein kaiserliches Purpurgewand von
einem grauen Gleichheitskittel« (30. April 1840; HSA 11, 22).
Heine sieht durch den von ihm wiederholt kritisch apostrophier-
ten märtyrsüchtigen, asketischen Tugendbegriff der Republikaner
seine pantheistisch-sensualistische Zielvorstellung vom Sieg der
»Partei der Blumen und der Nachtigallen« auf dem Wege zur Demokratie, die er im Zweiten Buch von *Zur Geschichte der Religion
und Philosophie in Deutschland* (HSA 8, 184) erläutert hat, in Gefahr. Er unterlegt seinem Demokratie-Verständnis eine sozial-
ethische, ja sogar »patriotische»[33] Funktion.

Heines publizistischer Polemik gegen den deutschen Nationalismus wie seiner aggressiven Kritik am preußischen Staat und dessen Repräsentanten, die im Zusammenhang seiner präzisen Vorstellungen von »Patriotismus« zu verstehen sind[34], liegt dieselbe
Absicht zugrunde: Förderung der durch die Revolution freige-
setzten Kräfte auf ihrem Weg zur Demokratie.[35] In seinem wohl
schärfsten politischen Manifest, der *Vorrede* zu den *Französischen
Zuständen*, hat er die Wirkungsabsicht des politischen Publizisten
auf den Punkt gebracht, indem er von dem «Verständniß der Gegenwart« spricht, das zu fördern sei, und von dem »großen Völ-
kerbündniß«, der »heiligen Allianz der Nationen« (HSA 7, 69).

In diesem Zusammenhang kommt Heines Idee eines Weltbür-
gertums, wie er es in Schiller personifiziert sieht, eine besondere
Bedeutung zu, denn Schiller, wie es in der *Romantischen Schule*
heißt, »schrieb für die großen Ideen der Revolution, er zerstörte

die geistigen Bastillen, er baute an dem Tempel der Freiheit, und zwar an jenem ganz großen Tempel, der alle Nazionen, gleich einer einzigen Brüdergemeinde, umschließen soll; er war Cosmopolit« (HSA 8, 34). Heine selbst bezeichnet sich im April 1833 als den »inkarnirten Kosmopolitismus«, indem er seine »pacifike Mission, die Völker einander näher zu bringen«, den »nationalen Vorurtheilen« und der »patriotischen Engsinnigkeit« entgegenstellt (HSA 21, 52f.). Dabei bringt er den Kosmopolitismus mit der Humanität, in der *Romantischen Schule* am Beispiele Lessings mit der »großen socialen Idee« und der »Vernunftreligion« (HSA 8,17), im *Ludwig Börne* sogar mit »patriotischer Passion« (HSA 9,357) in Verbindung.

Auf dieser Ebene entfaltet sich in den dreißiger und vierziger Jahren Heines Kritik an der »konstituzionellen Affenkomödie«, wie er in seinem Brief an Varnhagen vom 13. Februar 1838 (HSA 21,253) abfällig das parlamentarische System der Juli-Monarchie nennt. Hier zieht er die französische Bourgeoisie, welche seiner Ansicht nach die Verantwortung dafür trägt, daß die berechtigten sozialen Forderungen der unteren Schichten des französischen Volkes trotz der politischen Errungenschaften der Revolutionen von 1789 und 1830 unerfüllt geblieben sind, für die gespannte politische Lage zur Rechenschaft, und ist bestrebt, seine realistische Gesellschaftsanalyse mit einer chiliastischen Zukunftsorientierung in Übereinstimmung zu bringen: dies, wie er in *Lutezia* XXIV (HSA 11,80) betont, in der Voraussicht einer unvermeidlichen »socialen Revolution«, der »europäischen« Revolution, der »Welterschütterung«[36], des »großen Zweikampfes der Besitzlosen mit der Aristokratie des Besitzes«.[37]

Der Dichter, der die »Misere der herrschenden Bourgeoisie unablässig in ihrer widerwärtigsten Blöße« zeigen will[38], richtet mit gespannter Aufmerksamkeit seinen kritischen Blick auf die erstarkende kommunistische Bewegung, auf den »furchtbaren Antagonisten« (*Lutezia* XLV), »der die Proletarierherrschaft in allen ihren Consequenzen dem heutigen Bourgeoisie-Regimente entgegensetzt« (HSA 11,146). In den Kommunisten sieht er »die jüngsten und verzweiflungsvollsten Kinder der Revolution«[39], die Opfer einer fehlgeleiteten politischen Entwicklung. Noch 1855 meint er, in der *Préface* zu *Lutèce*, daß den Kommunisten »die Zukunft gehört« (HSA 19,242). Diese Ansicht Heines liegt darin begründet, daß er mit künstlerischer Sensibilität und nach persönlichen Begegnungen, z. B. 1844 mit Marx, Ruge, Heß u. a. in der sich formierenden sozialistischen Bewegung das Potential einer virulenten und dynamischen politischen Kraft zu erkennen glaubte. In den *Fragmenten 1844* (auch *Briefe über Deutschland*) heißt es:

Es ist eine eben so natürliche Erscheinung, daß die Proletarier in ihrem Ankampf gegen das Bestehende die fortgeschrittensten Geister, die Philosophen der großen Schule, als Führer besitzen; Diese gehen über von der Doktrin zur That, dem letzten Zweck alles Denkens, und formulieren das Programm. (HSA 10,291)

Heine versteht die Aktivitäten der Kommunisten und ihre Ziele in einer erstaunlichen Übereinstimmung mit seiner 1834 im Zweiten Buch von *Zur Geschichte der Religion und Philosophie in Deutschland* als eine Art Glaubensbekenntnis formulierten Vision einer Demokratie, welche die politische Revolution vollenden wird (HSA 8,192). In der *Préface* zu *Lutèce* lesen wir:

Aus Haß gegen die Nazionalisten könnte ich schier die Communisten lieben. [...] in ihren obersten Prinzipien huldigen sie einem Cosmopolitismus, einer allgemeinen Völkerliebe, einem Weltbürgerthum aller Menschen, welches ganz übereinstimmend ist mit dem Grunddogma des Christenthums [...]. (Deutscher Entwurf, HSA 19,243)

Dieses engagierte Interesse an der sozialistischen Bewegung wurzelt nicht zuletzt in seinem starken Verbundenheitsgefühl mit dem »wahren Volk, das die Revolution gemacht...«, wie er 1839 im Zweiten Buch seines *Ludwig Börne* (HSA 9,323) schreibt, und das »nichts gewonnen durch seinen Sieg, als Reue und größere Noth«. 1844 fordert er im *Vorwort* zu *Deutschland. Ein Wintermährchen* dezidiert: »freyes Menschthum«, Wiederherstellung der Würde des »armen, glückenterbten Volks«, des »verhöhnten Genius« und der »geschändeten Schönheit« (HSA 2,358). So bleibt thematisch die soziale Revolution im Zentrum seiner hochgestimmten politischen Erwartungen, die er freilich stets an den Gegebenheiten der Zeit und am gegenwärtigen Bewußtseinsstand der »Massen« auszurichten bemüht ist. In Artikel IX der *Französischen Zustände* beschreibt er seine Position so:

Der Schriftsteller, welcher eine sociale Revolution befördern will, darf immerhin seiner Zeit um ein Jahrhundert vorauseilen; der Tribun hingegen, welcher eine politische Revolution beabsichtigt, darf sich nicht allzuweit von den Massen entfernen. Ueberhaupt, in der Politik, wie im Leben, muß man nur das Erreichbare wünschen. (HSA 7,176)

Dieser Unterscheidung kommt in der Mitte der vierziger Jahre erhöhte Bedeutung zu. Es sind die Jahre, in denen Heine, wenn auch nur in Umrissen, im Spannungsfeld zwischen fortschrittsgläubigem Optimismus und realpolitischer Skepsis, vor seinem sozialrevolutionären Erwartungshorizont Vorstellungen einer »neuen Doktrin« entwickelt. Wenn er die Entschlossenheit der Kommunisten, ihren festen Willen und ihre Fähigkeit zu tatkräftiger Verwirklichung ihrer politischen Ziele ausdrücklich hervorhebt und ihren Bestrebungen eine Doktrin zugrunde legt, so entspricht das seiner Erkenntnislinie eines aktuellen Übergangs von der »politischen« zur »sozialen Revolution« als einer qualitativ höheren Stufe, und zwar unter dem Aspekt der Humanität und des Kosmopolitismus, losgelöst von jeder Art nationaler Beschränkung.[40]

Heines Aufarbeitung der Vergangenheit wie seine Beurteilung der historischen Vorgänge der Gegenwart im Vorfeld der Revolution von 1848 sind von der Erkenntnis geprägt, daß dem Verlauf der Geschichte eine unerbittliche Konsequenz zugrunde liegt, der Drang zur Demokratie und der Niederschlag der Theorie in der Praxis, ein Faktum, dem die Künstler wie die »gebietenden Männer« der Politik, wie er in *Lutezia* III (HSA 11,19) bemerkt, unterworfen sind. Seine Aussagen über die politisch-philosophischen Ideen und sozialen Gruppierungen der Zeit sind durch ein hohes Maß an historischer Urteilskraft und gesteigertem Möglichkeitssinn bestimmt, freilich ohne daß er den Primat der gestaltenden Kraft »angeborener Ideen«, wie er sich in *Zur Geschichte der Religion und Philosophie in Deutschland* (Zweites Buch) ausdrückt (HSA 8,164), jemals aufgegeben hätte. So vermischen sich in seinen Urteilen über politische Leitgestalten der Zeitgeschichte subjektive Elemente mit objektiven. Er projiziert in diese Gestalten persönliche Vorstellungen hinein, die ihrem Erscheinungsbild wie ihren Handlungen kaum entsprechen. Diese für ihn charakteristische Verfahrensweise markiert die Grenzen seiner Objektivität als Zeithistoriker, zugleich die Grenze seiner Beziehung zur junghegelianischen Führungselite der »Kommunisten«. Aufschlußreich ist in dieser Beziehung der *Lutezia*-Artikel vom 6. Mai 1843[41], in dem Heine sich über die Politik Guizots äußert, dem er im Prozeß der sich anbahnenden sozialrevolutionären Veränderungen in Frankreich in den vierziger Jahren eine historische Schlüsselrolle zugesteht.

Heine bewertet Guizot, entgegen seinen früheren Äußerungen,

als den wegweisenden und überragenden politischen Kopf der Juli-
Monarchie. Er bescheinigt ihm nun eine Politik, die, wie er am
3. Juli 1840 für die ›Allgemeine Zeitung‹ schreibt, auf die »Interessen
der Menschheit« (HSA 10,51) und, so Heine am 12. Januar 1842,
auf die Aufrechterhaltung der »Ordnung im Namen der Vernunft«
(HSA 10,135) hin orientiert sei. Er bescheinigt Guizot »historischen Weitblick«[42] und ordnet ihn (am 21. März 1843) sogar in die
Nachfolge Hegels ein (HSA 10,193). Gleichzeitig nimmt er seine
Charakteristik des französischen Staatsmannes in *Lutezia* LVIII
zum Anlaß, seine persönliche Konzeption von einer Vollendung
der Revolution, zur Sicherung einer heranreifenden neuen sozialen
Gesellschaftsstruktur in programmatischer Weise herauszustellen:

Guizot ist der Mann des geregelten Fortschrittes, und er sieht die theuern,
bluttheuern Erworbenheiten der Revolution jetzt mehr als je gefährdet
durch ein düster heranziehendes Weltgewitter. […] Die Saat der liberalen
Principien ist erst gründlich abstract emporgeschossen, und das muß erst
ruhig einwachsen in die concret knorrigste Wirklichkeit. Die Freiheit, die
bisher nur hie und da Mensch geworden, muß auch in die Massen selbst,
in die untersten Schichten der Gesellschaft, übergehen und Volk werden.
Diese Volkwerdung der Freiheit, dieser geheimnißvolle Proceß, […] ist gewiß nicht minder wichtig, als es jene Verkündigung der Principien war,
womit sich unsre Vorgänger beschäftigt haben. (HSA 11,191)

In der ersten Fassung dieser markanten Positionsbestimmung
heißt es, »die Freyheit« müsse sich in den Massen »inkarniren«
(HSA 10,193).

   Die von Heine hier an wichtiger Stelle plazierten Begriffe »gere-
gelter Fortschritt« und »Volkwerdung der Freiheit« bezeichnen
die tragenden Linien seiner Denkansätze zur Vervollkommnung
der 1789 geschaffenen repräsentativen Demokratie. Der Dichter
setzt in seiner politischen Terminologie die Begriffe »Freiheit« und
»Demokratie« – entsprechend seiner Rezeption der Französischen
Revolution, die er in einem Aphorismus sogar die »Zeit der höchsten Freyheit« (HSA 12,189) nennt – unter einen gemeinsamen
Nenner, und er sieht in jeder Revolution, wie er im *Waterloo*-Frag-
ment bedeutet, eine Freisetzung oder Stärkung des »idealen Bewußtseins« der Demokratie (HSA 12,139).

   Heine, der sich 1830 einen »Sohn der Revolution« genannt und
sich als einen Tribun wie als einen in die Zukunft blickenden Geschichtsschreiber[43] verstanden hat, bewegt sich zwischen »Glücks-
hoffnungen« und »politischer Gegenwartsvernunft« (Briegleb).[44]

Er sucht am »Schnittpunkt zwischen Literatur, Politik und Philosophie« stehend, eine »Koordinierung« seiner »politischen, sozialen und ästhetischen Vorstellungen« (Bech)[45]. Heine entwirft »ein Wirklichkeitsmodell, das zwischen Literatur und Wissenschaft« und, wie noch hinzuzufügen wäre, zwischen realistischer Gegenwartsbewältigung und revolutionärer Zukunftserwartung vermittelt.

Anmerkungen

1 In: Heinrich Heine, *Säkularausgabe*, Berlin (Ost) und Paris 1970-1988, Bd. 20, S. 62; im folgenden beim Zitatnachweis abgekürzt: HSA mit Bandnummer und Seitenzahl.
2 *Aveux de l'auteur*, HSA 17,147.
3 Vgl. Rezension von Michael Beers *Struensee*, HSA 4,223
4 Vgl. Heine an Varnhagen, 19. 11. 1830, HSA 20,421.
5 Vgl. *Ueber den Denunzianten. Eine Vorrede zum dritten Theile des Salons* (24. 1. 1837), HSA 9,256.
6 Vgl. *Ludwig Börne*, Zweites Buch: Helgoland, den 1. Julius 1830, HSA 9,303.
7 Vgl. Heine an Varnhagen, Mitte Mai 1832, HSA 21,37.
8 *Préface* zu *Tableaux de voyage* (deutsche Fassung), HSA 14,210.
9 *Reise von München nach Genua*, Capitel XXIX, HSA 6,62.
10 *Englische Fragmente. I. Gespräch auf der Themse*, HSA 5,139.
11 *Englische Fragmente. XI. Die Befreyung*, HSA 5,191.
12 *Einleitung zu Kahldorf über den Adel*, HSA 4,256.
13 Vgl. *Französische Zustände*, Artikel IV, HSA 7,114.
14 Vgl. *Reisebilder*, Zweyter Theil. Zweyte Auflage. Vorwort, HSA 5,199.
15 *Englische Fragmente. XI. Die Befreyung*, HSA 5,193f.
16 Ebd., S. 192.
17 *Die Stadt Lukka*, Capitel VII, HSA 6,156.
18 *Englische Fragmente. XI. Die Befreyung*, HSA 5,191.
19 *Französische Zustände*, Artikel VI, Beilage, HSA 7,142.
20 Vgl. *Ludwig Börne*, Zweites Buch: (Neun Jahre später), HSA 9,323 und Heine an Campe, 1. 3. 1837, HSA 21,189.
21 Vgl. *Ludwig Börne* [Anm. 20].
22 *Reise von München nach Genua*, Capitel XXIX, HSA 6,60f.
23 *Zur Geschichte der Religion und Philosophie in Deutschland*, Erstes Buch, HSA 8,135. Vgl. auch *Die romantische Schule*, Drittes Buch, HSA 8,94.

24 Vgl. *Zur Geschichte der Religion und Philosophie in Deutschland*, Zweites Buch, HSA 8,175.

25 Vgl. *Fragmente 1844*, HSA 10,291.

26 Vgl. *Französische Zustände*, Artikel VI, Beilage, HSA 7,143.

27 Vgl. *Kahldorf* [Anm. 12], S. 261.

28 Vgl. *Französische Zustände*, Artikel II und Artikel IX, HSA 7,89 und 173.

29 Vgl. *Englische Fragmente* [Anm. 15] und *Traditions populaires*, HSA 17,75 f.: »C'est l'homme qu'attend le peuple allemand, l'homme qui lui rendra enfin la vie et le bonheur, [...]«.

30 *Préface* zu *Lutèce*, HSA 19,13: »pour les idées démocratiques de la révolution«; in der deutschen Vorfassung (S. 240) nur: »in meinen demokratischen Grundsätzen«.

31 Vgl. Michel Espagne, *Heine als Gesellschaftskritiker in Bezug auf Karl Marx*, in: A. A. van den Braembussche und Ph. van Engeldorp Gastelaars (Hg.), *Rose und Kartoffel. Ein Heinrich Heine-Symposium*, Amsterdam 1988, S. 64.

32 Vgl. Fritz Mende, *Heinrich Heines antijakobinisches Demokratieverständnis*, in: Weimarer Beiträge 29 (1983), S. 115-139, und ders., *Heine und Robespierre*, in: Etudes Germaniques 20 (1965), S. 529-539.

33 Heine bezeichnet 1852 die »Tendenz« des *Salon*, Zweiter Band, als eine »patriotisch-demokratische« (HSA 8,126).

34 Vgl. *Die romantische Schule*, Erstes Buch, HSA 8,23.

35 Vgl. Fritz Mende, *Heinrich Heine und die Deutschen*, in: Etudes Germaniques 17 (1962), S. 251-258. – In *Germania, conte d'hiver* formuliert Heine: »le grand œuvre de la Révoluion: la Démocratie universelle« (HSA 13,148).

36 Artikel für die ›Allgemeine Zeitung‹ vom 12. Juli 1842, HSA 10,158. In der *Lutezia*-Fassung (HSA 11,147) steht: »Welt-Revolution«.

37 *Lutezia*, XLVI, HSA 11,147.

38 Vgl. *Préface* zu *Lutèce* (deutsche Vorfassung), HSA 19,241.

39 Vgl. *Lutezia*, XXXIX, HSA 11,130.

40 Vgl. Wolfgang Koßek, *Begriff und Bild der Revolution bei Heinrich Heine*, Frankfurt/Main und Bern 1982, S. 227.

41 Der Artikel LVIII ist die überarbeitete Fassung des unveröffentlichten Artikels für die ›Allgemeine Zeitung‹ vom 21. 3. 1843.

42 Er bezeichnet ihn im Artikel vom 11. 12. 1841 (HSA 10,124) als einen Mann, »dessen dunkles Auge am tiefsten hinabblickt in die Schreckensnächte der Zukunft«.

43 Vgl. *Vorwort* zur dritten Auflage der *Neuen Gedichte*, HSA 2,371.

44 Klaus Briegleb, *Opfer Heine? Versuche über Schriftzüge der Revolution*, Frankfurt/Main 1986, S. 193.

45 Françoise Bech, *Literatur und Wissenschaft: »Streitobjekt Heine«*, in: Sprache im technischen Zeitalter, 1979, H. 68, S. 293.

Wolfgang Preisendanz
Der Ironiker Heine
Ambivalenzerfahrung und kommunikative Ambiguität

Daß er »ein Meister der Ironie« sei, hat sich Heine selbst bescheinigt[1], ein Meister also der transparenten sprachlichen ›Verstellung‹, der Kunst einer Rede, die gleichzeitig eine Gegenrede enthält, einer Dissoziation von Gesagtem und Gemeintem, die den Leser durch sprachliche Signale oder aufgrund des situativen Kontexts anhält, das Negationspotential im positiv Artikulierten zu entdecken. Daß Heines Werk in Vers und Prosa seine Selbsteinschätzung bestätigt, ist sattsam bekannt und ausgiebig besprochen worden. Es scheint überflüssig, das Thema nochmals aufzugreifen, wenn da nicht Aspekte wären, die bislang zu kurz gekommen sind oder unbeachtet blieben, und wenn das Bild des Ironikers Heine deshalb nicht zu eindimensional ausgefallen wäre.

Dazu hat vor allem beigetragen, daß man die wesentliche Bedingung ironischer Schreibweise in der zeit-, gesellschafts- und ideologiekritischen Intention des Autors sehen wollte. Insbesondere hat man den Ironiker Heine ineinsgesetzt mit dem Satiriker, in dessen Gebrauch der Ironie sich Aggression, Tribunalisierung und Selbstschutz, Tarnung verbänden. Nun gibt es unbestreitbar die Allianz von satirischer Referenz und ironischem Gestus; ironische Inszenierung ist, so gut wie groteske, ja ein traditioneller Zug des satirischen Diskurses. Und gewißlich sollte ihm Ironie oftmals die Gewähr der Unbelangbarkeit gegenüber Zensur und anderweitigen Behinderungen offener Kritik und blanker Polemik bieten, einschließlich der »Angst vor dem eignen Wort« als »Zensur der schlimmsten Art« (B II,682)[2]; er selbst hat diese Schutz- und Schmuggelfunktion ausdrücklich konstatiert und die Notwendigkeit ironischer »Verstellungskunst« (B V,136) mit dem »Belagerungszustand des Gedankens« (B VI/1,512) begründet. Jedoch hat die jüngere Heine-Literatur diese Zweckbestimmtheit der Ironie, nämlich Barrieren zu unterlaufen, wohl übermäßig gewichtet – ganz abgesehen davon, daß es zu Heines virtuoser Imagepflege gehörte, sich möglichst eindrucksvoll als Ziel und Opfer von Zensur und sonstiger Repression zu profilieren. Wie dem auch sei – jedenfalls gewinnt doch die Aggression eben dort an Schärfe und Brisanz, wo satirische Negation sich durch das Element der Ironie den Effekt der Überlegenheit sichert; gerade Heine kann lehren, daß und warum ironische Indirektheit der frontalen Attacke oder dem Pathos der Empörtheit überlegen sein kann.

Vom Ironiker Heine zu sprechen, muß und kann nicht bedeuten, ihn ausschließlich oder auch nur vordringlich unter diesem Gesichtspunkt zu sehen. Es setzt aber doch voraus, daß Ironie als wesentlicher Zug und nicht nur als Funktion übergeordneter Momente gelten kann, daß sie eine Dominante bildet, die jenseits von Verwendungsaspekten interessieren muß. Das Sammeln, Mustern und Katalogisieren ironischer Sprechakte, Sprachhandlungen führt nicht viel weiter als zu Befunden, die für den ironischen Sprechakt oder Diskurs generell gelten. Das Spezifische, Prägnante zeigt sich wohl erst, wenn man versucht, die ironische Schreibart bei Heine als eigenwertige, selbstzentrierte Größe zu erörtern. Unter dieser Voraussetzung erweisen sich zwei Aspekte als die primären: erstens vermittelt Ironie bei Heine Subjektivität als Ambivalenzerfahrung; zweitens reflektiert sie auf vielfältige Weise das Prekäre der Vermittlung zwischen den einander fremden Bereichen des Poetischen und des Realen.

Nur erwähnt sei hier als dritter Aspekt, was ich in einer früheren Arbeit über Heines Version einer »Weltironie«, »Gottesironie« (B II,522) ausgeführt habe[3]: einer sich in objektiven Konstellationen manifestierenden Ironie menschlicher Verhältnisse und geschichtlicher Wirklichkeit. Daß solche Weltironie, solche »Ironie der Dinge« (Hofmannsthal)[4] nicht ohne Bezug auf subjektive Anschauung zu denken ist, daß sie Projektion, Übertragung des Paradigmas der verbalen Ironie auf Welthaftes bedeutet, liegt auf der Hand.[5] Dieser Zusammenhang von ironisch disponiertem Subjekt und Konzept der Weltironie kann aus Raumgründen nicht nochmals zur Sprache kommen.

Den Beleg, daß die Ironie bei Heine im angedeuteten Sinn allen Instrumentalisierungen vorgeordnet ist, liefert die frühe Lyrik, insbesondere der im *Lyrischen Intermezzo* und in der *Heimkehr* entfaltete Gedichttyp. Heine selbst betont eine prägnante gegenläufige Bewegung, eine Verschränkung von Rede und Gegenrede, wenn er von seinen »maliziös-sentimentalischen Liedern«, von seiner »lyrisch maliziösen [...] Manier« spricht, und er bringt diesen Grundzug auf den Punkt mit dem Befund, das Lyrische sei bei ihm »ganz und gar durchdrungen von einem geistigeren Elemente, von der Ironie«.[6] Das betrifft sicher nicht jedes einzelne Gedicht; es gibt sehr viele ohne Bruch, ohne Dissonanz, ohne Widerspiel von Sentimentalität, Pathos, ›Innigkeit‹ und ironischer Brechung. Es gilt aber dennoch für das Ensemble, für die Konstellation der Gedichte; aufs Ganze gesehen dominiert der Kontrast von lyrischer Expressivität und ironischer Depotenzierung, von poetischer Projektion und ironischem Konterkarieren. Gefühlsmächtigkeit, Pathos werden bis zu dem Grad hochgetrieben, an dem sie sich als Selbststilisierung, Selbstkostümierung verraten; daß die Lyrik Flucht aus der Erfahrungswirklichkeit, eine imaginäre Exklave ist, wird – »Auf Flügeln des Gesanges, / Herzliebchen, trag ich dich fort« – zum Gedichtmotiv; auf der Folie und im Zitat von Volkslied, von »Märchen aus alten Zeiten«, von Bildern und Klängen romantischer Poesie spiegelt sich ein lyrisches Ich im Zeichen der Entfremdung von Dichtung und Empirie: Die Rückbindung an die Tradition bedeutet »Temporalisierung und Historisierung lyrischer Poesie in einer prosaischen Gegenwart«.[7] Im Horizont der modernen Welt und der ihr korrespondierenden subjektiven »Zerrissenheit« wird die Wahrheitsfähigkeit lyrischer Dichtung problematisch: »Es will mich bedünken, als sei in schönen Versen allzuviel gelogen worden, und die Wahrheit scheue sich in metrischen Gewanden zu erscheinen« (B I,9). Die Wahrheitsfrage erzwingt Ironie als Tiefenstruktur der poetischen Vermittlung von Leben und Dichten, und diese Ironie bedeutet die Kapitulation vor einer Wirklichkeit, in der sich die poetischen Vorstellungen nicht halten lassen. Idealität läßt sich nur ironisch realisieren, Realität nur ironisch idealisieren. Max Frisch ortete Heines Ironie in einem Spannungsverhältnis zwischen seiner Poesie und einem »Bewußtsein, das in seiner Poesie nicht enthalten ist«.[8] Aber dieses Spannungsverhältnis ist ja der Poesie selbst eingezeichnet: die Entfremdung zwischen Poesie und Empirie wird mittels Ironie in die Lyrik hineingezogen, sie wird selbst thematische Realität.

Dennoch bleibt die Frage, ob man die im Verhältnis von poetischer Rede und prosaischer Gegenrede gründende Ironie als Abwertung oder gar Dementi poetisch disponierter Subjektivität sehen darf. Das wäre eine eindimensionale Auffassung. Denn der ironische Gestus ist ja keineswegs triumphierend, er kehrt vielmehr die Negativität der poesiefremden Erfahrungswirklichkeit hervor. Im Ausspiegeln des Antagonismus von poetischer und pragmatischer Bewußtseinsverfassung *als* Antagonismus bleibt das lyrische Subjekt trotz aller Zwiespältigkeit seiner poetischen ›Imago‹ verbunden. Dadurch wird das Ironische in sich selbst zwiespältig, entbindet es eine Meta-Ironie; das nach Heines Meinung alles durchdringende Element der Ironie »transzendiert den Status ironischer Negation, um sich – als Ironie der Ironie – selbst zu thematisieren«.[9]

Damit verliert die Ironie bei Heine, sieht man von ihrer Einbindung in Satire und von ihrer publikationstaktischen Salvierungsfunktion ab, jede Eindeutigkeit und Stabilität. Sie bewirkt eine Identifikationsresistenz, durch welche Ironie und kommunikative Ambiguität (in textueller und textpragmatischer Hinsicht) vertauschbare Prädikate werden. Ironie als Komplement kommunikativer Ambiguität ist Grundzug und Effekt einer Schreibart, die hervortreten läßt, was sich im schreibenden Subjekt eindeutiger Einstellung entzieht, versagt aufgrund der Konkurrenz bzw. Simultaneität konfligierender Dispositionen, Perspektiven, Bewertungsnormen.

Dies gilt auch für Heines Prosa, schon deshalb, weil in ihr ja eingestandenermaßen alles Objektive innerhalb des subjektiven Reflexes erscheint, weil sich in allen sachlichen und sprachlichen Bezügen Subjektivität mitrepräsentiert. Gewiß zeigt sich in dieser Prosa allenthalben auch Ironie in satirischer Funktion oder als Raffinesse kritischer Aggressivität. Aber auf diese geläufigen und zum Teil selbstverständlichen Verwendungsaspekte läßt sich das Spezifische ironischer Schreibweise in den Prosatexten nicht reduzieren. Dafür ein prägnantes Beispiel aus der *Reise von München nach Genua,* wo der Autor seinen Dombesuch in Trient schildert:

Als ich den grünseidenen Vorhang, der den Eingang des Doms bedeckte, zurückschob und eintrat in das Gotteshaus, wurde mir Leib und Herz angenehm erfrischt von der lieblichen Luft, die dort wehte, und von dem besänftigend magischen Lichte, das durch die buntbemalten Fenster auf die betende Versammlung herabfloß. Es waren meistens Frauenzimmer, in lange Reihen hingestreckt auf den niedrigen Betbänken. Sie beteten bloß mit leiser Lippenbewegung, und fächerten sich dabei beständig mit großen grünen Fächern, so daß man nichts hörte als ein unaufhörlich heimliches Wispern, und nichts sah als Fächerschlag und wehende Schleier. Der knarrende Tritt meiner Stiefeln störte manche schöne Andacht, und große katholische Augen sahen mich an, halb neugierig, halb liebwillig, und mochten mir wohl raten, mich ebenfalls hinzustrecken und Seelensieste zu halten.

Wahrlich, ein solcher Dom mit seinem gedämpften Lichte und seiner wehenden Kühle ist ein angenehmer Aufenthalt, wenn draußen greller Sonnenschein und drückende Hitze. Davon hat man gar keinen Begriff in unserem protestantischen Norddeutschland, wo die Kirchen nicht so komfortabel gebaut sind, und das Licht so frech durch die unbemalten Vernunftscheiben hineinschießt, und selbst die kühlen Predigten vor der Hitze nicht genug schützen. Man mag sagen, was man will, der Katholizismus ist eine gute Sommerreligion. Es läßt sich gut liegen auf den Bänken dieser alten Dome, man genießt dort die kühle Andacht, ein heiliges Dolce far niente, man betet und träumt und sündigt in Gedanken, die Madonnen nikken so verzeihend aus ihren Nischen, weiblich gesinnt verzeihen sie sogar, wenn man ihre eignen holden Züge in die sündigen Gedanken verflochten hat, und zum Überfluß steht noch in jeder Ecke ein brauner Notstuhl des Gewissens, wo man sich seiner Sünden entledigen kann. (B II,345 f.)

Auch ohne den Kontext einer breiteren Heine-Lektüre drängt sich die Vermutung von Ironie auf mit der Frage nach der Aufrichtigkeit und Seriosität solcher Rühmung des Katholizismus als »gute Sommerreligion«. Wie steht es um die Glaubwürdigkeit dieser Auszeichnung des Magischen, Dämmrigen, des sinnlichen Reizes, der Erquicklichkeit, der ästhetischen Attraktivität vor dem Gegenbild des vom Logos bestimmten, puristischen Protestantismus? Mit großer Raffinesse wird der Kontrast illustriert: durch die Akzentuierung eines Sakralen voll sensueller Satisfaktion, durch die Schilderung gleichsam vegetabilisch schöner Beterinnen vor dem Hintergrund fast komplizenhaft mit ihnen sympathisierender Madonnenbilder, mithin durch die Assoziation von Femininem, Madonnenverehrung und Katholizismus; durch die Charakterisierung katholischer Andacht als »Seelensieste«, als »heiliges Dolce far niente«. Zug um Zug werden das seelisch wie leiblich Erholsame, der sinnliche Zauber, die ›Erotizität‹, das synästhetische Faszinosum ineinander verwebt und dem ganz aufs Wort gestellten, spirituellen Protestantismus entgegengesetzt.

Aber soll man dieser Positivierung des in sehr irdischem Sinn ›Komfortablen‹ im katholischen Kult trauen? Oder signalisiert nicht bereits das Prädikat »gute Sommerreligion« ironische Reserve, die Instabilität einer Sympathie, die eher auf einer momentanen Anwandlung als auf einem profunden Urteil beruht? Freilich ist der nominelle Protestant Heine nur einer in einer langen Reihe protestantischer Autoren, die den Purismus, das sinnliche Defizit ihrer Konfession beklagen. So schreibt Kleist am 21. Mai 1801 an Wilhelmine Zenge: »[...] unser Gottesdienst ist keiner. Er spricht nur zu dem kalten Verstande, aber zu allen Sinnen ein katholisches Fest [...] Ach, einen Tropfen Vergessenheit, und mit Wollust würde ich katholisch werden«. Im Vergleich mit diesem emphatischen Geständnis tritt die ironische Ambiguität der Heine-Passage unübersehbar hervor. Sie preist das sensuelle und ästhetische Element des Katholischen, preist am Ende gar die lebensfreundliche Konzilianz einer in manchem – mit Büchners Leonce zu sprechen – »commoden Religion«.[10] Mitthematisiert ist aber auch die Schwebelage des Autors zwischen Sympathie und Distanz, der Dualismus von ästhetisch-sensueller und rational-intellektueller Einstellung zu den aufgezeichneten Impressionen. Die Opposition von »besänftigend magischem Lichte« und »unbemalten Vernunftscheiben« ist Signatur eines hintergründigen subjektiven Antagonismus. Ein solcher mag auch bei dem Kleist-Brief im Spiel sein, aber bei Heine tritt er kraft sprachlich ›inszenierter‹ Ambiguität ins Licht. Die Schilderung der Vorzüge des Katholischen suggeriert unweigerlich die Virulenz einer Ambivalenzerfahrung, derentwegen die affirmative Rede transparent bleibt für Gegenmotive, Gegenansichten, ohne daß dabei die mindeste satirische Tendenz zu spüren ist. Als Lob verkleideter Tadel ist eine der geläufigsten und elementarsten Formen der Ironie, aber gerade auf diese läßt sich die Domschilderung nicht zurückführen. Legt man die von Wayne C. Booth getroffene Unterscheidung von »stable irony« und »unstable irony« zugrunde[11], handelt es sich hier fraglos um letztere, um eine Ironie, die es unmöglich macht, eine feste Position des Autors auszumachen, so daß sich wieder die Affinität von ironischer Rede und kommunikativer Ambiguität erweist. Und es handelt sich um eine Ironie, deren Ausmaß bei Heine kaum ersichtlich werden kann, wenn das Ironische vorzüglich oder ausschließlich in seinem Verbund mit Satire, Parodie, Anprangerung oder Bloßstellung durch Lächerlichkeit betrachtet wird. Ein flüchtiger Blick auf ein Gedicht aus dem Jahre 1834 aus der neuen Heimat Paris soll diesen Befund komplettieren:

> Wenn ich, beseligt von schönen Küssen,
> In deinen Armen mich wohl befinde,
> Dann mußt du mir nie von Deutschland reden; –
> Ich kanns nicht vertragen – es hat seine Gründe.
>
> Ich bitte dich, laß mich mit Deutschland in Frieden!
> Du mußt mich nicht plagen mit ewigen Fragen

Nach Heimat, Sippschaft und Lebensverhältnis; –
Es hat seine Gründe – ich kanns nicht vertragen.

Die Eichen sind grün, und blau sind die Augen
Der deutschen Frauen; sie schmachten gelinde
Und seufzen von Liebe, Hoffnung und Glauben ; –
Ich kanns nicht vertragen – es hat seine Gründe.

(B IV,331 f.)

Nie sollst du mich befragen – das aus dem höfischen Roman wohl-
bekannte Frageverbot ergeht hier in einem Bettgespräch an die
französische Geliebte des Emigranten. Warum er ein Gespräch
über Deutschland in ihren Armen nicht vertragen kann, bleibt un-
erklärt; nur die 3. Strophe liefert eine indirekte und zweideutige
Begründung. Zweideutig, weil in der Reminiszenz Sentimentalität
und Malice ununterscheidbar verschmelzen. Das verkennt sogar
ein so brillanter Heine-Forscher wie Jeffrey L. Sammons, wenn er
meint: »he cannot bear to be reminded of Germany when he is in
her arms, which means in this context, I believe, that memories of
the lost love of *Buch der Lieder* continue to trouble him«.[12] Demnach wäre der Tenor der 3. Strophe eindeutig wehmütig, nostal-
gisch. Aber läßt der Satz »sie schmachten gelinde / Und seufzen
von Liebe, Hoffnung und Glauben« nicht genausogut auf das Gefühl des Entronnenseins, sogar auf ein Gran Verachtung schließen,
zumal wenn man die Anspielung auf 1. Kor. 13 beachtet? Ich
denke, der Refrain »ich kanns nicht vertragen« registriert die au-
genblickliche Situation als Gewinn und als Verlust, er signalisiert
eine Wunde, ein Tabu und eine Erlösung. Ironische Ambiguität
spaltet den Sinn der Unerträglichkeit; man kann sie auf schmerzliche Erinnerung wie auf die Erinnerung an das Unerträgliche der
erotisch allzu moderaten deutschen Frauen beziehen: »blauäugige
Töchter gebildeter Stände, schöne blonde Seelen, die ihren Strick-
strumpf oder sonst eine Handarbeit ins Theater mitgebracht haben
und *gelinde schwärmen* wollen, ohne daß ihnen eine Masche fällt«
(B III,300; Hervorh. W. P.). Liest man die letzte Gedichtstrophe
im Licht dieser Persiflage (und zahlreicher ähnlicher Verdikte)[13],
so müßte man der These Wolf-Dieter Stempels zustimmen, die
ironische Äußerung sei allemal mit einer mehr oder minder starken
Aggression verbunden.[14] Jedoch der Gedichtkontext ambiguiert
die sowieso nur verdeckte Aggressivität dergestalt, daß in der im-
pliziten Negativität des Frauenlobs die Grenze zwischen Ge-
banntheit und Aversion verschwimmt: Ironie vermittelt Subjekti-

vität als unaufhebbare Ambivalenzerfahrung. Damit gerät man freilich an eine Schwelle, auf der es verlegen macht, ironischen und humoristischen Diskurs auseinanderzuhalten.

Nicht allein, aber exemplarisch ist Heine Streitobjekt einer vom »Eindeutigkeitswahn« (Gadamer) besessenen Unterscheidung zwischen Ironie und Humor geworden[15], Objekt eines Definitionseifers, gegen den noch immer die vielen Stimmen machtlos sind, die sich – wie Jean Paul, Novalis, E. T. A. Hoffmann, Raabe, Thomas Mann – einer rigiden Abgrenzung entschlugen angesichts der Komplementarität, Interferenz, Interaktion und Interpenetration zweier sich scheinbar ausschließenden Kategorien. Heine zählt selbst zu ihnen, und nicht nur, weil er sich einmal einen »Meister der Ironie« nannte und ein anderes Mal in seiner Matratzengruft lamentierte: »O Miserere! Verloren geht / Der beste der Humoristen!« (B VI/1,333) »Die humoristische Ironie, ich könnte auch sagen, den ironischen Humor dieser beiden modernen Dichter« (gemeint sind Cervantes und Goethe) gewahre man auch in Tiecks später Novellistik, sagt er in *Die romantische Schule*: »Ironie und Humor sind da so verschmolzen, daß sie ein und dasselbe zu sein scheinen« (B III,429). Zehnmal ist in dichter Folge von »humoristischer Ironie« und »ironischem Humor« die Rede; der Koinzidenzpunkt ist ausdrücklich markiert als »humoristisch ironische Verstellungskunst«. Freilich zunächst wieder einmal im Hinblick auf »Schriftsteller, die unter Zensur und Geisteszwang aller Art schmachten und doch nimmermehr ihre Herzensmeinung verleugnen können«; sie seien »ganz besonders auf die ironische und humoristische Form angewiesen«. Ganz besonders – das besagt ja, daß sich die ironische und humoristische Form nicht in diesem besonderen Aspekt erschöpft. Denn jenseits solcher Tarn- und Schutzfunktion trifft die Formel »humoristisch ironische Verstellungskunst« die generelle Affinität von Humor und Ironie: das Rollenhafte. Der Rollencharakter, die Selbstverstellung liegen bei der Ironie auf der Hand; dies steckt schon in der ursprünglichen schlichten Bedeutung der *simulatio*. Daß auch Humor in allererster Linie als Rollenspiel, Selbstentstellung, Selbstverfremdung zu sehen ist, als Kontrast zwischen authentischer Einstellung und ›gemimtem‹ Gestus, und daß er so von Jean Paul bis Freud gesehen wurde, habe ich in einer früheren Arbeit dargelegt[16]; »humour is the simplest way for a man to suggest he stands outside of himself«.[17] Es ist dies Rollenhafte, diese inszenierte Selbstentstellung, was zuallererst die Affinität und dann Verschmelzbarkeit von Humor und Ironie erklärt, die Heine festgestellt und immer wieder in einer Weise praktiziert hat, die es einigermaßen unsinnig macht, den Ironiker und den Humoristen rigoros auseinanderzudividieren – jedenfalls wenn man bedenkt, daß kommunikative Ambiguität auch eintritt, wo sich die Ironisierung äußerer ›Objekte‹, Fremdironie und Selbstironie so durchdringen, wie im folgenden Gedicht aus dem Buch *Lamentationen* des *Romanzero*:

Gedächtnisfeier

Keine Messe wird man singen,
Keinen Kadosch wird man sagen,
Nichts gesagt und nichts gesungen
Wird an meinen Sterbetagen.

Doch vielleicht an solchem Tage,
Wenn das Wetter schön und milde,
Geht spazieren auf Montmartre
Mit Paulinen Frau Mathilde.

Mit dem Kranz von Immortellen
Kommt sie mir das Grab zu schmücken,
Und sie seufzet: Pauvre homme!
Feuchte Wehmut in den Blicken.

Leider wohn ich viel zu hoch,
Und ich habe meiner Süßen
Keinen Stuhl hier anzubieten;
Ach! sie schwankt mit müden Füßen.

Süßes, dickes Kind, du darfst
Nicht zu Fuß nach Hause gehen;
An dem Barrieregitter
Siehst du die Fiaker stehen.

(B VI/1,113)

Verhaltenes Pathos schwingt eingangs in der Gewißheit, daß weder eine Seelenmesse noch das jüdische Totengebet seiner gedenken werden. Was als Gedächtnisfeier – mit dem Vorzeichen »vielleicht« – zu erwarten steht und was diesen Begriff bereits leicht ironisiert, ist der Friedhofsbesuch der Witwe und ihrer Gesellschafterin, der Gelegenheit zum Spaziergang bietet und daher von der Wetterlage abhängt. Als Grabschmuck wird ein Dauerkranz dienen, der die Intervalle zwischen den Grabbesuchen nicht erkennen läßt. Die Witwentrauer ist gedämpft: statt Tränen »feuchte

Wehmut«; der Seufzer »pauvre homme« (Mann? Mensch?) kann eher dem Los des Begrabenen bei Lebzeiten gelten oder eher dem Faktum, daß er nun da unten liegt. Die 4. Strophe versinnlicht im Einklang von Humor und Ironie – ganz gemäß Jean Pauls Konzept »humoristischer Sinnlichkeit« – unendliches Entrücktsein als Grund für die Unmöglichkeit fürsorglicher Rücksichtnahme auf die physische Beschwerlichkeit einer solchen ›Gedächtnisfeier‹ für die korpulente und wenig bewegungsfreudige Mathilde. Daher ergeht jetzt schon, vorausschauend, die Ermahnung, die Strapaze sichtbaren Gedenkens zu mildern; sie soll, aber sie wird auch nicht zu Fuß heimkehren.

Das Gedicht präsentiert exemplarisch kommunikative Ambiguität in Gestalt einer unauflösbaren Mischung von Rührung und Spott, Sentiment und Sarkasmus, transitiver Ironie und Selbstironie. Mathildes vorweggenommene ›Trauerarbeit‹ wird belächelt und gleichzeitig honoriert beim Gedanken an die physische Zumutung, die der Gang zum Grab für das »süße, dicke Kind« bedeutet. Die private, profane, beiläufige ›Gedächtnisfeier‹ wird letztlich über Seelenmesse oder Kaddisch erhoben, aber in einem Relais von Ironisierungen und endlich Selbstironisierung: des Begriffs Gedächtnisfeier durch den konkreten Vollzug, der doppelten Motivation des Friedhofsbesuchs, der pathetischen Prognose gänzlichen Vergessenwerdens durch ihre humoristisch-ironische Relativierung und Brechung.

Der Vergegenwärtigung der Diskordanz von poetischer Vorstellung und Erfahrungswirklichkeit als Bedingung einer ironischen Tiefenstruktur in der frühen Lyrik paart sich in den Gedichten aus der Matratzengruft ein irritierender, oft makabrer und zynischer Humor. Dasein und Weltlauf erscheinen in radikaler Negativität, aber selbst in die Darstellung der eigenen »schrecklichen Misere« (B VI/1,327) mischt sich eine paradoxe Komik:

Mein Leib ist jetzt ein Leichnam, worin
der Geist ist eingekerkert –
Manchmal wird ihm unwirsch zu Sinn,
Er tobt und rast und berserkert.

Ohnmächtige Flüche! Dein schlimmster Fluch
Wird keine Fliege töten.
Ertrage die Schickung, und versuch
Gelinde zu flennen, zu beten.

(B VI/1,202)

Auf solcher Verquickung von Pathos und vis comica beruht die Ambivalenz dieser »Gedichte der Agonie« (B VI/2,64). Doch hebt die Humoristik des lyrischen Ich die Negativitätserfahrung nicht auf, sie profiliert sie vielmehr als unbewältigte durch den frappanten Kontrast von Schreibweise und heilloser Misere.[18] Und vor allem entzieht die humoristische Brechung die Leidensrealität einer homogen pathetischen Darstellung. Wenn die nackte Wirklichkeit des Siechtums und langwierigen Sterbens ›authentisch‹ im Gedicht erscheinen soll, darf sie nicht ästhetisiert, sublimiert, poetisch transzendiert werden. Die »ironische und humoristische Form« unterbindet die Gefahr, Heilloses durch ästhetische Ausgestaltung zu positivieren. Ideelle ›Bewältigung‹ wird ebenso versagt wie poetische Überformung, Verklärung der brutalen Realität, von der die Rede ist. So ergibt sich das Paradox, daß das Krud-Prosaische und Makaber-Banale des Faktischen durch die Gedichtform erst recht akzentuiert wird. Im Verhältnis zur lyrischen Konvention desavouieren die Gedichte ironisch ihren lyrischen Status; eine radikal divergierende Lyrik läßt das Gesagte als etwas der Lyrik eigentlich Entzogenes, Versagtes, Inkommensurables erscheinen. Ironisch bleibt »der beste der Humoristen« indessen, weil auch die »Humoristik des Ich« (Jean Paul) eine ironische Tiefenstruktur aufweist, weil der »Humor der Komik« (Hegel) die Komik des Humors als Kehrseite zeigt. Unter neuen Voraussetzungen als in der früheren Lyrik gilt, daß Heines Lyrik immer sowohl Medium der subjektiven Auseinandersetzung mit der Wirklichkeit ist[19] als auch Medium der Auseinandersetzung mit diesem Medium als solchem. Die scheinbare Tautologie von humoristischer Ironie und ironischem Humor löst sich hier auf; man kann wohl nur noch von einem ironischen Humor sprechen, einem Humor, der sich in der Inszenierung von sich selbst distanziert, seinen prekären Status signalisiert.

Nirgends bei Heine ist der ironische Stil als Reflex innerer Zwiespältigkeit profunder als dort, wo der »lebende Leichnam« vom Zusammenhang zwischen der physischen Katastrophe und seiner geistigen Umkehr, dem Wiedererwachen seiner religiösen Gefühle, spricht. In Briefen und Gesprächen bekundet er immer wieder den aporetischen Widerstreit von Verstand und Gefühl, in den ihn der Gedanke an eine persönliche Fortdauer nach dem Tode treibt; und er ironisiert dabei sein Sich-Einlassen auf den Unsterblichkeitsglauben, indem er in die Vorstellung des ewigen Lebens eine groteske Ambivalenzerfahrung projiziert: »denn so sehr ich an Fortdauer glaube, so habe ich doch eigentlich ein geheimes Grauen vor der leidenschaftslosen Seeligkeit und Ewigkeitsfreude. Wenn ich so ohne Körper als Lichtgestalt im Blauen umherschwebte, und mit einem Mal im Aether als reine Tugendgasflamme in alle Ewigkeit zu brennen und zu leuchten anfinge, Gott das wäre schrecklich«.[20] Und schließlich mündet sein letztes, gleichsam testamentarisches Prosawerk *Geständnisse* in das – Leserschaft und Forschung bis heute irritierende – ironisch gebrochene Bekenntnis der Rückwendung zum alten Gott der Bibel, der »Wiedergeburt des religiösen Gefühls« (B VI/1,482). Schon das Zugeständnis, seine Konversion zum persönlichen Gott seiner Väter könne die buchstäblich notwendige Konsequenz der persönlichen Misere sein, stellt diese Umkehr unter einen ironischen Vorbehalt. Daß sich aber überhaupt sein neues Credo im Zeichen selbstironischer Distanz präsentiert, signalisiert – und das ist das Entscheidende – das Eingeständnis, daß er in seiner Umkehr der früheren Denkweise und Lebensauffassung als unabgeltbarem Gehalt der Lebensgeschichte verbunden bleibt: »Ich habe nichts abgeschworen, nicht einmal meine alten Heidengötter, von denen ich mich zwar abgewendet, aber scheidend in Liebe und Freundschaft« (B VI/1,184). Die frühere Weltanschauung wird verabschiedet, weil sie nach dem Zusammenbruch von 1848 nicht mehr tragfähig, lebenstauglich sein kann. Die mentale Wende wird redlicherweise als Gebot psychischer Selbsterhaltung begründet; aber zu dieser Redlichkeit gehört der ironische Gestus, kraft dessen das Spannungsverhältnis zwischen intellektueller und existentieller Option nicht getilgt wird.

Im § 37 der *Vorschule der Ästhetik* fordert Jean Paul: »Der Ernst der Ironie hat zwei Bedingungen. Erstlich in Rücksicht der Sprache studiere man den Schein des Ernstes, um den Ernst des Scheines oder den ironischen zu treffen«. Auch bei Heine gilt es, dieses dialektische Verhältnis von Schein des Ernsts und Ernst des Scheins zu begreifen; insbesondere dort, wo Verse und Prosa Zeugnis einer Existenz sein wollen, von der »schier nichts übrig geblieben als die Stimme« (B VI/1,180). Zur bis in unsere Zeit reichenden Diskussion der Ernsthaftigkeit und Aufrichtigkeit des Bekenntnisses religiöser Umkehr hat Jürgen Brummack bündig gesagt, »sein Ernst und seine Wahrheit liegen nicht jenseits der Ironie, sondern in ihr«.[21] Das darf man verallgemeinern. Es gilt für die Funktion der Ironie, das Bewußtsein der Differenz von poetischer Projektion und Empirie der poetischen Struktur und Sprache selbst einzuprägen. Es gilt für die Funktion der ironischen Schreibweise, unauflösbare subjektive Ambivalenzen zu vergegenwärtigen und Ambivalenzerfahrung in kommunikativer Ambiguität zu manifestieren. In *Geständnisse* ist eingangs von der Absicht die Rede, »meine Persönlichkeit so bedenklich als möglich hervortreten zu lassen« (B VI/1,449). Gibt man dem Satz das Gewicht des Prinzipiellen, so kann man sagen, das »so bedenklich als möglich« treffe genau das entscheidende Moment der Selbstpräsentation im Ironiker Heine. In einem Nachlaß-Fragment hat Nietzsche die Redlichkeit gegen sich selbst ein »Erforderniß der Reinlichkeit« genannt: »Es mag einer sein, was er will, Genie oder Schauspieler – nur reinlich! (H. Heine hat etwas Reines).«[22] Der Kontext der zahlreichen Äußerungen Nietzsches über Heine berechtigt die Annahme, es sei Heines ›Prinzip Ironie‹ für Nietzsche ein Aspekt der »Redlichkeit gegen sich selbst« gewesen.

Anmerkungen

1 Brief vom 26. 6. 1854 an Julius Campe.

2 Heines Werke werden zitiert nach Klaus Briegleb (Hg.), *Sämtliche Schriften* (6 Bde.), München 1968-1976. Briefe werden durch Angabe von Datum und Empfänger nachgewiesen; die Zitate folgen dem Text der in den Bdn. 20-27 vorliegenden Korrespondenz von und an Heine, in: *Heinrich Heine Säkularausgabe*, Berlin (Ost) und Paris 1970ff.

3 Wolfgang Preisendanz, *Ironie bei Heine*, in: Albert Schaefer (Hg.), *Ironie und Dichtung*, München 1970, S. 85-112.

4 Hugo von Hofmannsthal, *Gesammelte Werke: Prosa*, Bd. IV, Frankfurt/Main 1966, S. 40-44.

5 Dazu Uwe Japp, *Theorie der Ironie*, Frankfurt/Main 1983, S. 52-57. Ausgangspunkt dieses Buchs ist die Definition der Ironie als »ein Versuch zur Versprachlichung der Welt in Form einer gleichzeitigen Gegenrede« (S. 18).

6 Brief vom 30. 12. 1825 an Karl Simrock.

7 Günter Oesterle, *Heinrich Heines Tannhäusergedicht – eine erotische Legende aus Paris*, in: Rolf Hosfeld (Hg.), *Signaturen. Heinrich Heine und das 19. Jahrhundert*, Berlin 1986, S. 20.

8 Max Frisch, *Tagebuch 1946-49*, Frankfurt/Main 1950, S. 223.

9 Rainer Warning, *Der ironische Schein: Flaubert und die ›Ordnung des Diskurses‹*, in: Eberhard Lämmert (Hg.), *Erzählforschung. Ein Symposion*, Stuttgart 1982, S. 307.

10 Vgl. Heines Argument für den Lebensvorteil katholischer Frauen in *Geständnisse*: »Wenn sie einen Fehler begangen haben, behalten sie nicht lange Kummer darüber im Herzen, und sobald sie vom Priester Absolution erhielten, sind sie wieder trällernd aufgeheitert und verderben ihrem Mann nicht die gute Laune oder Suppe durch kopfhängerisches Nachgrübeln über Sünde« (B VI/1,490).

11 Wayne C. Booth, *A Rhetoric of Irony*, Chicago und London 1974.

12 Jeffrey L. Sammons, *Heinrich Heine, The Elusive Poet*, New Haven und London 1969, S. 193. Als alternative und genauso mißliche Interpretation erwägt Sammons, der Sprecher wolle sich nicht ablenken lassen »from his private pursuits by thoughts of political reality«.

13 Vgl. die Beschreibung von Ary Scheffers Gemälde »Gretchen« (»Mit einem Wort, sie ist ein deutsches Mädchen«) in *Französische Maler* (B III,32) oder die mokante Analogie deutscher Küche und deutscher Weiblichkeit, mit dem Resümee »wohl dem, der es verdauen kann«, in *Aus den Memoiren des Herren von Schnabelewopski* (B I,533).

14 Wolf-Dieter Stempel, *Ironie als Sprachhandlung*, in: Wolfgang Preisendanz und Rainer Warning (Hg.), *Poetik und Hermeneutik 7: Das Komische*, München 1976, S. 219.

15 Vgl. Wolfgang Preisendanz, *Die umgebuchte Schreibart. Heines literarischer Humor im Spannungsfeld von Begriffs-, Form- und Rezeptionsgeschichte*, in: ders., *Heinrich Heine. Werkstrukturen und Epochenbezüge*, München ²1983, S. 131-157.

16 Wolfgang Preisendanz, *Humor als Rolle*, in: Odo Marquard und Karlheinz Stierle (Hg.), *Poetik und Hermeneutik 8: Identität*, München 1979, S. 423-434.

17 Howard P. Anderson und Irvin Ehrenpreis, *The Familiar Letter in the 18th Century*, in: Howard P. Anderson, Philip B. Daghlian und Irvin Ehrenpreis (Hg.), *The Familiar Letter*, Lawrence/Kans. 1979, S. 281.

18 Zu Heines Programm einer »Kontrastästhetik« als Bezugsrahmen dieser Inadäquatheit von *res* und *verba* vgl. Gerhard Höhn, *Heine-Handbuch. Zeit, Person, Werk*, Stuttgart 1987, S. 317 u. ö.

19 Dies ist der zentrale und einschneidende Befund von Josef Schnell, *Realitätsbewußtsein und Lyrikstruktur. Heines Lyrik und ihre ästhetischen Voraussetzungen*, Diss. Konstanz 1970.

20 Heine im Gespräch (Oktober 1850) zu Adolf Stahr und Fanny Lewald, zit. nach Michael Werner (Hg.), *Begegnungen mit Heine. Berichte der Zeitgenossen*, Hamburg 1973, Bd. 2, S. 239.

21 Jürgen Brummack (Hg.), *Heinrich Heine. Epoche – Werk – Wirkung*, München 1980, S. 292.

22 Giorgio Colli und Massimo Montinari (Hg.), *Friedrich Nietzsche. Sämtliche Werke* (Studienausgabe in 15 Bdn.), München, Berlin und New York 1980, Bd. 9, S. 326.

Norbert Altenhofer
Chiffre, Hieroglyphe
Vorformen tiefenhermeneutischer und intertextueller Interpretation im Werk Heines

Es mag überraschen, im Zusammenhang von Überlegungen zur Texthermeneutik den Namen Heines genannt zu sehen. Bei dem folgenden Versuch kann es auch nicht darum gehen, Heines verstreuten hermeneutischen Reflexionen den Rang einer konsistenten Theorie zuzuschreiben und ihren Autor auf eine Ebene etwa mit Schleiermacher zu heben. Es soll aber am Beispiel Heine die Frage gestellt werden, ob innerhalb der quantitativ und qualitativ eindrucksvollen Methodendiskussion der letzten zehn Jahre die historische Ausbildung hermeneutischer Problemstellung nicht zu ausschließlich unter dem Aspekt systematischer Theoriebildung, der Methodologie theologischer und philologischer Schriftauslegung, betrachtet worden ist, statt zumindest *auch* unter dem Aspekt der Entwicklung poetischer Praktiken und literarästhetischer Begriffsbildung. Was für die romantische Generation, insbesondere für Friedrich Schlegel und Novalis, schon erkannt und in letzter Zeit verstärkt untersucht worden ist[1], bedarf für die nachromantische Generation noch der Aufhellung: der – auch theoriegeschichtlich folgenreiche – hermeneutische Gehalt ihrer Poesie und Poetologie.

Unter den deutschen Autoren bietet sich Heine nicht nur deshalb zur Untersuchung an, weil sein kritisches und poetisches Werk besonders reich an unmittelbar textbezogenen – d. h. selbstreflexiven – hermeneutischen Explikationen und Implikationen ist. Er wird für eine historische Rekonstruktion texthermeneutischer Konzeptionen durch eine Eigenschaft besonders interessant, die ihn in den Augen streng systematischer Theoretiker der Hermeneutik diskreditieren muß: durch seinen Eklektizismus und die Abneigung, seinen hermeneutischen Reflexionen einen anderen Status zuzugestehen als den eines heuristischen Instrumentariums poetischer Produktion. Dieser hermeneutische Dilettantismus hat nämlich nicht verhindern können, daß ausgerechnet Heine, der scharfe Kritiker der romantischen Schule, zum wohl einflußreich-

sten Vermittler ihrer poetologischen Hermeneutik an die folgenden Generationen geworden ist, und darüber hinaus zum bedeutenden Anreger der drei Theoretiker, die mehr als alle anderen –
wenn auch auf unterschiedlichen Wegen – die traditionelle Hermeneutik revolutioniert haben: Marx, Nietzsche und Freud. Es gibt
eine erstaunlich starke, allerdings meist subkutane, Wirkung Heines, die sich bis zu den von Marx, Nietzsche und Freud geprägten
französischen Theorien der Intertextualität verfolgen ließe. Sie ist
nicht Gegenstand dieses Beitrags, der sich darauf beschränkt, diejenigen kritischen und poetologischen Reflexionen Heines im Zusammenhang zu untersuchen, die trotz ihres kasuistischen Cha-
rakters auf eine umfassende Hermeneutik kultureller Phänomene
zielen.[2]
[...]

Signatur, Chiffre, Hieroglyphe:
Romantische Parabolik und politische Esoterik

Heines Hermeneutik ist den »lebendigsten Lebensgefühlen« der
Gegenwart viel zu sehr verpflichtet, als daß sie sich die philologische Strenge und den gelassenen Blick des Historismus hätte zu
eigen machen können. Eingespannt zwischen die revolutionäre
Ungeduld des Chiliasten und die todverfallene Trauer des Allego-
rikers entziffert er die Gebilde, Gestalten und Texte der Tradition
als Chiffren der Verheißung oder des Fluchs. Gerade in dieser
Sicht ist er der Romantik in tiefer Affinität verbunden: In kaum
einem Autor des 19. Jahrhunderts lebt die spekulativ-eschatologi-
sche Tradition der Romantik, die sich den der gleichen Quelle entspringenden historischen Filiationen der Epoche polemisch entgegenstellt, mit größerer Intensität und Authentizität weiter als in
ihm.

   Schon Heines erste publizierte Prosaarbeit, der Aufsatz *Die Romantik,* macht den Zusammenhang deutlich:

Im Altertum, das heißt eigentlich bei Griechen und Römern, war die Sinnlichkeit vorherrschend. Die Menschen lebten meistens in äußern Anschauungen, und ihre Poesie hatte vorzugsweise das Äußere, das Objektive, zum
Zweck und zugleich zum Mittel der Verherrlichung. Als aber ein schöneres
und milderes Licht im Orient aufleuchtete, als die Menschen anfingen zu
ahnen, daß es noch etwas Besseres gibt als Sinnenrausch, als die unüber-

schwenglich beseligende Idee des Christentums, die Liebe, die Gemüter zu durchschauern begann: da wollten auch die Menschen diese geheimen Schauer, diese unendliche Wehmut und zugleich unendliche Wollust mit Worten aussprechen und besingen. Vergebens suchte man nun durch die alten Bilder und Worte die neuen Gefühle zu bezeichnen. Es mußten jetzt neue Bilder und neue Worte erdacht werden, und just solche, die, durch eine geheime, sympathetische Verwandtschaft mit jenen neuen Gefühlen, diese letztern zu jederzeit im Gemüte erwecken und gleichsam herauf beschwören konnten. So entstand die sogenannte romantische Poesie, die in ihrem schönsten Lichte im Mittelalter aufblühte, späterhin vom kalten Hauch der Kriegs- und Glaubensstürme traurig dahin welkte, und in neuerer Zeit wieder lieblich aus dem deutschen Boden aufsproßte und ihre herrlichsten Blumen entfaltete. Es ist wahr, die Bilder der Romantik sollten mehr erwecken als bezeichnen. Aber nie und nimmermehr ist dasjenige die wahre Romantik, was so viele dafür ausgeben; nämlich: ein Gemengsel von spanischem Schmelz, schottischen Nebeln und italienischem Geklinge, verworrene und verschwimmende Bilder, die gleichsam aus einer Zauberlaterne ausgegossen werden, und durch buntes Farbenspiel und frappante Beleuchtung seltsam das Gemüt erregen und ergötzen. Wahrlich, die Bilder, wodurch jene romantischen Gefühle erregt werden sollen, dürfen eben so klar und mit eben so bestimmten Umrissen gezeichnet sein, als die Bilder der plastischen Poesie. Diese romantischen Bilder sollen an und für sich schon ergötzlich sein; sie sind die kostbaren, goldenen Schlüssel, womit, wie alte Märchen sagen, die hübschen, verzauberten Feengärten aufgeschlossen werden. [...]

Viele aber, die bemerkt haben, welchen ungeheuren Einfluß das Christentum, und in dessen Folge das Rittertum, auf die romantische Poesie ausgeübt haben, vermeinen nun beides in ihren Dichtungen einmischen zu müssen, um denselben den Charakter der Romantik aufzudrücken. Doch glaube ich, Christentum und Rittertum waren nur Mittel, um der Romantik Eingang zu verschaffen [...]. (B I,399 ff.)

Heines Rekonstruktion des romantischen Prinzips bewegt sich zunächst durchaus in Schlegelschen Bahnen[3]; der Aufgang der romantischen Poesie ist eng verbunden mit dem Sieg des Christentums, im Mittelalter erreicht die romantische Poesie ihre schönste Blüte. Aber Heine trennt scharf zwischen der Idee des Christentums als der Wurzel des Romantischen einerseits, Christentum und Rittertum als institutionalisierter gesellschaftlicher Macht von »Pfaffen« und »adeligen Herrscherlingen« (B I,401) andrerseits, wobei die letzteren nur »Mittel« waren, um der Romantik Eingang zu verschaffen. Der Begriff des Romantischen wird von den historisch-gesellschaftlichen Inhalten und Formen christlicher und feudaler Ideologie abgelöst, mit denen er wohl genetisch, nicht aber wesenhaft verbunden ist.

Das Spezifische romantischer Poesie liegt vielmehr darin, daß sie der symbolische Modus des Ausdrucks neuer Bedürfnisse und Erfahrungen ist, die sich in den überlieferten Formen der klassischen Antike nicht mehr artikulieren lassen. Die Wirklichkeitserfahrung des antiken Menschen fiel mit der sinnlichen Erfahrung der Gegenstände dieser Welt zusammen; so war für den antiken Menschen (und insbesondere den Künstler) die Erfahrung der Welt auch vollkommen in konkreten, sinnlichen Bildern: »plastisch« darstellbar. Die neuen Bedürfnisse der Menschheit, über deren Ursachen keine Auskunft gegeben wird, die sich aber historisch in der Idee des Christentums verdichten, zielen über bloß sinnliche Erfahrung hinaus auf einen spirituellen Zusammenhang hinter den Phänomenen dieser Welt, auf den diese nur mehr verweisen, ohne ihn noch unmittelbar repräsentieren zu können.

Aus diesen veränderten Bedürfnissen und diesem neuen Modus der Erfahrung ergibt sich die Notwendigkeit einer neuen Symbolsprache. Ihre Struktur ist bestimmt von der Erfahrung des Hiatus zwischen Zeichen und Bezeichnetem und einer daraus entspringenden grundsätzlichen Ambiguität der Bilder: Die »Bilder der Romantik sollten mehr erwecken als bezeichnen«, und sie *mußten* es, weil die neue Erfahrung eben darin bestand, daß die eigentliche Wirklichkeit nicht mehr als eine in den sinnlichen Erscheinungen faßbare, sondern als eine in unsinnlichen und mehrschichtigen Beziehungen zwischen oder hinter diesen Erscheinungen liegende empfunden wurde.

Die Spannung von Buchstabe und Geist, von manifestem und latentem Sinn, von exoterischer und esoterischer Bedeutung: der parabolische Charakter ist das wesentliche Merkmal, durch das sich die romantischen Kunstwerke von denen der klassischen Antike (und ihrer modernen Renaissancen) unterscheiden. Parabolische Textstruktur und eine Hermeneutik des mehrfachen Schriftsinns sind das romantische Erbe der christlichen Tradition, ein Erbe, das für Heine seine Fruchtbarkeit gerade auch dort erweist, wo es sich seiner spezifisch christlichen Gehalte entledigt hat und nur als *formales* Prinzip poetischer Gestaltung oder Textauslegung erhalten bleibt. Sein Funktionieren wird in der *Romantischen Schule* am Beispiel der christlich-mittelalterlichen Kunst anschaulich beschrieben:

Der Unterschied [zwischen klassischer und romantischer Poesie] besteht darin, daß die plastischen Gestalten in der antiken Kunst ganz identisch sind mit dem Darzustellenden, mit der Idee die der Künstler darstellen wollte, z. B. daß die Irrfahrten des Odysseus gar nichts anders bedeuten als die Irrfahrten des Mannes, der ein Sohn des Laertes und Gemahl der Penelopeia war und Odysseus hieß; daß ferner der Bacchus, den wir im Louvre sehen, nichts anders ist als der anmutige Sohn der Semele mit der kühnen Wehmut in den Augen und der heiligen Wollust in den gewölbt weichen Lippen. Anders ist es in der romantischen Kunst; da haben die Irrfahrten eines Ritters noch eine esoterische Bedeutung, sie deuten vielleicht auf die Irrfahrten des Lebens überhaupt; der Drache der überwunden wird, ist die Sünde; der Mandelbaum der dem Helden aus der Ferne so tröstlich zuduftet, das ist die Dreieinigkeit, Gott Vater und Gott Sohn und Gott Heiliger Geist, die zugleich eins ausmachen, wie Nuß, Faser und Kern dieselbe Mandel sind. Wenn Homer die Rüstung eines Helden schildert, so ist es eben nichts anders als eine gute Rüstung, die so und so viele Ochsen wert ist; wenn aber ein Mönch des Mittelalters in seinem Gedichte die Röcke der Muttergottes beschreibt, so kann man sich darauf verlassen, daß er sich unter diesen Röcken eben so viele verschiedene Tugenden denkt, daß ein besonderer Sinn verborgen ist unter diesen heiligen Bedeckungen der unbefleckten Jungfrauschaft Mariä, welche auch, da ihr Sohn der Mandelkern ist, ganz vernünftigerweise als Mandelblüte besungen wird. Das ist nun der Charakter der mittelalterlichen Poesie, die wir die romantische nennen.

Die klassische Kunst hatte nur das Endliche darzustellen, und ihre Gestalten konnten identisch sein mit der Idee des Künstlers. Die romantische Kunst hatte das Unendliche und lauter spiritualistische Beziehungen darzustellen oder vielmehr anzudeuten, und sie nahm ihre Zuflucht zu einem System traditioneller Symbole, oder vielmehr zum Parabolischen, wie schon Christus selbst seine spiritualistischen Ideen durch allerlei schöne Parabeln deutlich zu machen suchte. (B III,367)

Das Verfahren der in patristischer Tradition stehenden Exegese nach dem mehrfachen Schriftsinn – die, von der die eschatologische Spannung festhaltenden typologischen Exegese der gleichen Tradition zu unterscheiden ist[4] – und der ihr entsprechende komplexe Textbegriff werden von Heine säkularisiert und in ihren ästhetischen und politischen Dimensionen entfaltet. Wie das formale Prinzip einer nach dem Buchstaben und den verschiedenen geistigen Dimensionen der Schrift gestaffelten Auslegung auf profane Texte angewendet werden kann, illustrieren am besten Heines Bemerkungen zum *Don Quijote* anläßlich seiner Besprechung der Tieckschen Übersetzung in der *Romantischen Schule*:

Spaßhaft genug ist es, daß gerade die romantische Schule uns die beste Übersetzung eines Buches geliefert hat, worin ihre eigne Narrheit am ergötzlichsten durchgehechelt wird. Denn diese Schule war ja von demselben Wahnsinn befangen, der auch den edlen Manchaner zu allen seinen Narrheiten begeisterte; auch sie wollte das mittelalterliche Rittertum wieder restaurieren; auch sie wollte eine abgestorbene Vergangenheit wieder ins Leben rufen. Oder hat Miguel de Cervantes Saavedra in seinem närrischen Heldengedichte auch andere Ritter persiflieren wollen, nämlich alle Menschen, die für irgend eine Idee kämpfen und leiden? Hat er wirklich in seinem langen, dürren Ritter die idealistische Begeisterung überhaupt, und in dessen dicken Schildknappen den realen Verstand parodieren wollen? Immerhin, letzterer spielt jedenfalls die lächerlichere Figur; denn der reale Verstand mit allen seinen hergebrachten gemeinnützigen Sprichwörtern, muß dennoch, auf seinem ruhigen Esel, hinter der Begeisterung einher trottieren; trotz seiner bessern Einsicht muß er und sein Esel alles Ungemach teilen, das dem edlen Ritter so oft zustößt: ja, die ideale Begeisterung ist von so gewaltig hinreißender Art, daß der reale Verstand, mitsamt seinen Eseln, ihr immer unwillkürlich nachfolgen muß.
Oder hat der tiefsinnige Spanier noch tiefer die menschliche Natur verhöhnen wollen? Hat er vielleicht in der Gestalt des Don Quixote unseren Geist, und in der Gestalt des Sancho Pansa unseren Leib allegorisiert, und das ganze Gedicht wäre alsdenn nichts anders als ein großes Mysterium, wo die Frage über den Geist und die Materie in ihrer gräßlichsten Wahrheit diskutiert wird? (B III,430f.)

Die Interpretation folgt bis in die Details des Auslegungsschemas und der Diktion dem Muster der patristischen Exegese. Auf der ersten Stufe der Allegorese orientiert sich die Auslegung noch am buchstäblichen, am historischen Sinn des Werkes, das auf dieser Ebene als vom Autor intendierte Satire auf die spätmittelalterlichen Ritterromane in der Art des *Amadis* verstanden wird. Der nächste Interpretationsschritt arbeitet einen allgemeineren moralischen Sinn heraus, indem das Verhältnis Don Quijote – Sancho Pansa als Persiflage des Idealismus, das heißt, Don Quijote als Verkörperung der immer scheiternden »idealischen Begeisterung«, Sancho Pansa als Inkarnation des vorsichtigen »realen Verstandes« betrachtet wird. Auf der dritten Stufe wird diese Konstellation zur Allegorie der Dichotomie von Geist und Materie, die einen auf die letzten Fragen menschlichen Heils oder Unheils zielenden »mystischen« Sinn entbindet. Dieser mystische Sinn ist bei Heine allerdings nicht mehr auf die christlichen Heilswahrheiten, etwa auf die Lehre von Sündenfall und Erlösung, bezogen, sondern auf seine anthropologische Konzeption eines Dualismus von Spiritualismus und Sensualismus, wobei die Nutzanwendung am Ende eine durchaus materialistische Wendung nimmt: »Wirklich, der Leib scheint oft mehr Einsicht zu haben, als der Geist, und der Mensch denkt oft viel richtiger mit Rücken und Magen, als mit dem Kopf.« (B III,431)

Die Interpretation entfernt sich zunehmend von dem, was als Intention des Autors Cervantes plausibel gemacht werden könnte. Heines Verfahren strebt nicht die Eingrenzung eines historisch objektivierbaren Sinns an, sondern die Erweiterung und Anreicherung des Textsinns aus der Sicht des Interpreten.

Im gleichen Maße jedoch, wie der Textsinn von der Intention des Autors abgelöst und zur Funktion des vom Interpreten eingenommenen Standpunktes wird, werden die historisch-autobiographischen Erfahrungen, die die Perspektive des Interpreten bestimmen, präzisiert und objektiviert. In Heines Einleitung zu einer illustrierten Ausgabe des *Don Quijote* verwandelt sich die Interpretation in eine Rekonstruktion der Bedeutungsveränderungen, die der Text in der Sicht des Betrachters durchlaufen hat; sie endet mit einer politischen Bestandsaufnahme, die aus dem Roman einen aktuellen Sinn herausschlägt:

Ich war damals der Meinung, die Lächerlichkeit des Donquixotismus bestehe darin, daß der edle Ritter eine längst abgelebte Vergangenheit ins Leben zurückrufen wollte, und seine armen Glieder, namentlich sein Rücken, mit den Tatsachen der Gegenwart in schmerzliche Reibungen gerieten. Ach, ich habe seitdem erfahren, daß es eine eben so undankbare Tollheit ist, wenn man die Zukunft allzu frühzeitig in die Gegenwart einführen will und bei solchem Ankampf gegen die schweren Interessen des Tages nur einen sehr mageren Klepper, eine sehr morsche Rüstung und einen eben so gebrechlichen Körper besitzt. Wie über jenen, so auch über diesen Donquixotismus schüttelt der Weise sein vernünftiges Haupt. (B IV,153 f.)

Das Verfahren kann auch der Rekonstruktion des umgekehrten Vorgangs dienen: Die Interpretation wird zur Darstellung des Sinnverlustes, den ein Text angesichts wechselnder Erfahrungen erleidet. Besonders deutlich wird das markiert in Heines Auseinandersetzung mit Uhland, wo verschiedene Rezeptionsphasen dargestellt werden, von der bedingungslosen Identifikation des jungen Heine mit Uhlands Gedichten bis zur Entfremdung des Pariser Emigranten von der einst so geliebten Poesie:

Ich darf die Gedichtesammlung des Herrn Ludwig Uhland nicht unbesprochen lassen, und dennoch befinde ich mich in einer Stimmung, die keineswegs solcher Besprechung günstig ist. Schweigen könnte hier als Feigheit oder gar als Perfidie erscheinen, und ehrlich offne Worte könnten als Mangel an Nächstenliebe gedeutet werden. […] Aber ich bitte Euch, Zeit und Ort, wo ich dieses niederschreibe, gehörig zu ermessen. Vor zwanzig Jahren, ich war ein Knabe, ja damals, mit welcher überströmenden Begeisterung hätte ich den vortrefflichen Uhland zu feiern vermocht! Damals empfand ich seine Vortrefflichkeit vielleicht besser als jetzt; er stand mir näher an Empfindung und Denkvermögen. Aber so vieles hat sich seitdem ereignet! (B III,483 f.)

Die ursprüngliche Begeisterung wird durch ein zunächst noch nicht artikulierbares Gefühl der Unangemessenheit – versinnbildlicht im komischen Pathos der den Rezitator Heine nachäffenden Nixen (B III,485) – getrübt und verschärft sich zu der Erkenntnis, daß dem imitierten Mittelalter des Gedichts keine Erfahrung im Leser mehr korrespondiert; Heines Zitattechnik, die einzelne Gedichtzeilen mit immer neuen historischen und privaten Erfahrungen konfrontiert, macht diesen Prozeß der Sinnentleerung unbarmherzig sichtbar:

Dasselbe Buch habe ich wieder in Händen, aber zwanzig Jahre sind seitdem verflossen, ich habe unterdessen viel gehört und gesehen, gar viel, ich glaube nicht mehr an Menschen ohne Kopf, und der alte Spuk wirkt nicht mehr auf mein Gemüt. Das Haus, worin ich eben sitze und lese, liegt auf dem Boulevard Mont-Martre; und dort branden die wildesten Wogen des Tages, dort kreischen die lautesten Stimmen der modernen Zeit […] – Ist das nun der Ort, wo man Uhlands Gedichte lesen kann? (B III,485 f.)

Erst in der Retrospektive ist der Betrachter in der Lage, diese subjektive Erfahrung als objektiven Befund, das heißt als Kritik an der Brüchigkeit des Textes selbst zu formulieren – und als Selbstkritik:

Schärferen Blicken als den meinigen will es nicht entgangen sein, daß das hohe Ritterroß, mit seinen bunten Wappendecken und stolzen Federbüschen, nie recht gepaßt habe zu seinem bürgerlichen Reuter, der an den Füßen, statt Stiefeln mit goldenen Sporen, nur Schuh mit seidenen Strümpfen, und auf dem Haupte, statt eines Helms, nur einen Tübinger Doktorhut getragen hat. Sie wollen entdeckt haben, daß Herr Ludwig Uhland niemals mit seinem Thema ganz übereinstimmen konnte; daß er die naiven, grauenhaft kräftigen Töne des Mittelalters nicht eigentlich in idealisierter Wahrheit wiedergibt, sondern sie vielmehr in eine kränklich sentimentale Melancholie auflöst: daß er die starken Klänge der Heldensage und des Volkslieds in seinem Gemüte gleichsam weich gekocht habe, um sie genießbar zu machen für das moderne Publikum. (B III,487 f.)

Heines antihistorische Hermeneutik faßt in erster Linie die bewegliche Konstellation Werk – Leser, nicht so sehr die als »Intention« fixierbare feste Relation von Autor und Werk ins Auge; ihr Interesse gilt dem autonomen Fortleben oder Absterben der Werke, dem Drama der Entfaltung oder des Verlusts von Sinn. Ihre Legitimation bezieht diese Sicht nicht zuletzt aus der These, daß der Sinn des einmal geschaffenen Gebildes seinem Schöpfer selbst in keinem höheren Maße zugänglich, das heißt unter Umständen ebenso unzugänglich ist wie jedem anderen Interpreten. Metapher dieser auf einer Theorie der teilweise unbewußten Produktion beruhenden Auffassung des Kunstwerks ist der orientalische Selam:

Es dünkt mir […] des höchsten Preises wert, wenn die Symbole, womit der Künstler seine Idee ausspricht, abgesehen von ihrer innern Bedeutsamkeit, noch außerdem an und für sich die Sinne erfreuen, wie Blumen eines Selams, die, abgesehen von ihrer geheimen Bedeutung, auch an und für sich blühend und lieblich sind und verbunden zu einem schönen Strauße. Ist aber solche Zusammenstimmung immer möglich? Ist der Künstler so ganz willensfrei bei der Wahl und Verbindung seiner geheimnisvollen Blumen? Oder wählt und verbindet er nur, was er muß? Ich bejahe diese Frage einer mystischen Unfreiheit. Der Künstler gleicht jener schlafwandelnden Prinzessin, die des Nachts in den Gärten von Bagdad, mit tiefer Liebesweisheit, die sonderbarsten Blumen pflückte und zu einem Selam verband, dessen Bedeutung sie selbst gar nicht mehr wußte, als sie erwachte. Da saß sie nun des Morgens in ihrem Harem, und betrachtete den nächtlichen Strauß, und sann darüber nach, wie über einen vergessenen Traum, und schickte ihn endlich dem geliebten Kalifen. Der feiste Eunuch, der ihn überbrachte, ergötzte sich sehr an den hübschen Blumen, ohne ihre Bedeutung zu ahnen. Harun Alraschid aber, der Beherrscher der Gläubigen, der Nachfolger des Propheten, der Besitzer des salomonischen Rings, dieser erkannte gleich den Sinn des schönen Straußes, sein Herz jauchzte vor Freude, und er küßte jede Blume, und er lachte, daß ihm die Tränen herabliefen in den langen Bart. (B III,45 f.)

Zwischen dem sinnlich Schönen und der inneren Bedeutsamkeit besteht im Kunstwerk der Moderne (seit dem Aufgang der romantischen Kunst) kein notwendiger Zusammenhang mehr. Das sinnliche Moment der Symbole kann sich auch »abgesehen von ihrer geheimen Bedeutung«, es kann sich »außerdem an und für sich« zur Geltung bringen. Allerdings legt der Fortgang des Gleichnisses vom Selam den Schluß nahe, daß die bloße Wahrnehmung des sinnlichen Moments auf dem Niveau einer Eunuchen-Hermeneutik verharrt, während Genuß der Schönheit *und* Erkennen des Sinns ein Privileg derjenigen ist, die den Ring Salomonis besitzen.

Es wäre jedoch zu einfach, darin nur eine irrationalistische Ästhetik und Hermeneutik des Genies sehen zu wollen. In dem der zitierten Stelle vorangehenden Passus heißt es:

Jeder Genius muß studiert und nur nach dem beurteilt werden, was er selbst will. Hier gilt nur die Beantwortung der Fragen: hat er die Mittel, seine Idee auszuführen? hat er die richtigen Mittel angewendet? Hier ist fester Boden. Wir modeln nicht mehr an der fremden Erscheinung nach unsern subjektiven Wünschen, sondern wir verständigen uns über die gottgegebenen Mittel, die dem Künstler zu Gebote stehen bei der Veranschaulichung seiner Idee. In den rezitierenden Künsten bestehen diese Mittel in Tönen und Worten. In den darstellenden Künsten bestehen sie in Farben und Formen. Töne und Worte, Farben und Formen, das Erscheinende überhaupt, sind jedoch nur Symbole der Idee, Symbole, die in dem Gemüte des Künstlers aufsteigen, wenn es der heilige Weltgeist bewegt, seine Kunstwerke sind nur Symbole, wodurch er andern Gemütern seine eigenen Ideen mitteilt. Wer mit den wenigsten und einfachsten Symbolen das Meiste und Bedeutendste ausspricht, der ist der größte Künstler. (B III,45)

Die Frage nach dem, was das Genie »selbst will«, kann weder aus der bloßen Intuition des Interpreten noch vom Künstler – dem der Sinn des in »mystischer Unfreiheit«, aber bei technischer Beherrschung der »Mittel« geschaffenen Werkes nach seiner Vollendung selbst entgleitet – zulänglich beantwortet werden, sondern nur aus einer Analyse dessen, was der Künstler in der Anwendung seiner Mittel[5] als Gebilde objektivieren konnte. Dieses Gebilde ist Bestandteil einer symbolischen Kommunikation zwischen Künstler und Publikum auf der einen, Künstler und »heiligem Weltgeist« auf der andern Seite. Symbole steigen im Gemüt des Künstlers nicht von selber auf, sondern nur, wenn der Weltgeist es bewegt.

Daß dieser Kommunikationsvorgang, dessen Mittelglied der Künstler bildet, nicht als »Begeisterung« im platonischen Sinne[6], sondern als geschichtlich begriffen werden muß, ergibt sich aus den näheren Bestimmungen der Begriffe, mit denen Heine die Objektivationen beider Kommunikationsvorgänge bezeichnet: Die Spur des bewegenden Weltgeistes im Werk ist seine »Signatur«[7], die »Mitteilung« des Künstlers an die »anderen Gemüter« besitzt die Struktur der »Chiffre«.

Heines Vorliebe für den Begriff der Signatur ist schon mehrfach bemerkt[8], die Doppelstruktur des mit ihm Gemeinten aber nicht immer berücksichtigt worden. Er bezeichnet einmal ein Zeitspezifisches, das sich den Werken gewissermaßen als Wappen der gesellschaftlich herrschenden Kräfte aufprägt und vom Betrachter in den Formen noch mehr als in den Gehalten als nichtdiskursive Zeichen- oder Symptomkonstellation aufgespürt werden muß, wie Heine dies angesichts des Pariser Salons von 1843 versucht:

Ich quäle mich vergebens, dieses Chaos im Geiste zu ordnen und den Gedanken der Zeit darin zu entdecken, oder auch nur den verwandtschaftlichen Charakterzug, wodurch diese Gemälde sich als Produkte unsrer Gegenwart kundgeben. Alle Werke einer und derselben Periode haben nämlich einen solchen Charakterzug, das Malerzeichen des Zeitgeistes. Z. B. auf der Leinwand des Watteau, oder des Boucher, oder des Vanloo, spiegelt sich ab das graziöse gepuderte Schäferspiel, die geschminkte, tändelnde Leerheit, das süßliche Reifrockglück des herrschenden Pompadourtums: überall hellfarbig bebänderte Hirtenstäbe, nirgends ein Schwert. In entgegengesetzter Weise sind die Gemälde des David und seiner Schüler nur das farbige Echo der republikanischen Tugendperiode, die in den imperialistischen Kriegsruhm überschlägt, und wir sehen hier eine forcierte Begeisterung für das marmorne Modell, einen abstrakten frostigen Verstandesrausch, die Zeichnung korrekt, streng, schroff, die Farbe trüb, hart, unverdaulich: Spartanersuppen. Was wird sich aber unsern Nachkommen, wenn sie einst die Gemälde der heutigen Maler betrachten, als die zeitliche Signatur offenbaren? Durch welche gemeinsame Eigentümlichkeiten werden sich diese Bilder gleich beim ersten Blick als Erzeugnisse aus unsrer gegenwärtigen Periode ausweisen? Hat vielleicht der Geist der Bourgeoisie, der Industrialismus, der jetzt das ganze soziale Leben Frankreichs durchdringt, auch schon in den zeichnenden Künsten sich dergestalt geltend gemacht, daß allen heutigen Gemälden das Wappen dieser neuen Herrschaft aufgedrückt ist? Besonders die Heiligenbilder, woran die diesjährige Ausstellung so reich ist, erregen in mir eine solche Vermutung. Da hängt im langen Saal eine Geißelung, deren Hauptfigur, mit ihrer leidenden Miene, dem Direktor einer verunglückten Aktiengesellschaft ähnlich sieht, der vor seinen Aktionären steht und Rechnung ablegen soll; ja letztere sind auch auf dem Bilde zu sehen, und zwar in der Gestalt von Henkern und Pharisäern, die gegen den Ecce homo schrecklich erbost sind und an ihren Aktien sehr viel Geld verloren zu haben scheinen. Der Maler soll in der Hauptfigur seinen Oheim porträtiert haben. Die Gesichter auf den eigentlich historischen Bildern, welche heidnische und mittelalterliche Geschichten darstellen, erinnern ebenfalls an Kramladen, Börsenspekulation, Merkantilismus, Spießbürgerlichkeit. (B V,480 f.)

Was der Weltgeist im Gemüt des Künstlers als Symbol aufsteigen läßt, materialisiert sich im Werk als Signatur des Zeitgeistes. Signatur der Werke des Salons von 1843 etwa ist jedoch nicht die religiöse Motivik, sondern der von ihr zugedeckte »Merkantilismus«.

Signatur sind also nicht die ins Auge springenden stofflichen oder thematischen Epiphänomene, sondern die unter ihnen verborgen liegenden und sie oft dementierenden Züge. Es ist vor allem die Signatur der Gegenwart, die sich der Interpretation entzieht, während die Signaturen vergangener Epochen mit zunehmender Deutlichkeit auch für den oberflächlicheren Blick erkennbar werden.

Es entspricht der von Heine behaupteten Dialektik von technischer Materialbeherrschung und mystischer Unfreiheit im Schaffen des Künstlers, wenn der Begriff der Signatur nicht nur die passive Prägung der Autoren und Werke durch ihre Zeit, sondern auch die Fähigkeit des menschlichen Geistes meinen kann, der Welt seine Signatur einzuzeichnen:

Der Gedanke will Tat, das Wort will Fleisch werden. Und wunderbar! der Mensch, wie der Gott der Bibel, braucht nur seinen Gedanken auszusprechen, und es gestaltet sich die Welt, es wird Licht oder es wird Finsternis, die Wasser sondern sich von dem Festland, oder gar wilde Bestien kommen zum Vorschein. Die Welt ist die Signatur des Wortes. (B III,593)

Auch im Hinblick auf die Relation von Werk und Leser erschöpft sich Heines Konzeption nicht in der Propagierung einer Genie-Hermeneutik, die ein angemessenes Verstehen der Chiffre Kunstwerk nur den Besitzern des salomonischen Rings einräumen will. Die Unterscheidung von exoterischen und esoterischen Lesern ist zwar schon für den frühen Heine fundamental, aber in seinen Überlegungen zu der Frage, worauf die Fähigkeit zur Deutung der Kunstwerke beruhe, kommen auch andere Gesichtspunkte zur Geltung als der einer elitären Kunstkompetenz.

Die früheste Formulierung des Gedankens einer esoterischen Hermeneutik findet sich in einer ironischen Passage der *Harzreise*, in der der Erzähler einem begriffsstutzigen Burschenschafter aus Berlin die »diplomatische Bedeutung des Balletts« erläutert:

Mit Mühe zeigte ich ihm, wie in Hoguets Füßen mehr Politik sitzt als in Buchholz' Kopf, wie alle seine Tanztouren diplomatische Verhandlungen bedeuten, wie jede seiner Bewegungen eine politische Beziehung habe, so z. B., daß er unser Kabinett meint, wenn er, sehnsüchtig vorgebeugt, mit den Händen weit ausgreift; daß er den Bundestag meint, wenn er sich hundertmal auf einem Fuß herumdreht, ohne vom Fleck zu kommen; daß er die kleinen Fürsten im Sinne hat, wenn er wie mit gebundenen Beinen herumtrippelt; daß er das europäische Gleichgewicht bezeichnet, wenn er wie ein Trunkener hin und her schwankt; daß er einen Kongreß andeutet, wenn er die gebogenen Arme knäuelartig in einander verschlingt, [...] daß er unsern allzugroßen Freund im Osten darstellt, wenn er in allmählicher Entfaltung sich in die Höhe hebt, in dieser Stellung lange ruht und plötzlich in die erschrecklichsten Sprünge ausbricht. Dem jungen Manne fielen die Schuppen von den Augen [...] Beim Apis! wie groß ist die Zahl der exoterischen, und wie klein die Zahl der esoterischen Theaterbesucher! Da steht das blöde Volk und gafft und bewundert Sprünge und Wendungen, und studiert Anatomie in den Stellungen der Lemiere, und applaudiert die Entrechats der Röhnisch, und schwatzt von Grazie, Harmonie und Lenden – und keiner merkt, daß er in getanzten Chiffern das Schicksal des deutschen Vaterlandes vor Augen hat. (B II,147 f.)

Der Kontext ist hier eindeutig politisch, das Verfahren eine die Technik der Allegorese zu satirischen Zwecken nicht nur implizierende, sondern gleich auch explizierende Deutung des Kunsttanzes. Der esoterische Sinn konstituiert sich nach den die Episode abschließenden Worten des Erzählers in der deutenden Vermittlung von ästhetischer und historisch-gesellschaftlicher Erfahrung, wobei jedoch die überlieferten Vorstellungen von den Voraussetzungen einer kunstverständigen Interpretation umgekehrt werden: Als exoterischer Betrachter erscheint hier – wie später in dem bereits zitierten Passus aus den *Französischen Malern* der Eunuch – der nur ästhetisch Genießende, dem »Grazie, Harmonie und Lenden« Gegenstand der Bewunderung sind, als Esoteriker derjenige, dem die kunstvollen »Sprünge und Wendungen« zu »getanzten Chiffern« der politischen Zusammenhänge werden, von denen er selbst betroffen ist.

Die im Ballett-Gleichnis angelegte politisch-esoterische Konzeption kann nicht als witziger Einfall abgetan werden, da sie von Heine vielfach wiederaufgenommen und um neue Gesichtspunkte bereichert wird. Auch ihre Bedeutung in diesem frühen Text wird nur sichtbar, wenn man sie in den Zusammenhang der eschatologischen Ästhetik stellt, die der Epilog der *Harzreise* mit den Worten andeutet, was »jetzt kärglich verschwiegen« sei, werde in einer erhofften, allerdings unbestimmten Zukunft »vollauf gesagt« werden. Der tiefere Sinn des Textes erschöpft sich also nach Auskunft des Textes selbst nicht in der esoterischen Beziehung auf ein kleines Publikum von »Eingeweihten«.[9] Wesentlich ist, daß er eine Wahrheit enthält, die, zunächst verborgen, sich geschichtlich entfaltet und exoterisch, allgemein und öffentlich, wird. Der esoterische Sinn legitimiert sich weder als bloß ästhetischer noch als kritisches Bewußtsein einer kleinen Gemeinde, sondern durch das

politisch-eschatologische Moment, das ihm innewohnt. Säkularisiert stellt sich der Weg von Verschweigen oder Verbergen zum
Enthüllen, der Übergang vom Fragment zum Ganzen als geschichtlicher Fortschritt dar. Für den Autor der *Reisebilder* fallen
das politische und ästhetische Moment dieser Entwicklung noch
weitgehend in der Ausbildung politisch wirksamer Formen der
Öffentlichkeit zusammen. Die Auslegung hat dementsprechend
das Moment der Aktualität des Textes wie das seiner Potentialität
ins Auge zu fassen.[10] Daß esoterisches Schreiben und Lesen durch
äußeren Druck erzwungen sein können, schlägt keineswegs nur
negativ zu Buche, wird vielmehr zum Ausgangspunkt einer ästhetischen und hermeneutischen Maieutik, die aus der Ermittlung der
»Wahrheit« des Textes, aus dem Vorgang interpretativer Arbeit,
einen zusätzlichen Erkenntnis- und Lustgewinn zieht.[11]

Heines schöpferischer Beitrag zur Tradition einer esoterischen
Hermeneutik liegt allerdings nicht in der Politisierung christlich-
romantischer Exegese; er folgt hier in vielem Autoren der Aufklärung wie Shaftesbury, Diderot und Herder, die zumindest bereits
Ansätze zu einer Theorie der politisch chiffrierten »Sklavenspra-
che« (durch humoristische oder allegorisch-emblematische Kommunikation) entwickelt hatten.[12] Ein neuer und weiterführender
Aspekt deutet sich zuerst im dritten Teil der *Reisebilder* in seiner
Interpretation der italienischen Opera buffa an:

[...] um die heutige italienische Musik zu lieben und durch die Liebe zu
verstehn, muß man sich das Volk selbst vor Augen haben, seinen Himmel, seinen Charakter, seine Mienen, seine Leiden, seine Freuden, kurz seine ganze
Geschichte, von Romulus, der das heilige römische Reich gestiftet, bis auf
die neueste Zeit, wo es zu Grunde ging, unter Romulus Augustulus II.
Dem armen geknechteten Italien ist ja das Sprechen verboten, und es darf
nur durch Musik die Gefühle seines Herzens kund geben. All sein Groll
gegen fremde Herrschaft, seine Begeisterung für die Freiheit, sein Wahnsinn über das Gefühl der Ohnmacht, seine Wehmut bei der Erinnerung an
vergangene Herrlichkeit, dabei sein leises Hoffen, sein Lauschen, sein
Lechzen nach Hülfe, alles dieses verkappt sich in jene Melodieen, die von
grotesker Lebenstrunkenheit zu elegischer Weichheit herabgleiten, und in
jene Pantomimen, die von schmeichelnden Karessen zu drohendem In-
grimm überschnappen.
Das ist der esoterische Sinn der Opera Buffa. Die exoterische Schildwache,
in deren Gegenwart sie gesungen und dargestellt wird, ahnt nimmermehr
die Bedeutung dieser heiteren Liebesgeschichten, Liebesnöten und Liebes-
neckereien, worunter der Italiener seine tödlichsten Befreiungsgedanken

verbirgt, wie Harmodius und Aristogiton ihren Dolch verbargen in einem Kranze von Myrten. Das ist halt närrisches Zeug, sagt die exoterische Schildwache, und es ist gut, daß sie nichts merkt. (B II,353)

Das formale Schema der esoterischen Interpretation hat sich gegenüber der Ballett-Episode der *Harzreise* nicht verändert. Auch hier ist der agierte Text nur dem esoterischen Betrachter verständlich, der den Kontext von Geschichte und Gesellschaft berücksichtigt, aber deutlicher als bisher zeichnet sich ab, daß der Code, durch den die esoterische Verständigung erst möglich wird, nicht so sehr in Bildungswissen als in Erfahrung begründet ist. Diese Erfahrung wird als gemeinsame Erfahrung des Leids verstanden, eines Leids, das hier noch als Ereignis politischer Unterdrückung, in späteren Texten aber zunehmend als Symptom tieferliegender Verdrängungs- und Deformationsprozesse erscheint.

Die Veränderung der Perspektive läßt sich mit keinem Text besser ins Licht rücken als mit einer zweiten Ballett-Episode, die als vertiefte Wiederaufnahme der entsprechenden Episode in der *Harzreise* betrachtet werden kann. In den *Florentinischen Nächten* wird der Tanz der Mademoiselle Laurence, eines jungen Mädchens, beschrieben:

Tanz und Tänzerin nahmen fast gewaltsam meine ganze Aufmerksamkeit in Anspruch. Das war nicht das klassische Tanzen, das wir noch in unseren großen Balletten finden, wo, eben so wie in der klassischen Tragödie, nur gespreizte Einheiten und Künstlichkeiten herrschen; das waren nicht jene getanzten Alexandriner, jene deklamatorischen Sprünge, jene antithetischen Entrechats, jene edle Leidenschaft, die so wirbelnd auf einem Fuße herumpirouettiert, daß man nichts sieht als Himmel und Trikot, nichts als Idealität und Lüge! [...] Mademoiselle Laurence war keine große Tänzerin, ihre Fußspitzen waren nicht sehr biegsam, ihre Beine waren nicht geübt zu allen möglichen Verrenkungen, sie verstand nichts von der Tanzkunst wie sie Vestris lehrt, aber sie tanzte wie die Natur den Menschen zu tanzen gebietet: ihr ganzes Wesen war im Einklang mit ihren Pas, nicht bloß ihre Füße, sondern ihr ganzer Leib tanzte, ihr Gesicht tanzte... sie wurde manchmal blaß, fast totenblaß, ihre Augen öffneten sich gespenstisch weit, um ihre Lippen zuckten Begier und Schmerz, und ihre schwarzen Haare, die in glatten Ovalen ihre Schläfen umschlossen, bewegten sich wie zwei flatternde Rabenflügel. Das war in der Tat kein klassischer Tanz, aber auch kein romantischer Tanz, in dem Sinne wie ein junger Franzose von der Eugène Renduelschen Schule sagen würde. Dieser Tanz hatte weder etwas Mittelalterliches, noch etwas Venezianisches, noch etwas Bucklichtes, noch etwas Makabrisches, es war weder Mondschein darin noch Blutschande … Es war ein Tanz, welcher nicht durch äußere Bewegungsformen zu amüsieren strebte, sondern die äußeren Bewegungsformen schienen Worte einer besonderen Sprache, die etwas Besonderes sagen wollte. Was aber sagte dieser Tanz? Ich konnte es nicht verstehen, so leidenschaftlich auch diese Sprache sich gebärdete. Ich ahnte nur manchmal, daß von etwas grauenhaft Schmerzlichem die Rede war. Ich der sonst die Signatur aller Erscheinungen so leicht begreift, ich konnte dennoch dieses getanzte Rätsel nicht lösen, und daß ich immer vergeblich nach dem Sinn desselben tappte, daran war auch wohl die Musik Schuld, die mich gewiß absichtlich auf falsche Fährten leitete, mich listig zu verwirren suchte und mich immer störte. (B I, 592 f.)

Alle aus dem reichen Bildungsfundus des Betrachters geschöpften Zuordnungs- und Klassifikationsversuche werden nach seiner eigenen Einsicht dem Spezifischen dieses Tanzes nicht gerecht; der Schlüssel zu diesem »getanzten Rätsel« liegt, wie angedeutet wird, in »etwas grauenhaft Schmerzlichem«, das nicht Gegenstand überlieferten Wissens sein kann und sich diskursiver Mitteilung entzieht. Nur wenn zum Wissen als Aufschluß gemeinsame Erfahrung des Leids hinzuträte, würde eine Auslegung möglich, die mehr wäre als ein ratloses »Tappen nach dem Sinn«; fehlt dieses Verbindende, so erstarrt für den Interpreten die Chiffre zur Hieroglyphe.

Daß die Hieroglyphe spätesens seit dem Ende der dreißiger Jahre für Heine zum Symbol einer tiefreichenden und nicht nur individuellen hermeneutischen Krise, nämlich der Erfahrung eines zunehmenden Kommunikations- und Sinnverlustes wird, läßt sich mit zahlreichen Beispielen, am eindrucksvollsten aber mit dem Brief belegen, den Heine am 5. Februar 1840 an seinen Freund Karl August Varnhagen von Ense schreibt, um ihm zum Tode seiner Schwester Rosa Maria Assing zu kondolieren:

So eben erfahre ich von dem neuen Verluste der Sie betroffen, und obgleich betäubt und nicht wissend was ich sagen soll, eile ich Ihnen zu schreiben. Lieber Himmel, hier hört ja alle Macht des Wortes auf, und das Beste wäre ein stummer Händedruck. Ich fühle ganz was Sie jetzt leiden werden, armer Freund, nachdem kaum die früheren Heimsuchungen überstanden! Ich habe die Hingeschiedene sehr gut gekannt, sie zeigte mir immer die liebreichste Theilnahme, war Ihnen so ähnlich in der Besonnenheit und Milde, und obgleich ich sie nicht allzu oft sah, so zählte ich sie doch zu den Vertrauten, zu dem heimlichen Kreise, wo man sich versteht ohne zu sprechen – Heilger Gott, wie ist dieser Kreis, diese stille Gemeinde, allmählig geschmolzen, seit den letzten zehn Jahren! Einer nach dem anderen geht

heim – Unfruchtbare Thränen weinen wir ihnen nach – bis auch wir ab-
gehn – Die Thränen die alsdann für uns fließen, werden nicht so heiß
seyn, denn die neue Generazion weiß weder was wir gewollt, noch was
wir gelitten!
Und wie sollten sie uns gekannt haben? Unser eigentliches Geheimniß haben wir nie ausgesprochen, und werden es auch nie aussprechen, und wir
steigen ins Grab mit verschlossenen Lippen! Wir, wir verstanden einander
durch bloße Blicke, wir sahen uns an und wußten, was in uns vorging –
diese Augensprache wird bald verloren sein, und unsere hinterlassenen
Schriftmäler, z. B. Rahels Briefe, werden für die Spätergeborenen doch
nur unenträthselbare Hieroglifen seyn – das weiß ich, und daran denk ich
bey jedem neuen Abgang und Heimgang.[13]

Die Erstarrung der Werke zu »Schriftmälern«, zu »unenträtselba-
ren Hieroglyphen« ist die Umkehrung der im Epilog der *Harzreise*
angedeuteten Perspektive einer Hermeneutik der Erfüllung: Nicht
von Entfaltung, sondern von Verdunkelung des Sinns, nicht von
Erweiterung des Kreises der esoterischen Leser, sondern von
schrittweiser Auslöschung des »heimlichen Kreises«, der »stillen
Gemeinde« der Verstehenden ist hier die Rede. Das entscheidend
Neue dieser Hermeneutik der Negativität ist die Tatsache, daß sie
in keinen Zusammenhang mehr mit Kommunikationsbeschrän-
kungen unter den Bedingungen politischer Repression gebracht
wird. Zwar geht die Ausbildung einer generations- und gruppen-
gebundenen »Augensprache« noch auf solche Erfahrungen der
Unterdrückung zurück; die Formel, »was wir gewollt«, »was wir
gelitten« meint mehr als private Wünsche und privaten Schmerz,
deutet auf einen Komplex gemeinsamer Ziele und gemeinsamer
Erfahrung des Scheiterns. Aber die »Unwissenden« sind nicht
mehr nur das gleichgültige breitere Publikum und die Feindseligen
unter den Zeitgenossen, sondern auch – und ganz besonders – die
Angehörigen der neuen Generation, diejenigen also, die den Angehörigen des »Kreises« immerhin nahe genug stehen, um ihnen bei
ihrem Heimgang eine Träne nachzuweinen. Ihr Nichtwissen enthält zwei – offenbar miteinander verknüpfte – Momente: Un-
kenntnis des von den Älteren erfahrenen Leids, Nichtverstehen
ihrer Intentionen. Je größer der Anteil solcher aus gemeinsamer
Erfahrung erwachsener »Augensprache« an der Sprache der
Werke, um so radikaler ihr Verstummen für diejenigen Leser, die
zunächst keinen anderen Mangel haben als den, »Spätergeborene«
zu sein. In den Augen Heines ist es aber gerade das Wesentliche

an der Botschaft der Werke, das sich so der Mitteilung und Überlieferung in immer höherem Maße versagt.

Der Abbruch dieser spezifischen Kommunikation des Lesers
mit den Werken im Medium einer nichtdiskursiven »Augensprache« verwandelt lebendige Botschaften in »Schriftmäler«, Ge-
denksteine des eigenen Absterbens, die »erhaben und unzerstör-
bar« stehen bleiben, »bewundert« – aber unverstanden – »von den
spätesten Enkeln« (B IV,139). Ergebnis dieser Verwandlung von
Chiffren in Hieroglyphen ist ihre Monumentalisierung und die
Vertiefung ihrer Rätselstruktur. Die Erstarrung erzeugt eine Ambiguität, die sich nicht mehr einer Intention der Verschlüsselung,
sondern der Aura der Fremdheit und eines Heil oder Fluch verber-
genden Geheimnisses verdankt:

Wer enträtselt diese Stimme der Vorzeit, diese uralten Hieroglyphen? Sie
enthalten vielleicht keinen Fluch, sondern ein Rezept für die Wunde unserer Zeit! O wer lesen könnte! Wer sie aussprüche, die heilenden Worte, die
hier eingegraben... Es steht hier vielleicht geschrieben, wo die verborgene
Quelle rieselt, woraus die Menschheit trinken muß, um geheilt zu werden,
wo das geheime Wasser des Lebens, wovon uns die Amme in den alten Kin-
dermärchen so viel erzählt hat, und wonach wir jetzt schmachten als kranke
Greise. – Wo fließt das Wasser des Lebens? Wir suchen und suchen...
(B IV,140)

Anmerkungen

Drucknachweis: Ulrich Nassen (Hg.), *Texthermeneutik. Aktualität,
Geschichte, Kritik*, Paderborn, München, Wien, Zürich 1979 (UTB
961), S. 149-193. Nachdruck von S. 149-150 und 164-180 mit freundlicher Genehmigung des Verlages Ferdinand Schöningh. Der Titel lautet
vollständig: *Chiffre, Hieroglyphe, Palimpsest: Vorformen tiefenhermeneutischer und intertextueller Interpretation im Werk Heines.*
Angaben im Text (Sigle B, Band und Seitenzahl) beziehen sich auf:
Heinrich Heine, *Sämtliche Schriften*, hg. v. K. Briegleb, Bd. I-VI, München 1968-76.

1 Vgl. dazu M. Frank, *Das individuelle Allgemeine*, Frankfurt/Main
  1977, S. 351 ff.
2 In die folgende Darstellung sind Teile zweier bereits publizierter Untersuchungen des Verfassers eingegangen: *Harzreise in die Zeit*, Düs-

seldorf 1972, und: *Die verlorene Augensprache,* in: Diskussion Deutsch 8 (1977), S. 304-317.

3 Vgl. dazu W. Kuttenkeuler, *Heinrich Heine,* Stuttgart 1972, S. 31 ff.

4 Vgl. dazu E. Auerbach, *Figura,* in: ders., *Gesammelte Aufsätze zur romanischen Philologie,* Bern und München 1967, S. 68 f.

5 Diese Arbeit am Material wird von Heine als »Wahl« und »Verbindung« der Zeichen, im Falle des Dichters also der »Töne« und »Worte« charakterisiert. Linguistisch gesehen entsprechen diese Tätigkeiten der Selektion der Wörter aus dem sprachlichen Paradigma und ihrer Kombination zum Syntagma. In Schleiermachers Hermeneutik entsprechen diesen Aspekten der sprachlichen Produktion die im ersten und zweiten Kanon beschriebenen Tätigkeiten des Interpreten. Vgl. dazu P. Szondi, *Schriften II,* Frankfurt/Main 1978, S. 118 f.

6 Vgl. Platon, *Ion,* hg. v. H. Flashar, München 1963, S. 17 ff.

7 Insofern der vom Weltgeist Bewegte seinerseits bewegend und verändernd auf die Welt einwirkt, kann auch die Welt als »Signatur des Wortes« (s. weiter unten) erscheinen.

8 Dazu W. Preisendanz, *Heinrich Heine,* München 1973, S. 43 f.

9 Vgl. dazu auch die *Briefe aus Berlin* (B II,14) und meinen Aufsatz *Die verlorene Augensprache* (Anm. 2), S. 307 f.

10 Sowohl in der Annahme einer esoterisch/exoterischen Doppelstruktur wie in der Betonung des »futurischen« Fragmentcharakters der Werke tritt Heines antiklassische Tendenz zutage; das romantische Erbe ist trotz der Politisierung zentraler Konzepte noch leicht erkennbar.

11 Auch hier ergeben sich Analogien zur christlich-romantischen Literatur, etwa zur esoterischen Poetik und Hermeneutik der frühen Kirchenväter. Vgl. Clemens von Alexandreia, *Teppiche wissenschaftlicher Darlegungen entsprechend der wahren Philosophie* (Stromateis), Bd. 1-3, München 1936-38, IV. Buch 4,1-2 und VII. Buch 111,3: »Unsere Abhandlungen sollen aber [...] wegen der Leser, die hemmungslos und unvorbereitet darüber kommen, wie schon ihr Name sagt, Teppichen gleich bunt zusammengefügt sein; sie sollen in ununterbrochenem Wechsel von einem Gegenstand auf den anderen übergehen und im Laufe der Darstellung oft einen anderen Sinn in sich schließen, als die Worte zunächst kundtun. ›Die nämlich, die nach Gold suchen‹, sagt Herakleitos, ›graben viel Erde auf und finden wenig‹; diejenigen aber, die in der Tat zum ›goldenen Geschlecht‹ gehören und nach dem ihnen Verwandten schürfen, werden in wenigem viel finden.« – »Die Teppiche legen also keinen Wert auf sorgfältige Gliederung oder auf den sprachlichen Ausdruck, da sie ja mit Absicht auch dem sprachlichen Ausdruck nach nicht wie die Griechen sein, sondern die Lehren in verborgener Weise hineinstreuen und nicht ganz offen an den Tag legen wollen, um auf diese Weise die Leser, wenn sich solche finden sollten,

dazu anzuhalten, daß sie die Mühe nicht scheuen, sondern sich anstrengen, um etwas zu finden.«

12 Vgl. Shaftesbury, *Sensus communis: An Essay on the Freedom of Wit and Humour* (1709), in: ders., *Characteristics of Men, Manners, Opinions, Times*, hg. v. J. M. Robertson, Bd. 1, New York 1964, S. 50. – Diderot, *Discours sur la poésie dramatique* (1758), in: ders., *Œuvres esthétiques*, hg. v. P. Vernière, Paris 1965, S. 260. – Herder (über Johann Valentin Andreae, 1793), *Zerstreute Blätter*, 5. Sammlung, in: ders., *Werke*, Berlin o. J. (Hempel), Bd. 15, S. 247 f.

13 Heinrich Heine, *Briefe 1831-1841 (Säkularausgabe*, Bd. 21), Berlin (Ost) und Paris 1970, S. 345 f. (siehe Anhang).

Rolf Hosfeld
Welttheater als Tragikomödie
Ein denkbarer Dialog Heines mit der Moderne

Heinrich Heines Prognose vom Ende der Kunstperiode erfährt seit ihrer ersten Formulierung 1828 verschiedene Begründungen.[1] Man könnte hinzufügen: Sie ist nicht immer frei von Banalitäten.[2] Dennoch bleibt sie präziser Ausdruck eines Krisensymptoms der Kunst am »Ende der von Goethe und Hegel vollendeten Welt«[3], Bewußtsein einer Zeitenwende, das Ludwig Börnes Postulat des »Zeitschriftstellers«[4] 1818 ankündigte und das nach der Julirevolution 1830 in den programmatischen Schriften des Jungen Deutschland und der Vormärzdichter schon fast zu einem Gemeinplatz geworden war. Sein allgemeinster Nenner ist die Forderung nach einer vom »Geist der Zeit«[5] erfaßten, vom »heilige[n] Weltgeist bewegte[n]« Dichtung (B 5,45). Damit allerdings erschöpfen sich die Gemeinsamkeiten. Heines Polemik gegen die Tendenzpoesie und ihre heteronome Ästhetik ist oft beschrieben worden, ebenso seine Auseinandersetzung mit der autarken Kunstwelt des Weimarer Kreises. Sie gelten ihm als unzulässige Grenzüberschreitungen in zwei Richtungen – der Auflösung des Ästhetischen in Moralisch-Nützliches und der Entgegensetzung von Kunst und Leben. Dazwischen hat sich, Heine zufolge, wohlverstandene »Autonomie der Kunst« (B 5,317) zu bewähren, zwischen »gereimten Zeitungsartikeln« (B 9,438) und der »unabhängige[n] zweite[n] Welt« (B 5,393) Goethes, zwischen Pathos und Indifferenz.

Das revolutionäre Pathos stellt die Schrift *Verschiedenartige Geschichtsauffassung* von 1833 so als verdecktes Drittes neben die »Weltweisen der historischen Schule« – zu denen hier auch Hegel zu zählen wäre – und die »Poeten aus der Wolfgang Goetheschen Kunstperiode«, als »Zukunftbeglücker«. Drei Diskurse, denen die »Interessen der Gegenwart« (B 5,23) aus den Händen zu gleiten drohen.

Gegenwart philosophisch zwischen Teleologie und Historismus, ästhetisch zwischen Pathos und Indifferenz zu situieren, ist ein für die Moderne wesentlicher Schritt.[6] Denn er eröffnet einen neuen Horizont des Uninterpretierten und führt damit das unvollendete Präsens programmatisch ein: eine »Offenheit gegenüber dem Unbekannten«[7], die das Weltbild des frühen neunzehnten Jahrhunderts so nicht gekannt hat.

Heine war der erste, der dem Begriff der Gegenwart zu absolutem Recht verholfen hat. Gegenwart gab es für Hegel nur als »etwas durchaus Relatives«[8], als Seinsgegenwart des Ewigen: »So daß am Ende die Zeit als Vergangenheit sogar ihre höchste Bestimmung darin findet, ein Epitheton der Ewigkeit selber zu sein«.[9] Heines Begriff der Gegenwart dagegen zielt auf das Ende teleologisch oder theologisch begründeter Weltbilder[10], und damit auf das Ende einer Ästhetik, die Kunst und das Schöne als »Symbol des Sittlich-Guten« (Kant), als (metaphysisch begriffene) »Freiheit in der Erscheinung« (Schiller), als »sinnliches Scheinen der Idee« (Hegel), kurz als »Gegenwart der Vergangenheit«[11] auffaßte.

»Indessen«, so Heines Pariser Prognose 1831, »die neue Zeit wird auch eine neue Kunst gebären, die mit ihr selbst in begeistertem Einklang sein wird, die nicht aus der verblichenen Vergangenheit ihre Symbolik zu borgen braucht, und die sogar eine neue Technik, die von der seitherigen verschieden, hervorbringen muß« (B 5,72). Vielleicht in der Hoffnung, daß mit dem Zusammenbruch teleologischer Sinnstiftung eines Tages aufs neue »der große Quotient für diese vielfältigen Einzelheiten« gefunden werde, wie Heines Freund Heinrich Laube wenig später formulierte[12], hat Heine seiner eigenen Poetik eine gewisse Zwischenstellung zugewiesen: »Bis dahin möge, mit Farben und Klängen, die selbsttrunkenste Subjektivität, die weltentzügelte Individualität, die gottfreie Persönlichkeit mit all ihrer Lebenslust sich geltend machen, was doch immer ersprießlicher ist, als das tote Scheinwesen der alten Kunst« (B 5,72 f.). Der große Quotient ist, was man 1831 möglicherweise noch nicht wissen konnte – und was auch von Heine immer wieder (hegelianisch) reklamiert wurde –, ausgeblieben. Gerade deshalb konnte Heines Poetik aber zu einem Paradigma früher Moderne werden, zum Experiment in einer »Gegenwart«, deren Sinngebung nicht mehr vorauszusetzen war: eine Situation, in der, nach einer Formulierung des jungen Marx, die Menschen feststellen, daß sie »in einem Verfasser und Schausteller ihres eigenen Dramas«[13] sind. Kein Zufall ist es deshalb, wenn auch Heine in ähnlicher Tendenz die Metapher des Welttheaters, die von der Aufklärung wegen ihrer barocken Implikationen des göttlichen Autor-Regisseurs kritisiert wurde, wieder einführt. »[...] der liebe

Gott«, so Heine im elften Kapitel des *Buchs Le Grand,* »sitzt ernsthaft in seiner großen Loge, und langweilt sich vielleicht, oder rechnet nach, daß dieses Theater sich nicht lange mehr halten kann,
weil der eine zu viel Gage und der andre zu wenig bekommt, und
alle viel zu schlecht spielen« (B 3,283). Gott als Autor des Welttheaters, der er bei Calderón noch war, ist bei Heine zum bloßen
Zuschauer heruntergekommen, und den Figuren Heines fehlt daher der zusammenfassende Text. Was nicht bedeutet, daß dieses
Stegreifspiel keine Regeln kennt. Es bedeutet nur, daß sein Text
noch nicht geschrieben ist, sondern sich, ganz im Sinne der Formulierung von Marx, selbst schreibt. Daß die zitierte Passage aus dem
Buch Le Grand auch die kritische Hoffnung auf ein besseres Theater trägt[14], zielt in die gleiche Richtung wie die Erwartung eines
neuen großen Quotienten. Für Heines Ästhetik wichtiger scheint
mir jedoch die darin implizit aufgeworfene Frage Pirandellos – die
Suche nach dem abwesenden oder gar nicht existierenden Autor.

Anders als in der Aufklärung hatte die Metapher des Welttheaters und des göttlichen Autor-Regisseurs bei Hegel philosophisch
überlebt. Weltgeschichte, so Hegel, sei das »Theater«, auf dem
man den Geist »in seiner konkretesten Wirklichkeit«[15] betrachten
könne. Eine »Schlachtbank [...], auf welcher das Glück der Völker, die Weisheit der Staaten und die Tugend der Individuen zum
Opfer gebracht worden«[16], ein »Weltgerichte«[17], in dem das
christliche Opfer als permanentes Mysterienspiel, als Tragödie inszeniert wird, in der das »absolute Leiden« die Bedingung der »absoluten Freiheit«[18] ist. Hegels Philosophie der tragischen Vernunft
war der letzte großangelegte Versuch, die Leiden der Gegenwart
im Geist einer christlichen Theodizee zu rechtfertigen – als notwendige Opfer des Endzwecks der Geschichte, die ein »Kreis« ist,
»der sein Ende als seinen Zweck voraussetzt und zum Anfange
hat.«[19]

Schon Friedrich Hebbel, der von Hegel philosophisch beeinflußt war, mochte ihm da nicht mehr folgen. »Das moderne
Schicksal«, so Hebbel in einer Münchner Tagebucheintragung
1838, »ist die Silhouette Gottes, des Unbegreiflichen und Unerfaß-
baren.«[20] Wenige Tage nach einem Besuch bei Heine in Paris fragt
sich Hebbel, ob nicht »das All ein Wahnsinns-Traum«[21] sei, darin
ähnlich einer Passage aus Heines *Ideen. Das Buch Le Grand.*

Die Rede vom Wahnsinns-Traum zeigt die Nähe eines Problems, dem sich auch Heine ausgesetzt fand.[22] Zugleich jedoch

einen symptomatischen Unterschied. Die Welt, heißt es bei Heine wörtlich, »ist der Traum eines weinberauschten Gottes« (B 3,253), in dessen träumend geschaffenem Universum die »grauenhaftesten Bilder des menschlichen Wahnsinns [...] nur im lachenden Spiegel des Witzes« (B 3,282) zu ertragen seien. In einem Brief an Friederike Robert, der diese Passagen des *Buchs Le Grand* vorformuliert hat, stellt Heine die Forderung auf, daß eine »großartige Weltanschauung [...] immer tragisch« zu sein habe. Aber auch hier: »Das Ungeheuerlichste, das Entsetzlichste, das Schaudervollste, wenn es nicht unpoetisch werden soll, kann man auch nur in dem buntscheckigen Gewande des Lächerlichen darstellen, gleichsam versöhnend« (an Friederike Robert, 12. Oktober 1825). Der Wahnsinn, den der bacchantische Gott im rauschhaften Traum in die Welt gesetzt hat und an dem die kleinen Menschen irre werden können, ist nur ästhetisch zu ertragen, als Tragödie, deren »Hauptelement« die »Ironie« ist (ebd.). Ohne Zweifel bewegt sich Heine hier in der Nähe von Gedanken, die aus Friedrich Nietzsches *Geburt der Tragödie* vertraut sind. Ist auch für ihn die Welt »nur als *ästhetisches Phänomen* [...] ewig *gerechtfertigt*«?[23] Das *Buch Le Grand* scheint mit diesem Gedanken – der im übrigen, wie Peter Sloterdijk gezeigt hat, alles andere als zynischer Ästhetizismus ist[24] – zu spielen: »Das Leben ist gar zu spaßhaft süß; und die Welt ist so lieblich verworren; sie ist der Traum eines weinberauschten Gottes, der sich aus der zechenden Götterversammlung à la française fortgeschlichen, und auf einem einsamen Stern sich schlafen gelegt, und selbst nicht weiß, daß er alles das auch erschafft, was er träumt« (B 3,253). Für Hegel war die welthistorische Tragödie mit der Französischen Revolution an ihrem kathartischen Punkt angelangt; Heine, der »Sohn der Revolution« (B 7,53), wird die Tragödie ihrer *mania* schreiben, Fest und Alptraum zugleich. Aufklärung über Aufklärung und Revolution – und über die Romantik, soweit sie die Aufklärung zurücknehmen wollte.

Heines zentrale Kategorie dieser doppelt aufgeklärten Kritik hat ein bis dahin unbekanntes Gesicht: »alles, wie die Welt selbst«, ist um »seiner selbst willen da. [...] Das Leben ist weder Zweck noch Mittel; das Leben ist ein Recht« (B 5,23). Worte aus der zechenden Götterversammlung: hier wird Robespierre zitiert.[25] Gewiß ist das keine moderne Lebensphilosophie, aber auch keine Revolutions-Theodizee. Das Leben bedarf keiner christlichen oder dialektischen Rechtfertigung, die »Interessen der Gegenwart« sind in sich selbst gerechtfertigt.

Womit allerdings sofort das Spiel der Masken beginnt und sich Geschichte, als erster Akt der aufgeklärten Aufklärung, wieder in ein Schauspiel verwandelt. Nicht nur, weil die »rohen Bedürfnisse das gestaltende Wort« (B 9,497) benötigen, um kulturell wirksam werden zu können. Vor allem, weil dabei Illusionen unvermeidlich sind, wie schon Spinoza gezeigt hatte, Heines »petit juif d'Amsterdam« (an Moses Moser, 18. Juni 1823). Denn die Idee der menschlichen Freiheit, auf der alle autonomen Schöpfungsakte der Kultur beruhen, ist nach Spinoza, der zu Heines nachhaltigsten Lektüreerlebnissen zählte, nichts als die Auswirkung des anthropomorphen Blicks auf die Welt, der Handlungen für freie Willensakte hält, ohne ihre Ursachen zu kennen. »Was nämlich Wille sei, und wie er die Körper bewegt, das wissen sie alle nicht«, so Spinoza in der *Ethik*[26] – ein Satz, der so auch von Nietzsche oder Freud hätte stammen können. Woraus folgt, daß »inadäquate« und sogar »verworrene Ideen«[27] anthropologisch notwendig sind – eine Art philosophischer Weihe für die Maske Don Quixotes, die dem Spiel von Wahnsinn und Vernunft neue Regeln gibt.

Das »Wesentliche, die geistige Signatur« (B 7,166), so Heine, sind dabei nicht die Personen, sondern die Masken, unter denen sie auftreten: »Bis auf den letzten Augenblick spielen wir Komödie mit uns selber. Wir maskieren sogar unser Elend, und während wir an einer Brustwunde sterben, klagen wir über Zahnweh« (B 3,308).

Deshalb, so noch einmal der Brief an Friederike Robert: »Ein Lustspiel soll eine Tragödie sein!« Umgekehrt aber auch die Tragödie eine Komödie – das hatte schon Sokrates dem Agathon und dem Aristophanes nach einem nächtlichen Gelage mit auf den Weg gegeben.[28] »Darum eben«, so Heine in der *Romantischen Schule,* »ist Aristophanes so groß, weil seine Weltansicht so groß war, weil sie größer, ja tragischer war als die der Tragiker selbst« (B 5,422f.).

Wenn die Rede von der literarischen Moderne Sinn macht, dann bezieht sie sich auf diesen doppelten Verlust theologischer Gewißheit und eindeutiger Sinnhaftigkeit der Werte. Und damit auf den Verlust des »Subjekts«, seiner Fiktionen von Autonomie und freiem Willen, hinter deren Maske derselbe Untergrund sichtbar wird, den das *Buch Le Grand* an der Geschichte beobachtet hatte: das Unbewußte. Heines Ästhetik steht ganz im Zeichen dieser neuen »Gegenwart«.

So schon die Dramaturgie seiner frühen Tragödie *William Rat-cliff*. Ihr bedeutsames Ereignis liegt nicht in der vielzitierten »großen Suppenfrage« (B 1,340), die ohnehin nur in einer für den dramatischen Ablauf unbedeutenden Nebenszene zu orten wäre. Vielmehr in der Konzeption von Schicksal, die den tragischen Konflikt trägt. Der *Ratcliff,* äußerlich der romantischen Schicksalstragödie ähnlich, ist ein frühes Indiz dafür, wie sich bei Heine der romantische Impuls säkularisiert und damit transformiert. Wenn die Personen der romantischen Schicksalstragödie vom Fluch der Väter und Ahnen beherrscht sind, so die Personen Heines viel direkter von den Vätern selbst, von einer psychischen Instanz: dem Unbewußten. Wie auch nicht vom Fluch der Orte und Dinge, sondern von den Dingen selbst, vom soziologischen »Fatum« als gesellschaftlicher Instanz. Das Stück enthält so eine latente Tendenz zur De-Zentrierung, ohne daraus die formalen Konsequenzen zu ziehen.[29]

Nicht Heines Dramen, sondern die frühen lyrischen Zyklen können als ausgearbeitete Beispiele für seine neuartige Konzeption des Tragischen gelten: Als Spiel der Illusionen, Verwirrungen, Enttäuschungen und Banalitäten. Heine, der sich noch im Alter als entlaufener Romantiker, als »romantique défroqué« (B 11,447) bezeichnete, hatte in seiner ersten, in den Bonner Studentenjahren verfaßten ästhetischen Schrift über die Romantik eine »wahre Romantik« gefordert, die »eben so klar und mit eben so bestimmten Umrissen gezeichnet sein [müsse], als die Bilder der plastischen Poesie« (B 1,400). Die darin enthaltene vage und vielleicht auch der Tendenz nach unromantische Poetik gewinnt eine gewisse Brisanz dadurch, daß für den jungen Heine nicht nur Goethe und August Wilhelm Schlegel dafür Maßstäbe setzen, sondern – zur Zeit der Arbeit am *Buch der Lieder* – auch Heinrich von Kleist. »Er hat«, so Heine in einem Brief an Friedrich Merckel, »in höherem Grade, was Dir bei mir gefällt. Er ist ganz Romantiker, will nur das Romantische geben und gibt dies durch lauter plastische Gestalten« (an Friedrich Merckel, 16. August 1826). Dieser Hinweis läßt es fraglich erscheinen, ob Heine damit, wie Peter Uwe Hohendahl vermutet, nur eine Verbindung der »Vorzüge christlicher Innerlichkeit mit antiker Deutlichkeit und Sinnlichkeit«[30] intendiert hat. Zu Kleist, den er noch 1852 unter die »großen dramatischen Dichter« (an Julius Campe, 31. März 1852) zählt, behauptet Heine nichts weniger als eine innere Verwandtschaft in der Auffassung des Romantischen. Worauf, wenn nicht auf die Konzeption des Tragischen, könnte sie sich anders beziehen?

Heine hat seine tief affektive Beziehung zu Kleist nie genauer expliziert. Doch läßt der Hinweis auf die plastische Romantik eine These zu. »In meinen Gedichten«, so Heine in anderem Zusammenhang, »[...] ist nur die Form einigermaßen volkstümlich, der Inhalt gehört der konventionellen Gesellschaft« (an Wilhelm Müller, 7. Juni 1826). Wie, wenn darin, in der Verwendung der Volksliedform, eine Verwandtschaft zu Kleists Umgang mit dem klassischen Jambus läge, der Hinweis auf eine beiden gemeinsame Spannung, wo der Geist die Materie nicht, wie in der christlichen Romantik, zu bewältigen sucht (B 5,364), Form und Inhalt nicht mit der Identitätsformel der »Kunstperiode« versöhnt sind, sondern das Gewicht der Materie, des »Inhalts«, gerade ein wesentlicher Aspekt des dramatischen Konflikts wäre? Heine und das Volkslied, Kleist und der Jambus: »Während [...] das jambische Versmaß im klassischen Drama die Vernünftigkeit der Dialogentfaltung repräsentieren sollte, erhält es bei Kleist eine fast umgekehrte Bedeutung. Das Chaos und der Krieg der Leidenschaften und Interessen sind der Welt der Vernunft nicht fremd, sondern im Gegenteil ihr eigen«.[31] Heines Pendant dazu wäre dann der »scharfe Schmerzjubel jener modernen Lieder, die keine katholische Harmonie der Gefühle erlügen wollen und vielmehr, jakobinisch unerbittlich, die Gefühle zerschneiden, der Wahrheit wegen« (B 3,209). Das aber ist, folgen wir Heine, identisch mit der »tiefen Weltvernichtungsidee«, die das aristophanische Lustspiel trägt: »Todesjubel und [...] Zerstörungsfeuerwerk« (B 3,466).

Eben doch Dionysos; *mania,* die das Herz in Stücke reißt.[32] Oder Karneval, auf dessen Verwandtschaft mit dem Geist der aristophanischen Komödie Friedrich Schlegel als erster hinwies.[33] »Plötzlichkeit der Kontraste«[34], Krönung und Erniedrigung, »heute eine Narrenkappe, morgen einen Lorbeer« (B 7,180), »Sterbeseufzer, welche plötzlich / Sich verwandeln in Gelächter« (B 7,570): »Vernunft! nichts als Vernunft! – und Sie erschrecken ob der Höhe meiner Narrheit« (B 3,300). Letzteres war auf das *Lyrische Intermezzo,* Heines frühen Gedichtzyklus, gemünzt, den er damit als Karnevalsreigen zu lesen einlädt. Als Spiel von »Denkerschmerz, der seine eigne Nichtigkeit begreift« (B 3,282): In diesem Sinne als Commedia, »Puppenspiel« (B 3,282), Spiel der Masken und der Rollen. Man muß sich nur darauf einlassen, die drei Gedichttypen, die das *Lyrische Intermezzo* kennt[35], in Gedanken zu personifizieren und auf die Rampe einer Commedia oder eines Puppenspieltheaters zu setzen. Das Drama des romantischen Schwärmers, des enttäuschten Liebhabers und des Zynikers wäre dann der Reigen, der sich dem Zuschauer – in antiillusionistischer Perspektive – eröffnete. Nur daß diese Rollen nichts als verschiedene Masken eines und desselben Ichs sind. Eines in diesem Sinne gespaltenen oder topisch geordneten, auf jeden Fall de-zentrierten Ichs, dessen Drama sich daher auch verräumlicht, weil es – im Unterschied etwa zu den romantischen Liedzyklen Wilhelm Müllers – keine Entwicklung in der Zeit kennt: auch wenn Erlebnisse und Erinnerungen verschiedenen zeitlichen Horizonten angehören können. Es verräumlicht sich wie die *Simultané* eines kubistischen Bildes, das denselben Gegenstand »von verschiedenen perspektivischen Standpunkten gleichzeitig zur Betrachtung darstellt«[36], ohne daß dabei eine bestimmte Perspektive dominant wird und die anderen Perspektiven in sich »aufhebt«. Sie verweisen vielmehr aufeinander wie in einem Dialog ohne Ende, aber so, daß das Ganze sich nicht in der Trauer um den Verlust des Sinns verliert, sondern »im Gegenteil einen permanenten Prozeß der *Sinnerarbeitung* an den Grenzen der unvollendeten Gegenwart organisiert«.[37] Jenen »bacchantischen Taumel«, der Hegel zufolge das Wahre ausmacht, »an dem kein Glied nicht trunken ist«[38], der sich bei Heine aber nicht im absoluten Wissen beruhigt und seinen Rausch ausschläft.

Daß Heines *Buch der Lieder* nur im Gesamtzusammenhang der zyklischen Komposition gelesen werden kann, ist schon früh bemerkt worden.[39] Norbert Altenhofer hat daher von einer »Ästhetik des Arrangements« gesprochen.[40] Spezifisch modern an Heines Zyklenkomposition ist auch die Art und Weise, wie ihr innerer Dialog, der »Widerstreit« ihrer Teile, einen »Choc« produziert, in dem Illusion und Banalität, romantischer Lyrismus und prosaische Zerrissenheit, Liebesmetaphorik und Alltagssprache, Poetisches und Triviales (an Immermann, 10. Juni 1823) unvermittelt aufeinandertreffen – wie bei Kleist die Katastrophe im Gewand der schönen Form schockiert.

Die Nähe des Erhabenen und Lächerlichen (B 3,282), das Nebeneinander von Pathos und Komik (B 3,283) – das sind unaufhebbare Gegensätze, die sich, wie Hans Robert Jauß bemerkt hat, »nicht in einer höheren Harmonie aufheben« lassen.[41] Eingehen können sie aber in das Spiel jenes »erkenntnistheoretischen Witzes«[42], das die bei Heine wirksame Tradition der karnevalisierten Literatur[43] des offenen Worts, der sprachlichen Mesalliancen, der exzentrischen Perspektiven und des relativierenden Lachens – die sublimierte Groteske – aufscheinen läßt.

Etwas von dem hat Heine in Shakespeare sehen wollen, über dessen Œuvre er schreibt, es habe eigentlich nur einen einzigen Helden, nämlich die Menschheit: »jener Held, welcher beständig stirbt und beständig aufersteht« (B 7,180). Daß Heine unter Shakespeares Dramen ausgerechnet das bizarre Stück *Troilus und Cressida* jedem »andern voranstellen würde« (B 7,192), kann in diesem Zusammenhang nicht verwundern. Shakespeares wenig beachtete *dark comedy,* die durch die Vermittlung von Chaucers Epos *Troylus and Cryseyde* den Stoff der *Ilias,* den Belagerungszustand vor Troja, als banalisiertes »Zeitgeist«-Stück (B 7,179) dramatisiert, ist fast wie Heines lyrische Zyklen angelegt: »alles darin ging so natürlich von statten, fast wie bei uns; und die Helden handelten eben so dumm, wo nicht gar gemein, wie bei uns; und der Haupttheld ist ein Laps und die Heldin eine gewöhnliche Schürze« (B 7,193). Und doch, so Heine, sei Shakespeares *dark comedy* mit ihren geschwätzigen Helden, durchtriebenen Kupplern, der neckischen Helena und der berechnenden Nymphomanin Cressida »weder Lustspiel noch Trauerspiel im gewöhnlichen Sinn«, denn es herrsche »darin eine jauchzende Bitterkeit, eine weltverhöhnende Ironie, wie sie uns nie in den Spielen der komischen Muse begegnete« (B 7,194). Womit Shakespeare nicht nur in die aristophanische Tradition gestellt, sondern auch zum Repräsentanten einer Moderne *avant la lettre* erklärt wird. Denn zur Beurteilung dieser »eigentümlichste[n] Schöpfung«, so Heine, »bedürften wir jener neuen Ästhetik, die noch nicht geschrieben ist« (B 7,194). So viel kann man allerdings schon über sie sagen: daß sie »mit scharfgewetzter Geistesschaufel in den stillen Boden der Erscheinungen« gräbt und »vor unseren Augen ihre verborgenen Wurzeln« entblößt (B 7,193).

Auf den ersten Blick scheint dem die Ankündigung Heines zur *Lutezia,* sie sei ein »daguerreotypisches Geschichtsbuch« (B 9,239), zu widersprechen. Der Dichter mit der Kamera im Schreibstift – das liest sich wie der verfrühte Prospekt zu einem *Nouveau roman.* Ähnlich Heines Bemerkung über seine Methode, daß ein »ehrliches Daguerreotyp […] eine Fliege ebensogut wie das stolzeste Pferd treu wiedergeben« müsse (B 9,239). Wie man aber etwa in Robbe-Grillet plötzlich entgegen aller Programmatik von objektiver Literatur einen »Höhlenforscher des Imaginären«[44] entdeckte, ist auch der subjektiv getönte Kunstcharakter von Heines »Reportagen« immer wieder deutlich gemacht worden.[45] Nicht nur der Anteil des Fiktiven an der »Form des Faktums« (B 9,231). Heines Reportagen sind inszeniert und, worauf Klaus Briegleb hingewiesen hat, sie re-inszenieren: das doppelte mythische und faktische Bacchanal des andauernden Revolutionsprozesses.[46] Das unvollendete Präsens des Faktums als Geschichte in der Gestalt einer doppelten Metonymie: historische »Wetterwolken« (B 9,238), die das kommende Gewitter sichtbar machen, erzählt von einem Reporter, der sich am liebsten in der »Avant-Scène« (B 5,314) aufhält. Denn: »Man sieht hier nicht bloß was auf dem Theater gespielt wird, sondern auch was hinter den Coulissen vorgeht« (B 5,314). Diese Reportagetechnik der Teichoskopie zielt, weit davon entfernt, fotografische Abbilder zu produzieren, im Gegenteil grundsätzlich auf verdeckte Handlung: auf die »geheime Maskerade [...], die hier in allen Verhältnissen zu finden ist« (B 5,153).

Die Methode: Szenenwechsel des »Flaneurs« (B 9,374), dessen Auge überall nach Signaturen sucht. Polyperspektivismus eines panoramatischen Stadtwanderers, der kein »vermittelnder Raisonneur«[47] mehr ist wie der meinungsvermittelnde Journalist des Aufklärungszeitalters; der vielmehr die einzelnen Segmente, Aspekte, Blickwinkel und Bilder zusammenstellt, und dessen Raisonnements selbst, statt zu vermitteln, zu Teilen eines »einmal nach dem Prinzip der benachbarten Bedeutung, dann wieder nach dem des Kontrastes«[48] metonymisch strukturierten *Patterns* werden, eines »synästhetische[n] Tableau Parisien«.[49]

Dem widerspricht der erneute Rückgriff auf die Metaphorik des Welttheaters nicht. Die Berichte aus »dieser grandiosen Stadt, wo alle Tage ein Stück Weltgeschichte tragiert wird« (B 9,11), beginnen mit einer absichtsvollen dramatischen Exposition: fast klassisch. Die wichtigsten Protagonisten betreten schon im ersten Artikel der *Französischen Zustände* die Bühne – in der Reihenfolge ihres Auftretens: die Pairs von Frankreich; Casimir Périer, der Ministerpräsident; das Volk von Paris; die Republikaner; Guizot; Louis-Philippe, die »Birne«; und schließlich die Anhänger der verflossenen Bourbonenherrschaft, die Karlisten. Der Rest ist, wie bei Shakespeare, verworren, vielschichtig und mit verschiedenen

Handlungssträngen. Aber auch dieses Drama hat einen Konflikt, an dem es sich entzündet: »Ludwig Philipp zieht einen Graben zwischen sich und dem Volke, er trennt sich von demselben auch sichtbar« (B 5,112). Weil er sich nämlich von den Tuilerien einen kleinen Familiengarten abgezweigt hatte. Kunstgriff des Autors, Anweisung an den Regisseur, diese Szene deutlich herauszustellen: Damit haben wir es also im Fortgang der Handlung zu tun, mit jener »Bürgerkomödie« (B 9,374), die sich im Kampf mit einem »Tollhausbündnisse« (B 5,126) befindet, in dem sich zwei »Plagiarien der Vergangenheit« (B 5,126), Republikaner und Karlisten, gegen ein auf Juste-Milieu-Format zurechtgestutztes konstitutionelles Königtum verschworen haben. Was also anderes, als ein neues Stück des »großen Urpoeten [...], der in seiner tausendaktigen Welttragödie den Humor aufs höchste zu treiben weiß« (B 3,282)?

Nur daß die Dramaturgie sich im Vergleich zur Zeit des Aristophanes geändert hat. Die »moderne Tragödie«, so Heine als »Reporter« der französischen Zustände, »unterscheidet sich von der antiken dadurch, daß jetzt die Chöre agieren und die eigentlichen Hauptrollen spielen« (B 5,219). Ein Satz, der so auch von Bertolt Brecht hätte stammen können, vielleicht noch mehr von Erwin Piscator. Auch der darin enthaltene Zwang zur Dramaturgie des Teichoskopen; denn, so Peter Szondi über Brechts episches Theater: »Der Vorgang auf der Bühne füllt die Aufführung nicht mehr vollständig aus«.[50] Die Chöre agieren, auf der Bühne dilettieren Komparsen, das eigentliche Geschehen spielt sich aber hinter den Kulissen ab und ist nur dem Teichoskopen zugänglich. Deshalb ist Heine, der Tragiker, an der Form der Tragödie gescheitert und hat seine großen Dramen in lyrische Zyklen, Reisebilder und Zeitungskorrespondenzen verpackt.

»Die Revolution ist eine und dieselbe« (B 5,166): In diesem Fortwirken der ungelösten Konflikte von 1789 besteht das Drama Lutetias, in diesem »Zwist der Gegenwart mit der Vergangenheit, die sich wechselseitig verhöhnen« (B 5,293), und der beständig kurz davor steht, außer Kontrolle zu geraten. Dem Flaneur, der die unscheinbarsten Dinge im Vorübergehen wie eine Sprache als Signatur zu lesen gelernt hat, entgeht das nicht. »Der Flaneur«, so Klaus Briegleb über Heines Methode, »sieht hin und zugleich auf die alten Bilder in sich selber«.[51] Assoziation von Ideen und die *mémoire involontaire* an frühere Zeichen.

Der »Höllenzwang« des »›Moniteur‹ von 1793« (B 5,103) ist nur eins von ihnen, wie das günstige Wetter des 14. Juli 1789 oder der Tanz vor der geschleiften Bastille am 14. Juli 1790. »Ici on danse« (B 5,231): Mit diesem Erinnerungssegment in den *Französischen Zuständen* ist das inszenierte »Fest der Föderation« am ersten Jahrestag der Revolution gemeint[52], das sich von den flüchtigen Adelsfesten des Rokokos durch die Choreografie eines Stiftungsakts unterschied: »Heimstätte eines Versprechens, das die Folgezeit wird halten müssen«.[53] Der Unterschied ist bedeutsam, denn die Tänze, die der Flaneur in seiner Zeit beobachtet, haben erneut jene Flüchtigkeit des Rokokos angenommen: Die »neubürgerliche Gesellschaft will hastig den letzten Becher leeren, wie die altadlige vor ’89« (B 11,656f.). Transitorisches, im Bild des Tanzes festgehalten, Juste-Milieu-Rokoko. Und Höllenbacchanal, als das der Flaneur die Tänze des Volks in der Opéra comique liest. Bilder des Höllenzwangs von 1793 überlagern den Blick auf den Can-can im *Lutezia*-Bericht vom 7. Februar 1842 und machen den dionysischen Untergrund der Moderne sichtbar – eine Wiederkehr des Verdrängten. Die Verdrängung bestand in der Rationalisierung, mit der Revolution sei das Zeitalter der Vernunft angebrochen, als das der »Ritter von dem heilgen Geist« (B 3,134) sie in der *Harzreise* noch hatte sehen wollen.

Die Signaturen ändern sich. Das zweite Emblem der Revolution ist die »zechende Götterversammlung« (B 3,253), das dritte die Liberté auf Eugène Delacroix’ berühmtem Gemälde: »eine seltsame Mischung aus Phryne, Poissarde und Freiheitsgöttin« (B 5,40). Jetzt, nach den ersten Pariser Jahren, sieht Heine als Erben der Revolution das »System« (B 5,278), in dessen kaltem Herzen, der Börse, »die Interessen wohnen« (B 5,193). Dann aber wäre, wenn man die Anspielung auf das romantische Bild vom kalten Herzen akzeptiert, das System so etwas wie eine *zweite Natur*: eine gesellschaftliche Potenzierung jener Elementargeister, die für Heines Mythologie eine so große Rolle spielen. Lutetia so etwas wie eine *belle dame sans merci*. Zweite Verdrängung, die das Verfahren des Dichters sichtbar macht: Die Revolution ist deshalb noch nicht beendet. Zweiter Erbe der Revolution: Die Antagonisten des »Systems«, die Republikaner, der Kommunismus (an Campe, 24. August 1852). Tragisches in der Komödie, Komisches in der Tragödie.

Eben das stellt der »Reporter« dar: als »Supernaturalist«

(B 5,46), der das Tatsächliche durch »gleichsam in der Seele geoffenbart[e]« (B 5,46) Erinnerungen, die er den Bildern einschreibt, »koloriert«.[54]

Der Begriff des Supernaturalismus wurde von Charles Baudelaire im *Salon de 1846* in Anlehnung an Heine zitiert[55] und ist durch diesen und Heines Freund Gérard de Nerval, der seine träumerischen Stimmungen gern supranaturalistisch nannte, im 20. Jahrhundert von den Surrealisten wieder aufgegriffen worden.[56] Die Nähe des Begriffs täuscht jedoch über tatsächliche Verwandtschaften. Wenn, dann hat die Romantik, Achim von Arnim zumal, den Surrealismus antizipiert[57], indem sie innere Zustände in äußeren Bildern allegorisierte. Der Unterschied liegt im romantischen Begriff der Chiffre und Heines Begriff der Signatur.[58] Gegen die romantische Chiffre hatte Heine in der *Romantischen Schule* ausführlich polemisiert, gegen die Neigung zum »Parabolischen« und das Bedürfnis, »das Unendliche und lauter spiritualistische Beziehungen darzustellen oder vielmehr anzudeuten« (B 5,367).

Signaturen sind für Heine Bedeutungen, in denen Bilder *wie eine Sprache* funktionieren, Metonymien einer lesbaren Welt von Konstellationen, aus deren bewußt assoziativer Zusammenstellung sich das offene Kunstwerk ergibt, »eine ununterbrochen fortlaufende Kette von Bildern«, wie Alexander Block einmal Heines Schreibweise charakterisierte.[59] Eine »olla podrida« (an Christian Sethe, 14. April 1822); ein »zusammengewürfeltes Lappenwerk« (an Moses Moser, 11. Januar 1825), das der Dichter »verweben« (an Moses Moser, 14. Oktober 1826) muß; in dem es »mir ein Leichtes ist […], einzuweben, was ich will« (an Varnhagen, 24. Oktober 1826). *Patterns* also, Montage. Eine Poetik, die dadurch mit dem zentralperspektivischen Blick bricht. Die »neue[n] Augen« (B 3,221) und die »neue Technik« (B 5,72) der Kunst nach dem Ende der Kunstperiode verweisen damit weniger auf die gebrochenen Augen des Surrealismus als auf die vielen Augen des Kubismus: auf Polyperspektivismus und De-Zentrierung.

Aus der »Racineschen Tragödie« hat der große Urpoet ein paar Szenen einfach »ausgeschieden« und damit die »sublim langweiligen Einheiten«, das harmonische Ganze des Klassizismus, ein für allemal zerstört (B 5,111 f.). Ein beiläufiges Bild, das Heine hier in den *Französischen Zuständen* gewählt hat? Es zielt auch auf das Ende der Kunstperiode und der ihr angemessenen höfischen Welt. Die neue Kunst würde das, was Goethes Klassizismus dialektisch aufhebt[60], was Racine geometrisch einzirkelt[61], das Unterdrückte, das Unbewußte, aber auch das Banale und das Barbarische, nicht mehr verdecken oder vermitteln, sondern als Perspektive und Gefährdung zugleich zeigen und in ein neues Spiel von Sinn einführen. Eine Kunst, die sich nicht »leicht in jeden beliebigen Stoff hineinlügt« (B 5,72) und damit sich »selbst als das Höchste«, als »unabhängige zweite Welt« (B 5,393) proklamiert, wie es Heine Goethe vorwirft; die nicht, wie die Schwäbische Dichterschule, das Banale ästhetisiert. Die neue Kunst wäre ebenso von der »Tendenzpoesie« unterschieden, die ihren prosaischen Hintergrund und die unkontrollierten Gefährdungen des Freiheitstaumels durch Emanzipationspathos verdrängt.

Die Schrift *Zur Geschichte der Religion und Philosophie in Deutschland* läßt deshalb die Antwort auf die Frage nach der Alternative »Befreiung oder Barbarei?« offen: Das sozialistische Befreiungsversprechen des apollinischen Gastmahls für Jedermann (B 5,570) und die Warnung vor dem gewaltsamen Ausbruch des wilden deutschen Denkens, des »deutsche[n] Donner[s]« (B 5,639 f.), sind nicht miteinander vermittelt. Kunst, die den Indifferentismus der Kunstperiode überwindet, leuchtet auch in solche Abgründe. Der Künstler selbst scheint sich jedoch im Zweifelsfall gegen die Kunst zu entscheiden: »[...] gesegnet sei der Krautkrämer, der einst aus meinen Gedichten Tüten verfertigt, worin er Kaffee und Schnupftabak schüttet für die armen alten Mütterchen, die in unsrer heutigen Welt der Ungerechtigkeit vielleicht eine solche Labung entbehren mußten – *fiat justitia, pereat mundus!*« (B 9,233). Narrenweisheiten über das Thema, daß die Welt letztlich doch nicht als ästhetisches, sondern als moralisches Phänomen gerechtfertigt ist? Die Antwort darauf versteckt sich in Ironie.

Philosophisch gesehen antwortet die ironische Ambivalenz auf das idealistische Postulat der Einen Wahrheit. Aber das bedeutet keineswegs umstandslosen Relativismus, vielmehr Engagement für den ernsthaften Umgang mit *den Wahrheiten*. Im Zweifelsfall ist für Heine die Poesie auf der Seite der entschieden über sich selbst aufgeklärten Aufklärung. Aufklärung – und deshalb tut sie sich schwer mit pathetischen Tönen.

Heine wird im Text nach der Ausgabe von Klaus Briegleb, *Sämtliche Schriften in 12 Bänden,* München 1976, mit der Angabe von Band und Seitenzahl zitiert. Die Briefzitate sind der Ausgabe von Hans Kaufmann, *Heinrich Heine. Werke und Briefe in zehn Bänden,* Berlin (Ost) 1961, entnommen.

1 Peter Uwe Hohendahl, *Geschichte und Modernität. Heines Kritik an der Romantik,* in: ders., *Literaturkritik und Öffentlichkeit,* München 1974, S. 57 ff.

2 Etwa Heines häufiges Operieren mit dem Begriff der »Männlichkeit«. Ein Beispiel: »Abründung, Helldunkel, Perspektive der Zwischensätze, mechanisches Untermalen der Gedanken, dergleichen kann man von Goethe lernen – nur nicht Männlichkeit« (an Varnhagen, 28. 2. 1830). Heines banalste Gleichung lautet: fehlende Männlichkeit = Kunstperiode.

3 Karl Löwith, *Von Hegel zu Nietzsche. Der revolutionäre Bruch im Denken des neunzehnten Jahrhunderts,* Frankfurt/Main 1969, S. 40.

4 Ludwig Börne, *Ankündigung der Wage,* in: ders., *Sämtliche Schriften,* neu bearbeitet und hg. v. Inge und Peter Rippmann, Bd. 1, Dreieich 1977, S. 668.

5 Ludolf Wienbarg, *Ästhetische Feldzüge* (1834), Berlin und Weimar 1964, S. 188.

6 Walter Benjamin, *Über den Begriff der Geschichte,* in: ders., *Illuminationen,* Frankfurt/Main 1977, S. 259: »Auf den Begriff einer Gegenwart, die nicht Übergang ist sondern in der die Zeit einsteht und zum Stillstand gekommen ist, kann der historische Materialist nicht verzichten.« Friedrich Nietzsche, *Unzeitgemäße Betrachtungen. Zweites Stück: Vom Nutzen und Nachteil der Historie für das Leben,* in: ders., *Werke,* hg. v. Karl Schlechta, Bd. 1, München 1969, S. 250: »nur aus der höchsten Kraft der Gegenwart dürft ihr das Vergangene *deuten* [...].«

7 Karl Heinz Bohrer, *Plötzlichkeit. Zum Augenblick des ästhetischen Scheins,* Frankfurt/Main 1981, S. 74.

8 Georg Wilhelm Friedrich Hegel, *Philosophie der Geschichte,* in: ders., *Werke in 20 Bänden,* hg. v. Eva Moldenhauer und Karl Markus Michel, Bd. 12, Frankfurt/Main 1970, S. 141.

9 Ernst Bloch, *Subjekt – Objekt. Erläuterungen zu Hegel,* Frankfurt/Main 1971, S. 229.

10 Hegel war, so Jürgen Habermas, der erste, der einen historisch reflektierten Begriff der modernen Gegenwart entwickelt hat. Doch, so Habermas, geht letztlich im absoluten Wissen Hegels »die Frage nach dem genuinen Selbstverständnis der Moderne [...] im ironischen Gelächter der Vernunft unter. Denn die Vernunft [...] weiß, daß alles Geschehen von wesentlicher Bedeutung schon entschieden ist [...]. Am Ende

nimmt die Philosophie ihrer Gegenwart das Gewicht [...]«. Jürgen Habermas, *Der philosophische Diskurs der Moderne*, Frankfurt/Main 1988, S. 55 f.

11 Hans-Georg Gadamer, *Ende der Kunst?*, in: ders., *Das Erbe Europas*, Frankfurt/Main 1989, S. 67.

12 Heinrich Laube, *Die neue Kritik*, in: *Das Junge Deutschland. Texte und Dokumente*, hg. v. Jost Hermand, Stuttgart 1967, S. 107.

13 Karl Marx, *Das Elend der Philosophie*, in: Karl Marx, Friedrich Engels, *Werke*, Bd. 4, Berlin (Ost) 1969, S. 135.

14 Burghard Dedner, *Politisches Theater und karnevalistische Revolution. Zu einem Metaphernkomplex bei Heinrich Heine*, in: *Heinrich Heine und das neunzehnte Jahrhundert: Signaturen*, hg. v. Rolf Hosfeld, Berlin 1986, S. 139.

15 Hegel, a.a.O., S. 29.

16 Ebd., S. 35.

17 Hegel, *Grundlinien der Philosophie des Rechts*, in: ders., *Werke*, Bd. 7, Frankfurt/Main 1970, S. 503.

18 Hegel, *Glauben und Wissen oder Reflexionsphilosophie der Subjektivität in der Vollständigkeit ihrer Formen als Kantische, Jacobische und Fichtesche Philosophie*, in: ders., *Werke*, Bd. 2, Frankfurt/Main 1970, S. 432.

19 Hegel, *Phänomenologie des Geistes*, in: ders., *Werke*, Bd. 3, Frankfurt/Main 1970, S. 23.

20 Friedrich Hebbel, *Erstes Tagebuch*, in: ders., *Werke*, hg. v. Hannsludwig Geiger, Bd. 2, Wiesbaden o. J., S. 765.

21 Friedrich Hebbel, *Zweites Tagebuch*, ebd., S. 843.

22 »Hebbels Denken markiert einen Wendepunkt in der Geistesgeschichte des neunzehnten Jahrhunderts, indem es noch den metaphysischen Weg des Idealismus geht, aber ohne das Wissen um den Sinn, in dessen Besitz der Weg einst angetreten wurde.« Peter Szondi, *Versuch über das Tragische*, in: ders., *Schriften I*, Frankfurt/Main 1978, S. 191.

23 Friedrich Nietzsche, *Die Geburt der Tragödie oder Griechentum und Pessimismus*, in: ders., *Werke*, Bd. 1 [vgl. Anm. 6], S. 40.

24 »Nietzsches Lehre von der ästhetischen Rechtfertigung des Lebens erweist sich als das Gegenteil eines zynischen Ästhetizismus; sie gründet in einer Algodizee, welche den Schmerz als Pol der dionysischen Passion ganz in die Immanenz eines nicht mehr erlösungsbedürftigen Lebens zu ziehen versucht.« Peter Sloterdijk, *Der Denker auf der Bühne. Nietzsches Materialismus*, Frankfurt/Main 1986, S. 163.

25 »Was ist der erste Zweck der Gesellschaft? Die unveräußerlichen Rechte des Menschen aufrechtzuerhalten. Was ist das erste dieser Rechte? Zu leben.« Maximilien Robespierre, *Rede über die Lebensmittelfrage vom 2. Dezember 1792*, in: *Reden der Französischen Revolution*, hg. v. Peter Fischer, München 1974, S. 241.

26 Baruch de Spinoza, *Die Ethik nach geometrischer Methode darge-stellt*, in: ders., *Werke*, hg. v. Carl Gebhardt, Bd. 2, Hamburg 1976, S. 84.

27 Ebd.

28 Platon, *Symposion*, 223 d-e, in: ders., *Sämtliche Werke*, übers. v. Friedrich Schleiermacher, Bd. 2, Reinbek 1978, S. 250.

29 Rolf Hosfeld, *Die Welt als Füllhorn: Heine. Das neunzehnte Jahrhundert zwischen Romantik und Moderne*, Berlin 1984, S. 43-57.

30 Hohendahl, a.a.O., S. 55.

31 Rolf Hosfeld, *Ach, es muß leer und öde und traurig sein, später zu sterben als das Herz. Ein Essay über Kleist und Kleist-Inszenierungen auf Berliner Bühnen*, in: omnibus. Berliner Kulturzeitschrift, H. 4 (1981), S. 40.

32 Florens Christian Rang, *Historische Psychologie des Karnevals*, in: Die Kreatur (1927/28), S. 331.

33 Friedrich Schlegel, *Vom ästhetischen Wert der griechischen Komödie*, in: ders., *Werke in zwei Bänden*, hg. v. Wolfgang Hecht, Bd. 1, Berlin (Ost) und Weimar 1980, S. 5 f.

34 Schlegel, a.a.O., S. 13. Gerhard Höhn hat Heines Verfahren treffend als »Kontrastästhetik« bezeichnet; vgl. *Heine-Handbuch. Zeit, Person, Werk*, Stuttgart 1987, S. 14 f. und 317 ff.

35 »Wir haben im *Lyrischen Intermezzo* [...] drei Typen von Gedichten vor uns, die in einer spezifischen Weise zu Zyklen geordnet sind. Diese Typen sind durch die folgenden Merkmale gekennzeichnet:

1. Lyrisches Gedicht – Illusion, Schmerz	– romantische Idee – Folklorereim
2. Dramatisches Gedicht – Desillusion	– prosaische Idee – Gegensatzreim
3. Prosagedicht – fröhliche Relativität, Entleerung	– relativierende Idee – Reimspiel mit Ambivalenzen

Im Folklorereim sind die Unterschiede diejenigen *eines Wesens*, im Gegensatzreim sind die Unterschiede *verschiedenen Wesens*, das Reimspiel mit Ambivalenzen demonstriert eine offene Relativität, ein *Spiel mit Identitäten und Unterschieden*. Geht man davon aus, daß der Reim ein Spiel der Dialektik organisiert, so erhalten wir folgende Typen der Dialektik im *Lyrischen Intermezzo*: (1) die coincidentia oppositorum, (2) den Antagonismus, (3) den Relativismus. Diesen Typen der Dialektik entsprechen die folgenden *Stilfiguren*: der coincidentia oppositorum das Symbol, die Chiffre, die Metapher, dem Antagonismus das Oxymoron, dem Relativismus die Hybride oder die sprachliche Interferenz. Symbol, Chiffre und Metapher sind wesentlich einsprachig (und zwar in der Form der Vertiefung der Bedeutung einer einzigen Einheit, was ihre Ambiguität nicht ausschließt, sondern begründet), mit dem Oxymoron organisiert das Gedicht einen ›dramatischen‹ Dialog, mit der Hybride einen innersprachlichen.

(1) Symbol
   (Metapher, Chiffre)/Lyrisches Gedicht – MONOLOG
(2) Oxymoron
   (Metonymie)/Dramatisches Gedicht ⟍
(3) Hybride   ⟋ DIALOG
   (Metonymie)/Prosagedicht

Dem entsprechen die folgenden *lyrischen Zeitmaße*:
   (1) ›Augenblick in der Ewigkeit‹
   (2) ›Situation‹
   (3) ›Fließende Zeit: Werden und Vergehen.

Das lyrische Ich diversifiziert sich in *verschiedene Rollen seiner selbst, die sich untereinander im Dialog befinden.* Heines Zyklen nehmen damit die Vielstimmigkeit des romantischen Rollengedichts wieder auf, indem sie einen *introvertierten Roman* schreiben, wo die einzelnen Gedichte nur aus der Perspektive der Rolle dieses oder jenes ›Ich‹ verständlich sind.« Hosfeld, *Die Welt als Füllhorn* [vgl. Anm. 29], S. 79-81.

36 Jan Mukařovský, *Dialektische Widersprüche in der modernen Kunst*, in: ders., *Studien zur strukturalistischen Ästhetik und Poetik*, Frankfurt/Main, Berlin und Wien 1977, S. 217.

37 Hosfeld, *Die Welt als Füllhorn* [vgl. Anm. 29], S. 87.

38 Hegel, *Phänomenologie des Geistes* [vgl. Anm. 19], S. 46.

39 Arnold Ruge, *Heinrich Heine, charakterisiert nach seinen Schriften [1838]*, in: *Heine in Deutschland. Dokumente seiner Rezeption 1834-1956*, mit einer Einleitung hg. v. Karl Theodor Kleinknecht, München 1976, S. 36.

40 Norbert Altenhofer, *Ästhetik des Arrangements. Zu Heines »Buch der Lieder«*, in: Text + Kritik, H. 18/19 (1982), S. 16-32.

41 Hans Robert Jauß, *Das Ende der Kunstperiode – Aspekte der literarischen Revolution bei Heine, Hugo und Stendhal*, in: ders., *Literaturgeschichte als Provokation*, Frankfurt/Main 1970, S. 127.

42 Bohrer, *Plötzlichkeit*, S. 76.

43 »Mit einem Wort, man hat sich zu der Heine'schen Poesie ebenso zu verhalten, wie zu der Ausgelassenheit des Carnevals« (Arnold Ruge, a.a.O., S. 35).

44 Pierre Bourdieu, *Zur Soziologie der symbolischen Formen*, Frankfurt/Main 1974, S. 92.

45 Etwa: Albrecht Betz, *Ästhetik und Politik. Heinrich Heines Prosa*, München 1971; Wolfgang Preisendanz, *Heinrich Heine. Werkstrukturen und Epochenbezüge*, München 1973; Rutger Booß, *Ansichten der Revolution. Paris-Berichte deutscher Schriftsteller nach der Juli-Revolution 1830*, Köln 1977; Klaus Briegleb, *Opfer Heine? Versuche über die Schriftzüge der Revolution*, Frankfurt/Main 1986.

46 Briegleb, *Opfer Heine?*, S. 174 und passim.
47 Hohendahl, *Geschichte und Modernität*, S. 59.
48 A. Fjodorow, *Block als Prosaautor in seinem Verhältnis zu Heine,* in: Kunst und Literatur 29 (1981), H. 6, S. 645.
49 Dolf Oehler, *Pariser Bilder 1 (1830-1848). Antibourgeoise Ästhetik bei Baudelaire, Daumier und Heine,* Frankfurt/Main 1979, S. 40.
50 Peter Szondi, *Theorie des modernen Dramas 1880-1950,* in: ders., *Schriften 1,* S. 107.
51 Briegleb, *Opfer Heine?*, S. 210.
52 Katharina Scheinfuß (Hg.), *Von Brutus zu Marat. Kunst im National-konvent 1789-1795,* Dresden 1973, S. 90.
53 Jean Starobinski, *1789. Die Embleme der Vernunft,* München 1988, S. 59.
54 Briegleb, *Opfer Heine?*, S. 211.
55 Charles Baudelaire, *Salon de 1846. Eugène Delacroix,* in: *Der Untergang der romantischen Sonne. Ästhetische Texte von Baudelaire bis Mallarmé,* hg. v. Manfred Starke, Leipzig und Weimar 1984, S. 135.
56 Maurice Nadeau, *Geschichte des Surrealismus,* Reinbek 1965, S. 42.
57 N. J. Berkowski, *Die Romantik in Deutschland,* Leipzig 1979, S. 433.
58 Ursula Broicher-Stöcker, *Studien zum Stil Heines,* in: Heine-Jahrbuch 11 (1972), S. 10f.
59 A. Fjodorow, *Block als Prosaautor,* S. 643.
60 Theodor W. Adorno, *Zum Klassizismus von Goethes Iphigenie,* in: ders., *Noten zur Literatur IV,* Frankfurt/Main 1974, S. 8.
61 Jean Starobinski, *Das Leben der Augen,* Frankfurt/Main, Berlin und Wien 1984, S. 54.

Heinz Pepperle
Heinrich Heine als Philosoph

Am 31. Oktober 1835, also etwa zehn Monate nach dem Erscheinen von Heines Schrift *Zur Geschichte der Religion und Philosophie in Deutschland,* schrieb Metternich an den preußischen Minister von Wittgenstein: »Weil wir von solchen Dingen sprechen, so bitte ich Sie Kenntniß von dem *zweiten* Bande des von Heine, bei Hoffmann und Campe erschienenen *Salon* zu nehmen. Ich empfehle Ihnen dieses Werk, weil es die Quintessenz der Absichten und Hoffnungen der Bagage mit der wir uns beschäftigen, enthält. Zugleich ist das Heine'sche Produkt ein wahres Meisterstück in Beziehung auf Styl und Darstellung. Heine ist der größte Kopf unter den Verschworenen und er kann nur einem O'Connel, einem Lamartine und sehr wenig Anderen zur Seite gestellt werden.«[1] Was damals, vielleicht mit Ausnahme von Menzel[2], in ihren Reaktionen Börne, die Jungdeutschen Wienbarg, Mundt, Gutzkow, Kühne, von den Hegelianern Rosenkranz, Hinrichs und auch Heß und Ruge in der Bedeutung nicht zu erfassen vermochten, das hatte der Architekt der europäischen Restaurationspolitik scharfsinnig erkannt. In der Tat: Betrachtet man Heines Philosophie-Schrift im Kontext der Geistesentwicklung im deutschen Vormärz und stellt unter Berücksichtigung auch des früher Publizierten die Frage nach originellen Ideen, dann läßt sich ohne Mühe eine stattliche Anzahl auflisten, mit denen Heine seiner Zeit weitsichtig voranging.

Heine ist in Deutschland einer der ersten, der deutlich ausspricht, daß das Restaurationssystem keinen Bestand haben wird und das Zeitalter der europäischen Revolutionen nicht zu Ende ist. Er sieht nicht nur, daß der Kampf um die Verwirklichung der Ideen der Französischen Revolution weitergeht, sondern auch, daß sich am Horizont der Geschichte neue, soziale Konflikte abzeichnen, in denen es um den mit der Entwicklung der bürgerlichen Gesellschaft entstehenden Gegensatz von arm und reich, um die soziale Dimension der zu erkämpfenden politischen Freiheit geht und die Heine noch im Alter als die »große Suppenfrage« umschreibt. Schon in seinem Schauspiel *William Ratcliff* (1822) hatte er die Menschen eingeteilt in »zwei Nationen, die sich wild bekrie-

gen;/Nämlich in Satte und in Hungerleider«.[3] Nachdem sich die
Ansicht vom wachsenden Antagonismus zwischen den armen und
wohlhabenden Schichten während seines Aufenthaltes in England
(*Englische Fragmente*) vertiefte und er in der Analyse der Julirevolution zum Ergebnis kam, wiederum habe das Volk nur der Geld-
aristokratie die Macht erkämpft, formuliert er – sicher unter
saint-simonistischen Einflüssen – mit großer Bestimmtheit seine
Auffassung. So schreibt er am 10. Juli 1833 an Laube, daß es darauf
ankomme, die »tieferen Fragen« der Revolution zu verstehen.
Diese betreffen »weder Formen noch Personen, weder die Einfüh-
rung einer Republik, noch die Beschränkung einer Monarchie,
sondern sie betreffen das materielle Wohlseyn des Volkes«.[4] Das
war geschrieben zwei Jahre vor dem vielzitierten Büchner-Wort,
wonach das Verhältnis zwischen Armen und Reichen das einzig
revolutionäre Element der Welt sei, und immerhin neun Jahre vor
jener Wende, mit der die linken Hegelianer im Jahre 1842 von der
Kritik der Politik zur Kritik der Gesellschaft und der Ökonomie
übergingen.

Entschieden vorangegangen ist Heine der demokratischen Op-
positionsbewegung mit seiner Vorrede zu den *Französischen Zuständen*. Mit diesem radikalsten und leidenschaftlichsten aller
Heineschen Prosatexte hatte er unwiderruflich dem feudal-büro-
kratischen Absolutismus in Preußen den Fehdehandschuh hinge-
worfen und Positionen vertreten (Bekenntnis zur Völkerverbrüderung, Friede, Wohlstand und Freiheit; Bezichtigung des Betrugs
am deutschen Volk wegen Nichteinlösung des Verfassungsver-
sprechens von 1815; Akkomodationsvorwurf gegenüber den deutschen Intellektuellen), die in den folgenden Jahren zentrale Gegenstände der geistigen Auseinandersetzung wurden. Erwähnenswert
ist, daß Heine in diesem Zusammenhang all jenen Freiheits- und
Vaterlandsfreunden eine Absage erteilt, die zu dieser Zeit und
noch auf Jahre hinaus von Preußens Berufung zur Freiheit träum-
ten und die darauf vertrauten, daß die Herrschenden dieses Landes
auf Grund der Traditionslinie Protestantismus, Friedrich der
Große, Stein-Hardenberg die Freiheit aus eigenem Entschluß her-
beiführen würden.

Was die Artikel für die Augsburger ›Allgemeine Zeitung‹ selber
anlangt, so sind es vor allem spezielle theoretische Reflexionen, mit
denen Heine spätere Gegenstände der Diskussion vorwegnimmt.
Dazu gehören die Interessenproblematik für die Konstitution von

Klassen und Schichten, die Idee notwendiger Zusammenhänge in der Geschichte (»der heutige Tag ist ein Resultat des gestrigen«), der Zusammenhang von geistiger Bildung und Staatsinstitutionen, das Problem der Realpolitik (das Verhältnis von intellektuellem Kritiker und Volkstribun), die Reife Deutschlands für republikanische Forderungen und die Einsicht in die wachsende Rolle der Volksmassen. »Überhaupt«, schreibt Heine, »scheint die Weltperiode vorbei zu sein, wo die Thaten der Einzelnen hervorragen; die Völker, die Parteien, die Massen selber sind die Helden der neuern Zeit« (E 5,146).

Bahnbrechend war Heine in der Kritik der Romantischen Schule. Die Romantik, und zwar nicht bloß oder auch nur primär als literarische Romantik, sondern als eine Bewußtseinsform, die sich im echt Hegelschen Verständnis in allen Sphären des Geistes ausprägte, war der eigentliche Antipode der demokratischen Bewegung im deutschen Vormärz. Genau in diesem Sinne wird sie von Heine als erstem angegriffen. Obwohl er die Romantik etwas einseitig an die gesellschaftliche Bewegung im Zusammenhang des entstehenden nationalen Befreiungskampfes gegen Napoleon bindet, sie nicht auch als Reaktion auf den »Verlust der heroischen Illusionen« (Marx) begreift und sie folglich mehr als feudale Ideologie denn als das erste bürgerliche Krisenbewußtsein[5] versteht, ist doch die weltanschaulich-politische Stoßrichtung zutreffend und von einer Art, die vieles von der späteren Polemik (Ruge, ›Hallische Jahrbücher‹, Prutz, Hettner) schon enthält. Womöglich ist sie sogar noch überzeugender, weil Heines Kritik etwas von Unmittelbarkeit an sich hat, er zu differenzieren versteht und als Poet hinsichtlich der Literatur auch Positives zu würdigen vermag. Das abschließende Urteil wird dadurch aber nicht beeinträchtigt und ist von einer Schärfe, die späteren Wertungen in nichts nachsteht.

Neue Ideen enthält die *Romantische Schule* auch in spezifisch philosophischer Hinsicht. Noch 1844 z. B. fordert Marx Feuerbach auf, sich mit Schelling auseinanderzusetzen, weil zu dieser Zeit klar geworden war, daß Schelling der eigentliche Kopf und wohl auch der geistreichste Vertreter der ganzen Richtung ist. Heine sieht diesen Sachverhalt schon in der Mitte der dreißiger Jahre, wenn es bei ihm heißt: »Jedenfalls verdient dieser Mann unsere größte Aufmerksamkeit« (E 5,293). Das zweite Beispiel betrifft eine Überlegung, die auf die Interessengebundenheit bestimmter Bewußtseinsformen zielt und die sich wie eine Vorwegnahme Feuerbachscher Grundprinzipien ausnimmt. Er stellt die Frage: »Oder entspricht das Aufkommen gewisser Ideen nur den momentanen Bedürfnissen der Menschen? Suchen sie immer die Ideen, womit sie ihre jedesmaligen Wünsche legitimieren können? In der That, die Menschen sind in ihrem innersten Wesen nach lauter Doktrinäre; sie wissen immer eine Doktrin zu finden, die alle ihre Entsagungen oder Begehrnisse justifiziert.« (E 5,326f.)

Das Wichtigste aber haben wir im Grundgedanken der Philosophie-Schrift zu sehen. Heine proklamiert vor Strauß, Bruno Bauer und Feuerbach das Ende der christlichen Religion und meint beweisen zu können, daß sich die philosophische Entwicklung seit Beginn der Neuzeit als ein einzigartiger Prozeß der *theoretischen* Überwindung christlicher Glaubensvorstellungen darstellt, die wiederum eine Umwälzung der Moral und ein anderes Verhältnis zur Praxis im Gefolge haben muß.

Freilich bedeutet dieses Erstgeburtsrecht auf bestimmte Ideen nicht die de facto sachliche Abhängigkeit der später Gekommenen. Daß solche Abhängigkeiten bestehen, ist nicht zu bestreiten, und die intensive Heine-Forschung in den vergangenen drei Jahrzehnten hat viel Material beigebracht, das im Hinblick auf Rezeption und wirkungsgeschichtliche Aspekte neue Einblicke eröffnet. Trotzdem darf der unmittelbare Einfluß nicht überschätzt werden, insbesondere wenn es um die Philosophie geht.[6] Gegen einen solchen Einfluß spricht nicht nur die verbreitete Verständnislosigkeit, die auf Grund verschiedener Gesichtspunkte Heine entgegengebracht wird: angebliche »Frivolität«, gespreizte Subjektivität, schwankende Haltung, das Bekenntnis zur konstitutionellen Monarchie, Napoleon-Bild, die geforderte Allianz zwischen Deutschen und Franzosen, die Auffassung vom Wesen des Christentums und das vorauseilende Bewußtsein im Hinblick auf die Priorität der »sozialen Frage«. Entscheidend ist, daß die geistige Entwicklung in der Strömung, der Heine am engsten verbunden ist, nämlich der linken Hegelschule, über eigenständige und von Heines Auffassungen erheblich abweichende Problem- und Gedankenketten verläuft.

Wenn dem so ist, dann scheint es notwendig, Heine als philosophischen Denker eine selbständige Rolle zuzuerkennen und nach dem Zusammenhang der von ihm vertretenen Positionen zu fragen. Diese Auffassung setzt natürlich voraus, daß man Heine als einen solchen Denker akzeptiert. Gerade dies ist aber bis in die Gegenwart hinein offenkundig umstritten. Daß man Heines Namen in den einschlägigen Philosophiegeschichten und Lexika vergebens sucht, bedarf keines Beweises. So hat selbst ein Historiker wie Erdmann, der aus der Vormärzzeit auch die unbedeutendste Schrift kannte und im Rahmen der diskutierten Gegenstände zu würdigen verstand, Heine in seiner Arbeit *Die deutsche Philosophie seit Hegels Tode* nur einmal, und zwar kurz in bezug auf die Religionsfrage erwähnt. Auch die namhaften Philosophen haben ihm in ihren geschichtlichen Reflexionen kaum Beachtung geschenkt, selbstverständlich abgesehen von Nietzsche, der ihn im Gegenteil unter die wenigen für Europa »mitzählenden« Geister aufnahm und sicher auch wußte warum.[7] In der neueren Zeit hat sich im Zuge der Heine-Forschung und einer allgemeinen Aufwertung des Dichters in dieser Hinsicht manches geändert; es sind auch zahlreiche Beiträge zum Problem Heine und die Philosophie erschienen, dennoch ist eine Unsicherheit geblieben. Das zeigt sich schon daran, daß es noch immer vorwiegend Literaturwissenschaftler sind, die sich um Heines Philosophie bemühen müssen. Die gestellte Frage wird dabei nach wie vor unterschiedlich beantwortet. So hat sich z. B. Wolfgang Wieland in seinem Beitrag *Heinrich Heine und die Philosophie* (1963)[8] im positiven Sinne für Heine als philosophischen Denker ausgesprochen. Er ging zwar auch davon aus, daß Heine »im eigentlichen Sinne« kein Philosoph sei, da er kaum einen Gedanken in seine Konsequenzen zu entfalten vermocht habe. Andererseits versuchte er ihn über die Unterscheidung von Schulphilosophie und Denkern, die die eigentlichen, die Zeit bewegenden Fragen behandeln, die gebührende Anerkennung zu verschaffen. In diesem Sinne wagte er sogar den Versuch, Heine in eine Reihe mit Marx, Kierkegaard und Nietzsche zu stellen. Eigenwillig war die Ansicht Wolfgang Harichs. In seinem Aufsatz *Heinrich Heine und das Schulgeheimnis der deutschen Philosophie* (1956)[9] hatte er m. E. Heines Beitrag zur Philosophie recht überzeugend dargestellt. Dennoch heißt es bei ihm: »Freilich ist Heine kein Philosoph gewesen«, soll mit dem Begriff der Philosophie nicht allzu verschwenderisch umgegangen werden. Ganz anders wiederum Dolf Sternberger. Nach ihm ist Heine nicht nur kein konsequenter, sondern überhaupt kein Denker.[10]

Die Antwort auf die gestellte Frage hängt in der Tat davon ab, was man unter Philosophie versteht. Ist darunter nur ein *systematisch* entfaltetes Wissen von der Welt und der Stellung des Menschen in ihr gedacht, dann kann man Heine nicht für die Philosophie beanspruchen. Bei dieser Auffassung dürfte aber so manches aus der Geschichte der Philosophie herausfallen. Gilt demgegenüber auch als Philosophie, wenn ein Denker – in welcher Form auch immer – tiefblickend zu den Grundproblemen eines ganzen Zeitalters Stellung nimmt, dann ist Heine ein der philosophischen Tradition verbundener, kenntnisreicher, origineller Geist, dessen Gesamtwerk sich als durch und durch mit Philosophie gesättigt darstellt.

Das Problem ist: Worin besteht die übergreifende Idee? In der Vorrede zur zweiten Auflage des *Buches der Lieder* (1837) schrieb Heine: »meine poetischen, eben so gut wie meine politischen, theologischen und philosophischen Schriften [sind] einem und demselben Gedanken entsprossen« (E 1,497). Dieser Gedanke ist die politische und soziale Emanzipation des Menschen, insbesondere die Herstellung seiner Ganzheitlichkeit über eine Vereinigung von Geist und Natur. Von diesem Gedanken aus führt er den Kampf gegen die politisch unfreien feudalabsolutistischen Zustände ebenso wie gegen den in der industriellen Gesellschaft neu entstehenden Gegensatz von arm und reich. Da Heine erkennt, und das ist ein echtes Erbstück der Hegelschen Philosophie, daß die politischen und sozialen Lebensformen einer Gesellschaft untrennbar mit bestimmten Bewußtseinsformen verbunden sind, betrachtet er das Christentum als diesem Gedanken entgegenstehend und als das Grundübel der Zeit.

In der *Romantischen Schule* – in der Philosophie-Schrift ist die Ausgangsüberlegung die gleiche – heißt es dazu, nachdem er deutlich gemacht hat, daß er von der christkatholischen Religion handelt:

Ich spreche von jener Religion, in deren ersten Dogmen eine Verdammnis alles Fleisches enthalten ist, und die dem Geiste nicht bloß eine Obermacht über das Fleisch zugesteht, sondern auch dieses abtöten will, um den Geist zu verherrlichen; ich spreche von jener Religion, durch deren unnatürliche Aufgabe ganz eigentlich die Sünde und die Hypokrisie in die Welt gekommen, indem eben durch die Verdammnis des Fleisches die unschuldigsten Sinnenfreuden eine Sünde geworden und durch die Unmöglichkeit ganz Geist zu sein, die Hypokrisie sich ausbilden mußte; ich spreche von jener Religion, die ebenfalls durch die Lehre von der Verwerflichkeit aller irdischen Güter, von der auferlegten Hundedemut und Engelsgeduld die erprobteste Stütze des Despotismus geworden. Die Menschen haben jetzt das Wesen dieser Religion erkannt, sie lassen sich nicht mehr mit Anweisungen auf den Himmel abspeisen, sie wissen, daß auch die Materie ihr Gutes hat und nicht ganz des Teufels ist, und sie vindizieren jetzt die Genüsse der Erde, dieses schönen Gottesgartens, unseres unveräußerlichen Erbteils. Eben weil wir alle Konsequenzen jenes absoluten Spiritualismus jetzt so ganz begreifen, dürfen wir auch glauben, daß die christkatholische Weltansicht ihre Endschaft erreicht. Denn jede Zeit ist eine Sphinx, die sich in den Abgrund stürzt, sobald man ihr Rätsel gelöst hat. (E 5,217f.)

In der Philosophie-Schrift wird dieser Grundgedanke zu einer zusammenhängenden philosophisch-weltanschaulichen Konzeption entwickelt. Heine geht nicht unhistorisch vor und betrachtet das Christentum als eine geschichtlich notwendige Erscheinung. Hervorgegangen aus dem Zerfall des Römischen Reiches, und zwar als eine »heilsame Reaktion gegen den grauenhaft kolossalen Materialismus« (E 5,218), der innerhalb einer zerrütteten Sittlichkeit das geistige Antlitz im Menschen zu vernichten drohte, hat das Christentum in den achtzehn Jahrhunderten seiner Geschichte eine große zivilisatorische Mission erfüllt. Heine spricht von der Zähmung der nordischen Völker, der Völkerverbindung durch gleiche Sprache und Gefühl, den unvergänglichen Werten der christlichen Kunst und Architektur. Dies alles wäre aber noch unbedeutend im Vergleich mit der »großen Tröstung«, die es durch sich gewährt hat: »Ewiger Ruhm gebührt dem Symbol jenes leidenden Gottes, des Heilands mit der Dornenkrone, des gekreuzigten Christus, dessen Blut gleichsam der lindernde Balsam war, der in die Wunden der Menschheit herabrann« (E 4,171). Allgemein war Heine der Meinung, wie er sie gegenüber Heinrich Laube in dem Brief vom 10. Juli 1833 vertrat: Die spiritualistische Religion war notwendig, solange der größte Teil der Menschen im Elend lebte, sie sei aber überholt, seitdem es durch die Fortschritte der Industrie und der Ökonomie möglich geworden, die Menschen aus diesen Verhältnissen herauszuziehen.

In diesem Zusammenhang berührt Heine auch jenen Punkt, der die Spezifik seiner Auffassung vom Wesen des Christentums betrifft und der schon von kritisch eingestellten Zeitgenossen als problematisch empfunden wurde. Gemeint ist die Ansicht, daß der »absolute Spiritualismus« nicht ein Moment, ein zeitweilig übersteigerter Zug am Christentum, sondern, wie er mehrfach betont, die »eigentliche Idee« desselben sei. Als Eduard Gans bei den Saint-Simonisten mit dieser Ansicht konfrontiert wurde, reagierte er unmittelbar ablehnend und bezeichnete eine solche Auffassung als verfehlt. Was dem Christentum der Geist, wäre immer in die Welt gegangen, habe sie durchdrungen und nach seinem Muster gebildet:

Wenn nach achtzehn Jahrhunderten die unfreien Zustände allmählich schwinden, die Emanzipationen aller Unterdrückten ausgesprochen werden und der Mensch sich nur in dem Ausdrucke wahrhafter Innerlichkeit gefällt, so ist dieses eben die Verweltlichung des Christentums, das freilich vieler Jahrhunderte bedurfte, um das Tägliche zu erschaffen.[11]

Auch Strauß verhielt sich kritisch. Nach Lektüre der *Romantischen Schule* schrieb er an Vischer, daß er viel von diesem Buche halte: »Man bekommt die Leute doch immer vor's Gesicht, von denen er spricht, und auch wo es ihnen fehlt, trifft er meistens.« Aber: »Die fixen Ideen von Christenthum [...] sind freilich Unsinn.«[12] Heine, der auf Grund seiner philosophischen und religionsgeschichtlichen Studien zweifellos die vielfältigen ideologischen Konstruktionen in der abendländischen Philosophie und Theologie über das Verhältnis Gott und Welt, Geist und Natur, Seele und Leib kannte, ließ sich dadurch nicht beeindrucken. Für das gemeinte Problem hatte er seine eigene Lösung: Da die christliche Weltansicht der Natur des Menschen zuwider ist, war sie im Leben niemals ganz ausführbar, gab es fortlaufende »sensuale Emeuten«, gab es das Konkordat der katholischen Kirche mit den Ansprüchen der Sinnlichkeit, gab es die zunehmenden »Zugeständnisse« an den Sensualismus, der die Rechte der Materie gegen die Ursurpation des Geistes zu verteidigen suchte. In diesem Sinne spricht Heine vom Ablaßhandel, von Thomas Müntzer, vom Bauernkrieg und von Erscheinungen der Sinnenfreudigkeit im Gefolge der Reformation.

War das Christentum derart gezwungen, immer wieder Zugeständnisse an das sensualistische Prinzip zu machen, so stellt sich andererseits die gesamte neuzeitliche Philosophie als eine folgerichtig fortschreitende Kritik an der christlichen Religion dar, in deren Verlauf ihre Glaubensvorstellungen theoretisch überwunden wurden. »Die Philosophie«, schreibt Heine noch zehn Jahre nach der Philosophie-Schrift, »hat in Deutschland gegen das Christenthum denselben Krieg geführt, den sie einst in der griechischen Welt gegen die ältere Mythologie geführt hat, und sie erfocht hier wieder den Sieg. In der Theorie ist die heutige Religion eben so aufs

Haupt geschlagen, sie ist in der Idee getödtet, und sie lebt nur noch ein mechanisches Leben«.[13] Diese Auffassung prägt die Arbeit *Zur Geschichte der Religion und Philosophie in Deutschland,* und sie ist auch sein origineller und bedeutendster Beitrag zur Philosophie.

Es ist für den vorliegenden Zweck nicht erforderlich, die Stationen dieser Kritik nachzuzeichnen: Luther als Schöpfer der Geistesfreiheit, die Begründung autonomer Philosophie durch Descartes, Spinozas Pantheismus, die Religionskritik der deutschen Aufklärung mit der Herausnahme allen historischen Inhaltes aus dem Christentum, Lessings Kritik am »starren Wortdienst« der Bibel, Kants Überwindung rationaler Theologie und aller Metaphysik, Fichtes Auffassung von Gott als bloßer moralischer Weltordnung, der verborgene Pantheismus im Schelling-Hegelschen Systemgedanken. Hervorzuheben sind jedoch einige zentrale Gesichtspunkte, die Resultate bzw. Heines Schlußfolgerungen betreffen:

1. Trotz der populären Darstellung, der nicht erschöpfenden Behandlung einzelner Denker und Richtungen sowie verschiedener Unzulänglichkeiten gibt Heine eine die Sache selbst ergreifende Darstellung und sieht im Hinblick auf die Grundtendenz des analysierten geistigen Prozesses völlig richtig. Auch in bezug auf die einzelnen Denker, die Großen wie auch erstaunlicherweise die Zweitrangigen, weiß Heine Wesentliches und in vielen Fällen das Entscheidende zu sagen; auch eine gelehrte Darstellung wird dies nicht korrigieren können. In dieser Hinsicht ist Heine von Einsichtigen auch unmittelbar verstanden worden. Vischer kritisiert Heine 1838 in den ›Hallischen Jahrbüchern‹ wegen »perfider Ironie«, fügt aber sogleich hinzu: »Unter perfider Ironie verstehe ich nicht, was Heine z. B. im zweiten Theile seines Salon über die Tendenz des modernen Geistes, insbesondere der deutschen Philosophie, Tiefblickendes gesagt hat.«[14] Strauß äußert sich ähnlich, dabei einen speziellen Punkt würdigend. Er schreibt an Vischer: »Ueber den 2. Theil des Salon, namentlich was er von Kant sagt, denke ich ebenso.«[15]

2. Nach Heine führt diese Kritik nicht zwangsläufig zu Materialismus und Atheismus (die als Bundesgenossen durchaus brauchbar sind), wohl aber zur Weltanschauung des Pantheismus, zu der er sich bekennt und über die er sich mit dem von ihm am meisten geschätzten Philosophen Spinoza, aber auch mit Lessing, Herder

und Goethe, verbunden fühlt. Der Pantheismus ist nicht nur die Religion »unserer größten Denker, unserer besten Künstler«, er ist die »verborgene Religion Deutschlands« (E 4,224) überhaupt. Der Revolution wird er nicht weniger dienlich sein, als es der Materialismus für die Revolution in Frankreich gewesen ist.

3. Heine setzt den Pantheismus zur philosophischen Rechtfertigung seines sensualistischen Prinzips ein. Die Überlegung ist schlicht und einfach. Sind Gott und Welt identisch, ist die Welt entgegen dem Bilde Augustins, das Heine auch bemüht, nicht bloß »gottgetränkt, gottgeschwängert«, sondern eins mit Gott, dann ist die Natur geheiligt, wird der Mensch gehoben und muß sein materielles Elend wie jede Form seiner Unterdrückung als eine »Beleidigung« Gottes erscheinen. Heine geht noch weiter. Da Pantheismus für ihn nicht heißt, Gott in allen Dingen gleichzusetzen, betrachtet er die Menschenwelt und ihre Geschichte als die hauptsächliche Manifestation Gottes, jenes Ortes, an dem in Aufnahme eines der zentralen Gedanken Hegels, Gott das Bewußtsein seiner selbst erlangt. Heine schreibt, und diese Passage ist nicht nur eine der bemerkenswertesten, sondern in Geist und Buchstaben gleichlautend mit dem, was Strauß in der Schlußbetrachtung zum *Leben Jesu* entwickelt und etwas später in den *Zwei friedlichen Blättern* näher ausführt:

Gott ist identisch mit der Welt. Er manifestiert sich in den Pflanzen, die ohne Bewußtsein ein kosmisch-magnetisches Leben führen. Er manifestiert sich in den Tieren, die in ihrem sinnlichen Traumleben eine mehr oder minder dumpfe Existenz empfinden. Aber am herrlichsten manifestiert er sich in dem Menschen, der zugleich fühlt und denkt, der sich selbst individuell zu unterscheiden weiß von der objektiven Natur und schon in seiner Vernunft die Ideen trägt, die sich ihm in der Erscheinungswelt kundgeben. Im Menschen kommt die Gottheit zum Selbstbewußtsein, und solches Selbstbewußtsein offenbart sie wieder durch den Menschen. Aber dies geschieht nicht in dem einzelnen und durch den einzelnen Menschen, sondern in und durch die Gesamtheit der Menschen: so daß jeder Mensch nur einen Teil des Gottweltalls auffaßt und darstellt, alle Menschen zusammen aber das ganze Gottweltall in der Idee und in der Realität auffassen und darstellen werden. Jedes Volk hat vielleicht die Sendung, einen bestimmten Teil jenes Gottweltalls zu erkennen und kundzugeben, eine Reihe von Erscheinungen zu begreifen und eine Reihe von Ideen zur Erscheinung zu bringen, und das Resultat den nachfolgenden Völkern, denen eine ähnliche Sendung obliegt, zu überliefern. Gott ist daher der eigentliche Held der Weltgeschichte, diese ist sein beständiges Denken, sein beständiges Han-

deln, sein Wort, seine That; und von der ganzen Menschheit kann man mit
Recht sagen, sie ist eine Inkarnation Gottes! (E 4,222f.)

4. Heine erkennt, daß das Ende der christlichen Religion die Stellung des Menschen in der Welt und das Verhältnis zur Praxis fun-
damental verändern muß. Als er 1844 auf die Philosophie-Schrift
zurückblickte, brachte er das Problem auf eine einfache Formel:
»Mit dem Umsturz der alten Glaubensdoktrinen ist auch die ältere
Moral entwurzelt. […] Die Vernichtung des Glaubens an den
Himmel hat nicht bloß eine moralische, sondern auch eine politische Wichtigkeit: die Massen tragen nicht mehr mit christlicher
Geduld ihr irdisches Elend, und lechzen nach Glückseligkeit auf
Erden.«[16] Heine fügt hinzu: Auch der »Kommunismus ist eine natürliche Folge dieser veränderten Weltanschauung, und er verbreitet sich über ganz Deutschland.«[17] In der Philosophie-Schrift ist
die Überlegung im Grunde die gleiche: Wenn die deutsche Philosophie, zumindest als esoterische Lehre, die alten Glaubensvorstellungen auflöst, den Pantheismus auf den Thron hebt, damit die
Gottesrechte des Menschen vindiziert, dann ist es unvermeidlich,
daß die Menschen diese Rechte auch einklagen werden. Es ist nur
»natürlich, daß wir jetzt zur Politik übergehen« (E 7,282), heißt es
in der *Einleitung* zu *Kahldorf über den Adel,* nachdem wir in der
Philosophie den großen Kreislauf glücklich beschlossen. Da Heine
davon ausgeht, daß die geistige Revolution in Deutschland ihr ter-
roristisches »Zerstörungswerk« besonders gründlich ausgeführt,
glaubt er vorauszusehen, auch in der Praxis werde ein Stück aufgeführt werden, »wogegen die französische Revolution nur wie eine
harmlose Idylle erscheinen möchte« (E 4,294).

Heine stützt sich hierbei auf eine Auffassung zum Verhältnis
von Theorie und Praxis, die er nicht einfach von Hegel übernehmen konnte. Da er die spätere Diskussion in der Hegelschule über
Hegels Auffassung der Stellung der Philosophie zur Wirklichkeit
(nämlich »Eule der Minerva« oder »revolutionäres Prinzip« zu
sein oder/und in welchem Sinne beides) nicht kannte, ist seine Ansicht auch hier originell, wenn freilich – worauf Stuke schon in den
sechziger Jahren in seinem Buch *Philosophie der Tat* hinwies – beeinflußt durch das geschichtliche Vorbild der Französischen Revolution mit der vorausgegangenen Aufklärung sowie durch die
Lehre Saint-Simons. Nach dieser gibt es ein Abhängigkeitsverhält-
nis zwischen der ökonomischen, sozialen, politischen und geisti-

gen Sphäre der Gesellschaft, wobei das Primat der letzteren zukommt und allen großen gesellschaftlichen Umwälzungen in der Menschheitsgeschichte eine »philosophische Revolution« vorausgeht. Heine denkt genau in diesem Sinne. Die Philosophie geht immer der Praxis voraus, sie ist eine die Praxis begründende und fordernde Theorie. »Der Gedanke geht der That voraus wie der Blitz dem Donner« (E 4,294). »Der Gedanke, den wir gedacht, [...] läßt uns keine Ruhe, bis wir ihm seinen Leib gegeben, bis wir ihn zur sinnlichen Erscheinung gefördert. Der Gedanke will That, das Wort will Fleisch werden. [...] Die Welt ist die Signatur des Wortes« (E 4,248).

Interessant sind in diesem Zusammenhang zwei spezielle Betrachtungen. Einmal stellt Heine die Frage, ob und inwiefern der Pantheismus eine revolutionäre Theorie sein könne. Er reflektiert über Goethe und muß »Indifferentismus« konstatieren. Heine meint jedoch, dieser sei nicht zwangsläufig. »Es ist eine irrige Meinung, daß diese Religion, der Pantheismus, die Menschen zum Indifferentismus führe. Im Gegenteil, das Bewußtsein seiner Göttlichkeit wird den Menschen auch zur Kundgebung derselben begeistern, und jetzt erst werden die wahren Großthaten des wahren Heroentums diese Erde verherrlichen« (E 4,223). Der andere Gedanke betrifft die Zielvorstellung, das Programm. Es ist unabweisbar: wer zum Handeln aufruft, braucht das Ziel, das Programm. Für Heine, wie übrigens für alle Vormärzdemokraten, ist charakteristisch, daß hier auch nicht eine Spur von Unsicherheit besteht. Während Nietzsche nur wenige Jahrzehnte später die »Nachricht« vom Tode Gottes zum Ausgangspunkt nimmt, um die inzwischen fragwürdig gewordene Sinngebung für die ganze europäische Zivilisation in den Mittelpunkt seiner Philosophie zu rücken, formuliert Heine völlig ungebrochen: »Wir wollen keine Sanskülotten sein, keine frugale Bürger, keine wohlfeile Präsidenten: wir stiften eine Demokratie gleichherrlicher, gleichheiliger, gleichbeseligter Götter« (E 4,223).

Nimmt man all die charakterisierten Anschauungen, auch mit ihren Eigentümlichkeiten und Modifikationen, zusammen, also das politische und soziale Anliegen, die Gegnerschaft zur Romantik, die These vom Ende des christlichen Zeitalters, die Kritik der Religion, die Auffassung vom revolutionären Gehalt der klassischen deutschen Philosophie, die mit Strauß völlig übereinstimmende Aufnahme und Umbildung der Hegelschen Geschichtsphilosophie, die Ansichten über das Verhältnis von Theorie und Praxis und nicht zuletzt die Feuerbach so analoge Frage nach dem gegenständlichen, sinnlichen, dem ganzen Menschen – dann gibt es gute Gründe, Heine nicht nur als den »zweifellos gewichtigsten und interessantesten Vorläufer des eigentlichen Linkshegelianismus«[18] anzusehen, sondern ihn dieser Schule auch zuzuordnen. Hierbei kann man sich weiter darauf berufen: Die *Briefe über Deutschland* von 1844 haben im ganzen nur den Sinn, daß Heine sich selber dieser Bewegung als zugehörig betrachtet und an seinen theoretischen Beitrag erinnert. Ebenso spricht für diese Auffassung, wenn sich der späte Heine ausdrücklich vom Hegelschen Pantheismus als seiner früheren Ansicht distanziert.

Soweit die genannten Anschauungen in Betracht kommen, ist Heine tatsächlich nicht nur als ein Vorläufer des Linkshegelianismus, sondern auf Grund der übereinstimmenden Gedanken auch als einer seiner Vertreter zu betrachten. Dennoch ergibt sich damit ein Problem. Es besteht darin, daß für die Hegelsche Linke, die nur als ein geistiger Entwicklungsprozeß zu verstehen ist, auf ihrem Höhepunkt, also in den Jahren 1841-43, etwas *konstitutiv* wird, für das es in Heines Gesamtwerk keinen Ansatz gibt.

Es geht um Heines Verhältnis zu Hegel in seiner Komplexität. Ich meine damit nicht etwa den rationalen Kern einer Ansicht, wie sie Dolf Sternberger vertrat, nach dem es mit Hegels Einfluß auf Heine nicht weit her sei und Heine angeblich sich nur dort mit Hegel auseinandersetze, wo er, wie in den *Geständnissen,* von ihm abrücke. Diese Ansicht ist merkwürdig, denn hätte Heine, einmal abgesehen von vielem anderen, nur den einen zitierten Satz bejahend niedergeschrieben: Gott weiß sich nur im Menschen, dann müßte man ihn zu Hegel in Beziehung setzen und wohl auch etwas Verständnis für Philosophie zubilligen. Auch ist damit nicht gemeint, was ernster zu nehmenden Interpreten in der Heine-Forschung frühzeitig auffiel: Enthüllt Heine wirklich das Schulgeheimnis der deutschen Philosophie *in bezug auf Hegel,* wenn er in der Philosophie-Schrift gerade über diesen Philosophen mit wenigen Sätzen hinweggeht, jedenfalls nicht demonstriert, warum Hegel den »großen Kreis unserer philosophischen Revolution geschlossen«? Diese Auffassung hat etwas Bedenkenswertes, ist aber trotzdem irrig. Denn dem aufmerksamen Leser kann nicht entgehen, daß Heine, wie knapp auch immer, doch sagt, was er aus Hegel Wesentliches herausliest: seinen Pantheismus.

Und hier liegt das unterschiedliche Merkmal. Die Hegelsche Linke hat in ihrer Entwicklung die pantheistische Phase allgemein durchlaufen. Ihre Vertreter gewannen jedoch in einer intensiveren Auseinandersetzung der Hegelschen Philosophie fortschreitend noch andere, grundlegendere Seiten ab und entwickelten das für sie eigentümliche Bild von der Größe und Bedeutung Hegels. Marx hat es in den *Ökonomisch-Philosophischen Manuskripten* auf die oft bemühte Formel gebracht, damit jedoch keineswegs nur seine Auffassung ausdrückend: Das Große an der Hegelschen Phänomenologie des Geistes und ihrem Endresultat sei, daß Hegel die Selbsterzeugung des Menschen als einen Prozeß faßte, als einen Prozeß der Entäußerung, Vergegenständlichung und Wiederaneignung der Vergegenständlichung, daß er »also das Wesen der *Arbeit* faßt und den gegenständlichen Menschen, wahren, weil wirklichen Menschen, als Resultat seiner *eignen Arbeit* begreift«.[19] Ein Verständnis für diese Sichtweise läßt sich m. E. bei Heine nirgends nachweisen. Für die linken Hegelianer aber war sie im Gegenteil das Gerüst ihrer Geschichtsphilosophie. War die Arbeit, die Tätigkeit die zentrale Kategorie, dann war für die Geschichte fundamental zwischen lebendiger und vergegenständlichter Arbeit zu unterscheiden. Es mußten die verschiedenen Tätigkeitsformen der Menschen und ihre Objektivationen in das Blickfeld treten. Man mußte davon ausgehen, daß sich die Vergegenständlichungen verselbständigen, ein Eigenleben führen, unter bestimmten Umständen zu Mächten über den Menschen werden, sich also als »Entfremdungen« darstellen. Schließlich mußte dieser Denkansatz dazu treiben, die sich aufdrängenden Zusammenhänge und Abhängigkeiten zwischen den verschiedenen Entfremdungserscheinungen zu untersuchen, wobei die Meinungen nur noch über den Charakter der Arbeit (geistige oder auch materiell-gegenständliche) und über das eigentlich Bedingende in diesem Gefüge auseinandergingen. Jedenfalls war diese Konzeption durch die zugrunde liegende Reduktion des Hegelschen Weltgeistes auf den Menschengeist prinzipiell atheistisch und mit keiner Form des Pantheismus mehr vereinbar.

Da Heine diese theoretische Konzeption nicht mittrug und der im deutschen Idealismus entwickelten »tätigen Seite« keine Bedeutung abzugewinnen vermochte[20], hat es wenig Sinn, Heine für diese Periode mit den linken Hegelianern in Verbindung zu bringen. Daran ändert auch nichts, daß er zu dieser Zeit persönlich mit

Marx, Ruge und Herwegh verkehrte, seine revolutionärsten Positionen entwickelte und Ansichten äußerte, die kaum anders als atheistisch interpretiert werden können.[21] Aus diesem Grunde neigen wir auch dazu, bei Heine stärker den eigenständigen Denker zu betonen, analog in dem Sinne, wie dies auch im Hinblick auf Cieskowski, Heß oder Vertreter des Hegelschen Zentrums getan werden muß, die manches mit der Hegelschen Linken gemeinsam haben, sich von ihr aber durch bestimmte Anschauungen unterscheiden.

Heine bleibt also Pantheist, bis ihm diese Überzeugung 1848 auf seine eigene Weise fragwürdig wird. Für das Thema Heine als Philosoph ist natürlich entscheidend: Welches sind die philosophisch relevanten Überlegungen, die ihn zur Revision seiner Ansichten führen? Im Nachwort zum *Romanzero* hatte Heine betont, daß er sich in der Politik keiner Fortschritte rühmen könne und bei den »demokratischen Prinzipien« geblieben sei, denen er seit seiner Jugend huldige. Heine hielt daran auch in den folgenden Jahren fest, und es ist nur erstaunlich, daß ihn weder das Leiden in der Matratzengruft noch die umgebenden gesellschaftlichen Verhältnisse, die sich als die finstersten und trostlosesten Jahre des neunzehnten Jahrhunderts darstellen, gebrochen haben. So ist sein letztes Wort, wie wir es in der Vorrede zur französischen Ausgabe der *Lutezia* finden, sogar das deutlichste, weil er hier auch keinen Zweifel darüber aufkommen läßt, welcher gesellschaftlichen Kraft bei allen Vorbehalten seine Sympathie gehört.

Demgegenüber finden aber im Hinblick auf die »große Gottesfrage« erhebliche Veränderungen statt. Drei Momente erscheinen dabei wesentlich: Heine kehrt zu einem persönlichen Gott zurück, der außerweltlich ist und dem die Attribute der Allgüte, Allweisheit und Allgerechtigkeit zukommen. Heine bekennt sich zur Bibel, insbesondere zum Alten Testament – und das ist für den Ernst seiner Wende von großer Bedeutung –, er preist die Sittlichkeit des alten Judentums, die Sozialprinzipien Moses und seines Sinns für das geschichtlich Mögliche. In diesem Zusammenhang wird auch betont, daß ein Reich des religiösen Gefühls, der Nächstenliebe, der Reinheit und wahren Sittlichkeit überhaupt nicht durch »dogmatische Begriffsformeln«, sondern nur durch »Bild und Beispiel« geschaffen werden könne. Schließlich distanziert sich Heine von der Philosophie-Schrift. Freilich nicht in dem Sinne, als ob es mit dem ausgeplauderten Schulgeheimnis nicht seine Richtigkeit gehabt hätte. Im Gegenteil, Heine behauptet jetzt, nicht nur der Pantheismus, sondern die »trostlose Negation« des Atheismus sei die letzte Konsequenz der deutschen Philosophie gewesen. Falsch und unbesonnen war nur die Annahme, die Kantsche Vernunftkritik und die »spinnwebsche Berliner Dialektik« hätten den Gott des Deismus zu Grunde gerichtet.

Die religiöse Wende des späten Heine ist bis in die Gegenwart Gegenstand unterschiedlicher Deutung geblieben, wobei vor allem die Frage der Ernsthaftigkeit, die der Natur der neuen Religiosität und die nach den Ursachen der Wende im Mittelpunkt stehen. Wilhelm Gössmann hat 1972 einmal versucht, anhand von Lukács, Sengle, Windfuhr, Ludwig Marcuse und Sternberger repräsentative Thesen zusammenzutragen[22]; gegenwärtig müßte man noch Hermann Lübbe hinzunehmen, der mit seinem Aufsatz *Heinrich Heine und die Religion nach der Aufklärung* eine charakteristische Position hinzugefügt hat. Die unterschiedlichen Standpunkte brauchen hier nicht noch einmal referiert zu werden. Zu betonen ist aber, daß m. E. in allen Deutungen die Wandlungen in den eigentlichen philosophischen Überzeugungen nicht die entsprechende Rolle spielen. Ein gutes Beispiel dafür ist neuerdings Hermann Lübbe. Er rückt ähnlich wie Sternberger die in der Matratzengruft ausgespielte Götterrolle des Menschen in den Mittelpunkt. Nach Lübbe ist die Religiosität des späten Heine paradigmatisch für die Religion nach der Aufklärung. Alle ihre Errungenschaften bleiben erhalten. Heine habe aber im Krankenlager erfahren müssen, daß es eine absolute »Verfügbarkeit« über die Bedingungen unseres Lebens und unseres Lebensglückes nicht gibt. »Der ebenso banale wie fundamentale Bestand, daß Menschen, individuell wie kollektiv, in bezug auf die Bedingungen ihrer Existenz nicht souverän sind«[23], wird deshalb zum Ausgangspunkt einer neuen Frömmigkeit: »Religion ist auch nach der Aufklärung nötige Lebenspraxis des angemessenen Verhaltens zum Unverfügbaren, und die Frömmigkeit dieser Religion ist die Frömmigkeit Heines.«[24] Diese These scheint plausibel, ist aber dennoch schief, weil sie den Gedanken assoziiert, als hätte Heine sich in seinem früheren Werk einer solchen unsinnigen Anmaßung im Hinblick auf ein absolut Verfügbares schuldig gemacht. Davon kann keine Rede sein, und Lübbe unternimmt auch nicht den Versuch, dies zu beweisen. Das gilt zugleich für die anderen mitangesprochenen »gottlosen Selbstgötter«. Denn faßt man auch den

höchsten Anspruch ihrer Bestrebungen ins Auge, die Entfremdung aufzuheben, d. h., um eine Wendung Edgar Bauers zu ge-
brauchen, eine Gesellschaft zu schaffen, die »weiß, was sie tut«[25],
dann mag man dies als utopisch bezeichnen, mit der »souveränen
Verfügbarkeit über die Bedingungen unserer Existenz« hat es aber
nichts zu tun.

Da sich für Lübbe die religiöse Wende Heines derart einfach erklärt, brauchen die eigentlichen Gegenstände der Philosophie des
späten Heine gar nicht mehr verhandelt zu werden. M. E. sind es
aber gerade die veränderten philosophischen Anschauungen, die
die Wende bedingen, weil sie sich in die pantheistische Weltsicht
nicht mehr einfügen lassen (Pantheismus dabei durchaus gefaßt
nicht bloß im Sinne der Lukácsschen »religiösen Überreste« oder
eines verschämten Atheismus bzw. Materialismus, sondern als
eine bedeutende Denkform der europäischen Philosophie, die von
Nikolaus von Kues über Giordano Bruno, Spinoza bis in den deutschen Idealismus reicht).

Welches sind die gewandelten Anschauungen, die verdeutlichen, daß Heine nicht nur die Existenz seiner persönlichen Misere
reflektiert, sondern für große Fragen der Philosophie offen ist?
Nimmt man die wichtigsten Schriften der Spätzeit zusammen, das
Nachwort zum *Romanzero*, die Vorrede zur zweiten Auflage der
Philosophie-Schrift, die *Geständnisse*, den Gedichtzyklus des *Romanzero* selbst, die Briefe seit 1848, dann treten drei Problemkom-
plexe hervor:

1. Heine stellt die Frage nach dem revolutionären Subjekt. Heine,
der auch früher eine klassenmäßige Bestimmung nicht vornahm,
sondern nur vom Volk im Bündnis mit den revolutionären Geistern
sprach, äußert sich nach den Erfahrungen der Revolutionen von
1848 skeptisch über die revolutionäre Potenz der Massen. Die Aussage in den *Geständnissen* ist unzweideutig: Die Emanzipation des
Volkes, schreibt er, war die große Aufgabe unseres Lebens. Diese
Aufgabe und die Sympathie mit dem Volk sollte aber nicht dazu
führen, daß man seine Möglichkeiten überschätzt. Das Volk ist so,
wie es durch die Geschichte geformt wird. In seiner gegenwärtigen
Verfassung ist es weder schön, gut noch intelligent, sondern das
Gegenteil von alldem. Heine meint sogar, daß es denjenigen hasse,
der in der Sprache der Vernunft mit ihm sprechen wolle.

2. Der Verlauf und die Ergebnisse der Revolutionen von 1848
führen Heine dazu, Hand an eines der wesentlichen Merkmale der

für ihn wichtigen Hegelschen Geschichtsphilosophie zu legen: Heine zweifelt an der Vernunft in der Geschichte. Wie bei allen philosophischen Erörterungen des späten Heine, hat ihn auch dieses Thema schon früher beschäftigt. Es sei nur erinnert an die Schilderungen in den *Französischen Zuständen* über das Verhalten der Menschen während der Cholera-Epidemie in Paris. Nach 1848 wird daraus ein deutlich formulierter Standpunkt. Schon in den Artikeln über die Februarrevolution stellt Heine die Frage: »Werden die Angelegenheiten dieser Welt wirklich gelenkt von einem vernünftigen Gedanken, von der denkenden Vernunft? Oder regiert sie nur ein lachender Gamin, der Gott-Zufall?« (E 7,383 f.) Wenige Monate später heißt es in einem Brief an Campe: »Ueber die Zeitereignisse sage ich nichts; das ist Universalanarchie, Weltkuddelmuddel, sichtbar gewordener Gotteswahnsinn!«[26] In den *Geständnissen* schließlich führt Heine seine religiöse Wandlung geradezu auf die in der Februarrevolution ihm bewußt gewordene Unvernunft in der Geschichte zurück. In jenen tollen Tagen sei die Weisheit der Klügsten zuschanden gemacht, seien die Auserwählten des Blödsinns auf den Schild gehoben worden. Und dann echt heinisch: »Wäre ich in dieser unsinnigen, auf den Kopf gestellten Zeit ein vernünftiger Mensch gewesen, so hätte ich gewiß durch jene Ereignisse meinen Verstand verloren, aber verrückt, wie ich damals war, mußte das Gegenteil geschehen, und sonderbar! just an den Tagen des allgemeinen Wahnsinns kam ich selber wieder zur Vernunft!« (E 6,49)

3. Heines philosophische Reflexionen werden noch grundsätzlicher, indem sie auch die Idee des Fortschritts problematisieren und die Frage stellen, ob das Weltgeschehen nicht ein sinnloser Kreislauf sei. Auch dieses Thema war ihm vertraut, wie man dem Fragment *Verschiedenartige Geschichtsauffassung* vom Anfang der dreißiger Jahre entnehmen kann. Damals gab er ohne Zweifel der Fortschrittsidee, wie er sie in der Humanitätsschule und in der deutschen Philosophie vorfand, den Vorzug, ohne ihr allerdings vorbehaltlos zuzustimmen. Daß er dem Gedanken eines ewigen Kreislaufs sogar etwas Positives abzugewinnen vermochte, bezeugt eine bedeutsame Passage, die sich als Variante zur *Reise von München nach Genua* findet und mit der er bis in die Formulierung hinein Nietzsches Begründung der Ewigen Wiederkunft vorwegnimmt.[27] Nach 1848 kehrt diese Thematik wieder – nun allerdings mit entgegengesetzten Vorzeichen. Der Zyklus *Roman-*

zero ist eine einzige Variation auf das Thema vom trostlosen Kreislauf des Weltgeschehens. Nicht Fortschritt ist die Gegebenheit, sondern Aufstieg, Fall und Niedergang. Nicht Vernunft und das Gute triumphieren, sondern Intrige, Gewalt und Verbrechen kehren immer wieder und bleiben zuletzt obenauf. Die Geschichte erscheint so als die Erfahrung dauernden Scheiterns. Wie in der Lyrik spricht sich Heine auch in der Prosa deutlich aus. Was in der zyklischen Geschichtsauffassung der dreißiger Jahre als deren charakteristischer Grundsatz galt, findet sich am Schluß der *Geständnisse* als Weisheit wieder: »Der blasierte König von Judäa sagte mit Recht: es gibt nichts Neues unter der Sonne« (E 6,74).

Es kann hier nicht darauf ankommen, Heines Anschauungen zu zensieren. Auch soll nicht gefragt werden, was nunmehr nach ihm die Maxime für das Handeln ist; daß Heine auch jetzt keinem »Indifferentismus« das Wort redet, würde ich bei aller vorhandenen tragischen Sicht auf die Geschichte allein der Vorrede zur französischen Ausgabe der *Lutezia* entnehmen. Zu betonen ist aber, daß sich Heine auch mit diesen Lehren als ein selbständiger Denker ausweist, der sich den großen Fragen immerwährender Philosophie stellt. Freilich, was Heine jetzt vertrat, war mit dem Pantheismus, wie er ihn verstand, nicht mehr zu vereinbaren. Von ihm mußte er sich daher trennen.

Anmerkungen

1 Heinrich Heine, *Historisch-kritische Gesamtausgabe der Werke*, hg. v. Manfred Windfuhr, Bd. VIII/2, Hamburg 1981, S. 554.
2 Zur Aufnahme von Heines Philosophie-Schrift vgl. den vorzüglichen Kommentar von Manfred Windfuhr in der Düsseldorfer Heineausgabe (Bd. VIII/2, S. 509-606). Zu Menzels Einschätzung vgl.: Heinrich Heine, *Sämtliche Werke*, hg. v. E. Elster, Leipzig und Wien 1893, Bd. 4, S. 150ff. (im folgenden zitiert mit Sigle E).
3 E 2,323.
4 Heinrich Heine, *Briefe*, hg. v. F. Hirth, Mainz 1950, Bd. 2, S. 40.
5 Heine sah allerdings den Zusammenhang zwischen der Romantik und der entstehenden bürgerlichen Gesellschaft mit ihrem »Geldglauben« und der Vorherrschaft materieller Interessen. Vgl. E 5,332f.
6 Von der Neigung zu einer solchen Überschätzung ist m. E. der Kom-

mentar zur Philosophie-Schrift in der Düsseldorfer Heineausgabe nicht ganz frei. Wenn z. B. Windfuhr meint, daß Engels' Einschätzung der Rolle der deutschen Philosophie in der Aufsatzfolge *Fortschritte der Sozialreform auf dem Kontinent* vom November 1843 (!) ohne den Vorgang Heines nicht zu erklären ist (a.a.O., S. 590), dann ist der in sich geschlossene theoretische Entwicklungsprozeß der Hegelschen Linken zwischen 1835 und 1843 völlig aus dem Blickfeld geraten.

7 Vgl. Hanna Spencer, *Heine and Nietzsche*, in: Heine-Jahrbuch 1972, Hamburg 1972, S. 126ff.

8 In: DVjs 37 (1963), S. 232ff.

9 In: Sinn und Form 8 (1956), H. 1, S. 27ff.

10 Dolf Sternberger, *Heinrich Heine und die Abschaffung der Sünde*, Hamburg und Düsseldorf 1972, S. 266.

11 Eduard Gans, *Rückblicke auf Personen und Zustände*, in: ders., *Philosophische Schriften*, hg. v. Horst Schröder, Berlin (Ost) 1971, S. 213f.

12 Strauß an Vischer vom 15. 3. 1838, in: David Friedrich Strauß, *Ausgewählte Briefe von David Friedrich Strauß*, hg. v. Eduard Zeller, Bonn 1895, S. 55.

13 Heinrich Heine, *Fragmente 1844 (Briefe über Deutschland)*, in: Heinrich Heine, *Säkularausgabe*, Bd. 10, Berlin (Ost) und Paris 1979, S. 289 (Sigle: HSA; vgl. Anhang).

14 Friedrich Theodor Vischer, *Dr. Strauß und die Wirtemberger*, in: Hallische Jahrbücher für deutsche Wissenschaft und Kunst, hg. v. A. Ruge und Th. Echtermeyer, No. 68 (1838), Sp. 539.

15 Strauß an Vischer vom 15. 3. 1838, in: Strauß, *Briefe* [vgl. Anm. 12], S. 55.

16 Heinrich Heine, *Fragmente 1844*, HSA 10,291.

17 Ebd.

18 Horst Stuke, *Philosophie der Tat*, Stuttgart 1963, S. 58.

19 Karl Marx/Friedrich Engels, *Werke*, Erg.-Bd. 1. Teil, Berlin (Ost) 1968, S. 574.

20 Auf diesen Gesichtspunkt hat m. E. zuerst Wolfgang Heise hingewiesen. Vgl. *Heine und Hegel*, in: *Realistik und Utopie, Aufsätze zur deutschen Literatur zwischen Lessing und Heine*, Berlin (Ost) 1982, S. 267.

21 So heißt es z. B. in den *Fragmenten* von 1844: »Man hat mir von mancher Seite gezürnt, daß ich den Vorhang fortriß von dem deutschen Himmel und Jedem zeigte, daß alle Gottheiten des alten Glaubens daraus verschwunden, und daß dort nur eine alte Jungfer sitzt mit bleiernen Händen und traurigem Herzen: die Nothwendigkeit.« (HSA 10,290)

22 Wilhelm Gössmann, *Die theologische Revision Heines in der Spätzeit*, in: *Internationaler Heine-Kongreß 1972*, hg. v. Manfred Windfuhr, Hamburg 1973, S. 320ff.

23 Hermann Lübbe, *Heinrich Heine und die Religion nach der Aufklä-*

rung, in: *Der späte Heine, 1848-1856,* hg. v. W. Gössmann und Joseph A. Kruse, Hamburg 1982, S. 215.

24 Ebd., S. 213.

25 Edgar Bauer, *Der Streit der Kritik mit Kirche und Staat,* in: *Die Hegelsche Linke, Dokumente zu Philosophie und Politik im deutschen Vormärz,* hg. v. Heinz und Ingrid Pepperle, Leipzig 1985, S. 700.

26 Heinrich Heine, *Briefe* [vgl. Anm. 4], Bd. 3, S. 151.

27 Vgl. E 3,542.

Gerhard Höhn
»Blutrosen« der Freiheit
Heinrich Heines Geschichtsdenken

»Die Salons lügen, die Gräber sind wahr«: Dieses geschliffene, geschichtstheoretische Aperçu formulierte Heine Anfang 1832, als er, mitgerissen vom aktuellen Revolutionsgeschehen, Distanz zu einer objektiven Betrachtungsweise suchte. Knapp zwei Jahre nach der Julirevolution beabsichtigte er, den Lesern der Augsburger ›Allgemeinen Zeitung‹ als Zeithistoriker die jüngste französische Geschichte »so viel als möglich parteilos« zu schildern. Der Schlüssel zum Verständnis der »lärmenden Tagesrätsel« konnte deshalb nicht in den verlogenen und verblendeten Partei- und Privatmeinungen liegen, sondern nur in der Vergangenheit, d. h. bei den »kalten Sprechern der Geschichte«. Wenn aber als Richtmaß der Beurteilung allein die Wahrheit der Gräber gelten soll, dann wird unparteiische Geschichtsschreibung eigentlich ausgeschlossen (so zu Beginn des Sechsten Artikels der *Französischen Zustände*).

Geschichte konnte auch für Heine, den Augenzeugen der Krise zu Beginn der Moderne, kein Gegenstand von wertfreier Betrachtung werden, denn sie ist ihm in jeder Weise zum Schicksal geworden. Zeitgeschichte war ihm Mission und Sendung, aber auch Bestimmung und Leiden. Er hat sie unmittelbar erlebt und geliebt; er hat für sie gekämpft und gestritten, aber er hat auch für sie gelitten und ihr sein Herzblut gegeben. Heine, Kind des Jahrhunderts, hat Lebens- und Zeitgeschichte so ineinander verwoben erlebt, daß er seine Biographie nicht anders denn als Zeitbiographie und seine Memoiren nur als Zeitmemoiren schreiben konnte.[1] Auch ist Heine 1831 der Geschichte dorthin gefolgt, wo sie wirklich vorwärts schritt. Aber in Paris mußte der von niemand berufene öffentliche Sprecher und Tribun bald erkennen, daß nicht *er* die »Ideen« der Zeit ergriffen hatte, sondern daß vielmehr die »Ideen« *ihn* ergriffen und in die »Arena« gepeitscht hatten, um ihn zu knechten und zu versklaven (B 5,10). Schließlich erfuhr der Dichter im Exil auf tragische Weise – welche Ironie des Schicksals – am eigenen Leibe das Ineinander von Ich und Zeit: 1848 erlebte er seinen körperlichen Zusammenbruch stellvertretend für denjenigen aller revolutionären Hoffnungen, so daß sein persönliches Schicksal das der Zeitgeschichte symbolisieren konnte.

Geschichte heißt der Stoff, aus dem Heines ganzes Lyrik- und Prosawerk gemacht ist (wollte man alle markanten Beispiele nennen, müßte man fast das Gesamtwerk zitieren[2]). Geschichte ist ebenfalls das zentrale Thema aller großen Frankreich- und Deutschlandschriften. Und Heine, der politische Essayist, der es im ›Historischen Jahrhundert‹ wagte, den dichtenden über den professionellen Historiker zu stellen[3], hat mit den *Französischen Zuständen* und *Lutezia* sogar eine damals neuartige und lange unverstandene künstlerische Geschichtsschreibung über die Julimonarchie entwickelt, die heute Historikern als Quelle dient. Zu Recht konnte er die Berichte für die Augsburger ›Allgemeine Zeitung‹ aus den 40er Jahren als ein »daguerreotypisches Geschichtsbuch« bezeichnen, »worin jeder Tag sich selber abkonterfeite« und »worin das Dargestellte seine Treue authentisch durch sich selbst dokumentiert« (B 9,239). Es wäre daher sicher reizvoll, nach der spezifischen Praxis des Geschichts*schreibers* Heine zu fragen, der sich gleichzeitig als Geschichts*treiber* verstand.[4] Heute erscheinen aber gerade die Vorstellungen des Geschichts*denkers* als so aufschlußreich, weil seine progressive Grundhaltung – was man bisher so nur wenig beachtet hat – immer wieder entscheidend korrigiert wird. Denn mit poetischer Trauer und Wehmut (erste hier vertretene These) erfaßt Heine den Zivilisationsprozeß als kontinuierlichen Verlust an Schönheit und Sinnlichkeit – Symptom kultureller Nivellierung und Monotonie bzw. von Versachlichung und wachsender Impersonalität der menschlichen Verhältnisse. Das läßt sich nun auch mit Max Weber als »Entzauberung« verstehen, d. h. Heine erfaßt im Medium der Poesie die Auswirkungen der formalen, okzidentalen Rationalisierung, wie sie Max Weber in der Protestantismus-Schrift beschrieben hat. Dort untersucht Weber bekanntlich jenen »großen religionsgeschichtlichen Prozeß der *Entzauberung* der Welt, welcher mit der altjüdischen Prophetie einsetzte und, im Verein mit dem hellenischen wissenschaftlichen Denken, alle *magischen* Mittel der Heilssuche als Aberglaube und Frevel verwarf«, und der im asketischen Protestantismus seinen Abschluß fand.[5] – Auf der anderen Seite erfaßt Heine mit der illusionslosen Schärfe des modernen Denkers (zweite These) die Geschichte als kontinuierliches Opfer an traditionellen Lebensformen und auch an Menschen selber – Beweis für das Zerstörerische des Fortschritts. Geschichtsschreibung aus der Sicht der Opfer (nicht zufällig wählt Heine an entscheidenden Textstellen die Sicht des Grabes) und Geschichtsauffassung als Leidensgeschichte erinnern nun an die Philosophie Walter Benjamins. Die *Geschichtsphilosophischen Thesen* (XVII) weisen dem historischen Materialisten die Aufgabe zu, die »unterdrückte Vergangenheit« im Kampf zurückzugewinnen. Sie erinnern ansatzweise auch an die negative Geschichtsdialektik der Frankfurter Schule, allerdings ohne deren radikale Negativitäts-These auch nur im entferntesten zu teilen.[6] Wichtig erscheint trotz aller gravierenden Unterschiede, daß sich Heines Geschichtskonzeption nicht den Blick auf ein invariantes, inhärentes und negatives Prinzip verstellt hat. Kritik bedeutet für Heine wie für Benjamin deshalb retten, bewahren und erinnern: retten, was verloren geht; bewahren, was unterliegt; erinnern an das, was geopfert wird, denn darin hat sich viel von dem versteckt, was noch vor uns liegt. – Im folgenden wird zunächst an den bekannten Geschichtsbegriff[7] erinnert (1) und danach seine zweifache, aktuelle Korrektur zur Diskussion gestellt (2, 3). An einem Stück versifizierter Historie soll abschließend das ›Vermächtnis‹ des Geschichts-Denkers und -Dichters erkennbar werden (4).

1. Fortschritt und/oder ewige Wiederkehr des Gleichen

In seinem ersten Pariser Winter begann Heine etwas, das den Bruch mit den ästhetischen Normen der Goethezeit unweigerlich besiegeln mußte: die »Geschichtsschreibung der Gegenwart« (Brief an Thiersch vom 15. März 1832). Bei der Ausarbeitung des erwähnten Sechsten Artikels, mit dem der Journalist hinter dem Historiker zurücktritt, wird der geschichtstheoretische Leitgedanke dann weiter vertieft und so formuliert: »Der heutige Tag ist ein Resultat des gestrigen. Was dieser gewollt hat, müssen wir erforschen, wenn wir zu wissen wünschen, was jener will« (B 5,166). Geschichte erscheint hier als Prozeß, in dem sich Vergangenheit, Gegenwart und Zukunft wechselseitig erhellen und eine Einheit bilden.[8] Jede einseitige oder ›interessierte‹ Orientierung, wie die der Parteigänger der Julimonarchie, muß deshalb entschieden zurückgewiesen werden. Die Bedeutung der Revolution von 1830 kann konkret für den Zeithistoriker nicht anders lauten als: »Die Revolution ist eine und dieselbe; nicht, wie uns die Doktrinäre einreden möchten, nicht für die Charte schlug man sich in der großen Woche, sondern für dieselben Revolutionsinteressen, denen man seit vierzig Jahren das beste Blut Frankreichs geopfert hatte.« Heine denkt die Revolution als opfervollen, langfristigen, in der Gegenwart keinesfalls abgeschlossenen Prozeß, der nach 1830 eine neue Qualität angenommen hat. Ziel des zeitweilig unterbrochenen Emanzipationskampfes ist jetzt nicht mehr der politische, sondern der soziale Umsturz aller Verhältnisse; Träger dieser Entwicklung soll die frühsozialistische Bewegung und nach 1840 zunehmend die kommunistische Organisation sein.

Heines prophetische Blicke auf die Zeitgeschichte verdanken sich intensiver Ausbildung. Der Schüler Hegels, der im Wintersemester 1822/23 die Vorlesungen über die Philosophie der Geschichte gehört hatte[9], kannte in seiner Pariser Zeit die wichtigsten Werke der französischen Revolutionshistoriker wie Mignet, Thiers, Cabet, Thierry, Guizot, Louis Blanc, Lamartine und Michelet.[10] Durch ausführliche Studien war ihm auch die Krisen- und Geschichtsphilosophie der Saint-Simonisten vertraut. Diese dreifache Schulung wird nun unterschiedlich spürbar. Hegels eherne Geschichtsdialektik bildet die Grundlage der Philosophieschrift, welche die deutsche Geistesgeschichte von der Reformation bis zur Gegenwart als dreistufigen, revolutionären Prozeß darstellt, der unweigerlich von der religiösen über die philosophische in die »politische Revolution« mündet. Zusammen mit der saint-simonistischen Hoffnung auf eine baldige Versöhnung der historischen Antagonismen bestärkt die vom Kopf auf die Füße gestellte idealistische Geschichtsdialektik pathetische Glaubensbekenntnisse zum wissenschaftlich-technischen Fortschritt und zu umfassender menschlicher Freiheit – kurz, sie begründet das, was in der *Romantischen Schule* und der Philosophiegeschichte verheißungsvoll »Glaube an den Fortschritt« genannt wird (B 5,468 und 519).

Diese Geschichtsauffassung ist aber weder rein linear noch eindeutig. Der historische Desillusionen intensiv erlebende Heine hat auf Phasen von Stillstand und Rückschlägen schnell und charakteristisch reagiert und die offensichtliche Unvernunft in der Welt nicht verleugnet. So sucht der spätgeborene Sohn des »skeptischen achtzehnten Jahrhunderts« (B 11,557) in demobilisierenden, prä-

oder postrevolutionären Phasen wie 1830 sowie nach 1848 spürbar Zuflucht zum Kreislaufmodell. Das wird z. B. in der zurückdatierten Fiktion des Zweiten Buchs der Börne-Schrift deutlich, die zwar erst 1839 entstanden ist, aber die Erfahrung von 1830 reflektiert. Die windstille Zeit *vor* dem Ausbruch der Julirevolution erlebt der des ewigen Kämpfens müde Erzähler als Zeit »erfolglosesten Kreislaufs« und sieht das Schicksal der Menschheit »nach den Gesetzen von Ebb und Flut« sinnlos hin und her schwappen (B 7,49 f.) – bis ihn *danach* die große Juli-Welle aus allen Meditationen reißt. – Beide Geschichtsauffassungen konkurrieren unentschieden bis ins Spätwerk. So kehren trotz eindeutiger Dominanz des Fortschrittsdenkens die leisen Töne des skeptischen Kreislaufmodells immer wieder: Die Zukunftsschwärmerei von *De l'Allemagne* kollidiert mit der zirkulären Konzeption des Shakespeare-Aufsatzes (B 7,214 ff.), und während Lazarus Heine die völlig desillusionierte Weltsicht des Predigers Salomo teilt: »es gibt nichts Neues unter der Sonne«, halten die theoretisch gut gerüsteten Kommunisten die Hoffnung auf eine deutsche Revolution wach (B 11,501 und 9,223 ff. sowie 231 ff.). Wenn Heine bis ins Spätwerk unentschieden an beiden Geschichtsauffassungen festhält, dann wohl deshalb, weil er zwar ein unverbesserlicher Geschichtsskeptiker war, aber letztlich auch ein ebenso unbekehrbarer Fortschrittsoptimist.[11]

Der Fortschrittsglaube wird aber noch auf eine andere harte Probe gestellt. Für den »deutschen Aristophanes« (B 11,499) ist nämlich logische Gesetzmäßigkeit der Geschichte keineswegs erwiesen. Nicht allein Vernunft und Heilsplan bestimmen den Lauf der Welt, sondern ebenso Unvernunft und Narrheit. Schon früh meldet sich scharfer Protest gegen jede Form von philosophischer Versöhnung der real erfahrenen Gegensätze an, und bereits in den *Reisebildern* setzt sich die für Heines Komik und Kontrastästhetik so bezeichnende Ansicht durch, daß die Welt grundsätzlich ihrer selbst spottet. Das bezeugt sich in den disharmonischen Konzeptionen der »Gottes-« bzw. »Weltironie« und der absurden »Weltbühne«.[12] Später, angesichts des plötzlichen Ausbruchs der Februarrevolution von 1848, drängt sich dem Chronisten unweigerlich die alternative und unbeantwortbare Frage auf, ob die »Angelegenheiten dieser Welt« wirklich von »einem vernünftigen Gedanken, von der denkenden Vernunft« gelenkt werden, oder ob nur »ein lachender Gamin, der Gott-Zufall«, regiert (B 9,214).

Die verschiedenen Facetten von Heines Geschichtsauffassung schließen zwar jede Idee einer einheitlichen Konzeption aus, aber sie entschärfen auch jede mögliche Kritik an einem zu blinden oder zu ungebrochen-linearen Fortschrittsbegriff. Werfen Heines Vorstellungen in der Tat Schwierigkeiten auf, so darf man auch seine eigenen Schwierigkeiten mit systematischen oder idealistischen Geschichtstheorien nicht übersehen, die ein kleiner theoretischer Text reflektiert hat (der wahrscheinlich 1832/33 entstanden, aber erst 1869 aus dem Nachlaß veröffentlicht worden ist, B 5,21 ff.). *Verschiedenartige Geschichtsauffassung*, wie Strodtmann den Text nannte, diskutiert und kritisiert zwei konträre Ansichten zum »Buch der Geschichte«, die Heine in abgeschwächter Form gleichzeitig bzw. vorher oder nachher selber vertreten hat: das zyklische und das progressive Modell. Ersteres, mit den »Weltweisen der historischen [Rechts]Schule« (z. B. Savigny), den Dichtern der »Goetheschen Kunstperiode« und namentlich mit Ranke, gilt als »trostlos«, »fatal fatalistisch« und politisch demobilisierend; zweiteres, vertreten durch die »Humanitätsschule« (z. B. Lessing und die Aufklärer), erscheint weit überlegen, weil es die praktische Einlösung der Vernunftideale fordert. Aber beide Modelle werden sowohl wegen ihrer einseitigen Ausrichtung – entweder auf die Vergangenheit oder auf die Zukunft – abgelehnt als auch aufgrund ihrer lebenspraktischen Konsequenzen. Weder »der elegische Indifferentismus der Historiker« noch die »Schwärmerei der Zukunftbeglücker« vermögen, so lautet der charakteristische Einwand, »unseren lebendigsten Lebensgefühlen« oder den »Interessen der Gegenwart« gerecht zu werden. Deshalb schließt der Text mit der sozial-revolutionären Forderung nach materieller Befriedigung individueller Bedürfnisse in der Gegenwart (»Le pain est le droit du peuple«).[13]

Das Festhalten an zwei widersprüchlichen Auffassungen bei gleichzeitiger Abgrenzung gegen deren extreme Ausformungen ist von der Forschung als »Selbstwiderspruch« bzw. als »zwiespältig«, als Schwanken oder als Ambivalenz kritisiert und unterschiedlich erklärt worden.[14] Trotzdem stellt sich die Frage, welchen Erfahrungsgehalt diese Theorie aufweist, die weder geschlossen noch »geschichtsunmittelbar« ist oder als »Instrument objektiver Erkenntnis« gelten kann[15]: gerade das scheint heute wichtiger als doktrinäre Kohärenz oder Einheitlichkeit. In der Vormärzzeit, in der die industrielle Revolution in Deutschland bekanntlich erst mit großer Verspätung einsetzte, sah Heine in der Tat sehr klar, welch hohen Preis Fortschritt notwendig verlangt und was für Opfer Befreiung ständig fordert. Wenn Heine noch ganz im Stile der Aufklärung behauptet, »die Menschheit ist zur Glückseligkeit bestimmt« (B 5,519), dann weiß er als Geschichtsdialektiker ebenfalls, daß sie auch zu Leiden und Opfern bestimmt ist. Deshalb wird – das sollen die weiteren Ausführungen zeigen – die progressive Auffassung einmal aus universalgeschichtlicher Perspektive und zum andern aus politischer Sicht entscheidend durchkreuzt.

2. Die progressive Entzauberung der Welt

Der Entzauberungsprozeß, der sich aus Heines Geschichtskonzeption rekonstruieren läßt, durchläuft im wesentlichen drei Phasen. Er setzt sehr früh ein, mit der Ablösung des sinnenfrohen Hellenismus durch das asketische Christentum; er tritt zu Beginn der modernen Zeit, mit der Reformation, wieder mächtig in Erscheinung und kulminiert in der Gegenwart im oppositionellen Republikanismus, d. h. in der politischen Organisation, auf welche die moderne Gesellschaft hinausläuft. *Zur Geschichte der Religion und Philosophie in Deutschland* prägt für die agonale Dynamik dieses Prozesses das typologische, antagonistische Begriffspaar »Spiritualismus« und »Sensualismus«; das vertieft ferner die Börne-Schrift, die alle Menschen in »Nazarener« und »Hellenen« einteilt und deren »Zweikampf« verewigt (B 5,516ff. und B 7,17f.). Die säkulare Vorherrschaft des Spiritualismus wird nun durch die moderne Anschauung kritisiert, nach der die Menschheitsgeschichte einer Krankengeschichte gleicht, deren Ende in der Gegenwart erreicht ist.

Wie der Zauber der antiken Mythologie gebrochen wird, beschwört *Die Stadt Lucca* im Bild einer regelrechten Götterdämmerung. Die fröhlich zechenden Heidengötter, die sich in Kapitel VI noch einmal in ihrer alten Stärke zeigen, werden durch einen plötzlich herankeuchenden, »bleichen, bluttriefenden Juden, mit einer Dornenkrone auf dem Haupte«, zum Verstummen und Erbleichen gebracht, »bis sie endlich ganz in Nebel« zerrinnen. An ihrem notwendigen Untergang besteht kein Zweifel, denn die leidende Menschheit braucht keine »Festtagsgötter« mehr, sondern einen leidenden Gott – aber zu welchem Preis? Über diesen epochalen Einschnitt heißt es ganz symptomatisch:

Nun gabs eine traurige Zeit, und die Welt wurde grau und dunkel. Es gab keine glücklichen Götter mehr, der Olymp wurde ein Lazarett […]. Die Religion gewährte keine Freude mehr, sondern Trost; es war eine trübselige, blutrünstige Delinquentenreligion.

Das Grau- und Dunkelwerden signalisiert präzise Verlust an Schönheit, Poesie und Lebensgenuß, kurz, das Ende der symbolischen Darstellung eines sinnlich befriedeten Lebens. Wenn aber der Zauber der antiken Götter gebrochen ist, so sind diese doch nicht völlig erloschen; sie überleben vielmehr im Abseitigen, Dunkeln oder in anderen Gestalten; sie gehen, wie eine von Heines mythologischen Schriften es betitelt, ins »Exil« (B 11,397ff.), wenn sie nicht im »Lande der Poesie« ihre Zuflucht suchen (B 7,176), d. h. das, was sie symbolisieren, wird nur verdrängt und harrt der Wiederkehr.[16]

Im 16. Jahrhundert beginnt dann die zunehmende Entzauberung der feudalen Welt – von Königtum und römisch-katholischer Kirche. Die Reformation wird zwar als notwendiger Durchbruch der Denk- und Geistesfreiheit gefeiert, aber auch als wesentliche Verarmung beklagt. Denn trotz aller prinzipiellen politischen Ablehnung des Katholizismus vermag der getaufte Protestant Heine schon in den italienischen Reisebildern seine sinnliche Faszination durch die römische Kirche nicht zu verbergen. Ferner wird speziell an fast allen gleichzeitig und später geschriebenen England-Texten die ästhetische Verteidigung des Katholizismus und vor allem des zum Untergang verurteilten Königtums spürbar. So gilt die High Church als »morsches Glaubensskelett, worin alles blühende Leben erloschen ist« (B 3,518, vgl. 597), während am Sieg Cromwells, dieser schmucklosen, »rohen, derblebendigen Puritanergestalt«, das Ende der »Herrlichkeit des Königtums« und die Niederlage der Poesie beklagt wird (B 5,61ff.: »Englands Leben ist seitdem bleich und grau, und die entsetzte Poesie floh den Boden«). Die Hinrichtung Karls des Ersten erfüllt Heine stets mit großer Wehmut, und im Shakespeare-Aufsatz schreibt er bündig: »Mit dem Blute Karls des Ersten, des großen, wahren, letzten Königs, floß auch alle Poesie aus den Adern Englands«, um der grauen und öden, alles »nivellierenden Puritanerzeit« Platz zu machen (B 7,174f.). Zu Recht konnte schließlich der aufklärerische Staats-

kirchenfeind Heine 1854 für sich entschuldigend geltend machen:
»Ich war immer ein Dichter, und deshalb mußte sich mir die
Poesie, welche in der Symbolik des katholischen Dogmas und Kul-
tus blüht und lodert, viel tiefer als andern Leuten offenbaren« (*Geständnisse*, B 11,492). In der Tat, selbst der überzeugte Pantheist
bekannte schon in der radikalen Philosophie-Schrift, er müsse »die
schauerliche Erhabenheit dieses Symbols [des leidenden Gottes]
mit Ehrfurcht anerkennen« (B 5,519f.).

In der Gegenwart droht nun alle Poesie aus der Welt zu verschwinden. Das Grau des Anfangs schickt sich an, völlig überhand
zu nehmen, wodurch die Entzauberung an ihr Ende gelangt. Schon
dem England-Touristen Heine, der in London den »Pulsschlag der
Welt« vernommen hat, bleibt die ernüchternde Erfahrung nicht er-
spart, daß mit der modernen, industriellen Welt das Ende des
Poeten unweigerlich heraufzieht (»schickt keinen Poeten nach
London!«, B 3,538ff.). Deutete die unterschwellige Sympathie für
die farbigen Institutionen des Ancien régime bereits Ablehnung
der grauen, bürgerlichen Moderne insgesamt an, so beherrscht
diese Grundhaltung nun vollends die Einstellung zu den oppositionellen Republikanern in Frankreich und Deutschland. Hintergrund der Auseinandersetzung ist Heines unbestreitbar überlegene Idee, daß nach dem Machtantritt der neuen Aristokratie, der
»aristocratie bourgeoise« in Paris (an Varnhagen vom 19. November 1830), nicht mehr eine politische, sondern eine soziale Revolution auf der Tagesordnung stehe – nicht radikale Gleichheit,
sondern allseitige Emanzipation, ohne Opfer an Schönheit und
Kunst. In der Gestalt des Nazareners Ludwig Börne, des schroffen, asketischen Gegenspielers, enthüllt sich Heine dann die zeitgenössische Inkarnation des radikalen Republikanismus, welchen
er ausdrücklich in die Tradition des sinnenfeindlichen, altengli-
schen Puritanismus stellt (vgl. B 5,312 und B 7,176). Das Fünfte
Buch von *Ludwig Börne* unterstreicht das eindringlich. Was die
neuen Puritaner nämlich als Therapie gegen die Leiden der
Menschheit anzubieten haben, kann nur eine »Radikalkur« sein,
die schlimmer als die Krankheit selber ist. Mit der Zwangseinfüh-
rung des »aschgrauen Gleichheitskostüms« – so lautet die Klage –
würden die »letzten Spuren von Schönheit« und Genie erbar-
mungslos aus dem Leben herausgeschnitten, und damit auch dich-
terisches »Königtum« (»Schönheit und Genie sind ja auch eine Art
Königtum«). Politisch gewendet bleibt jetzt übrig, was sich am

Anfang, mit der ersten Entzauberung, angekündigt hatte: »Die öde Werkeltagsgesinnung der modernen Puritaner verbreitet sich schon über ganz Europa, wie eine graue Dämmerung, die einer starren Winterzeit vorausgeht.« Bezeichnend ist der Schluß des Textes: Der hellenisch eingestellte Autor träumt davon, wie dieses Ergrauen und Erkalten die Nymphen des Bacchus-Kultus in die Flucht treibt, und die antiken Gestalten werden schließlich, wie schon die Götter, »sichtbar noch blasser und magerer, bis sie endlich ganz in Nebel« zerfließen.[17]

Die Republikaner, welche die Gefahr einer tödlichen Entzauberung heraufbeschwören, sind jedoch kein isoliertes Phänomen. Sie gehören eigentlich zur modernen, bürgerlichen Welt, die genauso die Existenz von Poesie und Größe bedroht. Diese Entzauberung der Welt wird aber noch auf eine ganz andere und spezifische Weise durchgeführt: durch die ›theatrum mundi‹-Metaphorik und durch den für Heines Schreibweise grundlegenden kontrastästhetischen Gegensatz von Sublimem und Ridikülem. Das speziell in der Übergangszeit typische Nebeneinander von Erhabenem und Gemeinem wird nun zu epochaler Zeitkritik umgewandelt, wobei das Erste nicht mit dem Zweiten kontrastiert wird, um jegliches Pathos oder Ideal lächerlich zu machen, sondern vielmehr um das Erhabene auf- und das Gemeine abzuwerten. So gab es Götter, Genien und Helden in der Vergangenheit, in der Gegenwart dominieren dagegen Boutiquiers, Bourgeois und Kleingeister. Restauration und Julimonarchie werden ausdrücklich und immer wieder als Komödie bezeichnet, denen eine Tragödie in Gestalt der napoleonischen Heldenzeit vorausgegangen ist und denen bald eine neue Tragödie in Gestalt des »Kommunistenregiments« folgen wird.[18] Französische Revolution, Napoleon und seine Zeit, also die Zeit von 1789 bis 1815, sind demnach die Zeit des Erhabenen. Das klingt in den *Reisebildern* an, kehrt in den *Zuständen* wieder und erhält in *Lutezia* seinen vollen Ausdruck.[19] Die Chronik über die ruhig verlaufene Beisetzung der Überreste Napoleons im Invalidendom 1840 z. B. endet mit einem typischen Schlag gegen die bürgerliche Gegenwart:

Der Kaiser ist tot. Mit ihm starb der letzte Held nach altem Geschmack, und die neue Philisterwelt atmet auf, wie erlöst von einem glänzenden Alp. Über seinem Grabe erhebt sich eine industrielle Bürgerzeit, die ganz andre Heroen bewundert, etwa den tugendhaften Lafayette, oder James Watt, den Baumwollespinner.[20]

Der scharfe Kontrast von Kaiser und »Baumwollespinner« unterstreicht deutlich Heines Sympathien für das besiegte Erhabene, vor dessen Folie sich drastisch abhebt, was er an anderer Stelle die »Geistesnüchternheit des siegenden Bürgerstandes« genannt hat (B 5,309).[21] Ähnlich wie schon das zum Untergang verurteilte Königtum wird in *Lutezia* die imperiale Zeit mit »Poesie« und »blühend« assoziiert, während die bürgerliche Welt »welk und abgefärbt« aussieht.

Wirklich erhaben, so das Fazit der Entzauberung, kann nach 1830 nur das Volk sein, das gewaltig aufstrebt (B 5,165); die Politiker zeigen sich dagegen nicht mehr wie 1789 auf der Höhe der Zeit. Erhaben sind aber durch ihr Handeln (nicht durch ihren Geist) auch die Republikaner, was sie 1832 mit ihrem heldenhaften Aufstand bewiesen haben (B 5,239ff.), und Erhabenheit kehrt durch die frühsozialistische Bewegung zurück in die Geschichte.

3. Der Fortschritt frißt seine Kinder

Der Fortschritt schlägt Wunden, die keine Therapie so schnell heilen kann; er fordert den Individuen Opfer ab, die bei aller Bejahung auch an allem zweifeln lassen. Heines kritische Geschichtskonzeption verpflichtet dazu, nicht nur die Erinnerung an das lebendig zu halten, was geopfert werden muß, sondern auch an die Opfer des Befreiungsprozesses selber. Das sind menschliche Opfer und schließlich Opfer an Menschen.

Die dialektische Konzeption, die Heines Geschichtsauffassung zugrunde liegt, tritt in einem frühen, bisher von der Forschung wenig beachteten Reisebild nahezu paradigmatisch vor Augen, das Hegels eherne Fortschrittsanschauung erstmals in größerem Stil übernimmt.[22] *Die Nordsee,* Dritte Abteilung, die wahrscheinlich im Herbst 1826 entstanden ist, zeichnet folgendes, sehr aufschlußreiches Gesellschaftsbild. Die Insulaner repräsentieren die vormoderne, traditionelle, organisch gewachsene Gesellschaft, in der noch kommunikative »Unmittelbarkeit« herrscht (B 3,213). Gegenüber dieser homogenen Gesellschaft mit ihrer »Gedanken- und Gefühlsgleichheit« wird sich der Ich-Autor (d. i. der moderne Intellektuelle) exemplarisch der Vereinzelung und Kommunikationslosigkeit seines Lebens bewußt; er empfindet die moderne Existenz als »geistig einsam«, »geistig verlarvt« und sich selbst im

Zusammenleben mit anderen als »überall fremd, und überall in der Fremde«. Das Gefühl des Fremdseins läßt nun zwar Trauer darüber aufkommen, daß im alten Europa »viel ruhiges Glück« begründet war und sogar »das Leben warm-inniger blühte«; aber der Ich-Autor weiß ebenso, daß es kein Zurück gibt, daß dieses Glück keines ist, weil es sich der »Lüge« verdankt, und daß Entfremdung und »Zerrissenheit« der Preis für ein freies, autonomes und individuelles Leben sind.[23] Das tatsächlich entfremdete Ich macht nun eine selbstbewußte Gewinn- und Verlustrechnung auf und behauptet im Pluralis majestatis: Wir können »in den einzelnen zerrissenen Momenten eines gottgleicheren Zustandes, einer höheren Geisteswürde, mehr Glück empfinden [...], als in den lang hinvegetierten Jahren eines dumpfen Köhlerglaubens«.

Neben dem notwendigen Verlust an Harmonie, den Emanzipation fordert, macht die kleine Schrift auch am Beispiel des ›segensreichen‹ Tourismus klar, welch zerstörerische Auswirkungen der Fortschritt bereits zeitigt. Der luxuriöse Lebensstil der adeligen Kurgäste weckt bei den Insulanern nämlich Bedürfnisse und Gelüste, die sie selber nicht mehr befriedigen können. Symptomatisch für die wachsende innere Auflösung sind Anspielungen auf Prostitution sowie auf die Geburt von Kindern mit »badegästlichen Gesichtern«.

Die Beobachtungen an der Inselgesellschaft verstehen sich ausdrücklich als stellvertretend für die »großen europäischen Zeitverwandlungen«. Verallgemeinert man nun das Beispiel, so läßt bereits *Nordsee* III eine Grunderfahrung der Moderne deutlich spürbar werden: Alle Traditionen, Mythen, Glaubensinhalte, Vorurteile, kurz, alles Partikulare muß aufgegeben werden; Differenzen verschwinden; der Modernisierungsprozeß respektiert keine kulturellen Identitäten, seien sie regionaler oder schließlich auch nationaler Art. Deshalb darf nicht überraschen, daß diese frühe Erfahrung der Destruktivität einen negativen Begriff von Modernität geprägt hat. So führt *Nordsee* III den damals großen Erfolg der historischen Romane des Schotten Walter Scott auf das Gefühl kultureller Nivellierung zurück, das sich in ihnen so überwältigend mitteilt: »es ist der große Schmerz über den Verlust der National-Besonderheiten die in der Allgemeinheit neuerer Kultur verloren gehen« (B 3,236). Die Schrift beschränkt sich aber nicht auf diese abstrakte Einschätzung, denn, so heißt es bereits, dieser Schmerz klingt auch »wieder in den Herzen des Bürgers, dem die behaglich enge Weise der Altvordern verdrängt wird durch weite, unerfreuliche Modernität«. Doch im Gegensatz zum elegischen Beispiel Scotts läßt die »Zerstörung« der »uralten Weltordnung« keine Nostalgie aufkommen – höchstens Trauer über den Verlust von etwas Unwiederbringlichem. Emanzipation ist für Heine nur durch ihre Kehrseite, die uniforme moderne Gesellschaft, möglich. In der Italienreise notiert er deshalb unerbittlich, wie das täglich verstärkte Verschwinden der »törigten Nationalvorurteile« und aller »schroffen Besonderheiten« einfach »in der Allgemeinheit der europäischen Zivilisation« untergehen (B 3,376). Allgemeingültig wird Heines dialektische Konzeption schließlich angesichts des industriellen Fortschritts: Am Beispiel des Eisenbahnbaus stellt er sowohl Fortschritt wie Rückschlag heraus, und seine Haltung schwankt zwischen Faszination und Schrecken.[24]

Aber im ersten italienischen Reisebild, in dem der »brave Soldat« Heine optimistisch seine Aufgabe im »Befreiungskriege der Menschheit« formuliert, wird auch stärkster Zweifel laut, ja, gegen das Fortschrittspathos erfolgt ausdrücklich Einspruch im Namen der geopferten Individuen und der individuellen Opfer vergangener Generationen. Auf dem Schlachtfeld von Marengo führt sich der geschichtsbewußte Beobachter den Blutpreis genau vor Augen, den der Befreiungskrieg bisher gefordert hat – gerade hier, wo im Jahre 1800 eine Schlacht geschlagen und ein Fest gefeiert worden ist, wo »die Freiheit auf Blutrosen tanzte«, wo Frankreich »die ganze Welt zur Hochzeit geladen« hatte und fröhlich Aristokratenköpfe rollen ließ. Voller Skepsis stellt nun der Ich-Erzähler sich und der zukünftigen Generation eine Frage, auf die er keine Antwort weiß und gar nicht wissen kann, macht sie doch eine unentscheidbare Alternative bewußt:

Aber ach! jeder Zoll, den die Menschheit weiter rückt, kostet Ströme Blutes; und ist das nicht etwas zu teuer? Ist das Leben des Individuums nicht vielleicht eben so viel wert wie das des ganzen Geschlechtes? Denn jeder einzelne Mensch ist schon eine Welt, die mit ihm geboren wird und mit ihm stirbt, unter jedem Grabstein liegt eine Weltgeschichte. (B 3,378)

Der Ich-Autor wehrt eine Entscheidung zwischen »Leben des Individuums« und Existenz der Gattung ab und beruhigt sich mit der Vorstellung, daß »Blutrosen« zum Freiheitstanz gehören. Aber die Stimme der Opfer vermag Heine nicht mehr zu unterdrücken. Sie bricht immer wieder durch. Sie wird deutlich vernehmbar, wenn er nach dem Sinn der Napoleonischen Kriege fragt, die ganze Jahrgänge verschlungen haben (»die Menschen wurden zur Schlachtbank geführt«, B 5,309, vgl. B 5,128); oder wenn er über die lärmende Weltgeschichte nachdenkt, »die sich so närrisch herumrollt in Blut und Kot«, während er doch weiß, daß das Gegenstück, die ewig gleiche, melodische »Geschichte der Menschheit«, Bilder der Versöhnung »ohne Opfer« anbietet (B 5,68 f. und 56). Die Stimme verschafft sich auch theoretisch Gehör in dem erwähnten Geschichts-Aufsatz. Gegen allzu große Zukunftsschwärmerei soll, so heißt es dort, »die Gegenwart ihren Wert« behalten; sie soll nicht »nur als Mittel« gelten und die Zukunft »ihr Zweck« sein. Der Einspruch erfolgt hier wie in der Italienreise ausdrücklich und entschieden im Namen des individuellen Lebens; er lautet: »Das Leben ist weder Zweck noch Mittel; das Leben ist ein Recht« (B 5,23). Und die Stimmen der Opfer drängen sich erst recht auf, wenn sich die eingangs gestreifte Frage nach dem Wertmaßstab stellt, an dem Gegenwart und Zukunft allgemeingültig beurteilt werden können. Die präzise und polemisch konstruierte Antithese von den lauten Lügen der Herrschenden und der stummen Wahrheit der Toten heißt zuletzt doch wohl, Geschichte soll aufgeschlossen und auch, Schweigen soll gebrochen werden. Damit verbietet sich ein Geschichtsverständnis, das die Wahrheit, die aus den Gräbern spricht, nicht hören will. Etwas ganz anderes kann auch Walter Benjamin nicht gemeint haben, als er gut 100 Jahre später in den *Geschichtsphilosophischen Thesen* die Geschichtsschreiber grundsätzlich davor warnte, »*die Toten*« dem Zugriff der »Sieger« zu überlassen.

4. *Enfant perdu oder Die Wahrheit des sicheren Grabes*

1848 ist die Geschichte besiegt, für die Heine gekämpft hat, und er selber ist ein Besiegter. Die Revolution ist begraben worden, der körperlich Zusammengebrochene liegt festgenagelt in seinem Grab, in dem »Grab ohne Ruhe« (B 11,180). So hat er seine »Matratzengruft« genannt, als gelte es, die Wahrheit der Gräber noch auf tragische Weise zu bestätigen.[25]

Im Nachmärz, in dieser allgemeinen Abschwungphase der modernen Geschichte, ist für den persönlich verzweifelten und historisch pessimistischen Dichter des *Romanzero* die Dialektik der

Geschichte offenbar zum Stillstand gekommen. Allseits springt dem Geschichtsdichter blutiger und sinnloser Kreislauf von Kampf und Scheitern, von Tod und Untergang in die Augen, was unweigerlich an eine ewige Wiederkehr des Gleichen, d. h. des gleichen Schlechten denken läßt (»Und das Heldenblut zerrinnt / Und der schlechtre Mann gewinnt«). Überall nichts als das sinnlose Leiden der Opfer und Besiegten – und das Ich des Lazarus-Zyklus ist das elendeste aller Opfer. Die letzte große Lyriksammlung, eine Weltgeschichte als Passionsgeschichte, scheint dem zyklischen Geschichtsmodell eindeutig den Vorzug vor dem teleologischen zu geben. Die Negativität in der Geschichte ist jetzt so stark geworden, daß die Opfer der Individuen durch nichts mehr aufgewogen werden können.

Aber die Stimme von Lazarus Heine ist letztlich doch nicht die eines Resignierten oder Verzweifelten. *Enfant perdu,* eins der ständig zitierten Gedichte Heines, zieht die völlig desillusionierte und bewegende Bilanz eines gescheiterten Kämpfers, der im »Freiheitskriege« dreißig Jahre ohne Hoffnung auf Sieg ausgehalten hat (B 11,120f.). Der tödlich verwundete »Verlorne Posten« (»Die Wunden klaffen – es verströmt mein Blut«) stirbt aber nicht in gänzlicher Resignation, sondern er hat sich, wie früher der »brave Soldat«, noch Hoffnung darauf bewahrt, daß die nachfolgende Generation den Kampf weiterführen wird, jetzt über das eigene Grab hinaus:

> Ein Posten ist vakant! – Die Wunden klaffen –
> Der eine fällt, die andern rücken nach –
> Doch fall ich unbesiegt, und meine Waffen
> Sind nicht gebrochen – Nur mein Herze brach.

Das »Enfant perdu« versteht die verlorene Schlacht keineswegs als das Ende des Krieges (die Tempuswahl »sind nicht gebrochen« – »brach« unterstreicht das antithetisch). Die mit stockender Stimme, vermächtnishaft gesprochenen Worte verbinden die Gewißheit des persönlichen Scheiterns mit der Zuversicht auf den Fortgang des »Freiheitskrieges«. Dieses ebenso melancholische wie heroische »Nur« läßt keinen Zweifel daran aufkommen, daß das eigene Blut nicht sinnlos verströmt und daß der Triumph des Schlechteren nicht das Ende der Geschichte bedeutet. Das erwähnte Zusammenspiel von Epoche und Dichterleben findet in *Enfant perdu* seinen wohl bittersten Ausdruck. Lazarus, leibliche

Verkörperung der deutschen Nachmärz-Stimmung, stirbt zwar als persönlicher, nicht aber unbedingt als historischer Pessimist: Anders als der Besucher des Schlachtfeldes von Marengo, sieht der Dichter in der »Matratzengruft« für sich keinerlei Hoffnung mehr und hat auch für andere keine Prognose mehr, aber er hat seine Hoffnung auf die Gattungsgeschichte nicht verloren. Diese verzweifelt-hoffnungsvolle Haltung vermag vielleicht die Faszination von Versen zu erklären, die sich in Krisenstimmungen der Moderne immer wieder zur Identifikation angeboten haben und weiter anbieten können.

Anmerkungen

1 Vgl. *Ideen. Das Buch Le Grand* aus den *Reisebildern* und das *Memoiren*-Projekt. Zitiert wird im folgenden nach der 12bändigen Werkausgabe von Klaus Briegleb (= B; s. dazu Anhang); Briefzitate sind der Säkularausgabe entnommen.

2 Nur einige Beispiele für die außerordentliche Präsenz der Geschichte im Werk Heines: Mit den Balladen *Belsatzar* und *Die Grenadiere* gelangen dem Studenten schon 1820 zwei Meisterwerke (*Buch der Lieder*). In der Frühzeit versuchte sich Heine auch an der Geschichtstragödie *Almansor* und an einem historischen Roman, dem *Rabbi von Bacherach*, der umfangreichste Quellenstudien erforderte (s. Manfred Windfuhrs Beitrag in diesem Band). Geschichte füllt *Ideen* und auch *Englische Fragmente*. 1832 plante Heine ein Buch über die Französische Revolution. *Französische Zustände* sind eine Geschichtsschrift wie *Ludwig Börne* und *Lutezia*, und gerade diese. Die Darstellungen der deutschen Literatur und Philosophie sind sogar ›echte‹ Geschichten mit bahnbrechenden Wirkungen: Die *Romantische Schule* bedeutete einen negativen Wendepunkt in der damaligen Auseinandersetzung mit der jüngsten Literatur; und *Zur Geschichte der Religion und Philosophie in Deutschland* kann man als Auftakt des Junghegelianismus lesen (diese Schrift wurde von Ruge, Heß und Marx unmittelbar, von Engels indirekt rezipiert). Erneut intensives Quellenstudium erforderte die Arbeit an den mythologischen Schriften *Elementargeister* und *Der Doktor Faust*. Versifiziert kehrt Geschichte in den *Romanzen* wieder und Zeitgeschichte in dem neuartigen Gedichttypus *Zeitgedichte (Neue Gedichte)*. Zuletzt bietet der *Romanzero* im Ersten Buch, *Historien* genannt, Geschichtsbilder aller Zeiten und Räume

und schließt im Dritten Buch mit der Leidensgeschichte des jüdischen Volkes.

3 In der Italienreise schreibt Heine: »Es [das Volk] verlangt seine Geschichte aus der Hand des Dichters und nicht aus der Hand des Historikers. [...] Die Geschichte wird nicht von den Dichtern verfälscht. Sie geben den Sinn derselben ganz treu [...]« (B 3,330). Vgl. die Einschätzung Shakespeares als »Historiker«, B 7,179.

4 Börne verneint für die Gegenwart dieses Selbstverständnis, denn er schrieb 1831: »wir sind keine Geschichtsschreiber, sondern Geschichtreiber. Die Zeit läuft wie ein Reh vor uns her, wir, die Hunde, hintendrein.« (Einunddreißigster der *Briefe aus Paris*)

5 Max Weber, *Gesammelte Aufsätze zur Religionssoziologie* I, Tübingen 1988, S. 94f. Zu Webers Theorie der Rationalisierung z. B. Artur Bogner, *Zivilisation und Rationalisierung. Die Zivilisationstheorien Max Webers, Norbert Elias' und der Frankfurter Schule im Vergleich*, Opladen 1989, S. 89ff.

6 Geschichte wird hier, um nur das zu erwähnen, als Zeugnis von Barbarei und als Katastrophe gedacht. Bei Heine läßt sich dagegen weder eine verkürzte Fassung der Moderne finden noch ein Ansatz zu umfassender Vernunftkritik oder etwa grundsätzliche Kritik am technisch-wissenschaftlichen Fortschritt. – Parallelen zur Kritischen Theorie der Frankfurter Schule hat Stefan Bodo Würffel näher untersucht (*Der produktive Widerspruch. Heinrich Heines negative Dialektik*, Bern 1986).

7 Heines Geschichtsauffassung haben untersucht: Karl-Heinz Fingerhut, *Standortbestimmungen. Vier Untersuchungen zu Heinrich Heine*, Heidenheim 1971, S. 53-91; Helmut Koopmann, *Heines Geschichtsauffassung*, in: Jahrbuch der Deutschen Schillergesellschaft, 1972, S. 453-476; Wolfgang Kuttenkeuler, *Heinrich Heine. Theorie und Kritik der Literatur*, Stuttgart usw. 1972, S. 55ff.; Jost Hermand, *Gewinn im Verlust. Zu Heines Geschichtsphilosophie*, in: Text + Kritik 18/19, [4]1982, S. 49-66; Antoon van den Braembussche, *Heines Geschichtsbild*, in: *Rose und Kartoffel. Ein Heinrich Heine-Symposion*, hg. von A. A. van den Braembussche und Ph. van Engeldorp Gastelaars, Amsterdam 1988, S. 85-101.

8 Karl Heinz Bohrer hat auf die erstaunliche Modernität dieses hermeneutischen Grundsatzes hingewiesen: *Zeit der Revolution – Revolution der Zeit*, in: Merkur Nr. 479 (1989), S. 13-28, hier S. 21.

9 Dazu: Jean Pierre Lefebvre, *Der gute Trommler. Heines Beziehung zu Hegel*, Hamburg 1986. – In Göttingen studierte Heine 1820/21 bei dem von ihm verehrten liberalen Historiker Sartorius, der über deutsche Geschichte las; in Berlin hörte er Vorlesungen Savignys, Haupt der von ihm stets bekämpften Historischen Rechtsschule, und in Göttingen promovierte er 1825 bei Gustav Hugo, der auch zu dieser Schule gezählt wird. – Zu Heines Studium siehe Walter Kanowsky, *Vernunft*

und Geschichte. Heinrich Heines Studium als Grundlegung seiner Welt- und Kunstanschauung, Bonn 1975.

10 Lucien Calvié: *La Révolution française dans l'œuvre de Henri Heine,* in: Littérature et Révolution française, Annales littéraires de l'Université de Besançon, Paris 1987, S. 234 f.

11 Ernste Zweifel betreffen die Erfüllung der Erwartungen zu Lebzeiten; das signalisieren Heines wiederholte Bekenntnisse, er gehöre noch zur kranken Generation, welche die Gesundung nicht mehr erleben werde, z. B. B 3,382 und 490 f.; B 5,593 f. und B 9,206.

12 B 3,253, 282 f., 424 und 522 (s. auch den Beitrag von Rolf Hosfeld in diesem Band). Dazu grundlegend: Wolfang Preisendanz, *Ironie bei Heine,* in: *Ironie und Dichtung. Sechs Essays,* hg. v. Albert Schaefer, München 1970, S. 85-112. Zu ›Kontrastästhetik‹, s. Gerhard Höhn, *Heine-Handbuch. Zeit, Person, Werk,* Stuttgart 1987, S. 317 ff. und Sachregister.

13 Das Recht auf »Leben« und »Gegenwart« ist einerseits eine typisch jungdeutsche Forderung (Koopmann, a.a.O., S. 455 f.), läßt andererseits aber an Nietzsche denken, der in den *Unzeitgemäßen Betrachtungen,* II *(Vom Nutzen und Nachteil der Historie für das Leben)* vor den Gefahren der historischen Bildung warnt (aber als Gegenmittel *»das Unhistorische und das Überhistorische«* predigt, Kap. 10).

14 Koopmann, a.a.O., S. 460 und 475; Fingerhut, a.a.O., S. 63; Kuttenkeuler, a.a.O., S. 55 (zum frühen Heine). Fingerhut sieht die Widersprüche »situativ« und funktional begründet; nach Koopmann ist für Heine der »Vermittlungsversuch« zwischen konträren Auffassungen entscheidend.

15 Koopmann, a.a.O., S. 470; Fingerhut, a.a.O., S. 57.

16 Wie stark der von den Heidengöttern ausgehende »alte Zauber« noch ist, das zeigen z. B. *Elementargeister* und die verführerische *Göttin Diana;* das zeigt u. a. auch das Motiv der Statuen-Liebe. Die Dynamik des Prozesses wird in der Philosophie-Schrift sogar im modernen Sinn von ›Lustverzicht‹ beschrieben: »Der Mensch läßt aber nicht gern ab von dem, was ihm und seinen Vorfahren teuer und lieb war, und heimlich krämpen sich seine Empfindungen daran fest« (B 5,529 u. f.). In dem Gedicht *Die Götter Griechenlands* heißt es, die Götter seien jetzt ›verdrängt‹ (B 1,205).

17 Das Ende der Poesie im Zeitalter von Eisenbahn, »Kohlendampf« und »Gasbeleuchtungsgestank« oder, kurz, von Demokratie verkündigen einige fragmentarische *Aufzeichnungen* Heines, B 11,649 und 662. – Vgl. Heines Charakterisierung des Puritanismus und des Nazarenertums mit den Merkmalen, die für Max Weber den asketischen Protestantismus bezeichnen, wie z. B. »harte Nüchternheit«, »Abwendung von aller Sinnenkultur« und von Lebensgenuß, Kälte oder »asketischer Lebensstil« (Weber, a.a.O., S. 52, 95, 117, 113 und 163). – Bemerkens-

wert ist ferner, daß Weber seine Einsicht in das aufkommende Fach-
menschentum, d. h. den »entsagenden Abschied von einer Zeit vollen
und schönen Menschentums«, auf Goethes Werk zurückbezieht; er
hätte auch Heine als sehr viel moderneren Zeugen nennen können
(a.a.O., S. 203).

18 1841 prophezeit Heine, »daß früh oder spät die ganze Bürgerkomödie
in Frankreich mitsamt ihren parlamentarischen Heldenspielern und
Komparsen ein ausgezischt schreckliches Ende nimmt und ein Nach-
spiel aufgeführt wird, welches das Kommunistenregiment heißt!«
(B 9,374) Aber auch die Februarrevolutionäre von 1848 werden als
»Komödianten« bezeichnet (B 11,505).

19 S. o. Anm. 9 und z. B. B 5,117; B 9,374, 405 und 457.

20 Calvié, a.a.O., S. 254, betont Heines paradoxe Einstellung, nach der die
Französische Revolution und Napoleon viel mehr zur »›ancien monde‹
de la poésie romantique« als zur modernen Welt gehören.

21 Zur radikalen Bourgeoisie-Kritik s. Varianten zu *Über die Französische
Bühne*, B 6,824.

22 Siehe dazu Hermand, a.a.O., S. 51 ff., und Höhn, a.a.O., S. 167 ff.

23 Der für die Moderne symptomatische Begriff der »Zerrissenheit« wird
hier geprägt. – Jost Hermand thematisiert zu Recht die für den jungen
Heine gravierende Frage, »ob nicht jeder historische Fortschritt neben
einem unleugbaren Gewinn auch einen ebenso unleugbaren Verlust mit
sich bringe« (a.a.O., S. 51).

24 Am konkreten Beispiel der ersten Eisenbahnen reagiert Heine zwiespältig, aber luzide: Er begrüßt zwar das »providencielle Ereignis«, den
»neuen Abschnitt in der Weltgeschichte«, aber er fühlt mit »Grauen«,
»daß unsre ganze Existenz in neue Gleise fortgerissen, fortgeschleudert
wird« (B 9,448 f.).

25 Das folgende stützt sich auf die *Romanzero*-Analyse des *Heine-Hand-
buchs*, S. 117 ff.

Bernd Kortländer
Poesie und Lüge
Zur Liebeslyrik des »Buchs der Lieder«

I.

Nur besonders aufmerksamen Beobachtern der Heine-Neuerscheinungen wird es bereits aufgefallen sein; denn es ist noch kein Paradigmenwechsel, aber doch schon eine Trendwende: Nach einer relativ ausgedehnten Periode, in der der politische Dichter und Schriftsteller Heine im Vordergrund des Interesses bei Editoren und Forschern stand, holt nun der Liederdichter, der Liebeslyriker wieder auf. Insbesondere das *Buch der Lieder* findet zunehmend Eingang in den universitären, aber auch den schulischen Betrieb[1], nachdem die Lehrpläne der Schulen zuletzt stets *Deutschland. Ein Wintermärchen* favorisiert hatten.

Über die Gründe für diese Interessenverschiebung ist reizvoll zu spekulieren. Treibt hier der postmoderne Wendegeist sein böses Spiel, der uns, statt in historische Perspektiven, lieber in die entrückten Spiegelwelten der Gefühle locken und dadurch der Vernunft und dem Fortschritt entfremden möchte? (Ein solcher Versuch kann eine genaue Lektüre der Gedichte eigentlich nicht überdauern.) Ist es vielleicht nur der ganz normale Pendelausschlag eines den Massegesetzen gehorchenden Geschmacks, der sich, des politischen überdrüssig, dem lyrischen Heine zuwendet? Dagegen spricht, daß die Vorrangstellung des Heines der *Neuen Gedichte,* des *Wintermärchens* und der politischen und kritischen Prosaschriften in den letzten zwanzig Jahren aufs Ganze der Rezeptionsgeschichte gesehen ein völliger Sonderfall war. Die ersten 140 Jahre Heine-Rezeption in Deutschland standen, soweit sie denn stattfanden bzw. stattfinden durften, unter dem eindeutigen Primat des Heines der Lieder und der *Reisebilder.*[2]

Der Massenrezeption Heinescher Lieder, die im Fall der *Loreley* bis in die Anonymität wirklicher Volkstümlichkeit reicht, steht quantitativ auf seiten der politischen Versdichtung oder gar der Prosawerke der französischen Zeit nichts Vergleichbares gegenüber. Nun ist ja bekannt, daß solche Massenrezeption bereits im 19. Jahrhundert, dann aber besonders um die Jahrhundertwende überlagert wurde von Kritik, Distanz, Ablehnung, Feindschaft, Haß.[3] Zur selben Zeit, als deutschnationale Schmierer und notorische Rassisten vom Schlage der von Treitschke, Bartels, Hehn ihre Vernichtungsfeldzüge gegen Heine führen[4] (und damit die größeren Vernichtungsfeldzüge vorbereiten), intonieren deutsche Männerchöre an Heines Grab die *Loreley,* erscheint eine lüstern illustrierte Prachtausgabe des *Buchs der Lieder* und von Heines Gesamtwerk.[5] Gerade diese Illustrationen mit ihrer offen voyeuristischen Haltung machen die Verlogenheit eines Publikums augenfällig, das sich mit der Gespaltenheit seiner Existenz längst abgefunden hat, unter der Lizenz der Kunst das ansonsten sanktionierte Bedürfnis nach Emotion befriedigt und dabei jene Texte, die es massenhaft und mit Genuß rezipiert, gleichzeitig durch seine Ideologen und Geschichtsschreiber öffentlich denunzieren läßt. Karl Kraus hat recht, wenn er über die »deutschen Sippen, die sich vor Heine bekreuzigen, um hinterdrein in seliger Gemütsbesoffenheit ›doch‹ die Lorelei zu singen«, sagt: »die Philistersippe, die schimpft, erhebt sich erst im zweiten Bilde zum wahren Philisterbekenntnis, da sie singt«.[6]

Heines Versuch, in seiner frühen Lyrik die beiden Komplementärfaktoren bürgerlichen Daseins, Nüchternheit und Sentimentalität, in ein dialektisches Verhältnis zueinander zu bringen und dadurch zu erschüttern, mißlingt. Seine Leser tappen mit Genuß in die ihnen gestellten Gefühlsfallen, ohne sich im geringsten unbehaglich zu fühlen; sie machen ohne Besinnung Gebrauch von jenem Sentiment, das Heine ihnen in subversiver Absicht anbietet, und scheren sich keinen Deut darum, ob es sich dabei um bloße Fluchtreaktionen handelt.

Man stößt hier, auf der Ebene der Rezeption, auf einen ersten Aspekt zum Thema ›Poesie und Lüge‹. Die ungehemmt sentimentale, ›gemütsbesoffene‹ Rezeption – von Heine in den Zyklen des *Buchs der Lieder* immer wieder angegriffen und z. T. offen karikiert (*Lyrisches Intermezzo* 53: »Ich steh auf des Berges Spitze, / Und werde sentimental«)[7] – ist dabei Ausfluß einer Haltung, die konsequent die Züge des Autors wie auch jene Teile seiner frühen Lyrik ausspart und verdrängt, die nicht affirmativ sich vereinnahmen lassen. Zumindest Teile dieses unterdrückten Restes, die zynischen oder witzigen Gefühlsbrechungen zumal, dienen aber zugleich unausgesprochen zur Entlastung der eigenen Schizophrenie.[8] Das Publikum ›belog‹ sich im Hinblick auf Heine und seine

Poesie, wie es sich gerne hinsichtlich der eigenen »feinsten Gefühle« (*Heimkehr* 44) etwas vormachte.

II.

Der oben bereits zitierte Karl Kraus wollte allerdings in seiner 1911 erschienenen Streitschrift *Heine und die Folgen* Heine selbst für die Verirrungen der Rezeption verantwortlich machen. Ich denke, jede Beschäftigung mit dem *Buch der Lieder* muß sich der Krausschen Polemik stellen und sich mit ihr auseinandersetzen. Heine sei ein »prompter Bekleider vorhandener Stimmungen« gewesen und habe »der deutschen Sprache so sehr das Mieder gelokkert«, so lautet der Hauptvorwurf, daß jetzt sogar die verhaßte Journaille »an ihren Brüsten fingern« könne.[9] Bemerkenswert an dieser Kritik ist vor allem, daß selbst ein so scharfsichtiger Leser wie Karl Kraus den subversiven Charakter von Heines Poesie, ihre ›Widerhaken‹, offenbar nicht erkennen wollte. Der Grund ist relativ leicht einzusehen. Kraus sieht im Gedicht die »Offenbarung des im Anschauen der Natur versunkenen Dichters« und wirft Heine vor: »Die Sprache war ihm zu Willen. Doch nie brachte sie ihn zu schweigender Ekstase.«[10] Er führt bezeichnenderweise gegen Heine ständig Goethe ins Feld und verweist damit auf den Hintergrund seiner Polemik. Mit Goethe war die Literatur insgesamt und die Lyrik insbesondere auf Subjektivität und Erlebnis eingeschworen, auf die zur Sprache gebrachte existentielle Erschütterung. Nur solche Literatur erhielt Prädikate wie ›echt‹ und ›tief‹, ihre Produzenten sind »Persönlichkeiten« (Kraus).[11] Heine dagegen, dessen Erschütterung gespielt zu sein scheint und dessen Bekenntnisse einen äußerst zweifelhaften Eindruck machen, gilt als ›oberflächlich‹, als bloßer »Techniker«.[12]

Wohl hat Kraus recht, wenn er der Heineschen Lyrik den Erlebnischarakter im Sinne Goethescher Erlebnislyrik abspricht. Er tut das zwar mit sehr viel mehr Takt und Intelligenz als die Heine-Hasser reaktionärer Couleur, aber er trifft sich mit ihnen in dem aus dieser Feststellung gezogenen Schluß: Des Autors Liebesschmerzen sind entweder völlig fiktiv, oder sie reichen nicht sonderlich weit, da er sich in vielfacher Weise darüber lustig zu machen in der Lage ist; der Autor macht uns folglich etwas vor, er lügt. Hier begegnet uns zum zweiten Mal in Zusammenhang mit

Heines Liebesgedichten die Verbindung von ›Poesie und Lüge‹, diesmal nicht mehr auf der Außenseite der Texte, sondern als direkter Verdacht gegen sie selbst. Zu fragen ist allerdings, ob der diesem Verdacht zugrundeliegende Schluß wirklich zwingend ist. Muß Heines Rede von Leid und Lust der Liebe deshalb verlogen sein, weil sie zum einen nicht aus existentiell erschütternden Liebeskatastrophen erwächst, zum andern nicht den unverwechselbaren, einmaligen Ausdruck persönlichsten Erlebens verwendet, sondern einen »Volkston«, der eingängiger, ›süffiger‹ ist als noch die originalen Vorbilder, weil er aus »den alten, vorhandenen Volksliedformen« neue »volksthümliche« Formen bildet, ohne die archaischen »Sprachholperigkeiten und Unbeholfenheiten nachzuahmen«?[13] Ein Teil von Heines Verehrern vor allem aus dem Anfang unseres Jahrhunderts hat den ersten Teil dieses von Kraus polemisch zugespitzten Vorwurfs auf eine völlig untaugliche Weise zu widerlegen gesucht. Wenn Heine schon keiner war, dann machte man ihn eben kurzerhand zum Erlebnisdichter und blamierte sich kräftig bei der Suche nach weiblichen Anlässen für seine »großen Schmerzen«. In den Rückzugsgebieten des Positivismus, den Kommentaren der Ausgaben, findet sich noch immer der lächerliche Hinweis auf die »unbefriedigende Liebessituation« (sic!) des Dichters zur Zeit des *Buchs der Lieder*[14], und noch immer folgt man dem Autor vor der Lektüre von *Yolante und Marie* aus den *Verschiedenen* ins Boudoir der Schwestern Bothmer und die Separées Münchner Restaurants.[15] Aufs Ganze gesehen läßt sich allerdings sagen, daß die Heine-Forschung den erlebnislyrischen Ansatz für Heines Liebesgedichte inzwischen endgültig verworfen hat.

Theodor W. Adorno hat sich in seinem bahnbrechenden Aufsatz *Die Wunde Heine* – die sich ihm ja gerade in den Gedichten des *Buchs der Lieder* auftut – mit dem zweiten Teil des Vorwurfs auseinandergesetzt, der die ›Verlogenheit‹ der Sprache von Heines Liebesliedern betrifft, und eine Art kritische Rekonstruktion der Polemik von Karl Kraus unternommen. Er kommt zu dem Schluß, daß die Leistung des *Buchs der Lieder* eben darin liege, »das eigene Ungenügen, die Sprachlosigkeit seiner Sprache, umzuschaffen zum Ausdruck des Bruchs. So groß war die Virtuosität dessen, der die Sprache gleichwie auf einer Klaviatur nachspielte, daß er noch die Unzulänglichkeit seines Worts zum Medium dessen erhöhte, dem gegeben ward zu sagen, was er leidet«.[16] Das trifft ohne Zweifel einen zentralen Punkt, wenngleich man das, was Adorno hier im Sinne und unter dem Eindruck von Kraus pejorativ als »Ungenügen« und »Unzulänglichkeit« bezeichnet, mit Helmut Heißenbüttel auch positiv sehen kann als bewußt gewähltes Verfahren, als Test für die überkommenen formalen und sprachlichen Muster.[17] Denn in der Tat mutet nicht nur die stete Wiederholung eines und desselben Themas (›Liebesunglück‹) monoton an – Heine hatte selbst auf die »große Einseitigkeit« seiner Liederzyklen hingewiesen, die »alle nur Variationen desselben kleinen Themas« seien.[18] Vielmehr noch befremdet der kalkuliert wirkende Einsatz der für das Thema zur Verfügung stehenden Metaphern und Bilder, der völlig zu Recht in die Nähe petrarkistisch ritualisierter Liebessprache gerückt wurde.[19] Adorno und Heißenbüttel weisen darauf hin, daß Heines Verfahren die Produktionsweise des heraufziehenden industriellen Zeitalters reflektiert. Nach ausgeklügeltem Muster, so ihr Resumee, werden aus vorhandenem Sprachmaterial Texte zusammengesetzt, die sich als Ware zu erkennen geben und dem Leser (Kunden) nach Bedarf (und gegen Bezahlung) eine Gefühlsqualität vermitteln. Durch eine Vielzahl offener und versteckter Signale der Distanzierung und Brechung wird auf den Warencharakter dieser Texte aufmerksam gemacht. Wie wir aus der Rezeptionsgeschichte wissen, ist gerade dieser Aspekt der Gedichte stets negativ beurteilt, als Verfall und Versagen eingestuft und verdrängt worden. Erst in neuerer Zeit und unter dem Eindruck der historischen Erfahrung unseres Jahrhunderts hat sich Heines Technik auch in ihrem kritischen Wert entfalten können.

Der Vorwurf der ›Verlogenheit‹ auf der Ebene des Erlebens und – daraus folgend – sprachlicher Darstellung hat darüber hinaus einen dem Autor – im Gegensatz zu seinen Kritikern – sehr bewußten und in den Texten auch ständig reflektierten Grund, der im Thema selbst angelegt ist: dem Reden *über* die Liebe. Roland Barthes macht in *Fragmente einer Spache der Liebe*, in denen Heine mehrfach als Gewährsmann herangezogen wird, darauf aufmerksam, daß der eigentliche Diskurs *der* Liebe und die Rede *über* die Liebe, die Liebesgeschichte oder das Liebesgedicht, nur wenig miteinander zu tun haben. »Der dis-cursus der Liebe ist nicht dialektisch; er wechselt wie ein immerwährender Kalender, wie eine Enzyklopädie der affektiven Kultur […]. In linguistischen Begriffen würde man sagen, daß die Figuren distributiv, aber nicht integrativ sind; sie verbleiben immer auf derselben Ebene: der Liebende spricht in Satzbündeln, faßt diese Sätze aber nicht auf einer höheren Ebene zusammen, zu einem Werk; es ist ein horizontaler Diskurs: keine Transzendenz, kein Heil, kein Roman (aber viel Romanhaftes).« Dagegen ist die Liebesgeschichte, das literarische Sprechen über die Liebe, »dem großen narrativen Anderen, der öffentlichen Meinung unterworfen [...], die jede exzessive Kraft entwertet und darauf dringt, daß das Subjekt selbst das große imaginäre Fluten, von dem es ohne Ordnung und Ziel überschwemmt wird, auf eine schmerzliche, krankhafte Krise zurückführt, von der es genesen muß [...] die Liebesgeschichte (das ›Abenteuer‹) ist der Zoll, den der Liebende der Welt zu entrichten hat, um sich wieder mit ihr zu versöhnen.«[20] In dieser Gegenüberstellung wird das Dilemma jeder Liebesdichtung deutlich, die das Erlebnis selbst ins Wort zu setzen sucht. Denn das poetische Sprechen über die Liebe gerät geradezu zwangsläufig dann unter den Verdacht der Unwahrheit, der Lüge, wenn es vorgibt, Teil des Diskurses der Liebe selbst zu sein. Heine hielt diese sprachliche Grenze, in der zugleich die Grenze zwischen Literatur und Leben greifbar wird, sich selbst und seinen Lesern bewußt. Doch wird paradoxerweise gerade diese Haltung, die ihn doch vor der sprachlichen Lüge bewahrt, von seinen Kritikern als Quelle seiner Verlogenheit denunziert. Es gibt einen Text im Zyklus *Die Heimkehr,* in dem die Schwierigkeit, Teile des Diskurses der Liebe in die Texte zu integrieren, exemplarisch demonstriert wird. *Heimkehr* 25 zeigt die Unmöglichkeit, im Zusammenhang der Rede über die Liebe den Ausdruck »Ich liebe dich« zu verwenden.[21] Die zweite Strophe bezeichnet messerscharf jene Grenze, bei deren Überschreitung die Poesie zur Lüge zu werden droht:

> Nur einmal noch möcht ich dich sehen,
> Und sinken vor dir aufs Knie,
> Und sterbend zu dir sprechen:
> Madame, ich liebe Sie!

III.

Bereits diese Beobachtungen zum Unterschied zwischen den Sprachen der Liebenden und der Liebesdichter zeigen, wie lohnend ein genauer Blick auf das in seiner vermeintlichen Ungeschichtlichkeit schon beinahe wieder triviale Liebesthema sein kann. Das ist in der Heine-Forschung und -Essayistik bislang ernsthaft nur in Teilbe-

reichen geschehen, dort mit erheblichem Gewinn.[22] Auch hier
können die Dimensionen des Themas bei Heine nicht systematisch
aufgeblättert, sondern nur Beobachtungen und Hinweise zusam-
mengestellt werden. Dabei sind einige Umwege über allgemeinere
Fragen unvermeidlich.

Einen guten Einstieg gewährt das als *Vorrede zur dritten Auflage* des *Buchs der Lieder* abgedruckte Gedicht. Erneut wird über
die Liebe gesprochen, diesmal jedoch nicht in Form einer Liebesgeschichte, sondern in Form einer allegorischen Reflexion auf die
Besonderheiten des Phänomens. Die Liebe wird metaphorisch
vertreten durch eine Sphinx (vgl. v. 45 f.: »O schöne Sphinx! / O
Liebe!«). Als erstes Merkmal der Liebe erscheint ihre Kraft, Gegensätze zusammenzubringen: »Marter« und »Weh« (v. 41),
»Lust« und »Schmerz« (v. 42), »Todesqual« und »Seligkeiten« (v.
47 f.). Man könnte diese Aufzählung mit Blick auf die Gedichte des
Buchs der Lieder beliebig verlängern. Das zweite Merkmal ist, daß
in der Liebe, wie sie uns im *Vorrede*-Gedicht und in Heines Liebeslyrik in der Regel entgegentritt, die Gegensätze zwar zusam-
mengezwungen werden, sich aber nicht aufheben oder ausglei-
chen, sondern in ihrer antagonistischen Wirkung bestehen bleiben
und diese Wirkung auch auf das Subjekt ausüben. Es handelt sich
mithin um eine unglückliche, unerfüllte Liebe.

Die Vermittlungsfunktion ist ein sehr naheliegendes und ihm
deshalb auch seit je zugeschriebenes Merkmal des Liebesmotivs.
Platon nennt die Liebe im *Symposion* eine Mittlerin zwischen Göttern und Menschen, Reichtum und Dürftigkeit. Auch im Christentum spielt die Liebe diese die Gegensätze überwindende und
ausgleichende Rolle. Sie wird aber darüber hinaus zur Wesensbe-
stimmung Gottes und zum Urgrund der Schöpfung. Heine scheint
weniger an die christlichen Liebesvorstellungen direkt anzuknüp-
fen als vielmehr, wie zuletzt Franz Futterknecht im Anschluß an
Friedrich Schlegel überzeugend gezeigt hat, an eine solche Vorstellungen systematisierende romantische ›Liebesphilosophie‹.[23] In
ihr wird die Liebe zur Quelle der Identität des einzelnen mit sich
selbst wie mit der Welt, zum Inbegriff auch des Guten und Schönen. Futterknecht hat diesen Denkansatz mit Gewinn an Heines
Drama *Almansor* herangetragen. Das ist aber ebenso auch in bezug auf die frühen lyrischen Zyklen möglich, in denen das Liebesthema klar dominiert. Selbstverständlich kann man nicht davon
ausgehen, daß Heine seinem Schreiben eine in irgendeiner Weise

systematisierte Form der ›Liebesphilosophie‹ zugrunde gelegt hat. *Daß* der Liebesgedanke eine zentrale Rolle für seine Deutung der Welt spielte, zeigt sich gelegentlich ganz offen in den Texten. Nicht nur das *Vorreden*-Gedicht läßt sich in dieser Hinsicht anführen. Auch im Gedicht *Heimkehr* 39 wird für eine Welt, in der die traditionellen Ordnungskategorien nicht mehr gelten, der die Orientierung und Richtung fehlt (»Gestorben ist der Herrgott oben, / Und unten ist der Teufel tot«, v. 7 f.), »das bißchen Liebe« als einziger, unverlierbarer »Halt« (v. 11 f.) beschrieben. Und auch in *Lyrisches Intermezzo* 44 erscheint, wenngleich in einem sehr viel konventionelleren Bild, die Liebe als Wert, der auch noch den Untergang der Welt überdauern wird.

Dem durch und durch romantischen Bekenntnis zur Unsterblichkeit der Liebe, zu ihrer ewig wirkenden Kraft als Zentrum allen menschlichen Tuns, steht allerdings die die romantische Liebesphilosophie transzendierende Erfahrung gegenüber, daß, wie es im *Vorrede*-Gedicht heißt und in den Zyklen dann in ›monotoner‹ Wiederholung variiert wird, seit »manchen tausend Jahren« die Liebe immer nur in Verbindung mit Leiden auftritt, daß nicht ein Zustand vollkommenen Glücks, sondern eher sein Gegenteil, das Unglück, durch sie bewirkt wird. Bereits auf dieser hohen Reflexionsebene des Themas ›Liebe‹, gewissermaßen im Überbau zu Heines früher Lyrik, begegnet die für diese Texte so charakteristische Brechung des Themas wieder. Mit der dominanten Stellung des Liebesthemas werden zwar zentrale Vorstellungsinhalte der in der romantischen Philosophie und Kunst angebotenen Harmonisierungskonzepte aufgenommen und weitergetragen, zugleich werden aber die mit diesen verbundenen Glücks- und Erlösungsphantasien und -hoffnungen von allem Anfang an verabschiedet. Das gilt für die romantische ›Liebesphilosophie‹ wie für die christliche Liebesreligion, für das Konzept einer ästhetischen Erziehung ebenso wie für das einer universalen Poetisierung, und es gilt noch für Hegels Vorstellung von der Selbsterlösung der Vernunft. Dem »Alles, was ist, ist vernünftig« stellt Heine dann sein radikales »Alles, was vernünftig ist, muß seyn« entgegen.[24] Auf dem Wege über Poesie, Liebe, Religion, Philosophie, das weiß bereits der postrevolutionäre und postnapoleonische Heine der 20er Jahre nur zu gut, läßt sich die Welt wohl neu interpretieren, nicht aber verändern. Dieses Wissen hat Auswirkungen auf Heines eigene Einschätzung des Verhältnisses von Poesie und Leben. Die Möglichkeiten der Poesie, Einfluß zu nehmen auf den historischen Prozeß, schätzt er für seine Gegenwart gering ein. Zwar heißt es in der *Vorrede zur zweiten Auflage* des *Buchs der Lieder:* »Bemerken muß ich jedoch, daß meine poetischen, ebenso gut wie meine politischen, theologischen und philosophischen Schriften, einem und demselben Gedanken entsprossen sind, und daß man die einen nicht verdammen darf, ohne den andern allen Beifall zu entziehen.«[25] Doch hatte Heine schon einleitend geschrieben:

Ich weiß nicht, welches wunderliche Gefühl mich davon abhält, dergleichen Vorworte, wie es bei Gedichtesammlungen üblich ist, in schönen Rhythmen zu versifizieren. Seit einiger Zeit sträubt sich etwas in mir gegen alle gebundene Rede, und wie ich höre, regt sich bei manchen Zeitgenossen eine ähnliche Abneigung. Es will mich bedünken, als sei in schönen Versen allzuviel gelogen worden, und die Wahrheit scheue sich in metrischen Gewanden zu erscheinen.[26]

In der folgenden *Vorrede zur dritten Auflage* des *Buchs der Lieder* redet der Autor Phöbus Apollo mit den Worten an:

[...] du weißt sehr gut, warum ich mich seit so vielen Jahren nicht mehr vorzugsweise mit Maß und Gleichklang der Wörter beschäftigen konnte... Du weißt, warum die Flamme, die einst in brillanten Feuerwerkspielen die Welt ergötzte, plötzlich zu weit ernsteren Bränden verwendet werden mußte.[27]

Daß diese Einschätzung der Poesie als des spielerisch heiteren Bereichs, dem der ›ernste‹, ›zeiteingreifende‹ Bereich der Prosa gegenübersteht, sich nicht erst der Retrospektive der 30er Jahre verdankt, macht eine Passage aus Heines Brief an Karl Immermann vom 24. Dezember 1822 deutlich: »Kampf dem verjährten Unrecht, der herrschenden Thorheit und dem Schlechten! Wollen Sie mich zum Waffenbruder in diesem heiligen Kampfe, so reiche ich Ihnen freudig die Hand. *Die Poesie ist am Ende doch nur eine schöne Nebensache.*«[28] Im Entwurf zum *Atta Troll* heißt es später in aller Deutlichkeit: »Ja, in guter Prosa wollen / Wir das Joch der Knechtschaft brechen – / Doch in Versen, doch im Liede / Blüht uns längst die höchste Freiheit.«[29] Zwar hat Heine, wie dieses Zitat zeigt, die klassisch-romantische Vorstellung von der Kunst als eigenständigem autonomem System übernommen. »Kunst ist der Zweck der Kunst« heißt es mehrfach ganz dezidiert.[30] Der Künstler, das Genie, ist Schöpfer, einzig den Gesetzen der Kunst gehorchend, an denen es intuitiv teilhat.[31] Worin Heine sich von seinen romantischen Ahnherren jedoch grundlegend unterscheidet, ist die Frage, wie der Schritt aus der Kunst ins Leben gelingen könnte. Den Glauben an einen Transfer vom poetischen in den politisch-gesellschaftlichen Bereich über Effekte wie Erziehung, Bildung, Kontemplation oder Poetisierung hat er verabschiedet. Sein Künstlertypus schreibt konsequent aus dem »Abseits« von Gesellschaft, wie Klaus Briegleb es genannt hat.[32] Dieses ›Abseits‹ freilich ist nicht Ort resignierender oder kunstblinder Absonderung. Wenn Heine die Bindung des Künstlers »an die schlechte Endlichkeit als die erste Wirklichkeit« aufgibt, so aus Einsicht in »das gesellschaftliche Verderben der Natur«.[33] Nur außerhalb des gesellschaftlichen Diskurses gibt es einen Raum für »Wahrhaftigkeit, Widerspruchsfähigkeit, Lebendigkeit und ihren Ausdruck«.[34] Und nur in einem solchen Raum, in den sich der Autor des *Buchs der Lieder* als Künstler zurückzieht, kann die Darstellung einer sich selbst zerstörenden Welt, in der die Liebe nicht mehr, oder allenfalls nach dem Maßstab der Konvention, zur Erfüllung gelangt, dergestalt gelingen, daß durch sie hindurch ihre unzerstörte Gestalt (der Traum vom Gelingen der Liebe) sichtbar bleibt.

Karl Immermann hatte bereits 1822 in seiner Rezension von Heines *Gedichten*, seiner allerersten Sammlung, aus der später die *Jungen Leiden* wurden, auf jenes »Abseits« als den Ort hingewiesen, von dem aus Heines Texte konzipiert sind. Er spricht von einer »tiefen Feindschaft gegen die Zeit« und »offne[n] Opposizion gegen die übrige Welt«, aus der die *Gedichte* entstanden seien.[35] Heine fühlte sich wirklich verstanden: »[…] Sie sind bis jetzt der Einzige der die Quelle meiner dunkelen Schmerzen geahndet«, schreibt er am 24. Dezember 1822.[36] Immermanns erstaunlich hellsichtiger Interpretationsansatz blieb im Laufe der Rezeptionsgeschichte vereinzelt. Gerade auch die linke Opposition begegnete Heines Liebeslyrik mit Mißtrauen, und zusammen mit dem reaktionären Gustav Pfizer spricht der Junghegelianer Arnold Ruge 1838 von Heines »Poesie der Lüge«[37], die »keine Leidenschaft und keinen Gott hat, und uns aus allen Registern die Haut voll lügt«.[38] Dergestalt vorgewarnt, artikuliert Heine dann im Angesicht der ›Kommunisten‹ seine Angst, diese »dunklen Ikonoklasten« könnten sein *Buch der Lieder* zu Tüten verwenden, um Kaffee oder Schnupftabak darin zu schütten für die alten Weiber der Zukunft.[39] In solchen nur halb komischen Angstvisionen füllt sich sein Diktum von der Poesie als »schöner Nebensache« mit Inhalt. Zwar sieht es so aus, als verlören im Angesicht der ›großen Suppenfrage‹ die »Schnurrpfeifereien« des Dichters[40] ihre Bedeutung. Doch Heine kann und will sich ganz augenscheinlich nicht abfinden mit der Vorstellung einer Welt, der mit der Poesie auch der Traum von der Schönheit verlorengeht.

Auch solch zwiespältige Haltungen zu den Möglichkeiten der Kunst und der Rolle der Dichter sind Ausdruck des Heineschen Versuchs, nicht nur im *Buch der Lieder* eine Literatur zu schreiben, die in beide Richtungen, in Richtung Tradition wie in Richtung Moderne bis zu jenem Punkt vorzudringen sucht, wo die Grenzen sich verwischen, Poesie in ständiger Gefahr schwebt, in Lüge überzugehen, und so eine Bewegung in Gang kommt, die das Ineinander von Sein und Schein problematisiert. Briegleb bemerkt richtig, daß selbst noch die fadesten Sehnsüchteleien mancher Liebeslieder an der Zerstörung jenes »Idealismus als Ideologie« arbeiten, dessen Ausdruck sie darstellen.[41] Das Bemerkenswerte an Heines Position ganz allgemein ist ja, daß diese eben nicht zwischen oder über allen Stühlen sich befindet, sondern entschiedene, radikale Parteinahme für die Sache des Fortschritts, für die Moderne im Sinne von Überwindung des »verjährten Unrechts, der herrschenden Thorheit«, verbindet mit kritischer Weitergabe der guten Teile der Tradition. Auch der Zerfall als hervorragendes Merkmal des heraufziehenden bürgerlichen Zeitalters läßt sich erst sichtbar machen vor dem Hintergrund der Vorstellungen, die da zerfallen und die noch immer Zeichen setzen zumindest für das, was sein könnte.

Im Blick auf seine Lyrik faßt Heine seine spezifische Position in den *Geständnissen* in die Worte: »[...] mit mir ist die alte lyrische Schule der Deutschen geschlossen, während zugleich die neue Schule, die moderne deutsche Lyrik, von mir eröffnet ward.«[42] Als Romantiker *und* Überwinder der Romantik zugleich stellt Heine sich selbst in diesem Zusammenhang vor, Überwinder allerdings nicht im Sinne von radikaler Zerstörer, sondern im Sinne einer Position, die romantische Tradition kritisch mit moderner Weltsicht vermittelt und verschränkt. Bezogen auf das Thema von Heines früher Lyrik heißt das: Hinter jeder Beschreibung mißglückter, unglücklicher Liebe scheint die Folie der geglückten Beziehung – und sei es als Sehnsucht – hervor, wobei allerdings immer präsent bleibt, daß solche Wunschbilder nie eine Chance haben, sich gegen die bestehenden Verhältnisse durchzusetzen. Die Heineschen Lieder öffnen sich weder, wie manche ihrer Verteidiger meinen, zu einer ›realistischen Weltsicht‹[43], noch bleiben sie in schierer Inszenierung von Sentimentalität stecken. Vielmehr setzen sie, als ›Kunst‹ freigestellt von den sozialrevolutionären Aufgaben der Prosa, jenen Prozeß der Selbstreflexion ins Bild, in der in einer Welt ohne Gewißheiten einzig die Hoffnung auf Befreiung gründen kann. Exemplarisch hat Heine diese Position im Gedicht *Heimkehr* 44, das genau auf der Mittelachse dieses zentralen Gedichtzyklus liegt, dargestellt: »Ich hab mit dem Tod in der eignen Brust / Den sterbenden Fechter gespielet«, lauten die beiden Schlußverse. In der Selbstreflexion entpuppt sich das Verhältnis von Sein und Schein als ineinander verdreht: Die Distanz vom vermeintlichen Schein macht diesen als das wahre Sein erkennbar.

Nun eignet sich das Liebesmotiv, wie gesehen, in besonderer Weise dazu, nach dem Muster des »Fechter«-Gedichts Gegensätzliches, Widersprüchliches und Getrenntes gegen- oder nebeneinanderzustellen und die Figur der Selbstreflexion abzubilden. So stehen etwa in *Heimkehr* 33 in der 1. Strophe äußerliche Feindschaft und innerliche Liebe, in der 2. Strophe äußerliches Leben und innerlicher Tod in einer merkwürdig verschränkten Beziehung. *Heimkehr* 77 thematisiert den Gegensatz von äußerlich unveränderter Geliebter und innerlich verändertem Geliebten; *Heimkehr* 62 den Grundwiderspruch des gesamten *Buchs der Lieder,* den wir bereits aus dem *Vorreden*-Gedicht kennen, den Widerspruch von Schönheit/Liebe und Qual. Um zumindest ein wenig Ordnung in die Vielzahl möglicher Konfigurationen zu bringen, bietet es sich an, hier auf die in der bereits angesprochenen romantischen »Liebesphilosophie« entworfenen Kategorisierungen zurückzugreifen. Im Anschluß an Friedrich Schlegel unterscheidet Franz Futterknecht drei Wirkungsbereiche und -weisen der Liebe: Eine »mystische Kraft«, vermittels deren das Ich seine »trostlose Einzelheit lustvoll auf ein Du hin« zu transzendieren und in der ›unificatio‹ der Seelen die »Einheit des Menschen mit seiner Welt« zu erleben vermag; eine »sittigende Kraft«, d. h. die Liebe ist »das Gute als im Menschen wirkende Macht«; schließlich ihre »poetische Kraft«, die den liebenden Menschen befähigt, »die Welt in der Schönheit und Herrlichkeit wahrzunehmen, die ihr ursprünglicher Zustand war und den es zu restituieren gilt«.[44] Wie bereits Futterknecht im Blick auf das *Almansor*-Drama feststellte und wie die Lektüre der Liebeslyrik bestätigt, decken sich diese

Kategorien mit den Hauptwirkungsweisen der Liebe, wie sie im *Buch der Lieder* beschrieben werden. Allerdings kehrt sich, wie nach Heines spezifischer Einstellung zur romantischen Tradition zu erwarten war, auch in diesem Fall der ursprüngliche Impetus jener Vorstellungsinhalte als Folge seiner gegenüber der Romantik kritisch, ›modern‹ verschobenen Weltsicht um: Die drei auf unterschiedlichen Ebenen beschriebenen »Kräfte« der Liebe – ihre verbindende, ihre moralische und ihre poetische Kraft – sind gebrochen und bringen das Gegenteil von dem hervor, was noch die Romantiker ihnen zuschreiben wollten. Dennoch verschwindet das Bild ihrer positiven Möglichkeiten nicht ganz, bleibt bestehen als Erinnerung an das, was möglich wäre.

Die Liebe als die Kraft, die Identität stiftet, die Menschen zusammenführt und ihnen das Gefühl höchsten Glücks und Wohlbefindens gewährt, wird im *Buch der Lieder* in aller Regel und bis auf wenige Ausnahmen nur mehr als *Erwartung* artikuliert. Die Vereinzelung des Liebenden wird eben gerade nicht überwunden, und statt zu Glück und Wohlbefinden führt die Liebe zu Verzweiflung und Qual. Man begegnet dem Thema beinahe in jedem der Texte, wobei seine Artikulation sehr unterschiedliche Formen annehmen kann.

Es gibt metaphorische Formen, wie in dem berühmten »Ein Fichtenbaum steht einsam« (*Lyrisches Intermezzo* 33). Dort wird die Unmöglichkeit des Gelingens der Überwindung der extremen Gegensätze, die sich schon im Bild selbst ausdrückt, melancholisch bestätigt. Es gibt den nüchternen Bericht »Ein Jüngling liebt ein Mädchen« (*Lyrisches Intermezzo* 39), welcher der Liebe das ›Brechen der Herzen‹, die innere Zerstörung, ganz selbstverständlich zum Bestandteil macht. Es gibt aber auch Texte, in denen die ›unificatio‹ der Seelen zunächst gelungen scheint. *Lyrisches Intermezzo* 42 beginnt: »Mein Liebchen, wir saßen beisammen, / Traulich im leichten Kahn«. Der Schluß entlarvt dieses Bild als Trug, dem »Traulich« wird ein »Trostlos« entgegengestellt (»Wir aber schwammen vorüber, / Trostlos auf weitem Meer«). Wirklich gelingen kann die Aufhebung der Trennung vom geliebten anderen durch die Liebe meist nur unter Ausschaltung der Realität: im Traum (vgl. *Heimkehr* 61) oder – häufiger – im Tod (*Heimkehr* 22, 71; deutlicher: *Lyrisches Intermezzo* 31, 32 und 61). Aber noch in einem so schnöde pointierten Text wie *Heimkehr* 55 (v. 15 f.: »Das alles, meine Süße, / Ist mir schon einmal geschehn«)

bleibt – als Illusion, Vision, Traum, Wunsch, Hoffnung, wie auch immer – die Liebe als mögliche positive Kraft sichtbar.

Auch die sittliche, die moralische Kraft der Liebe, die den Menschen in seinen guten, lebendigen Eigenschaften stärkt und ihm die Kraft und die Fähigkeit verleiht, sich über die engen Schranken der gesellschaftlichen Konvention hinwegzusetzen, hat im *Buch der Lieder* keine Chance, sich gegen die Verhältnisse zu behaupten. Zwar wird die Verlogenheit der Konvention mehrfach bloßgestellt (am deutlichsten in *Lyrisches Intermezzo* 50: »Sie saßen und tranken am Teetisch«), doch ändert das nichts an ihrer faktischen Macht (vgl. z. B. *Heimkehr* 6 und 60). Auch sind die Resultate der Liebe eben gerade nicht innere Lebendigkeit und Wärme, sondern Kälte und Abgestorbenheit: Die Tränen der Geliebten sind vergiftet (*Heimkehr* 14), ihre schönen Augen quälen (*Heimkehr* 62), die Liebenden sind innerlich tot, ohne es selbst zu wissen (*Heimkehr* 33), die Liebe versackt in der Gleichgültigkeit (*Lyrisches Intermezzo* 47).

Bleibt die poetische Kraft der Liebe. Auch hier stößt man in den Texten auf Skepsis. Bereits in den *Jungen Leiden* heißt es im Gedicht *Wahrhaftig* aus den *Romanzen:* »Doch Lieder und Sterne und Blümelein, / Und Äuglein und Mondglanz und Sonnenschein, / Wie sehr das Zeug auch gefällt, / So machts doch noch lang keine Welt.« Wirkt in diesem frühen Gedicht die Desillusionierung des zuvor entworfenen schönen Bildes von Frühling und Liebe tatsächlich noch im Sinne einer ernüchternden Ermahnung, über der schönen Phantasie die Realität nicht zu vergessen, so bekommen solche Verbindungen von poetischer Aufregung und Ernüchterung in den beiden folgenden Zyklen eine andere Qualität. Schon im *Lyrischen Intermezzo* 43 (»Aus alten Märchen winkt es«) ist die Desillusion der Schlußstrophe nicht mehr in der Lage, wie noch die Schlußverse des *Wahrhaftig*-Textes, die Emphase der voraufgehenden fünf Strophen wirklich zu brechen. Der Text gibt der Faszination der »alten Märchen« (v. 1) und der »Liebesweisen« (v. 13) Raum, beläßt sie in ihrem romantischen Zauber und stellt am Schluß lediglich mit melancholischem Unterton das Verschwinden dieser Faszination fest. In der *Heimkehr* dann findet sich dieses Nebeneinanderstellen von romantischer Faszination und moderner Skepsis in nochmals verfeinerter Form und an sehr prominenter Stelle. Zunächst in *Heimkehr* 40 (»Wie der Mond sich leuchtend dränget«), wo das lyrische Ich die Welt als Spiegelung in dem

»Aug der schönen Frau« wahrnimmt. In der so entstehenden romantisch-stimmungshaften Rheinlandschaft wird die poetische Wirkung der Liebe, ihre Kraft, die Welt in einen romantischen Zauber zu hüllen, in raffinierter Weise dingfest gemacht. Die skeptische Brechung ist nur mehr sehr sanft in die erste Strophe eingebracht, welche die gesamte Szenerie als Erinnerung, als »lichtes Bild« aus »dunkeln Zeiten« erscheinen läßt. Das ist vergleichbar den »alten Märchen«, auf die *Lyrisches Intermezzo* 43 eingangs verweist, oder eben dem »Märchen aus alten Zeiten« des *Loreley*-Gedichts. Dieses bekannteste Heine-Gedicht überhaupt (*Heimkehr* 2), dessen enge Verbindung zu *Heimkehr* 40 auch noch durch die gemeinsame Verwendung des Wortes »Abendsonnenschein« (jeweils v. 8) belegt ist, läßt in ähnlicher, allerdings noch verstärkter Weise den romantischen Stimmungszauber sich entfalten: Im Gesang der »schönsten Jungfrau« wird die Welt schließlich ganz in Poesie aufgelöst. Allerdings fällt die Konfrontation der verzauberten Stimmung mit der ›modernen‹ Realität wesentlich härter aus als im genannten Bezugstext. Zwar wird in der ersten Strophe noch in vertrauter Weise das Vergangensein der schönen Welt signalisiert, doch enthält das Schicksal des Schiffers, der sich auf die Verzauberung einläßt und untergeht, bedenkt man die Grundstruktur von Heines Schreibansatz, einen Anteil von sehr ernüchternder Trivialität, den die Metaphorik nahelegt[45]: Verführt vom romantischen Zauber scheitert der Schiffer an den Klippen der Realität, um die er sein Lebensschiff herumzusteuern hatte. Der Faszination der in der Liebessehnsucht romantisch sich verklärenden Welt verleiht der Text starke und wirkungsvolle Bilder, die auch nicht direkt ironisch aufgehoben werden. Sie rücken allerdings auf eine Ebene von völligem Realitätsverlust und Scheitern, es wird ihnen gewissermaßen der Boden entzogen.

Es fällt nicht sonderlich schwer, von diesem Deutungsansatz den Bogen zurückzuschlagen zum Thema ›Poesie und Lüge‹. Nachdem im Zusammenhang mit Heines Liebeslyrik die Lüge zunächst als konstitutives Element der Rezeption, dann – in Form des Vorwurfs gegen Heine – als vorgebliches Kennzeichen der Erlebnisstruktur und der Sprache der Texte auftauchte, wird hier der Vorwurf der Lüge als Verdachtsmoment gegen die Poesie ganz allgemein durch die Texte selbst ins Spiel gebracht. Muß nicht unter den herrschenden elenden Bedingungen der Ausbeutung und Unterdrückung die ›schöne‹ Welt der Poesie eine Kulissen- und

Scheinwelt sein (*Heimkehr* 44), eine Lüge, wenn auch eine schöne, ›vergoldete‹ (*Heimkehr* 2); ist sie nicht, wie die Religion, deren Stelle sie teilweise eingenommen hat, auch eine Art »Opium des Volks«? Das *Buch der Lieder* entgeht diesem Dilemma, indem es den Leser dazu zwingt, sich über die unversöhnte Zwiespältigkeit der Texte, ihr Schwanken zwischen dem romantischen und dem modernen Pol, stets seiner selbst zu vergewissern, die eigene Position zu bestimmen im Ineinander von Schein und Sein. Es ist die Selbstreflexion, die die Führung übernimmt auf dem Weg zur Grenze zwischen Poesie und Lüge. Dieser Weg führt durch die weihevollsten Bezirke der Innerlichkeit, in die dabei der Keim der Skepsis und der Verdächtigung getragen wird. So betrachtet, ist im *Buch der Lieder* ein Aufklärer am Werke, der der Verlogenheit die Maske abreißen will und sich zu diesem Zweck des romantischen Erbes vergewissert. Sein Ziel ist nicht die Denunziation, sondern im Gegenteil die Rettung der Poesie durch ihre Trennung von der Lüge.[46] Die Versöhnung »der Partei der Rosen und Nachtigallen« mit der Partei der Vernunft und der Revolution, der Romantik mit der Aufklärung war Heines lebenslange Aufgabe. Mit dem *Buch der Lieder* tat er den ersten wichtigen Schritt zu ihrer Lösung.

Anmerkungen

1 In Baden-Württemberg z. B. rückt das *Buch der Lieder* jetzt zur sog. ›Sternchenlektüre‹ auf, d. h. es gehört zu jener zentralen Textgruppe, aus dem die Themen für das Abitur ausgewählt werden. Die Verlage haben auf den Trend bereits reagiert: 1987/88 erschienen Neuauflagen der seit langem vorliegenden Taschenbuchausgaben des *Buchs der Lieder* bei Insel, dtv und Goldmann, hier in völlig überarbeiteter Fassung. 1990 ist die weltberühmte frühe Lyriksammlung Heines erstmals nach dem Krieg im Rahmen von Reclams Universalbibliothek in Stuttgart herausgekommen.

2 Einen wesentlichen Anteil an der Verbreitung der frühen Heine-Lyrik hatte und hat die Musik. Günter Metzner (*Heine in der Musik*, Tutzing 1989 ff. [bisher 4 Bde.]) zählt ca. 10 000 Heine-Vertonungen. Die fünf am häufigsten vertonten Texte sind: 1. *Du bist wie eine Blume:* 388 Vertonungen; 2. *Ein Eichenbaum steht einsam:* 209; 3. *Ich hab im Traum geweinet:* 149; 4. *Im wunderschönen Monat Mai:* 130; 5. *Wenn*

ich in deine Augen seh: 127.

3 Vgl. die Darstellung bei Erich Mayser, *H. Heines ›Buch der Lieder‹ im 19. Jahrhundert,* Stuttgart 1978. – Vgl. auch die Zusammenstellung von zeitgenössischen Rezeptionsdokumenten in: Heinrich Heine, *Historisch-kritische Gesamtausgabe der Werke,* hg. v. Manfred Windfuhr (= Düsseldorfer Heine-Ausgabe), Bd. 1: *Buch der Lieder,* bearb. v. Pierre Grappin, Hamburg 1975 (diese Ausgabe im folgenden zitiert als: DHA). – Vgl. schließlich die Dokumentation *Heinrich Heines Werk im Urteil seiner Zeitgenossen,* [bisher 4 Bde.], hg. v. Eberhard Galley und Alfred Estermann, Bd. 1 ff., Hamburg 1981 ff.

4 Vgl. Mayser, a.a.O.

5 Vgl. z. B. die Illustrationen von Edmund Brüning zum *Buch der Lieder* (Leipzig, ca. 1898) und zu einer Gesamtausgabe von 1902 (hg. v. Gustav Karpeles).

6 Karl Kraus, *Heine und die Folgen,* in: ders., *Untergang der Welt durch schwarze Magie,* Frankfurt/Main 1989 (= *Karl Kraus Schriften,* hg. v. Christian Wagenknecht, Bd. 4), S. 185-210, hier S. 196.

7 Ähnlich karikiert er später den »Enthusiasmusdunst« der politischen Dichter im *Atta Troll* (Vorrede) oder in dem Zeitgedicht *Die Tendenz* (*Sämtliche Schriften,* hg. v. Klaus Briegleb, München 1968, Bd. IV, S. 422f.; diese Ausgabe im folgenden zitiert als: B).

8 Vgl. die Darstellung solcher Rezeptionshaltungen bereits aus dem 19. Jh. bei Mayser, a.a.O., S. 65-87.

9 Kraus, a.a.O., S. 190.

10 Ebd., S. 210.

11 Ebd., S. 208. – Zum Verhältnis Heine–Goethe gerade im Hinblick auf die Liebeslyrik vgl. George F. Peters, *Heines Spiel mit dem Erlebnismuster,* in: Neophilologus 68 (1984), S. 232-246; jetzt ausgearbeitet in: G. F. Peters, *»Der große Heide Nr. 2«. Heinrich Heine and the Levels of His Goethe Reception,* New York usw. 1989.

12 Kraus, a.a.O., S. 208.

13 Heine an Wilhelm Müller, 7. 6. 1826. *Heine Säkularausgabe,* Bd. 20 Berlin (Ost) und Paris 1970, S. 250 (diese Ausgabe im folgenden zitiert als: HSA). Dieser für das Verständnis des *Buchs der Lieder* wichtige Brief entstand anläßlich der Übersendung des ersten *Reisebilder*-Bandes, der u. a. *Die Heimkehr* enthält, an den von Heine geschätzten Liederdichter Wilhelm Müller. – Für Heines Verhältnis zum Volkslied und zum literaturhistorischen Umfeld des *Buchs der Lieder* insgesamt vgl. jetzt Michael Perraudin, *Heinrich Heine. Poetry in Context. A Study of »Buch der Lieder«,* Oxford usw. 1989.

14 DHA II, 489 (Kommentar zu *Neue Gedichte*).

15 DHA II, 484.

16 Theodor W. Adorno, *Die Wunde Heine,* in: ders., *Noten zur Literatur I,* Frankfurt/Main 1958, S. 144-152, hier S. 150.

17 Vgl. Helmut Heißenbüttel, *Materialismus und Phantasmagorie im Ge-dicht. Anmerkungen zur Lyrik Heinrich Heines*, in: ders., *Zur Tradition der Moderne. Aufsätze und Anmerkungen 1964-1971*, Neuwied und Berlin 1972, S. 56-69. – Im vorliegenden Band S. 38-49.

18 Heine an Karl Immermann, 10. 6. 1823, HSA 20,91.

19 Vgl. Manfred Windfuhr, *Heine und der Petrarkismus* (1966), in: Helmut Koopmann (Hg.), *Heinrich Heine*, Darmstadt 1975, S. 207-231. – Weiter ausgeführt wurde dieser Ansatz bei Danilo Bianchi, *Die unmögliche Synthese. Heines Frühwerk im Spannungsfeld von petrarkistischer Tradition und frühromantischer Dichtungstheorie*, Bern 1983.

20 Roland Barthes, *Fragmente einer Sprache der Liebe*, Frankfurt/Main 1988, S. 20.

21 Ähnliches gilt im übrigen für die Verwendung des Ausdrucks ›ich liebe dich‹ in *Lyrisches Intermezzo 4*. Vgl. die aufschlußreichen linguistischen Betrachtungen bei Barthes, a.a.O., im Abschnitt »Ich liebe dich«, S. 136-145: »Obwohl milliardenfach ausgesprochen, ist ›ich liebe dich‹ nicht lexikonreif; (es ist eine Figur, die außerstande ist, anderes zu umfassen als den so Angesprochenen).« – Interessant wäre in diesem Zusammenhang die Untersuchung der Funktion des ›ich liebe dich‹ in Heines Text »Ich hatte einst ein schönes Vaterland« (B IV,370).

22 Vgl. vor allem die in Anm. 19 genannten ergebnisreichen Arbeiten zu den Spuren der petrarkistischen Tradition bei Heine. – Brauchbar ist in diesem Zusammenhang auch Rolf Lüdi, *Heinrich Heines »Buch der Lieder«. Poetische Strategien und deren Bedeutung*, Bern usw. 1979. – Dagegen ist die Arbeit von Gertrud Waseem, *Das kontrollierte Herz. Die Darstellung der Liebe in Heinrich Heines »Buch der Lieder«*, Bonn 1976, nicht mehr als eine Zusammenstellung des Materials.

23 Vgl. Franz Futterknecht, *Heinrich Heine. Ein Versuch*, Tübingen 1985, S. 222. Futterknecht bezieht sich auf Friedrich Schlegels *Transzendentalphilosophie*.

24 Die beiden Formulierungen in Heines Bericht über ein Gespräch mit Hegel in einem Bruchstück zu *Geständnisse*, DHA XV,170.

25 B I,11.

26 B I,9.

27 B I,15 f.

28 HSA 20,62. – Hervorhebung von mir, B. K.

29 B IV,990.

30 Heine an Karl Gutzkow, 23. 8. 1838, HSA 21,292; vgl. auch *Atta Troll*, Cap. III.

31 Vgl. z. B. die Gegenüberstellung von Talent und Charakter in *Ludwig Börne*, 5. Buch (B IV,130).

32 Klaus Briegleb, *Opfer Heine? Versuche über Schriftzüge der Revolution*, Frankfurt/Main 1986, S. 118.

33 Ebd., S. 121.

34 Ebd., S. 111.

35 Karl Immermann, *Brief statt einer Rezension,* in: Rheinisch-westfäli-
scher Anzeiger. Beilage: Kunst- und Wissenschaftsblatt, Nr. 32, 31. 5.
1822. Zitiert nach: DHA I,591.

36 HSA 20,61.

37 Arnold Ruge, *Heinrich Heine, charakterisiert nach seinen Schriften...,*
in: Hallische Jahrbücher für deutsche Wissenschaft und Kunst, Nr.
25-29, 29. 1.-2. 2. 1838; hier Nr. 28 vom 1. 2.

38 Arnold Ruge, *Gedichte von Ferdinand Freiligrath,* in: Hallische Jahrbücher für deutsche Wissenschaft und Kunst, Nr. 5, 5. 1. 1839.

39 Heine, *Vorrede* (zur französischen Ausgabe der *Lutezia*), B V,232.

40 Ebd.

41 Briegleb, a.a.O., S. 123.

42 B VI/1,447.

43 So die These der klugen Arbeit von Mayser, a.a.O.

44 Futterknecht, a.a.O., S. 222.

45 Vgl. dazu Hans Blumenberg, *Schiffbruch mit Zuschauer. Paradigma
einer Daseinsmetapher,* Frankfurt/Main 1979. – Vgl. auch ders., *Das
Lachen der Thrakerin. Eine Urgeschichte der Theorie,* Frankfurt/Main
1987: Thales fällt in der Episode mit der thrakischen Magd aus Platos
Theaetet, die Sterne betrachtend, in den Brunnen und wird ausgelacht.

46 Vgl. die Thesen von Jürgen Habermas, *Geist und Macht – ein deutsches
Thema. Heinrich Heine und die Rolle des Intellektuellen in Deutschland,* in: J. A. Kruse und B. Kortländer (Hg.), *Das Junge Deutschland,*
Hamburg 1987, S. 15-38 (= Heine-Studien): »Heine macht von seiner
entwendeten Romantik einen radikalen Gebrauch – das war unverzeih-
licher noch als die radikale Aufklärung selber.« (S. 26). – Vgl. zu diesem
Thema jetzt auch: Gerhard Höhn, *Heinrich Heine, intellectuel moderne,* in: Revue de Métaphysique et de Morale 94 (1989), S. 151-164.

Jost Hermand
Vom *Buch der Lieder* zu den *Verschiedenen*
Heines zweimalige Partnerverfehlung

Was wir gemeinhin als ›Liebe‹ bezeichnen, ist nur selten mit sich identisch gewesen. Hier gab es immer etwas, was als das Eine dem Anderen im Wege stand: ob nun das zarte Gefühl dem skrupellosen Trieb, die gesellschaftliche Norm dem individuellen Entfaltungsdrang, der auch die Folgen bedenkende Verstand der spontanen Leidenschaft, das Eingebettetsein in eine feste Partnerschaft der Lockung des ständigen Wechsels – und vieles andere mehr. Doch der sich daraus ergebende Widerstreit war zugleich ein mächtiger Anreiz, sich über diese Antinomien hinwegzusetzen und von einer idealen Liebe oder gar einem idealen Partner zu träumen. Vor allem die Bourgeoisie des 18. und 19. Jahrhunderts hat einen der angestrengtesten Versuche unternommen, diese Diskrepanzen miteinander zu versöhnen und eine Liebesvorstellung zu entwickeln, welche die Harmonie, ja völlige Übereinstimmung der sich liebenden Partner zu einer gesellschaftlichen Forderung erhob, an der nicht gerüttelt werden durfte. Diese Klasse verstand unter Liebe nicht mehr eine blinde Passion, eine mystische Verzückung oder einen nicht zu unterdrückenden Trieb, also etwas, was sich nur außerhalb gesellschaftlich sanktionierter Normen realisieren läßt, sondern eine – in Form der bürgerlichen Ehe – endlich zu höchster Vollendung gekommene Harmonisierung all jener sich widersprechenden Vorstellungen, die bisher zwischen dem Pol des Göttlichen und dem Pol des Tierischen wild hin und her gependelt waren. Aus diesem Grunde sah sie in der Liebe ein Phänomen, das seinen ersten legitimen Ausdruck im Werben der keusch durchgestandenen Verlobungszeit erlebt, dann in der kirchlich abgesegneten Hochzeitsnacht seine nach außen tabuierte ›Erfüllung‹ findet und schließlich in der liebenden Sorge für die allmählich anwachsende Familie aufgeht. Während seit Olims Zeiten die Liebe eher als gesellschaftlicher Störfaktor gegolten hatte, wurde sie also von den Bürgern – in Übereinstimmung mit der angeblich ›natürlichen‹ Entwicklung des Menschen vom unerfahrenen Kind zum liebenden Brautpaar und letztendlich reifen, verantwortungsbewußten Familienmitglied – in einen Werdegang integriert, in dem das Erotische nur die Rolle der Initialzündung der einen ›Bund fürs Leben‹ begründenden Sympathie spielen durfte und dementsprechend abgewertet wurde.

Als der junge Heine um 1820 in die bürgerliche Gesellschaft eintrat, war dieses auf den Vollzug der Ehe eingeengte Liebeskonzept bereits voll ausgebildet, ja hatte durch den konservativen Rückschlag der Metternichschen Restauration eine neue ideologische Verfestigung erfahren. Heine sah sich demzufolge mit seinen erotischen Bedürfnissen in eine Welt versetzt, die ihm als Jüngling und jungen Mann ein Äußerstes an Entsagungsbereitschaft abverlangte. In ihr wurde im Bereich der gesellschaftlich erlaubten Liebe nur das keusche Schmachten, das minniglich Werbende, kurz: der Wunsch nach einem ›Bund der Herzen‹ toleriert. Für ein freies Sichausleben, das auch gewisse Formen einer erotischen Kontaktaufnahme in sich eingeschlossen hätte, gab es in diesen Jahren noch keine gesellschaftlich sanktionierten Möglichkeiten. Zu diesem Zeitpunkt wurden auf dem Parkett des Bürgertums lediglich wohlerzogene Jungfrauen mit möglichst kurzgehaltenen jungen Männern zusammengebracht, von denen die mit Argusaugen versehenen Eltern ein zartfühlendes Werben um die im Blütenflor ihrer Jugend stehenden Töchter erwarteten, bevor die jeweiligen Freier die zur Verfügung stehenden Debütantinnen – als ›Preis ihres Lebens‹ – in Form kirchlich angetrauter Gattinnen in ihr eigenes Heim entführen durften. Hier mußte sich daher ein junger Mann bereits glücklich schätzen, überhaupt eingelassen zu werden, ein liebevolles Augenzwinkern zu ergattern oder gar der Tochter des Hauses zwischen Tür und Angel ein verstohlenes Küßchen zu rauben. Wenig ansprechende Heiratskandidaten wie Heine, der aus einer relativ unvermögenden Familie stammte, sich aber durch sein poetisches Talent sowie den Einfluß seines reichen Onkels Salomon dennoch Zugang zu einigen der besseren Salons verschaffte, sahen sich deshalb in einem solchen Milieu ständig Demütigungen ausgesetzt, das heißt wurden als prospektive Schwiegersöhne kaum ins Auge gefaßt oder gar als opportunistische Mitgiftjäger verdächtigt, blieben also in den ›guten Stuben‹ der begüterten bürgerlichen Familien hoffnungslose Eckensteher, die erbittert zusehen mußten, wie ihnen die ›foinen‹, sorgfältig aufgehübschten Bürgerstöchter von jungen Männern mit vielversprechenden Karriereaussichten oder einem vermögenden Vetter direkt vor der Nase wegstibitzt wurden.

Daher ist die Liebeslyrik des jungen Heine, der aufgrund seiner mangelnden Berufsaussichten, seiner geringen finanziellen Rückversicherung und zum Teil auch seines jüdischen Außenseitertums wegen ein solcher Eckensteher der Gesellschaft war, in ihrer schmachtenden Frustriertheit durchaus realistisch und nicht bloß sentimental. In ihr bemühte sich ein junger Dichter, der überall – selbst bei seinen Hamburger Cousinen – auf Gleichgültigkeit, wenn nicht gar kalte Ablehnung stieß, seinem Wunsch nach partnerschaftlicher Erfüllung im Rahmen des ihn umgebenden gesellschaftlichen Milieus einen so intensiv erfühlten Ausdruck wie nur möglich zu geben. Wie viele junge Dichter griff Heine dabei in seiner frühen Lyrik erst einmal auf die von der Tradition angebotenen Modelle und Konzeptionen zurück. So wie er sein frühes Liebessehnen den herrschenden sozialen Normen und Vorstellungen anzupassen versuchte, bemühte er sich, auch seine Liebespoesien den von dieser Gesellschaft favorisierten Normen anzugleichen. Und das waren in erster Linie lyrische Traditionen, denen das Schema der seelisch verinnerlichten oder unerwiderten Liebessehnsucht zugrunde lag. Im Gegensatz zu den Anakreontikern des 18. Jahrhunderts, die trotz ihrer Bürgerlichkeit noch immer höfische Formen der Liebeslyrik weitergepflegt und hierbei selbst den vorbürgerlichen ›locus amoenus‹ beschworen hatten, wie auch im Gegensatz zu dem von einem starken patrizischen Selbstbewußtsein getragenen Goethe, der in seiner Liebeslyrik ebenfalls gern auf Situationen einer sinnlich-erfüllten Liebe eingegangen war, herrscht darum in Heines frühen Gedichten fast durchweg ein schmerzlich-gestimmter Ton vor, der sowohl eine Nähe zum älteren Petrarkismus, der in dieser Zeit wieder auflebte, als auch zu jener Modeströmung der zwanziger Jahre verrät, die in älteren Literaturgeschichten meist als ›Weltschmerz‹ bezeichnet wird.

Besonders der Bezug zu Petrarca ist auffällig. So verwendet auch der junge Heine, wie schon sein großer Vorgänger auf diesem Gebiet, jenen Katalog weiblicher Schönheiten, für den bildliche Umschreibungen wie »saphirene Augen«, »Purpurrose des Mundes«, »Perlenreihen der Zähne«, »Goldlocken«, »Schwanenhals«, »schneeweiße Schultern«, »Alabasterbrüste« und »lilienweißer Leib« typisch sind.[1] Und zwar sollen diese Bilder keineswegs die sinnliche Schönheit oder gar das berauschende erotische Fluidum der angebeteten Frau herausstreichen, sondern – durch die Betonung des Metallenen, Edelsteinähnlichen, Schneeigen – diese Frau in ihrer kalten Schönheit als völlig unzugänglich, völlig erstarrt, völlig frigide erscheinen lassen. Viele der in Heines frühen Gedichten erwähnten Mädchen und Frauen wirken darum, vor allem im Umkreis von Verben wie »fesseln«, »martern«, »verletzen«, ja »töten«, wegen ihrer schneidenden Kälte wie kaum zu überbietende Allegorien des Artifiziellen, menschlich Abgestumpften, wenn nicht gar innerlich Ausgebrannten. Immer wieder tritt jene Herrin mit dem diamantenen Herzen, jene Spröde, die sich unentwegt ziert, jene zur Marmorstatue versteinerte Kunstfigur, das heißt jene eiskalte Laura des *Canzoniere* von Petrarca und seiner Nachfolger auf, die trotz ihrer sinnlich höchst anziehenden Erscheinung, welche einen unwiderstehlichen Reiz ausübt, für Männer überhaupt nichts übrig hat, sondern – im Gegenteil – jeden sinnlichen Annäherungsversuch von männlicher Seite her wie eine ›Dame sans merci‹ unbarmherzig von sich weist.

Und doch ist schon der frühe Heine Realist genug, um sich in seinen Gedichten nicht nur von poetischen Bild- und Rollenvorstellungen leiten zu lassen. Mag er auch sprachlich immer wieder in die Metaphorik der älteren Entsagungslyrik zurückfallen, in Wirklichkeit sind bereits seine ersten lyrischen Versuche voller Anspielungen auf seine eigene Person, die ihn interessierenden Frauen sowie jene gesellschaftlichen Situationen, die solche Begegnungen ermöglichten. Trotz aller traditionellen Einkleidungen schimmert selbst in diesen Gedichten, so minniglich, petrarkistisch, empfindsam, schauerromantisch oder weltschmerzlerisch sie sich auch geben, häufig genug die höchst persönliche Misere des jungen Heine durch, der nicht nur an der Gleichgültigkeit der ihn abweisenden jungen Schönen, sondern auch an der Verkehrtheit der gesellschaftlichen Grundvoraussetzungen auf diesem Gebiet zutiefst litt.[2] Schließlich verurteilte ihn diese Situation als Mann zum unentwegten Schmachten und die angebetete Frau zum unentwegten Sprödetun. Und damit wurde zwangsläufig jeder Ausdruck von Liebe, jedenfalls derjenigen, die sich auf dem Parkett der gut- bis bestbürgerlichen Salons abspielte, zur Heuchelei. Statt sich bei wechselseitiger Sympathie einfach in die Arme zu schließen, mußten hier die Männer ständig den Gentleman spielen, der ganz Herz, ganz Anstand, ganz Ritter ist, während den Frauen die Rolle zugewiesen wurde, ganz Herz, ganz Anstand, ganz Dame zu sein.

Doch waren die sich hier begegnenden jungen Menschen wirklich noch wahre Ritter oder wahre Damen, wie so oft behauptet wurde? In der adlig-höfischen Welt des Feudalismus und ihrer Liebeslyrik hatten solche als ›edel‹ aufgefaßten Entsagungskonzepte noch unleugbare Wertvorstellungen, ob nun erzieherische, ästhetische oder religiöse, in sich eingeschlossen. So stand etwa die Verzichtbereitschaft der hohen Minne, wie sie Reinmar von Hagenau vertrat, noch ganz im Zeichen einer sittlichen Veredelung der robusten Ritterwelt durch edele, hochgemute Damen, die auch die Dichter dieser Ära zur Sublimierung ihrer niederen Triebe verpflichtete. Dasselbe gilt für die Liebesvorstellungen eines Dante Alighieri, Guillaume de Machaut oder Francesco Petrarca, die ihre erotischen Phantasien – angesichts engelhafter Frauenerscheinungen – im Laufe ihres Lebens immer stärker ins Religiöse verinnerlichten und dabei eine steigende Wertschätzung ihres eigenen, ins Höhere geläuterten Ichs erfuhren. Ja, selbst in der Liebeswelt der höfischen Schäferpoesie des 16. und 17. Jahrhunderts fühlen sich die nach Erhörung schmachtenden Männer, wie in der *Diana* von Jorge de Montemayor oder der *Astrée* von Honoré d'Urfé, noch immer dem Konzept einer unerfüllbaren Liebe verpflichtet, das sie zwar häufig in Trauer versinken läßt, ja fast an den Rand des Wahnsinns bringt, sie jedoch in der Überwindung des als niedrig empfundenen erotischen Verlangens nach den von ihnen angebeteten Damen den Zustand einer »honneste amitié« erreichen läßt, der sie weit über die Welt des Niedrigen und Vulgären hinaushebt. Im Rahmen dieser Tradition, die gern mit dem flächendeckenden Begriff des Petrarkismus bezeichnet wird, diente also die Entsagung eindeutig der Steigerung aller als höher aufgefaßten Seelenkräfte. Hier läuterte sich der verliebte Mann durch den Verzicht auf eine momentane, flüchtige Erotik zu einem sich durch edle Taten auszeichnenden Ritter, sendungsbewußten Dichter oder gottwohlgefälligen Christenmenschen, der sich selbst und seinen Nächsten als nützlich erweist.

Davon ist in der Liebeslyrik eines Heine, obwohl sie rein äußerlich manche petrarkistischen Züge aufweist, nicht mehr viel zu spüren. Ihrem Autor geht es nur noch auf metaphorischer Ebene um eine Gesellschaft, in der die Ritter und Edelfräulein den Ton angeben. Hinter dem Rollenverhalten der von ihm geschilderten Welt stehen keine moralisch, ästhetisch oder religiös veredelnden, sondern bloß noch bürgerliche, das heißt parvenühafte oder finanzielle Interessen. Hier entscheiden bei solchen »affaires de cœur« weniger die vielbeschworenen ›edelen herzen‹, als die Berufsaussichten oder die Größe des Geldbeutels. Um dies jedoch nicht allzu deutlich werden zu lassen, wurden die äußeren Umgangsformen, mit denen man die materiellen Basisverhältnisse zu verdekken suchte, im Laufe der Zeit immer strenger, immer forcierter, immer verlogener. Und so wuchs notwendigerweise auch der erotische Frust und die sich daraus ergebenden Spannungen und Verdrängungen, wofür die Liebesgedichte dieser Epoche wohl die eindringlichsten Zeugnisse liefern.

Dennoch ist Heines frühe Liebeslyrik nicht nur ein relativ realistisches Spiegelbild dieser Situation, sondern zugleich ein Versuch, den herrschenden gesellschaftlichen Druck durch Anspielungen auf die finanziellen und sexuellen Hintergründe all dieser Fassendenmanöver des Herzens zu unterlaufen. Deshalb war sie für viele junge Männer innerhalb des biedermeierlichen Bildungsbürgertums, die unter den gesellschaftlichen Verlogenheiten ebenso litten wie Heine, nichts Beiläufiges, sondern spielte – wie auch andere Formen von Liebeslyrik – in den hochliterarisierten Werbestrategien dieser Jahre, ob nun in Form von Stammbuchversen, Briefzitaten oder heimlich zugesteckten Gedichten, eine höchst wichtige Rolle. Schließlich bewegte sich diese Lyrik ständig an jener Grenze, wo der Ausdruck eines hochgemuten Sehnens auch als versteckter Ausdruck eines als ›niedrig‹ empfundenen Verlangens, das heißt als Wunsch nach Aufhebung all dieser Inhibierungen und damit nach endgültiger ›Erfüllung‹ gelesen werden konnte. Viele dieser Gedichte sind daher nicht nur Gedichte, in denen die seelische Passionsgeschichte, sondern auch die »erotische Passionsgeschichte« des jeweils werbenden Mannes im Vordergrund steht.[3]

Die überwältigende Mehrheit der Gedichte, die Heine später in seinem *Buch der Lieder* zusammengefaßt hat, handelt dementsprechend von männlicher Frustrierung. Immer wieder wendet er sich in diesen Liedern Frauen zu, denen er zwar aufs innigste sein »Sehnen und Verlangen« beteuert, die ihn aber dennoch übersehen, ihn gar nicht wahrnehmen, ihm Kummer und Gram bereiten, nur mit ihm kokettieren, ihn in Tränen ausbrechen lassen usw.[4] Die lyrische Persona dieser Gedichte leidet daher ununterbrochen an Seelenfoltern, kommt sich ausgestoßen vor, ja möcht am liebsten sterben oder sich totschießen lassen. Die herzzerreißendsten Strophen sind hierbei jene, in denen der Mann erfährt, daß sein »Liebchen«, wie es manchmal im Volkston heißt, sich entschlossen hat, die Braut eines anderen zu werden, und bereits der Hochzeitsreigen angestimmt wird, wo er also erkennt, daß sie ihn »nie geliebet« hat. Vor allem die frühesten Gedichte aus dem Zyklus *Junge Leiden* (1817-1821) sind – im Sinne der in diesen Jahren grassierenden Schicksals- und Schauerromantik – häufig auf den Dreiklang Alptraum, Tod und Grab gestimmt, während in den Zyklen *Lyrisches Intermezzo* (1822-1823) und *Heimkehr* (1823-1824) die »alte Liebe«, trotz erneut ausbrechender Tränen und Todeswünsche, allmählich zu einer in die Vergangenheit entrückten Schimäre verblaßt (B I,89). Ja, an manchen Stellen durchbricht Heine hier die forcierte Wehmut bereits mit ersten Ironisierungen und Sarkasmen, indem er die bis dato als ›einmalig‹ hingestellte Jugendliebe durch andere Liebeserfahrungen relativiert. So heißt es etwa an einer Stelle, als wolle er sich über den Schluß von Goethes *Werther* lustig machen, auf einmal unvermittelt: »Glaub nicht, daß ich mich erschieße, / Wie schlimm auch die Sachen stehn! / Das alles, meine Süße, / Ist mir schon einmal geschehn« (B I,134). Aber nicht allein das. In einigen dieser späteren Gedichte läßt Heine – inmitten all des hohen Sehnens und der ununterbrochenen Tränenströme – auch die Kehrseite dieser Frustrierung, nämlich seine unvermindert wachgebliebene Erotik, durchschimmern. Hier ist plötzlich von Küssen die Rede, die »beseligend brennen«. Hier geht es um Mädchen, denen die bürgerliche Gesellschaft »keinen guten Charakter« nachsagt. Ja, hier wird ein Schätzchen erwähnt, das eine ganz andere Vorstellung von der Liebe hat als jene »Kastraten«, die immer nur vom »Liebessehnen« sängen (B I,145). Doch dies bleiben Ausnahmen. Letztlich ist das *Buch der Lieder* eine weiträumige »Urne«, die vor allem die »Asche« seiner ersten Liebe enthalten sollte (B I,149).

Alle anderen Gedichte, in denen Heine in den frühen zwanziger Jahren Themen der sogenannten niederen Minne aufgriff, tilgte er dagegen bei der Drucklegung des *Buchs der Lieder*. Nicht daß es besonders viele wären; und doch haben die ihre Signifikanz. Schließlich belegen sie deutlich genug, daß Heine in diesem Zeitraum nicht nur in den bürgerlichen Salons, sondern auch in anderen Etablissements nach ›Liebe‹ suchte – und sie wohl auch fand. Schon in Hamburg, aber auch in Göttingen und Berlin begegnete er Frauen, die es mit der Liebe nicht so tragisch nahmen und deshalb von der ›gesitteten‹ Welt der oberen Klasse zwar aus eigenem Interesse geduldet, aber nach außen hin verachtet wurden.[5] In Liedern, die ihnen gewidmet sind, wird daher weniger die Schönheit der weiblichen Seele als das andere Objekt der männlichen Begierde, nämlich die Schönheit des weiblichen Körpers, herausgestrichen. Hier spricht Heine höchst suggestiv vom »zärtlichen Pressen« der Leiber, von »wund geküßten« Lippen, ja von jener »sündigen Begier«, die sich nur mit dem Wort »Pläsier« umschreiben lasse (B I,236f.).

Doch diese wenigen Erotika, welche ihm im Deutschland der zwanziger Jahre lediglich den Schmutztitel eines ›Gassenjungen‹ eingetragen hätten, verschloß Heine lieber in seiner Geheimschatulle. Das *Buch der Lieder* ist demzufolge eine Gedichtsammlung, die – ad usum delphini – weitgehend auf den hohen Ton der Seelenschmerzen abgestimmt ist. Und so wurde dieser Band, gerade weil er sich so keusch gibt, Heines größter Erfolg, ja der größte Erfolg der europäischen Liebeslyrik im 19. Jahrhundert schlechthin. Schon die ersten Rezensenten begrüßten ihn wesentlich freundlicher als alles, was Heine zuvor veröffentlicht hatte. Sein Autor sei eine der »Zierden unserer Nation«, einer »unserer besten Liederdichter«, heißt es in ihren Besprechungen, in dessen »starker Sammlung«, die einem »reichen tönenden Liederwald« gleiche, sich »wahre Meisterstücke« fänden.[6] Zum Glück habe ihr Autor alle »Nacktheiten und Schamlosigkeiten ausgeschlossen«, lesen wir weiter, und nur jene Gedichte nochmals abdrucken lassen, in denen sich ein »tiefes zartes Gemüt« ausdrücke. Wenn das *Buch der Lieder* überhaupt getadelt wurde, dann wegen der wenigen »Frechheiten«, die es immer noch enthalte. Was also die Zeitgenossen lobenswert fanden, waren in den folgenden Jahren und Jahrzehnten vornehmlich Lieder wie *Du bist wie eine Blume, Ich hab im Traum geweinet* oder die schnell populär werdende *Loreley*, während sie ihm seine maliziösen Ironisierungen des allzu Gemütvollen bitter verübelten.

Der nächste Gedichtband Heines erschien erst siebzehn Jahre später und trug den äußerst anspruchslosen Titel *Neue Gedichte*. Auch er enthielt, unter der Überschrift *Neuer Frühling*, noch einmal einen Zyklus von Liebesgedichten, welcher aufgrund seiner stimmungsvollen Tonlage durchaus ins *Buch der Lieder* gepaßt hätte. Einige seiner Gedichte, wie *Leise zieht durch mein Gemüt*, sind daher fast ebenso berühmt geworden wie die betont sentimentalen oder zumindest sentimental erscheinenden Gedichte aus dem *Lyrischen Intermezzo* und dem Zyklus *Heimkehr*. Der zweite Zyklus dieses Bandes, der den Titel *Verschiedene* trägt, wurde dagegen schnell zu einem literarischen Skandalon. In ihm reihte Heine unter Gruppentiteln wie *Seraphine*, *Angelique*, *Diana*, *Hortense*, *Yolante und Marie*, *Clarisse* und *Emma* über vierzig erotische Gelegenheitsgedichte aneinander, die zum Teil an jene »Frechheiten« erinnern, die er sich schon in den zwanziger Jahren geleistet hatte. Während er jedoch damals die frühen Sprößlinge seiner Musa iocosa noch von der Publikation ausgeschlossen hatte, um den strengen Sittenrichtern keinen Anlaß zur Kritik zu geben, nahm er – nach seiner 1831 erfolgten Übersiedlung nach Frankreich – auf solche Penibilitäten keine Rücksicht mehr und präsentierte seinem Publikum kurzerhand einen Zyklus rein ›lustbetonter‹ Gedichte. Statt ewig weiter zu schmachten, wie es von ihm erwartet wurde, wollte er jetzt – im Zenit seines Lebens und als erotisch-animierter Wahl-Pariser – in aller Offenheit die Freuden der freien, sinnlichen Liebe besingen. »Nun der Gott mir günstig nicket«, fragte er sich rhetorisch, »Soll ich schweigen wie ein Stummer, / Ich, der, als ich unbeglücket, / So viel sang von meinem Kummer?« (B IV,330) Und er schwieg nicht, sondern jubelte auf und ließ die lang entbehrte »Riesenwollust« stürmisch in sein Herze dringen. Wie weggeblasen erschienen ihm plötzlich die bisherige Frustrierung und das alte biblische Sündenbewußtsein. Statt zu glauben, daß jeder Kuß von Gott »schicksalshaft« vorherbestimmt sei, küßte er jetzt – mit wesentlich »leichtern« Sinnen – »glaubenlos im Überfluß« (B IV,337). Nicht mehr verschämte Veilchenaugen erregen seinen »Mann des Glücks«, der als die lyrische Persona, das Alter ego dieser Gedichte auftritt, sondern weiße Fleischpartien. Alle diese »schönen Gliedermassen / Kolossaler Weiblichkeit«, heißt es dementsprechend in der *Diana* triumphierend, »Sind jetzt, ohne Widerstreit, / Meinen Wünschen überlassen« (B IV,335).

Und zwar äußert sich dieses neue Glücksgefühl auf höchst verschiedene Weise. Einerseits schrieb Heine mit geradezu saint-simonistischem Pathos: »Auf diesem Felsen bauen wir / Die Kirche von dem dritten, / Dem dritten neuen Testament; / Das Leid ist ausgelitten. // Vernichtet ist das Zweierlei, / Das uns so lang betöret; / Die dumme Leiberquälerei / Hat endlich aufgehöret. // [...] Und Gott ist alles was da ist; / Er ist in unsern Küssen« (B IV,325).

In anderen Gedichten gab sich Heine dagegen eher spielerisch, ja fast anakreontisch. So hören wir von Situationen, wo er hinter dem eintretenden Liebchen schnell die Tür verriegelt, mit dem Schatz eines anderen flirtet oder eine ungeduldige Freundin mit dem Rat vertröstet: »Komm morgen zwischen zwei und drei, / Dann sollen neue Flammen / Bewähren meine Schwärmerei; / Wir essen nachher zusammen.« Hier scheint alles auf die Melodie abgestimmt zu sein: »Schaff mich nicht ab, wenn auch den Durst / Gelöscht der holde Trunk; / Behalt mich noch ein Vierteljahr, / Dann hab auch ich genung« (B IV,333).

Die Liebesvorstellung, die sich daraus ergibt, kennt nur zwei Kriterien: Sinnlichkeit und Esprit. Gemüt und Seele werden dagegen als genußverhindernd von vornherein ausgeschaltet. Nichts war Heine plötzlich verhaßter als jene Frauen, die ewig seufzen, ewig von der Unendlichkeit reden, ewig ihre Unsinnlichkeit herausstreichen – und schließlich voller Frustrierung in Weinkrämpfe verfallen. Er konnte es nicht mehr ausstehen, wenn Frauen in verliebter Situation ihm lediglich ihr ›Gemüt‹ erschließen wollten, als wäre das das einzig Gute an ihnen. Er mochte überhaupt keine Frauen mehr, die nur »sanft« und »gütig« sind (B IV,330), ihn bloß ›liiieben‹ wollten. So heißt es einmal über die deutschen Gretchen, die Heine schon immer als Inbegriff dieses Frauentyps erschienen waren: »[...] sie schmachten gelinde / Und seufzen von Liebe, Hoffnung und Glauben; / Ich kanns nicht vertragen – es hat seine Gründe« (B IV,332). Eine solche Gemüthaftigkeit schmälerte nach seiner Meinung nur den Genuß am Genuß. Er pries daher in den *Verschiedenen* lieber jene eleganten, lebenshungrigen und leichtlebigen Französinnen, die ein völlig ungebrochenes Verhältnis zu ihrer eigenen Körperlichkeit hätten. In ihnen sah er Frauen, denen ihre Schönheit eine sinnliche Grazie verleiht, die auf Genuß aus sind, die sich närrisch, toll, verliebt anstellen, denen es um die wechselseitige Stimulierung geht, das heißt die lieber etwas zu wildkatzig als zu seelenvoll sind. »Denn mich fesselt holde Bosheit«, lesen wir, »Wie mich Güte stets vertrieben« (B IV,340).

Überhaupt empfand Heine in diesen Jahren den sinnlichen Rausch als etwas absolut Unerklärliches. Sein Verliebter, der ›Held‹ dieser Gedichte, ist daher stets »trüb und heiter« zugleich. Er jubelt und weint, wie es gerade kommt. Die mit Küssen »wunderbar vermischten« Worte, die man sich in verliebter Situation ins Ohr flüstert, erscheinen ihm völlig unwichtig. Unbewußtes,

Triebhaftes hat für ihn weder Sprache noch Tugend, sondern lebt rein aus der Ekstase des Augenblicks. Die einzige Lüge in diesen Dingen ist für ihn jetzt das Sprödetun – die einzige Wahrheit, sich an den »weißen Leib« des anderen zu schmiegen. Nach Gründen solcher Bedürfnisse zu fragen, findet er geradezu absurd. ›Frag nicht‹ beim Küssen, heißt es ausdrücklich, frag nicht »um den Grund« (B IV,331). Und so geht das Ganze zusehends in einen Fasching der Triebe, einen Mummenschanz, ein Tappen im Dunkeln über.

Ein solcher Reigen weißer Leiber führt natürlich nicht nur zu Genuß, sondern auch zu Trug, zu Maske, bloßem Wahn. »Schattenliebe, / Schattenleben«, erklärt sein lyrisches Ich in *Seraphine,* »Glaubst du, Närrin, alles bliebe / Unverändert, ewig wahr?« (B IV,326) Selbst das langersehnte Glück scheint nur ein berauschender, aber flüchtiger Moment zu sein. Und zwar stellt sich diese desillusionierende Erkenntnis meist im Zustand der Erschöpfung ein. »Dieser Liebe toller Fasching, / Dieser Taumel unsrer Herzen, / Geht zu Ende, und ernüchtert / Gähnen wir einander an«, hören wir in *Angelique* (B IV,333). »Wermut sind die letzten Tropfen / In der Liebe Goldpokale«, heißt es in *Hortense* (B IV,339). Doch nicht nur die Erschöpfung, auch die herkömmliche Auffassung von der Minderwertigkeit des Weibes in ihrer Fortuna- oder Eva-Rolle bestärkt ihn im Gefühl der Schalheit rein körperlicher Wonnen. »Ausgetrunken ist der Kelch, / Der mit Sinnenrausch gefüllt war«, heißt es dementsprechend an einer Stelle, »Weib, bedenke, daß du Staub bist« (B IV,334).

Die meisten dieser Gedichte entstanden 1832, also in Heines zweitem Pariser Jahr. In dieser Stadt – mit all ihren Grisetten und anderen leichten Mädchen, die hier scharenweise herumflanierten – glaubte er endlich eine Atmosphäre gefunden zu haben, die ihm kongenial erschien.[7] Wohl den wichtigsten Auftrieb gab ihm dabei der Kontakt mit den Saint-Simonisten, die Heine in seinem Groll gegen die verhängnisvollen Folgen des jüdisch-christlichen Spiritualismus sowie dessen spezifisch bürgerliche Verengungen bestärkten und ihn auf die längst fällige »réhabilitation des besoins et des jouissances de la chair« lenkten, für die sich in Paris vor allem Prosper Enfantin seit 1831 tatkräftig einsetzte.[8] Wir wissen, wie überschwenglich sich Heine zu diesem neuen Hedonismus in einigen seiner programmatischen Essays dieser Jahre, wie *Zur Geschichte der Religion und Philosophie in Deutschland,* bekannte.

Aber auch in seiner Lyrik bedeutete das, wie die *Verschiedenen*, der *Tannhäuser* oder der Zyklus *Katharina* belegen, eine klare Abwendung von der bisherigen Welt- und Liebesschmerzsentimentalität. Heine wollte aufgrund seiner neuen Überzeugungen bloß noch Gedichte schreiben, die so realistisch, so unsentimental, so sinnlich, so ›wahr‹ wie nur möglich sind. Schon im Vorwort zur 2. Auflage des zweiten *Reisebilder*-Bandes von 1831 ist demzufolge von jenen »modernen Liedern« die Rede, die »keine katholische Harmonie der Gefühle erlügen wollen und vielmehr, jakobinisch unerbittlich, die Gefühle zerschneiden, der Wahrheit wegen« (B II,209). Ebenso drastisch charakterisierte Heine 1837 seine neue Lyrik in der Einleitung zum *Don Quixote* als eine »Reaktion gegen den einseitigen Idealismus im deutschen Liede«. »[...] sie führte«, heißt es hier, »den Geist zurück zur starken Realität und entwurzelte jenen sentimentalen Petrarchismus, der uns immer als eine lyrische Donquixoterie erschienen ist« (B IV,163). Kurzum: nicht mehr das jahrelange Schmachten um unerreichbare Bürgerstöchter, sondern »Wollust und Pracht, lachender Nymphentanz, Musik und Komödien«, das heißt die rebellischen Ansprüche des Sinnlichen gegen die trieb- und lustunterdrückenden Normen der bürgerlichen Gesellschaft sollten in Zukunft im Zentrum seiner Dichtungen stehen (B III,570).

Es kam daher 1834 nach der Auslieferung des ersten *Salon*-Bandes, in dem die *Verschiedenen* erstmals erschienen, wie es kommen mußte. Ein Chor von Kritikern bildete sich, der Heine vor allem seine maßlose »Frivolität« vorwarf.[9] Die »theorielose Provinzkritik« ging in diesem Punkte völlig überein mit »den Äußerungen der ›Jungdeutschen‹, der Junghegelianer, der christlich-Altdeutschen, der ›preußischen‹ Liberalen und mit der staatsbeauftragten Abwehrliteratur«.[10] In dieser Sache fühlten sich alle herausgefordert und reagierten dementsprechend. Gleichviel, ob diese Kritiker den Standpunkt der christ-bürgerlichen Tugend, der seelischen Überlegenheit oder des philosophischen Idealismus bezogen, immer ließen sie zugleich – bewußt oder unbewußt – auch ihren unleugbaren Sexualneid durchblicken.[11] Die diffamierenden Adjektive, die man in diesem Umkreis verwandte, waren meist die folgenden: obszön, öde, tot, gemein, ausgebrannt, charakterlos, egoistisch, derb, frivol, sensualistisch, verdorben oder poesielos. Auf konservativer Seite waren es vor allem Paul Achatius Pfizer, Moritz Saphir, Gustav Bacherer und Georg Neu, die Heine wegen dieser Gedichte »triviale Liederlichkeit«, »revolutionäre Geilheit« oder »Ausgestorbenheit der Seele« vorwarfen. Seit Heine in Paris, der »Hauptstadt der Frivolität«, lebe, hieß es bei ihnen, schreibe er mit Vorliebe »Vaudevilleliedchen« auf »Freudenmädchen« oder »Grisetten«, ja entblöde sich nicht, sogar die deutsche Sprache zu »notzüchtigen«. Aber auch Liberale wie Ludwig Börne, Gustav Schlesier, Alexander Jung, Ferdinand Gustav Kühne, Karl Gutzkow und Arnold Ruge rieten Heine, doch seine »gemeinen Ausschweifungen« nicht einfach öffentlich auszustellen. Sogar sie behaupteten, daß Heine zum »Sklaven seiner Frivolität« abgesunken sei, dessen neueste Gedichte »unreine Geschwüre« seien, die lediglich »Ekel« hervorriefen. Ja, manche gingen in ihrer Kritik so weit, die *Verschiedenen* als eine »Poesie der Lüge«, als in Gedichtform gefaßte »Bordelladressen« zu diffamieren, in denen sich die gemeinste »Hurerei« manifestiere. Wohl am niederträchtigsten innerhalb dieser Gruppe verhielt sich Gutzkow, der Autor der verklemmt-lüsternen *Wally*, welcher Heine wegen dieser Gedichte als einen schmierigen »Sänger kolossaler Gliedermassen« anprangerte, der als Dichter und Demokrat keinen Groschen mehr wert sei.[12]

Heine hatte solche Reaktionen selbstverständlich erwartet. Er war jedoch nicht mehr gewillt, auf diese Kritik weiterhin die erforderliche Rücksicht zu nehmen und ständig Selbstzensur zu üben. Seit seiner Übersiedlung nach Paris war ihm nichts verhaßter als eine gemütsbetonte Verinnerlichung im Stil des *Buchs der Lieder*, die weitgehend im Zeichen gesellschaftlicher Rücksichtnahmen und neurotischer Berührungsängste steht. Anstatt also den inneren Brand weiterhin mit poesievollen Tränen zu löschen, ging Heine jetzt – um der ›Wahrheit‹ willen – dazu über, seine Gefühle ›jakobinisch‹ zu zerschneiden, um selbst die Lyrikbesessenen unter seinen Lesern mit den realen Konflikten der psycho-sozialen Verhältnisse zu konfrontieren. Mit einem Wort: er wollte auch in seinen sogenannten Liebesgedichten eine durchgehend rebellische Absicht zum Ausdruck bringen. Daß sich dazu nichts besser eignete als das Schockmittel der Sexualität, hatte er bereits anläßlich der Platen-Affäre erfahren.[13] Ein bürgerliches Publikum war damals am leichtesten in Erregung zu versetzen, wenn man gegen seine moralischen Grenzziehungen verstieß. Politisches, Religiöses, Philosophisches: auch darüber gerieten sich solche Leute leicht in die Haare, aber doch nie so intensiv wie über Erotisches, da hier ihre eigenen Verdrängungen, ihre eigenen Neurosen ins Spiel kamen. Solange also Heine nur seine ›frühen Leiden‹ besungen hatte, war ihm das biedermeierliche Lesepublikum mit einfühlendem Verständnis entgegengekommen, denn Gefühle wie Entsagung, Verdrängung oder gar Todessehnsucht wurden in Gesellschaften, die einen genau überwachten Moralkodex hatten, stets als die edelsten Gefühle schlechthin herausgestrichen. Wer jedoch in einer solchen Gesellschaft die nackte Sinnlichkeit hervorkehrte, wurde sofort als politischer Rebell angeprangert. Das Auftrumpfen mit dem sexuellen Glück erschien daher der Bourgeoisie des 19. Jahrhunderts fast wie eine Majestätsbeleidigung, vor allem wenn es sich so witzig äußerte wie in Heines *Verschiedenen*. Tragisch-blasiert durfte ein bildungsbewußter Bürger in solchen Fragen allenfalls sein, aber nicht siegessicher, schneidig oder geistreich. Das wurde ihm sofort als Hybris verübelt.

Und genau das tat Heine in den *Verschiedenen*. Er gab sich völlig nackt, offen und realistisch, um so gegen die falsche Harmonisierung innerhalb der bisherigen Liebeslyrik zu protestieren. Seine *Verschiedenen* sind daher weder anakreontisch noch bukolisch, weder pastoral noch idyllisch. Sie wollen nicht den Anschein falscher Geborgenheit erwecken, indem sie das Glück der Liebe in einen stillen Winkel, irgendeine ›wuzige‹ Abseitslage verlegen. Was Heine hier schildert, ist eine moderne Großstadterotik, die jeden älteren Moralanspruch verächtlich von sich weist. Bei aller ungezügelten Subjektivität sind diese Gedichte eminent objektiv gemeint. Es sollen Signaturen der Louis-Philippe-Rothschild-Ära sein, die einen durchaus verallgemeinernden Charakter haben – wie sich Heine in diesen Jahren überhaupt als Gradmesser des Fortschritts, als Repräsentant der historischen Entwicklung empfand und darum sein eigenes, selbst sein höchst persönliches Erleben, ja sogar seine Bettgeschichten als etwas Universales und nicht als etwas Willkürliches oder Partikulares verstand.

Das Liebeskonzept der *Verschiedenen* hat deshalb, von Heine her gesehen, einen durchaus rebellischen Charakter. Es geht in diesen Gedichten nicht um eine biedermeierlich-sittigende, sondern um eine liberal-sättigende Liebe. Entgegen aller herkömmlichen Caritas-Ethik, allen patriarchalischen Ehevorstellungen erscheint hier die Liebe nicht als gemüthafte Bindung, sondern als Ungebundenheit, als Genuß, als Selbstrealisierung. Heine nahm daher auch poetisch Abschied von seinen bisherigen Liebeskonzepten. Daß auch er bei der Liebe lange Zeit eine Leichenbittermiene gemacht habe, empfand er jetzt als Symptom dafür, daß die gesamte Erotik »stinkisch« geworden sei, wie er am 23. November 1835 an Heinrich Laube schrieb. Was sich heute landläufig »Moral« nenne, heißt es in demselben Brief, habe lediglich »Unglauben und abgestandene Heuchelei zur Basis«. Die Religion sei zerfallen, das bürgerliche Individuum befreit – und dennoch hielten die Oberklassen in Sachen Moral weiterhin an den dümmsten und ältesten Konventionen fest. Was Wunder, daß dadurch jedes ›freiere‹ Verhältnis zum Sexuellen, wie es in der Antike geherrscht habe, weitgehend verschwunden sei. Überall herrsche Sündenbewußtsein, Muffigkeit, Frustrierung, schleichende Vergiftung und schließlich Tod. Es sei daher an der Zeit, wie Heine in *Zur Geschichte der Religion und Philosophie in Deutschland* schreibt, endlich wieder »gesund zu werden«. Dazu gehöre allerdings, daß wir nicht nur uns selbst, sondern auch »unseren Weibern neue Hemden und neue Gedanken anziehen«, ja alle unsere Gefühle »wie nach einer überstandenen Pest« gründlich »durchräuchern« würden. Erst dann werde die Menschheit, wie es an der gleichen Stelle heißt, weniger nach »Hostien« als »nach echtem Brot und schönem Fleisch« lechzen (B III,568).

Zur Unterstützung derartiger Thesen zog Heine in diesen und den folgenden Jahren ständig über jene ›schönen Seelchen‹, jene Mädchen mit den veilchenblauen Augen und eingeschüchterten Sinnen her, denen man vor allem in Deutschland so häufig begegne. So heißt es in der Schrift *Französische Maler* von einer solchen Mimilifigur, daß sie »mehr Gemüt als Gesicht« aufweise und »zu treu und ernsthaft« sei, »um graziös sein zu können« (B III,32). Im gleichen Tenor bescheinigte Heine im *Wintermärchen* einer deutschen »Gans« zwar eine »schöne Seele«, bemängelt jedoch, daß ihr Fleisch »sehr zähe« sei (B IV,599). Um wieviel liebenswerter erschienen ihm dagegen Französinnen wie die Juliette im *Atta Troll*, von der es heißt: »Juliette hat im Busen / Kein Gemüt, sie ist Französin, / Lebt nach außen; doch ihr Äußres / Ist entzückend, ist bezaubernd« (B IV,499). In der französischen Übersetzung wird der Anfang dieser Strophe bezeichnenderweise mit der Formulierung »Juliette n'a pas l'âme allemande« wiedergegeben, da sich Begriffe wie ›Gemüt‹ und ›Seele‹ nur schwer in andere Sprachen übertragen lassen.

Heine lobte demzufolge in seiner frühen Pariser Zeit an der

Liebe geradezu alles – nur keine Feierlichkeit, keine ehrsamen Gri-
massen, keine deutsche Bedächtigkeit. In diesen Jahren waren
seine Ideale vornehmlich Leichtigkeit, Frivolität, witzelndes Spiel,
hautnahe Oberflächlichkeit, momentanes Genießen und notfalls
ein verständnisvolles Lächeln. Während der deutsche Tendenzbär
Atta Troll seine aufmerksam lauschende Brut ermahnt, »in der
Liebe / Feierlichstem Augenblick« stets den erforderlichen
»Ernst« zu wahren (B IV,512), erklärte Heine immer wieder, daß
das ›Witzigste‹ oft das ›Ehrlichste‹ sei – und wies zu diesem Zweck
auf den »großen« Lessing hin (B III,586). Überhaupt sah Heine
um 1835 im Frivolen nichts Negatives, sondern den notwendigen
Ausdruck einer aufklärerischen Haltung, die bereits in der Religionskritik eines Voltaire voll ausgebildet sei.[14] Doch solche Argu-
mente wurden ihm von seinen Gegnern nicht abgekauft. Sie sahen
in dieser Frivolität lediglich einen raffinierten Köder, mit dem
Heine die ›rohe Masse‹ auf seine Seite zu ziehen versuche, was ihm
allgemein als Ausdruck einer schmutzigen Charakterlosigkeit aus-
gelegt wurde.

Vor allem im Hinblick auf die *Verschiedenen* begegnet man daher
häufig dem Vorwurf, daß Heine überhaupt nichts ernst nehme, daß
er wie ein Schmetterling von einer Blume zur anderen gaukele, daß
er charakterlos sei – und was mißgünstige Spießer sonst gegen ›freie
Geister‹ ins Feld zu führen wissen. Nun, der Vorwurf der Charakterlosigkeit läßt sich nicht einfach von der Hand weisen. Indem
Heine bis zur extremsten Form des Liberalismus, zum Ideal der
absoluten Ungebundenheit vorstieß, brachte er neben den positiven
zugleich die problematischen Seiten dieser Haltung zum Ausdruck.
Und diese zeichneten sich schon damals nur allzu deutlich ab.[15]
Schließlich hatte die fortschreitende ›Verfreiheitlichung‹ zwar
schon zu einer Freiheit für die Oberen, aber noch nicht zu einer
Freiheit für die Unteren geführt. Daher begnügte sich ein Großteil
der Bourgeoisie dieser Jahre – im Zuge der ersten ökonomischen
Saturierung – erst einmal mit den erreichten Positionen, das heißt
huldigte auf sexuellem Gebiet der allbekannten ›doppelten Moral‹
und legte ansonsten seine früheren Konzepte einer Gesamtumwäl-
zung der Welt allmählich ad acta, während Heine – inmitten all dieser Widersprüche – immer wieder auf den universalen Befreiungs-
anspruch der Französischen Revolution zurückgriff.

Aus diesem Grunde gab er sich auch in der Liebe nicht mit ir-
gendwelchen bürgerlich-saturierten Ehevorstellungen zufrieden,

sondern versuchte im Sinne der Utopien eines Fourier, Saint-Simon und Enfantin die isolierende Dauerehe durch das Ideal der »freien Wahlumarmung« zu ersetzen (B III,518), um kein Opfer des bürgerlichen Besitzdenkens und der Fetischisierung der Moral zu werden. Er erkannte, daß im Frankreich des ›Bürgerkönigs‹ Louis-Philippe alles nur noch unter dem Gesichtspunkt des Geldes betrachtet wurde, wodurch sich selbst Konzepte wie ›Ehre‹ oder ›Charakterfestigkeit‹ zu Luxusartikeln jener Kreise verwandelten, die sich solche Dinge finanziell leisten konnten. Um diesem schreienden Grundwiderspruch der erstarrten bürgerlichen Moral wirkungsvoll entgegentreten zu können, sah Heine in den dreißiger Jahren keinen anderen Ausweg, als die Bourgeoisie an die Forderung jener bedingungslosen ›Freiheit‹ zu erinnern, die einmal das oberste Leitziel ihres früheren Emanzipationskampfes gewesen sei. Er wurde daher nicht müde, immer wieder von der größtmöglichen Lebenserwartung zu sprechen und eine Utopie des Glücks zu beschwören, in der neben der politischen Liberalität auch das Ästhetische, Kulinarische und Erotische voll zum Zuge kommt. Heine wollte kein bürgerlich-beschränktes, sondern ein unbürgerlich-erweitertes Leben: eins mit »Nektar und Ambrosia«, mit »Zuckererbsen und Apfeltörtchen«, mit »weißen Leibern und göttlicher Grazie«. Statt sich den Normen der herrschenden Moral zu beugen, die für jeden das gleiche kleine Glück in petto hielt, sehnte er sich nach jener großen Freiheit und höchsten Lust, wie sie nur die »gottfreie Persönlichkeit« zu schätzen weiß. Eine solche »weltentzügelte Individualität«, die sich mit »all ihrer Lebenslust« gelten zu machen versucht (B III,73), mußte den Wohlanständigen unter den Bürgern dieser Ära selbstverständlich ein Dorn im Auge sein. Diese Leute hatten zugunsten sicherer Besitzverhältnisse und gesellschaftlicher Respektabilität auf solche ›Launen‹ mehr oder minder verzichtet. Sich uneingeschränkter ›Lust‹ hinzugeben, wirkte auf sie geradezu dirnenhaft. Derlei waren Dinge, die man sich an verschwiegenen Samstagabenden, und selbst dann nur in gemäßigter Form, aber nicht die ganze Woche genehmigte.

Es ist Heines Verdienst, diesen Widerspruch in aller Schärfe bloßgelegt zu haben. Erst durch ihn wurde jener Aspekt der Erotik, den das Bürgertum sorgfältig tabuiert hatte, zum öffentlichen Reflexionsgegenstand. Schon um 1835 sah Heine, daß durch die finanzielle Verfügbarkeit aller Dinge, ja selbst vieler Menschen, eine Dialektik von Freiheit und Käuflichkeit entstanden war, die notwendig zur Auflösung dessen führte, was man bisher unter ›Charakter‹ verstanden hatte. Und Heine zog die Konsequenzen daraus, indem er die eindeutige Unmoral über die doppelte Moral der bürgerlichen Oberschicht stellte. Charakter zu haben, war für ihn in dieser Phase seines Lebens überhaupt kein Wertmaßstab mehr, da eine solche Haltung zwangsläufig eine Anerkennung der bourgeoisen Heuchelei vorausgesetzt hätte. Er kehrte sich also in diesem Punkt schon gegen das, was Marx später die »Charaktermaske« genannt hat.[16] Doch indem sich Heine so charakterlos, so antibürgerlich, so libertinistisch wie nur möglich gab, fiel er in seinen poetischen Bildern streckenweise notwendig in jenen Rokokozynismus zurück, dessen ideologischer Erwartungshorizont weitgehend auf die Erfüllung rein egoistischer Genußansprüche beschränkt bleibt.

Doch nicht nur das, auch sein Bild von der Frau mußte bei einer solchen Haltung notwendig zynisch-negative Züge bekommen. Denn wenn man, wie Heine, den Wert einer Frau vor allem darin sah, ob sie ein Talent für Erotisches habe, landete man als Mann unter den damaligen gesellschaftlichen Bedingungen zwangsläufig bei den »Verschiedenen«. Schließlich war die Auswahl an weiblichen Partnern im frühen 19. Jahrhundert nicht besonders reichhaltig. Vereinfacht gesprochen, waren da einerseits die tugendsamen, frigiden höheren Töchter, wie sie Heine im *Buch der Lieder* angehimmelt hatte, andererseits die robusten, sinnlichen Dienstmädchen, Verkäuferinnen und so weiter, denen die *Verschiedenen* gewidmet sind. Während andere Dichter diesen Gegensatz nach alter Tradition ins betont Literarische stilisierten und von hoher und niederer Minne sprachen, sah Heine in dieser Polarisierung, wenn man von seinen bewußt polemischen Mimili- und Juliette-Vergleichen einmal absieht, vor allem ein Produkt der sozialen Grundwidersprüche, kurz: eine Klassenfrage. Statt verschleiernd von Madonnen und Hetären zu reden, als ließen sich solche Probleme ohne weiteres ins Archetypische erheben[17], blieb er auch in diesen Dingen ein konsequenter Realist. Im Gegensatz zu Henri Murgers *Scènes de la vie de bohème* verharmloste er nichts ins Idyllische oder Liebenswürdige, sondern blickte der gesellschaftlichen Wirklichkeit unvermittelt ins Gesicht.

Daß also die Frauen in seinen *Verschiedenen* zum Teil so schlecht abschneiden, hat nichts mit Lieblosigkeit zu tun. Darin beweist sich eher Heines Sinn für tatsächliche Gegebenheiten.

Frauen waren eben in dieser Gesellschaft aufgrund ihrer geringen Bildung, finanziellen Abhängigkeit und psychischen Frustrierung wesentlich deformierter als Männer. Und das äußerte sich auch im sexuellen Bereich, wo sie entweder ins total Enterotisierte emporgehoben oder ins rein Sinnliche herabgestoßen wurden. Zwischenstufen gab es kaum. Sowohl Heines *Buch der Lieder* als auch der Zyklus *Verschiedene* zeigen also, mag auch in dem einen die Frustrierung und in dem anderen die Entfrustrierung dominieren, die notwendige Unmöglichkeit des vollen Partnerglücks innerhalb einer Gesellschaft, in welcher es unter den verfügbaren Frauen nur höhere Töchter und Grisetten, nur Gemüt und blanke Sexualität gab. Was deshalb die Mehrheit all dieser Gedichte, ob nun der früheren oder der späteren, demonstriert, ist fast durchgehend die Ungelöstheit der anstehenden Probleme.

Aus diesem Grunde wäre es verfehlt, das *Buch der Lieder* nur negativ und die *Verschiedenen* nur positiv einzuschätzen. Auch durch die in den *Verschiedenen* geschilderten Verhältnisse machte Heine nur auf den Mangel an wirklicher Liebe in der dargestellten Gesellschaft aufmerksam, der selbst mit einer halbwegs beglückenden Körperlichkeit nicht voll kompensiert werden konnte. Schließlich führte unter solchen Bedingungen ein einseitiger Hedonismus aus dem Ghetto der Gefühle lediglich in das Ghetto der entfesselten, aber nicht wirklich befreiten Triebe. Ein »freier Verkehr mit der unfreien Weiblichkeit« war noch keine wahre Freiheit.[18] Wo es keine Gleichrangigkeit, keinen Ideenaustausch, keine gemeinsame Gefühlsbasis, keine ›dritte Sache‹ gab, wie sollte da echte Gemeinsamkeit, echte Liebe entstehen?[19] Solche Erlebnisse mußten daher einen geistig und gefühlsmäßig hochstehenden Mann, wie Heine, der von Kind auf an allen Segnungen der Kultur teilgenommen hatte, zwangsläufig in seinen antifemininen Gefühlen bestärken und ihn zugleich an jener Sinnlichkeit zweifeln lassen, die schon im Barock als bloße ›Vanitas‹ galt. Solange Weiber lediglich Weiber waren, konnte sich im Verhältnis der Geschlechter keine wahre Emanzipation entfalten. Auch Heines Protest gegen die »Kaufehe des Juste milieu« verflacht daher stellenweise zu einem bloßen »literarischen Libertinismus«, ja fast zu »jünglingshafter Renommage«.[20] Doch selbst in diesem Punkt wäre jede bloß moralische Kritik, wie man sie bisher an Heine geübt hat, völlig fehl am Platze. Diese Gedichte sind nicht problematisch, weil Heine ein ›Filou‹ war, sondern weil ihn die Gesellschaft, in der er lebte, ins Filouhafte abdrängte.

So gesehen, sind seine *Verschiedenen* das Spiegelbild eines Systems, das durch die Unnatürlichkeit seiner sittlichen Voraussetzungen sowohl die Frau als auch den Mann um das eigentliche Glück betrog. Selbstverständlich fiel bei dieser Konstellation den Frauen das wesentlich schlechtere Los zu. Als Dependancen der Männer fanden sie in der bürgerlichen Gesellschaft des 19. Jahrhunderts weder als Ehefrauen noch als Grisetten eine wirkliche Erfüllung ihres Selbst. Aber auch der Mann war unter solchen Umständen nicht viel besser dran. Trotz seiner sozialen, politischen und ökonomischen Privilegiertheit blieb sogar er der Gefangene eines höchst restriktiven Systems, mochte er nun dieses System in der Vergangenheit mitgeschaffen haben oder nicht. Letzten Endes stand auch er weitgehend unter dem Zugzwang einer ererbten Situation. Man sollte darum solche Probleme nicht allein unter feministischen, sondern auch unter maskulinistischen Gesichtspunkten betrachten. Denn im Rahmen einer solchen Ordnung bot weder die eheliche noch die außereheliche Liebe eine Gewähr für ungetrübtes Glück. Und das sollte Heine in seinem späteren Zusammenleben mit jenem Mädchen aus dem Volke, das er Mathilde nannte, am eigenen Leibe erfahren. Sie war zwar weder Grisette noch höhere Tochter, aber auch keine Synthese aus beiden, sondern lediglich ein unterprivilegiertes Geschöpf, das aus seiner Situation das Beste zu machen versuchte. Sie konnte daher Heine keineswegs bieten, was er sich unter einer idealen Frau vorstellte.

Doch vielleicht bleibt ein solcher Wunsch auch in Zukunft unerfüllbar. So bahnt sich zwar heute immer stärker eine Gleichrangigkeit unter den Geschlechtern an, die eine Basis für dieses erträumte Ideal sein könnte. Und doch ist eine nichtantagonistische Liebe, der eine dialektische Vermittlung zwischen den Polen einer bedenkenlosen Sexualität und einer seelischen Bindung gelingen würde, nicht gerade häufiger geworden. Was sich seit Heines Zeiten geändert hat, ist lediglich die Offenheit in diesen Dingen. Wo bisher allein die doppelte Moral dominierte, herrscht heute eher eine allgemeine ›Liebesunordnung‹ oder ein ›Supermarkt der Gefühle‹, auf dem das Eine nicht mehr gegen das Andere ausgespielt wird. »Liebe und Leidenschaft, Elternschaft und Partnerschaft, Beziehungskiste und Vögelverhältnis, Ehe und Treue, Sexualität und Erotik, Geilheit, Zartheit, Hartheit und Weichheit«, schrieb Cora

Stephan 1985 in ihrem Rotbuch *Ganz entspannt im Supermarkt*, das den anspruchsvollen Untertitel *Liebe und Leben im ausgehenden 20. Jahrhundert* trägt, seien heute keine sich ausschließenden Gegensätze mehr, sondern entfalteten sich im Leben der meisten Menschen im buntesten Neben- und Durcheinander, ohne daß sich daraus zwangsläufig irgendwelche Tragödien ergäben.[21] Das mag leicht übertrieben sein, deutet aber auf eine Verschiebung moralischer Grundkonstellationen hin, die gegen Mitte des 19. Jahrhunderts noch kaum vorherzusehen war. Daß dadurch der Lebensgenuß einzelner Männer und einzelner Frauen wesentlich größer geworden ist, wird wohl niemand bezweifeln. Ob sich jedoch dadurch an der patriarchalischen Grundstruktur unserer Gesellschaft viel geändert hat, sei dahingestellt.

Anmerkungen

1 Vgl. Manfred Windfuhr, *Heine und der Petrarkismus. Zur Konzeption seiner Liebeslyrik*, in: Jahrbuch der Deutschen Schillergesellschaft 10 (1966), S. 266-285.

2 Vgl. Wolfgang Hädecke, *Heinrich Heine. Eine Biographie*, München 1985, S. 86 ff.

3 Gerhard Höhn, *Heine-Handbuch. Zeit, Person, Werk*, Stuttgart 1987, S. 52.

4 Zit. wird im Text nach *Heinrich Heine: Sämtliche Schriften*, hg. v. Klaus Briegleb, München 1968 ff. (im folgenden: B); hier Bd. I, S. 75.

5 Vgl. *Verschiedene in Hamburg und Göttingen. Venus Venenata*, in: Rudolf Walter Leonhardt, *Das Weib, das ich geliebet hab. Heines Mädchen und Frauen*, Hamburg 1975, S. 53 ff.

6 Vgl. *Heinrich Heine im Urteil seiner Zeitgenossen*, hg. v. Eberhard Galley und Alfred Estermann, Bd. 1: *1821-1832*, Hamburg 1981, S. 306 ff.

7 Vgl. Günter Oesterle, *Heinrich Heines Tannhäusergedicht – eine erotische Legende aus Paris*, in: *Heinrich Heine und das 19. Jahrhundert*, hg. v. Rolf Hosfeld, Berlin 1986, S. 6-49.

8 Vgl. Dolf Sternberger, *Heinrich Heine und die Abschaffung der Sünde*, Hamburg 1972, S. 79-97.

9 Vgl. hierzu meinen Aufsatz *Erotik im Juste milieu. Heines »Verschiedene«*, in: *Heinrich Heine. Artistik und Engagement*, hg. v. Wolfgang Kuttenkeuler, Stuttgart 1977, S. 89 ff., und Johannes Weber, *Libertin und Charakter. Heinrich Heine und Ludwig Börne im Urteil deutscher*

Literaturgeschichtsschreibung 1840-1918, Heidelberg 1984, S. 29ff. und 65ff.

10 So Klaus Briegleb (B IV,902).

11 Vgl. Jost Hermand, *Stänker und Weismacher. Zur Dialektik eines Affekts*, Stuttgart 1971, S. 8.

12 Vgl. hierzu die ausführliche Rezeptionsgeschichte in meinem Aufsatz *Erotik im Juste milieu*, S. 89-96.

13 Vgl. Jost Hermand, *Heine contra Platen. Zur Anatomie eines Skandals*, in: *Heinrich Heine und das 19. Jahrhundert*, hg. v. Rolf Hosfeld, Berlin 1986, S. 108-120.

14 Vgl. Günter Oesterle, *Integration und Konflikt. Die Prosa Heinrich Heines im Kontext oppositioneller Literatur der Restaurationsepoche*, Stuttgart 1972, S. 91ff.

15 Vgl. meinen Aufsatz *Liberté – Égalité – Fraternité. Die Postulate einer unvollendeten Revolution*, in: *Freiheit – Gleichheit – Brüderlichkeit*, hg. v. Rainer Schoch, Nürnberg 1989, S. 31-40.

16 Vgl. hierzu schon die Charakterisierung der Polinnen in der Schrift *Über Polen*, wo »›Charakter haben‹« mit »Willens[un]freiheit« und »stereotyper« Starrheit gleichgesetzt wird (B II,83).

17 So zum Teil Irene Guy, *Sexualität im Gedicht. Heinrich Heines Spätlyrik*, Bonn 1984.

18 Werner Ilberg, *Unser Heine*, Berlin 1952, S. 107.

19 Vgl. den Schluß meines Aufsatzes *Blumiges und Unverblümtes. Zur Problematik des literarischen Bettgesprächs*, in: Basis. Jahrbuch für Gegenwartsliteratur 6 (1976), S. 200ff.

20 Ilberg, a.a.O., S. 106.

21 Cora Stephan, *Ganz entspannt im Supermarkt. Liebe und Leben im ausgehenden 20. Jahrhundert*, Berlin 1985, S. 6.

Karlheinz Fingerhut
Heine, der Satiriker

1. Heines Selbstbild als Satiriker

Du verstehst mich, großer schöner Gott, der du ebenfalls die goldene Leier zuweilen vertauschtest mit dem starken Bogen und den tödlichen Pfeilen… Erinnerst du dich auch noch des Marsyas, den du lebendig geschunden? Es ist schon lange her, und ein ähnliches Beispiel tät wieder not… (B I,16)

Apoll, der an Marsyas grausam künstlerisches Mittelmaß straft, ist Heines Vorbild eines Satirikers. Nachdem der »delphische Gott« die »literarischen Marsyas erbärmlich geschunden«, habe er »mit den blutigen Fingern, wieder lustig in die goldenen Saiten seiner Leier« gegriffen und »ein freudiges Minnelied« (B III,421 f.) gesungen. Auch dieser trunkene Wechsel von »lyrischer Lust und kritischer Grausamkeit« gehört zum Selbstverständnis des modernen satirischen Dichters. Sein Vorbild sind die Autoren der Aufklärung, Lessing zum Beispiel:

Vor dem Lessingschen Schwerte zitterten alle. Kein Kopf war vor ihm sicher. Ja, manchen Schädel hat er sogar aus Übermut heruntergeschlagen, und dann war er dabei noch so boshaft, ihn vom Boden aufzuheben, und dem Publikum zu zeigen, daß er inwendig hohl war. Wen sein Schwert nicht erreichen konnte, den tötete er mit den Pfeilen seines Witzes. Die Freunde bewunderten die bunten Schwungfedern dieser Pfeile; die Feinde fühlten die Spitze in ihren Herzen. (B III,586)

Diese Rede vom Satiriker als Kämpfer, der aus Gerechtigkeitssinn, ästhetischem Qualitätsbewußtsein, aber mit Lust vernichtet, steht im Gegensatz zur hegemonialen Definition der Klassik und Romantik, die auch der Satire eine poetische Würde durch den Verzicht auf beleidigende Schärfe verordnete. Herder vertritt die Forderung nach einer klassischen Dämpfung in einem Dialog zwischen »Kritik und Satyre«.[1] Die Satire muß ihre Geißel abgeben und erhält dafür einen Bogen mit Pfeilen, die treffen, ohne zu tief zu verwunden. Der Schmerz, den sie zufügen, ist heilsam. »Deiner Pflicht getreu, gebrauche den Bogen menschenfreundlich«, heißt es am Schluß. Satire im Stile des Aristophanes – Heine beruft sich auf ihn als seinen »Vater« am Ende des *Wintermär-*

chens (B IV,642) – verstoße gegen die »Reinheit der Kunst«, dekretiert Friedrich Schlegel, indem sie pragmatischen Zwecken diene, »persönlich« und »demagogisch« wirke.[2]

Grazie im Stil, Humanität in den Charakteren, Anmut der Diktion, und Freiheit des Dialogs[3]

schwächen natürlich die kommunikative, komisch-satirische Kraft; »die schöne Fröhlichkeit und die erhabne Freiheit in den Werken des *Aristophanes*« sind ein griechischer Glücksfall.[4]

Ebendiese Aristophanes-Deutung akzeptiert Heine nicht. Für ihn ist es die »höhere Weltanschauung« (B III,423), nicht die Harmonie zwischen Sinnlichkeit und Sittlichkeit, die die Größe seines »Vaters« ausmacht. Diese verweigert die ästhetische Harmonie des schönen Scheins. Hinter den »possierlichsten Fratzen« zeigt sie – als Provokation des vernünftigen Menschen – das Tragische eines universellen »Narrensieg[s] und Narrentriumph[s]« (B III,422f.). Eine sozialtherapeutische Funktion hat Heines »aristophanische« Satire nicht oder nur punktuell. Sie »befreit« nicht, sondern betont gezielt eine Affinität zum Tragischen.[5] Der intertextuelle Rückverweis des Schlußkapitels des *Wintermärchens* auf die *Vögel* des Aristophanes belegt es: Der Narr, der sich hier mit der Göttin verbindet, ist der Dichter. Statt eines Aufstiegs in das von den Göttern respektierte Luftreich gelingen nur der Blick in den Nachtstuhl und der Traum von einem »neue[n] Geschlecht, / Ganz ohne Schminke und Sünden« (B IV,642), dessen Zukunft völlig ungewiß bleibt. Die abschließende Drohung des Dichters an den preußischen König Friedrich Wilhelm IV., ihn im Gedicht ebenso einzuschließen wie Dante seine Feinde im »Inferno« (B IV,643f.), ist in der »Rückübersetzung«[6] durchaus ambivalent. Sie kann als Rede eines prophetischen Narren Teil einer aristophanischen »Weltvernichtungsidee« (B II,466) sein, sie kann aber auch – und vielleicht zugleich – der poetische Bernstein sein, in den der Dichter die Fliegen der Weltgeschichte einschließt (B II,586).

Heines Rückkehr jedenfalls zur unreinen, mit der politischen Wirklichkeit vermischten vernichtenden Satire des Aristophanes ist bezeichnend für die neue Grenzziehung zwischen Autonomieästhetik und Ästhetik des Engagements. Friedrich Theodor Vischer etwa hat die Satire als die dem prosaischen Zeitalter zuneigende Gattung mit der Aufgabe der politischen Kritik betraut, bleibt in seinem literarischen Urteil aber gegen Heines »Angriffswitz« eingestellt. Heine hingegen möchte, wie er im Vorwort zum *Atta Troll* betont, »die unveräußerlichen Rechte des Geistes«, das heißt ästhetische Autonomie, auch für die Satire einfordern, »zumal in der Poesie« (B IV,495), gegen die prosaische und zugleich bombastische Tendenzdichtung.[7]

2. *Der Weg des jungen Heine von der romantischen zur politischen Satire*

Jürgen Brummack hat die Entwicklung Heines zum Satiriker an die früh erlebte »Unterdrückung der Ansprüche des natürlichen Menschen« gebunden, die symptomatisch sei für eine Gesellschaft, die keine ästhetische Versöhnung ihrer Widersprüchlichkeiten mehr zulasse.[8] Bereits die Enttäuschungen der Hamburger Zeit: Fremdheit, Zurücksetzung, auch der Widerspruch zwischen seinen Erfahrungen und der traditionellen Erlebnislyrik vom Volkslied bis hin zu Goethe, verweisen Heine auf die Form der Satire als eine Möglichkeit, die »störenden Bedingtheiten in der modernen Welt«[9] in seine Lyrik hineinzunehmen. Die Dekonstruktion der zitierten Volksliedmuster durch die Desillusionierung, den »unversöhnlichen Schluß« (Vischer), ist die erste Form der Opposition gegen die poetische Norm der »Kunstperiode«. Am besten läßt sich das an Nummer 50 des *Lyrischen Intermezzos* nachweisen. »Sie saßen und tranken am Teetisch« (B I,95 f.) präsentiert im Volksliedton eine biedermeierliche Teegesellschaft, die sich über die Liebe unterhält. Die »ästhetisch« argumentierenden Herren vertreten eine romantisch-spiritualistische Liebe, warnen vor sensualistischen Ausschweifungen. Ihre Damen reagieren mit gespaltenen Gefühlen, lächeln »ironisch«, seufzen oder stellen die schnippische Frage nach dem »Wie so?« Hier ist – in nuce – der bürgerliche Liebesdiskurs mit seiner Sexualverdrängung karikiert. Die ungewöhnlichen Reime (»Teetisch« / »ästhetisch«; »Mund weit« / »Gesundheit«) tragen das Ihre dazu bei, den Pfeil aus dem Herder-Schlegelschen Köcher die bürgerlich verdünnte Liebe treffen zu lassen. Der zweite Pfeil steckt in einem Kontrast. Diese Teegesellschaft könnte durch den Bericht des volkstümlichen »Schätzchens« des Sprechers über seine Liebe schockiert werden:

> Du hättest so hübsch, mein Schätzchen,
> Von deiner Liebe erzählt.[10]

Damit ist das klassische Schema der Satire erfüllt: Einem beobacht-
baren Mangel in der Wirklichkeit wird eine positive Norm gegenübergestellt, von der aus dieser satirisch-therapeutisch korrigiert
werden muß. Friedrich Schlegel dürfte zufrieden sein, denn weder
»Rohigkeit, welche oft auch unsittlich ist«, noch »ästhetische [...]
Unsittlichkeit«, definiert als »Mangel an Harmonie«, »Zügellosig-
keit der einzelnen Kräfte aus Übergewicht der Sinnlichkeit«, ist
hier »beleidigend« für den »öffentliche[n] Geschmack« eines an
Verstand und Reizbarkeit verfeinerten Publikums vorhanden.[11]
Das Zeichen dafür, daß vielleicht auch das »Schätzchen« besser in
die karikierte Gesellschaft passen würde, als es dem Leser, der zur
Abwertung schlechter Wirklichkeit ein Ideal braucht, lieb sein
kann, steckt in dem Wörtchen »hübsch«, das den skeptischen Blick
vom Konversationszirkel auch auf das »Schätzchen« lenkt. Die
Vorstellung, daß »schließlich ex negativo die Hoffnung auf au-
thentisches, individuelles Liebesglück aufkommen« könne[12], miß-
achtet das aristophanische Grundprinzip, dem sich Heine verpflichtet hat. Der Sieg des »Narrentums« ist erst komplett, wenn
sichtbar wird, daß auch das Ideal der Volks-Natürlichkeit in die
satirische Destruktion miteinbezogen ist und die romantische Opposition von »Natur / Volkstümlichkeit / Harmonie« vs. »Gesellschaft der Philister« keine Gültigkeit mehr hat. Die Welt der
Philister hat die der romantischen Unentfremdetheit bereits zer-
setzt.

Damit ist eine realistische Perspektive in der frühen Heineschen
Satire aufgedeckt, die sich in anderen unversöhnlichen Schlußstro-
phen bestätigt. Ein Beispiel bietet die Romanze *Donna Clara*
(B I,156ff.), in der von einer gesellschaftlich unerlaubten Liebes-
begegnung zwischen der Alkadentochter und einem unbekannten
Ritter erzählt wird. In stereotypen Wiederholungen diffamiert die
adelige Dame in ihrer Liebesrede die Juden. Der Ritter, »freund-
lich kosend«, weist die üble Nachrede zurück. Als sie nach der
Liebe seinen Namen erfahren will, heißt es:

> Und der Ritter, heiter lächelnd,
> Küßt die Finger seiner Donna,
> Küßt die Lippen und die Stirne,
> Und er spricht zuletzt die Worte:
>
> Ich, Sennora, Eur Geliebter,
> Bin der Sohn des vielbelobten,

Großen, schriftgelehrten Rabbi
Israel von Saragossa.
(B I,158)

Hier liegt eine Röntgenaufnahme des adeligen bürgerlichen Antisemitismus vor, wie ihn Heine selbst erlebte. In einem Brief an
Ludwig Robert gibt er den Hinweis:

Es sollte wahrlich kein Lachen erregen, und noch viel weniger eine mokante Tendenz zeigen. Etwas, das ein individuell Geschehenes und zugleich ein Allgemeines, ein Weltgeschichtliches ist, und das sich klar in mir
abspiegelte, wollte ich einfach, absichtslos und episch-parteilos zurückge-
ben im Gedichte; – und das Ganze hatte ich ernst-wehmütig und nicht
lachend aufgefaßt [...]. (B I,738 f.)

Das Allgemeine, das Muster der Ausgrenzung und Diskriminierung, macht einen Teil des »Narrentriumphs« der schlechten
Wirklichkeit aus. Die Satire kann es im individuellen Fall nach-
zeichnen. Deshalb ist die Romanze eher »ernst-wehmütig« als
»lachend« aufzufassen. Die von der Satire angezielte Wirkung, die
bedrohliche Wirklichkeit (die Diffamierung) zu schwächen, das
Bewußtsein von der Bedrohung zu befreien (in der harten »Belehrung« der Donna) und dadurch die Perversion der Wirklichkeit zu
bekämpfen[13], stellt sich nicht ein. Vielmehr bleiben die in der Tat
»ernst-wehmütigen« Fragen: Wieviel Demütigungen muß jemand
selbst erduldet haben, bevor er seinerseits so systematisch verletzt?
Wo bessert und wo belehrt diese zurückgegebene Demütigung?
Im Namen welcher Norm erfolgt diese vernichtende »Bestra-
fung«? Nicht umsonst ist Heine besorgt, daß seine Romanze »in
keine christlichen Hände gerate« (B I,738). Offensichtlich war ihm
von vornherein klar, wie schnell sein »Angriffswitz« das Judenste-
reotyp vom kalten, gemeinen, rachsüchtigen Intellektuellen hier
verstärken und damit die Chance einer durch dosierte Beschämung
bessernden Satire zerstören würde.

In der Prosa der *Reisebilder* hält sich länger eine »romantische«
Form der Philistersatire. In der *Harzreise* erlaubt sie den belustig-
ten, überlegenen Blick von oben: »Auf die Berge will ich steigen,/
Lachend auf Euch niederschauen« (B II,103). Der Umschwung
zur aristophanisch-rücksichtslosen, realistischen und nicht mehr
»heilenden« Satire erfolgt dann in der Platen-Polemik, der nicht-
mehr-schönen Personalsatire am Ende der *Reisebilder* aus Italien.
Entscheidend für die satirisch-ironische Konstellation der frü-

hen Reisebilder ist, daß der Erzähler sich noch selbst als Teil der vorgestellten Gesellschaft fühlen kann. Dementsprechend bezieht er sich auch selbst in die kritische Beleuchtung ein. Ein Beispiel ist die Beobachtung des Sonnenuntergangs von der Gipfelplatte des Brockens aus:

Ich suchte gleich die schöne Dame in ein Gespräch zu verflechten: denn Naturschönheiten genießt man erst recht, wenn man sich auf der Stelle darüber aussprechen kann. (B II,143)

Norm und Perversion stehen unmittelbar nebeneinander:

Es ist ein erhabener Anblick, der die Seele zum Gebet stimmt. Wohl eine Viertelstunde standen alle ernsthaft schweigend, und sahen, wie der schöne Feuerball im Westen allmählig versank; die Gesichter wurden vom Abendrot angestrahlt, die Hände falteten sich unwillkürlich; es war, als ständen wir, eine stille Gemeinde, im Schiffe eines Riesendoms, und der Priester erhöbe jetzt den Leib des Herrn, und von der Orgel herab ergösse sich Palestrinas ewiger Choral.

Während ich so in Andacht versunken stehe, höre ich, daß neben mir jemand ausruft: ›Wie ist die Natur doch im allgemeinen so schön!‹ Diese Worte kamen aus der gefühlvollen Brust meines Zimmergenossen, des jungen Kaufmanns. Ich gelangte dadurch wieder zu meiner Werkeltagsstimmung, war jetzt im Stande, den Damen über den Sonnenuntergang recht viel Artiges zu sagen […]. (B II,144f.)

Wie im Falle des Teetischgesprächs ist das Naturerlebnis ganz in der konventionellen Konversation aufgehoben. Die Damen zitieren begeistert oder lispelnd entsprechende literarische Stellen aus Goethe und Byron. Der Erzähler spielt das Touristenspiel mit. Aber auch hier ist es nicht ganz harmlos. »Vergiftet« ist bereits die Darstellung des Erhabenen in der Natur. Sie ist Zitat. Alle Vergleichsformeln (Gebet, Messe, Palestrina) stehen bei Goethe oder Jean Paul. Sogar der Konversationsbeitrag der Dame, »der öftere Anblick solcher Naturerscheinungen schwäche ihren Eindruck« (B II,145), findet sich schon in Jean Pauls Titan-Roman, wo Albano, den Sonnenaufgang neu zu genießen, sich mit verbundenen Augen auf den Berg führen läßt, um erst im Höhepunkt der Erscheinung den künstlich gesteigerten Eindruck in sich aufnehmen zu können.[14] Das Eindringen des Raffinements in das Erleben des Natürlichen deformiert das »Ideal«, von dem aus die Satire operiert.

Mit den Angriffen auf Platen, später auf Börne, holt Heine die von der klassischen Ästhetik ausdrücklich aus der Poesie ausgeschlossene Personalsatire in die Literatur zurück.[15] Die Reaktionen des Publikums waren – wie aufgrund des herrschenden Geschmacks nicht anders zu erwarten – von Entrüstung geprägt. Von Bosheit ist die Rede, von den »plumpsten, directen und persönlichen Angriffen«, zwar »hin und wieder witzig, bisweilen aber allerdings auch bloße Schimpfreden« (B VI/2,631). Die heutige Literaturwissenschaft hat – von einer anderen Warte aus urteilend – eine Rechtfertigung der Personalsatire parat: Sie zeige die allgemeine, gesellschaftliche Wahrheit hinter den persönlich beleidigenden Unwahrheiten auf und rettet so den Heineschen Anspruch, Satire müsse persönlich sein dürfen, als vormärzliche Fortführung der Aufklärungsästhetik.[16] Die als unnatürlich hervorgehobene Knabenliebe Platens etwa signalisiere den Bruch seiner Kaste mit der Natur. Besonders die an Platen aufgewiesene Allianz zwischen Romantik und Klerikalismus deute auf die implizit vorhandene Regression in den Gedichten des Grafen. Das Zeit- und Selbstporträt hingen engstens miteinander zusammen. Durch das »beständige Konstatieren« der eigenen Persönlichkeit schaffe Heine sich einen Seismographen, der die Erschütterungen der Zeit aufzeichne.

Ich glaube – zumindest was die Platen-Satire angeht – nicht an die Haltbarkeit der Personalpolemik aus der Poetik des gesellschaftskritischen Realismus heraus. Hier wird der angemaßte »deutsche Aristophanes« vom wahren Sohn des griechischen Satirikers geschunden.[17] Platen hatte Heine als unverschämten Judenjungen diffamiert, dessen Küsse »Knoblauchgeruch« absondern (B II,832). Es ergeht ihm wie der Alkaldentochter: der Pfeil auf das Judentum Heines wird retourniert als Pfeil, der erotische Normabweichungen trifft. Es handelt sich also um die Vernichtung eines Marsyas, einer Person, die Heine als Liebesdichter (als Apoll) und als Juden herausgefordert hatte, nicht um den »Repräsentanten der Adelsdekadenz«.

Die Verletzungen, die das satirische Schindmesser Heines zufügt, sind vielfältig, sie benutzen aber ständig Anspielungen auf Knabenliebe als Metaphern poetisch verunglückten Gräzisierens und »ghaseligen« (B II,459) Orientalisierens. Ein heuchlerisches Lob für »Glätte, Zierlichkeit und Politur« der Platenschen Verse wird über den Vergleich mit Kunststücken von Gauklern und anderen Hungerleidern (B II,454) mit Bedürftigkeit in Verbindung gebracht, dann über die Opposition von »Hunger« (Platen) und »gutes Essen« (Heine) zur Naturfeindlichkeit der Knabenliebe weitergeführt, so daß sich das Lob formaler Meisterschaft in ein

»dem Genius der Sprache Gewalt antun« verkehrt, »denn die freie
Liebe dieses Genius fehlt ihm, er muß auch diesem Jungen beharr-
lich nachlaufen« (B II,454). Witzige Wortspiele unterstützen jeweils diese Textbewegung. Platens Virtuosität ist »einsaitig«, indem er »so zu sagen, manchmal nur auf der G-Saite« dichtet[e]
(B II,455), seine »wahren Gefühle nicht nennen darf« (B II,459) in
einem nicht-mehr-griechischen Zeitalter. Immer also enden die
einzelnen Beobachtungen und Argumentationen am gleichen
Punkt. Diese hartnäckige Repetition imitiert in der Komposition
des Textes die Wiederholung der Schläge, die Platen auszuhalten
hat und mit denen Heine seine Dukaten aus ihm »schlägt«, da er
ja nicht – wie Platen – ein bayrisches »Jahresgehalt von 600 Gulden« (B II,465) bekommt und daher als freier Schriftsteller seine
Gegner in klingende Münze verwandeln muß.

Ein bedeutsamer Versuch, romantische Poesie, Satire und ge-
schichtliches Denken zusammenzufügen, ist das dreiteilige Gedicht über den *Tannhäuser* am Ende der *Elementargeister*
(B III,696-703). Günter Oesterle hat die Modernität des neu gewonnenen lyrischen Tons herausgearbeitet.[18] Die Heinesche Version der Legende vom Ritter im Venusberg ist geprägt durch die
Integration von Großstadtmodernismen in die Venus-Gestalt und
von romantisch-melancholischen Zügen in die Figur des Ritters,
schließlich von sensualistischer Kritik in die katholische Entsa-
gungsreligion. In einem »Reisebild« von 14 Strophen berichtet der
Tannhäuser von seiner Rückkehr aus Italien nach Deutschland.

> In Schwaben besah ich die Dichterschul,
> Doch tuts der Mühe nicht lohnen;
> Hast du den größten von ihnen besucht,
> Gern wirst du die kleinen verschonen.
>
> (B III,702)

In Dresden hat der satirische Hund Tieck seine Zähne verloren;
Weimar ist zum »Musenwitwensitz« herabgekommen: der Verfall
der deutschen Poesie im neuen prosaischen Zeitalter kann nur
noch aristophanisch-satirisch repoetisiert werden.

Bereits die zeitgenössische Kritik hat die zentrale Bedeutung der
Satire für die reflektierende Durchdringung der eigenen Epoche
bei Heine hervorgehoben. Gustav Kühne sieht in der »Vernichtung morsch gewordener Persönlichkeiten und ausgelebter Gei-
stesrichtungen« durch den »Schwertschlag des Witzes« dennoch

einen »wunderbar lyrische[n] Hauch der Seele« wirksam (B III,858 f.). Grausamkeit, verbunden mit Grazie, das ist das neue Stilideal der Satire, die in die unbestreitbar prosaische Gegenwart Teile der romantisch-spielerischen Phantasie hinüberrettet.

3. Die politische Satire des Vormärzautors

Die politische Welt verlangt die prosaische Schärfe mehr als die poetische Vernichtung durch ironisches Spiel. Die erste offene, aggressive Preußensatire Heines knüpft sprachlich an den Ton Luthers und an die Propheten des Alten Testaments an. Es ist die Vorrede zu den *Französischen Zuständen* (B III,91-105). Sie formuliert zuerst das Ideal, von dem aus die preußische Wirklichkeit gerichtet werden soll:

Wenn wir es dahin bringen, daß die große Menge die Gegenwart versteht, so lassen die Völker sich nicht mehr von den Lohnschreibern der Aristokratie zu Haß und Krieg verhetzen […] (B III,91).

Im Ton der Gerichtsrede wird Preußen, der »Tartüff unter den Staaten«, angeklagt als »frömmelnde[r] Kamaschenheld mit dem weiten Magen, und mit dem großen Maule, und mit dem Korporalstock, den er erst in Weihwasser taucht, ehe er damit zuschlägt« (B III,95). Die Schimpftopik der Rede-Eröffnung verlangt dann nach Belegen. Diese werden in Form von kurzen Personalsatiren geliefert. Immer geht es um Korruption. Raumer, Schleiermacher, Arndt, Hegel sind die Opfer. Die abschließende Anklage lautet auf »gemißbrauchte[s] Volksvertrauen«, »Hochverrat am deutschen Volke« (B III,99). Sie richtet sich direkt gegen den König »Friedrich Wilhelm, dritten des Namens«. Er ist der »Fürsten-Emeute« gegen den »Mann des Volkes« Napoleon beigetreten, um, wie der Esel der Fabel, unehrenhaft »dem sterbenden Löwen die letzten Fußtritte« (B III,102) zu geben.

An die Stelle der gerichtlichen Verurteilung tritt in der Satire die Drohung mit der Verurteilung durch die Geschichte. Sie ist in einem ironischen Umkehrverfahren als Beruhigung vorgestellt. Der »große Narr«, das »deutsche Volk«, könnte – gleich dem französischen Volk – der Bedrückung ein Ende machen, »daß er Eure Soldaten von sich abschüttelt und Euch selber, aus Überspaß, mit

dem kleinen Finger den Kopf eindrückt, so daß Euer Hirn bis an
die Sterne spritzt« – aber:

Fürchtet Euch nicht, ich scherze nur. Der große Narr bleibt Euch untertä-
nigst gehorsam, und wollen Euch die kleinen Narren ein Leid zufügen, der
große schlägt sie tot. (B III,105)

In dieser Satire auf Preußen und das geduldige deutsche Volk
sind alle wesentlichen Elemente der politischen Kritik enthalten,
die zwölf Jahre später die Grundlage des *Wintermärchens* bilden. Die positive Norm eines kosmopolitischen Patriotismus,
die Heine dort im *Vorwort* noch journalistisch-rhetorisch entfaltet: »wenn wir das vollenden, was die Franzosen begonnen haben [...]« (B IV,574), wird im ersten Caput in volkstümlichen
Versen anschaulich vor Augen geführt: das »Entsagungslied« im
Munde der späten Mignon, das »neue Lied« von der Verbindung
des Genius mit der Göttin der Freiheit, von dem erwarteten
Ende der materiellen Not und der Gewinnung von »Rosen und
Myrten, Schönheit und Lust« für »alle Menschenkinder«
(B IV,578) im Munde des Dichters sind auf emotionale Nach-
Erlebbarkeit hin angelegt. Auch die Kritik an Preußens Milita-
rismus und romantisierender Mittelalterverehrung ist mit spre-
chenden Beispielen inszeniert: die hölzerne Langeweile in der
Garnisonsstadt Aachen, der bekannte Witz mit dem »Blitzablei-
ter« auf der preußischen Pickelhaube, schließlich der preußische
Adler als Vogel auf der Stange der rheinischen Vogelschützen.
In gleicher Weise greift das satirische Prinzip der Veranschaulichung bei der Darstellung des abgelebten Patriotismus der
Deutschtümler. Ein aristophanischer Dialog zwischen dem Erzähler und dem Kaiser Barbarossa im Kyffhäuser entlarvt dessen
Antiquiertheit (B IV,611-617). Die doppelte Frontstellung der
Heineschen Deutschlandsatire, gegen die herrschende preußische Reaktion und zugleich gegen die zersplitterte, politisch
naive Opposition, zwingt zu Differenzierungen, die dem nach
klaren Standpunkten suchenden Leser zunächst Unbehagen bereiten. Vor den als Wölfen heulenden Republikanern porträtiert
sich der Erzähler ironisch-ambivalent als »Wolf unter Wölfen«,
der auch immer »mit den Wölfen heulen« werde (B IV,604).
Ähnliche Signale setzt er bei der Zerschlagung des katholisch-
romantischen Aberglaubens in der Gestalt der Heiligen Drei
Könige durch den Büttel seiner Gedanken:

Es dröhnte der Hiebe Widerhall
Aus allen Gewölben, entsetzlich, –
Blutströme schossen aus meiner Brust,
Und ich erwachte plötzlich.

(B IV,595)

Das ist immer wieder als Verrat, Zurücknahme, ästhetisierende Charakterlosigkeit angeprangert worden. Inzwischen wurden die ästhetische Polyvalenz, die Aktivierung der Phantasie und der Reflexion des Rezipienten als vornehmstes Prinzip der poetischen Sprachverwendung herausgestellt. Das erlaubt auch eine neue Bewertung der Ambivalenz der Heineschen Satiren. Sie ermöglichen, ja sie erzwingen die selbständige Urteilsbildung des Lesers und fördern damit dessen Emanzipation von tagespolitisch vorgetragenen Meinungen.

Daß es Heine tatsächlich auf die schrittweise erfolgende Ausbildung von Standpunkten, nicht um die Übernahme von Urteilen ging, läßt sich an den kompositorisch-strukturell übermittelten politischen Botschaften erkennen. Der hymnisch gefeierten Verbindung der Jungfer Europa mit dem Genius der Freiheit im ersten Caput entspricht die satirische Destruktion der Verbindung des Dichters mit der bourgeoisen Göttin Hammonia am Schluß des Epos. Dem Totengespräch mit dem Kaiser Barbarossa über die Unmöglichkeit der Wiederaufrichtung des Stauferreiches im gegenwärtigen Deutschland entspricht die Reminiszenz an die »Auferstehung« und erneute Beisetzung des Kaisers Napoleon in Caput VIII (B IV,597f.). In beiden Parallelszenen interpretieren sich die Konstellationen wechselseitig. Der traurige Triumphzug über die Champs-Elysées – »[...] Die Menschen schauten so geisterhaft / In alter Erinnrung verloren« – kritisiert implizit auch den »imperialen Märchentraum« der deutschen Patrioten; die kinderlosen Hammonia-Hymenäen relativieren die Hoffnung auf das »neue Geschlecht«. In beiden Fällen liefert die satirische Perspektive das Korrektiv einer übereilten ideologischen Festlegung.

Der *Atta Troll* liest sich streckenweise wie eine poetische Explikation der Heineschen Satirekonzeption. Auch hier herrscht an der Oberfläche des Textes Ambivalenz vor, der Leser erhält die Aufgabe, Zusammenhängen selbst nachzuspüren. Gegenüber der politischen Indienstnahme der Dichtung für politische Zwecke – ein Vorwurf, der aus der Sicht der klassischen Poetik der Satire generell zu machen war – betont Heine die ästhetische Autonomie als »höchste Freiheit« des Dichters gegenüber dem Stoff:

> Traum der Sommernacht! Phantastisch
> Zwecklos ist mein Lied. Ja, zwecklos
> Wie die Liebe, wie das Leben,
> Wie der Schöpfer samt der Schöpfung!
> (B IV,501)

Aus dieser »Freiheit« heraus legt er einige der »heiligsten Menschheitsideen«, die er im Vorwort für sich in Anspruch nimmt (B IV,495), besonders die der »Gleichheit«, seinem Tendenzbären in den Mund. Es entsteht ein Zerrbild, von dem der Leser nicht sofort zweifelsfrei entscheiden kann, ob es das des Bären oder das des Autors ist:

> Strenge Gleichheit! Jeder Esel
> Sei befugt zum höchsten Staatsamt,
> Und der Löwe soll dagegen
> Mit dem Sack zur Mühle traben.
> (B IV,511)

Auch die Idee selbst gerät in den Strudel, den ihre poetische Verteidigung erzeugt. Ihre Wirklichkeitsdimension als soziale Utopie wird in Mitleidenschaft gezogen, und wenn Friedrich Sengle hier eine »aristokratische Position« Heines vermutet, so gibt ihm der Text an dieser Stelle recht. Das ist besonders im Vergleich sichtbar. Anderen der »heiligsten Menschheitsideen« ergeht es im Epos nämlich sehr viel besser. Der Idee der Emanzipation als erotischer Selbstentfaltung etwa. Eine bewegt-phantasiereiche Schilderung der Wilden Jagd zeigt an drei faszinierenden Frauengestalten Formen antiker, romantischer und moderner Lebensbejahung. Der in Kontrast dazu gesetzte verklemmte, sittenstrenge Schwabendichter, der als unglücklicher Mops die Suppe der Hexe Uraka umrühren muß (B IV,556), ist so konsequent satirisch vernichtet, daß hier die poetisch-satirische Konstellation zu einer eindeutigen Stellungnahme des Lesers führt. Das Dilemma des Satirikers Heine besteht darin, daß er das Aristophanische Prinzip der unnachsichtigen satirischen Destruktion im Sinne eines klassisch-romantischen »Waldlieds« poetisieren möchte und dazu die Rückübersetzungs- und Auflösungsanweisungen an den Leser polyvalent macht. Die poetische Sublimierung geht aber – und das hat schon Schlegel gegenüber Aristophanes festgehalten[19] – auf Kosten der kommunikativen Wirksamkeit. Poetische Schönheit und kommunikative Energie satirischer Eindeutigkeit widerstreiten einander. Heine hilft sich, indem er alle scherzhaften, spielerischen Formen der Satire im *Atta Troll* verstärkt[20], andererseits die schweren Waffen, die Destruktion von Personen etwa, die Scheltrede, die Verächtlichmachung ausspart. Das wird dem Leser des Heineschen Gesamtwerks sofort deutlich, wenn er das Bestiarium des *Atta Troll* gegen dasjenige der späten politischen Lyrik mit ihren servilen Kötern, radikalen Ratten, gewählten Eseln, ihren Affen, Kröten, Kamelen, ihren Vipern, Wanzen und Ungeziefern in Menschenrollen hält.

Die satirische Perspektive der zeitgleich mit den Versepen entstandenen politischen Lyrik ist wesentlich deutlicher im Sinne des aristophanisch-energischen Prinzips angelegt. Hier hat Heine offenbar nicht an eine Poetisierung der prosaischen politischen Welt gedacht, sondern eher umgekehrt an eine Öffnung der lyrischen Sprechweise für die kämpferisch-prosaische Satire. Walter Hinck vermißt zwar auch hier die Eindeutigkeit satirischer Urteile und verweist dazu besonders auf das problematische Verhältnis wechselseitiger Relativierung von Satire und Ironie[21], aber im Vergleich zum romantisch-poetischen satirischen Spiel bieten die Gedichte doch eindeutige Rückübersetzungssignale des Gesagten in ein politisch Gemeintes. Auch die satirisch eingesetzte Ironie ist über Signale auflösbar. Allerdings verlangt Heine von seinem Publikum, daß es sie nicht immer im gleichen Text, sondern manchmal auch in thematisch oder motivlich verwandten sucht. Ohne daß die politischen Gedichte zu einem geschlossenen Zyklus geordnet wären, sind doch einige einander zu wechselseitiger Erhellung zugeordnet. Ein besonders eindeutiges System der Verweisungen entsteht durch Personal-Isotopien. Mehrere Gedichte über Dingelstedt, Herwegh, Hoffmann von Fallersleben, aber auch über Ludwig von Bayern und Friedrich Wilhelm IV. von Preußen, müssen als fortlaufende Kommentierung politischer Positionen jeweils zusammen gelesen werden. Die auffällige Rückkehr zur Personalsatire im politischen Zeitgedicht zeigt deutlich, daß Heine seine Absicht, die bisher in Prosa ausgeübte Scharfrichtertätigkeit des Satirikers nun in die Lyrik zu verlegen und dabei die Fehler der bombastisch-allgemeinen Tendenzpoesie zu vermeiden, der er ja ironisch geraten hatte:

> Blase, schmettre, donnre täglich,
> Bis der letzte Dränger flieht –
> Singe nur in dieser Richtung,
> Aber halte deine Dichtung
> Nur so allgemein als möglich.
>
> (B IV,423)

in den vierziger Jahren konsequent in die Tat umgesetzt hat.

Die satirischen Zeitgedichte lassen sich inhaltlich und von der Perspektive her in Spott auf liberale Tendenzpoeten und in Fürstenhinrichtungen unterscheiden. Die Gedichte über Herwegh und Dingelstedt können für die erste Gruppe, die auf Ludwig von Bayern und Friedrich Wilhelm von Preußen für die zweite Gruppe stehen.

Vier Gedichte widmete Heine Georg Herwegh, dem erfolgreichen Autor der *Gedichte eines Lebendigen*. Herwegh, apostrophiert als »eiserne Lerche« (B IV,485), wird vorgeworfen, die politische Situation zu optimistisch und den preußischen König als zu reformfreudig eingeschätzt zu haben:

> Doch als der holde Rausch entwich,
> Mein teurer Freund, du warst betroffen –
> Das Volk wie katzenjämmerlich,
> Das eben noch so schön besoffen!
>
> (B IV,422)

Briegleb spricht von einer Kritik, die auf »Solidarität und Selbstkritik« beruhe (B IV,952). Auch wenn der Marquis-Posa-Vergleich für Herweghs Haltung gegenüber dem Preußenkönig und die Bezeichnung der Dingelstedtschen Anstellung am Stuttgarter Hof als »Verhofräterei« (B IV,427f.) nicht gerade auf »Solidarität« abzielen und in *Simplizissimus I.* (B VI/1,278-281) Herwegh als »somnambüler / Marktschreier, Hansnarr, Philistergünstling, / Ein miserabler Heldenspieler!« persönlich so abgewertet wird, daß Heine dies Gedicht als zu »herb« (B VI/2,65) durch das »spaßhaftere« *Die Audienz* (B VI/1,231f.) ersetzte, so bleibt die interne Lager-Kritik doch maßvoll und auf die wirklichen Schwachstellen des politischen Denkens im Lager der Opposition konzentriert. Es entsteht ein Geflecht von wechselseitigen Verweisen und Wiederholungen, bei Herwegh z. B. die Interpretation der Audienz in Berlin. Immer ist der Spott auf den einzelnen Dichter auch gekoppelt mit einer Satire auf sein deutsches Publikum. Die hervorgehobenen Mängel, z. B. Herweghs politische Naivität, erscheinen so als allgemeines Zeitsymptom.

Anders ist es bei den Fürstensatiren. Diese sind nicht scherzhaft, sondern strafend. Heines Waffe ist hier nicht der leichte Pfeil, sondern das Schwert oder das Henkerbeil. Der Witz, mit dem er dieses umkränzt (B II,464), ist sarkastisch. Historische Verfremdungen und Rollenreden, in denen sich die beiden kultur- und philosophiebeflissenen Könige selbst entlarven (China oder Griechenland für Berlin), zielen immer auf wenige Punkte: die absolutistische Prachtentfaltung (Chinoiserie), Despotismus und Militarismus in Preußen. Dazu werden persönliche Leidenschaften und Schwächen der Herrscher bloßgestellt: Trunksucht und Impotenz bei Friedrich Wilhelm IV. (B IV,425 f. und B IV,458), in den *Lobgesängen auf König Ludwig* (B IV,459 f.) das Stammeln (»Das Volk der Bavaren verehrt in ihm / Den angestammelten König«) und der katholische Marienkult des kunstdilettantischen Herrschers. Dazu kommt die Karikatur der Könige über ihre Umgebung. Die verfremdete Szenerie liefert dazu Gelegenheit: der dunkle »Weltweise« Schelling tritt als »Confusius« in chinesischem Gewand auf, Ançillon wird zu Aristoteles befördert. Es sind lauter Mitglieder jener Menagerie vertreten, die an anderen Stellen der Heineschen Satiren bereits ihre Hinrichtung erlitten haben und die deshalb hier nur noch als überlebte Zitate vorkommen: Raumer und die »Ritter der historischen Schule«, Schelling, Rückert, List. Beide Herrschersatiren glücklich verbindend, erhält Ferdinand Maßmann, der von München nach Berlin berufen wurde, sieben Strophen gewidmet, in denen alles über seine altdeutsche Widersprüchlichkeit wiederholt ist, was der Heine-Leser schon längst weiß. Durch die Technik des wiederholten Selbstzitats macht Heine die Welt seiner Satiren übersichtlich. Am Panoptikum literarischer Leichen demonstriert er scherzhaft und durch ein beschränktes Zeichenarsenal deutschnationale Beschränktheit. Jeder Leser weiß, daß, wenn »Maßmann« erscheint, auch »Purzelbaum«, »Latein« und »Ureichelfraßfreiheit« (B III,771) oder zumindest »Eichelkaffee« nicht weit sind. Wut und Enttäuschung über die champagnerbesoffene preußische Expansionspolitik gegenüber dem Elsaß und Lothringen mischt sich so ins Lachen über die Kasperlefiguren, die sich in ihrem Umfeld tummeln.

4. *Fiat justitia! Pereat mundus!*: Sozialsatire und Weltordnung

Heines Sozialsatire beginnt mit der ganz unsatirischen Anklage im Rollengedicht *Die schlesischen Weber* (B IV,455). Die agitatorische Kampfansage an das alte Deutschland beruht formal auf Rhythmus und Wiederholung, inhaltlich auf der Stoßrichtung gegen die Säulen der alten Gesellschaft (Gott, König, Vaterland), ideologisch auf der Zuordnung der revolutionären Perspektive zum Proletariat. In der sozialkritischen Lyrik der folgenden Jahre hat Heine diese Aspekte – teils einzeln, teils im Verbund – satirisch entfaltet.

Die neue Schärfe der Sozialkritik wird zuerst sichtbar an der Ballade *Das Sklavenschiff* (B VI/1,194-199). Der Zynismus des Profitkalküls ist von Heine satirisch übersteigert in der frommen Wendung des Sklavenhändlers an Gott:

>»Um Christi willen verschone, o Herr,
>Das Leben der schwarzen Sünder!
>Erzürnten sie dich, so weißt du ja,
>Sie sind so dumm wie die Rinder.
>
>Verschone ihr Leben um Christi willn,
>Der für uns alle gestorben!
>Denn bleiben mir nicht dreihundert Stück,
>So ist mein Geschäft verdorben.«
>
>   (B VI/1,199)

Auch eine satirisch karikierte Figur ist an Bord, der Doktor van der Smissen. Er repräsentiert den gefühllosen Bürokraten, führt über die Sterblichkeitsrate Buch, inspiziert die Leichen. Als »braver Chirurgus« taucht er im Gedicht *Jammertal* (B VI/1,305) wieder auf, »konstatiert / Den Tod der beiden Kadaver« der im Dachstubenelend verhungerten und erfrorenen Liebenden. Seine unangemessenen Therapievorschläge: »Verwahrung / Durch wollene Decken« und »gesunde Nahrung« demonstrieren schon im Amtsdeutsch seine Unsensibilität für soziale Not. Die Ballade ist nicht einfache Elendspoesie, auf Mitleidheische aus. Das erweckte Mitleid ist nicht Ziel, sondern Mittel der satirischen Perspektive. Es steigert die Entrüstung des Lesers, gerade weil jedes Zeichen des Protests im Text selbst ausgespart bleibt.

Der Einbezug der politischen Dimension in die Sozialsatire erfolgt in *Die Wanderratten* (B VI/1,306f.). Dieses späte Zeitgedicht kann als eine herausragende Zusammenfassung verschiedener satirischer Reflexions- und Gestaltungsweisen Heines gelten. Einmal greift er die Form der Philistersatire wieder auf, die in *Erinnerung aus Krähwinkels Schreckenstagen* (B VI/1,230f.) den mißtrauischen Blick des Bürgers auf »Ausländer, Fremde« karikiert. Dann lenkt es mit der Übertragung des parabolischen Geschehens in die Welt der Ratten den Blick auf das satirische Bestiarium von Heines späten Gedichten gegen das deutsche nachrevolutionäre, kleinbürgerliche Narrentum, wie es etwa in *Die Wahl-Esel* (B VI/1,286-288), den Fabeln oder *Kobes I.* (B VI/1,233-238) porträtiert ist. Drittens erscheint der mehrfache Bildgebrauch von »Ratte« für »Proletarier« als Indiz einer bourgeoisen Rollen-Perspektive.[22] Schließlich vollzieht das Gedicht den von Heine immer wieder geübten satirischen Sprung von der wörtlichen Ebene der Nahrung auf die der sozialen oder politischen Bedürfnisse. Ironisch empfiehlt es den satten Bürgern als Rezept zur Abwehr der proletarischen Ratten eine »Argumentation« von »Suppenlogik«, »Knödelgründen« und »Wurst-Zitaten«. Dabei entwirft der Sprecher ein genaues, realistisches Porträt der kommunistischen Bewegung, wie es der Autor in der *Préface* zu *Lutezia* nicht genauer hätte zeichnen können:

> Die radikale Rotte
> Weiß nichts von einem Gotte.
> Sie lassen nicht taufen ihre Brut,
> Die Weiber sind Gemeindegut.

Lediglich die Weibergemeinschaft mag dem zeitgenössischen Zerrbild entstammen, Atheismus und Materialismus sind konstitutive Bestandteile der proletarischen Weltanschauung:

> Der sinnliche Rattenhaufen,
> Er will nur fressen und saufen,
> Er denkt nicht, während er säuft und frißt,
> Daß unsre Seele unsterblich ist.

Da aus der Abscheu des Bürgers gegenüber den »rattenkahl[en]« Proletariern und auch aus der ironischen Therapie-Rede des Sprechers weder der Standpunkt eines Verantwortlichen noch eine wirkliche Eingriffsperspektive vorgestellt ist, hinkt meines Erachtens der Vergleich mit Brecht, der hier häufig angestellt wurde.[23] Heine gestattet dem Leser einen Blick »von oben« auf die sozialen

Kämpfe, zeichnet die Wanderratten mit einer klammheimlichen Komplizenschaft, verspottet die aufgeregte Bürgerschaft und kann durch diese implizite Sympathielenkung eine Parteinahme des Lesers erreichen.

Heines soziale Satire stellt – theologische Bild- und Begriffswahl wie »Jammertal« für das Hungerleben in der Dachstube, »arme Seelen« für die Liebenden und die blasphemischen Beschreibungen der Proletarier-Ratten zeigen es – die Frage nach der Theodizee. »Social criticism here clearly turns into criticism of the world-order as a whole«[24], urteilt Siegbert Salomon Prawer. Die Fragen des Hiob oder des Heineschen Lazarus an den »Aristophanes des Himmels« (B VI/1,499) sind immer ein Vulgarisieren der Frage nach Gerechtigkeit und Leid auf der Erde.

Ein Beispiel für Satire, welche die Weltordnung insgesamt in Frage stellt, ist das nachgelassene *[Miserere]* (B VI/1,332 f.). Ein blasphemisches Gebet mündet noch einmal in eine scherzhafte, selbstironische Selbst-Distanzierung des Sprechers. Hier gibt es der »kleine deutsche Aristophanes« dem »großen Aristophanes des Himmels« in »witzigen Sarkasmen« zurück. Der »Humor«, die »kolossale Spaßmacherei« (B VI/1,499), von denen Heine in den *Geständnissen* spricht, ist hilflos angesichts des Leidens:

> Ob deiner Inkonsequenz, o Herr,
> Erlaube, daß ich staune:
> Du schufest den fröhlichsten Dichter, und raubst
> Ihm jetzt seine gute Laune.
>
> (B VI/1,332)

Sarkasmus dominiert auch das zum *Lazarus*-Zyklus gehörige »Laß die heilgen Parabolen« (B VI/1,201 f.), das die Frage nach dem Grund des menschlichen Leids in der Weise Hiobs stellt. Satirisch und anklagend werden diese Fragen nach der Gerechtigkeit allerdings erst dann, wenn der Sohn der Themis wie seine Muse Satyra das verliehene Schwert gegen Gott selbst richtet:

> Woran liegt die Schuld? Ist etwa
> Unser Herr nicht ganz allmächtig?
> Oder treibt er selbst den Unfug?
> Ach, das wäre niederträchtig.

Die verräterische Reimkoppelung »allmächtig« / »niederträchtig« spurt das sarkastische Räsonnement der Schlußstrophe vor:

> Also fragen wir beständig,
> Bis man uns mit einer Handvoll
> Erde endlich stopft die Mäuler –
> Aber ist das eine Antwort?

Zeitgenössische Rezensenten der späten Gedichte haben, wie heutige Leser möglicherweise auch, ihre Schwierigkeiten mit dieser Koppelung des persönlichen Leidens mit einer satirischen Analyse der Welt als Ganzer gehabt. Sie haben Heine empfohlen, »dem Überwiegen der Materie durch geistige Kraft vor[zu]beugen« (B VI/2,68), sie empfanden Entrüstung »über solche Laszivitäten und Zynismen« (B VI/2,69) und forderten, daß die »künftigen Zeiten einen schonungslosen Säuberungsprozeß mit seine[n] Schriften und Poesien vornehmen« (B VI/2,70). Der hat in den großen Ausgaben dann glücklicherweise doch nicht stattgefunden. Und deshalb steht dort heute noch die Satire Heines auf die eigene Familie (*Affrontenburg*, B VI/1,199) mit ihren familialen Scheltworten neben den Lästerungen und satirischen Prüfungen der göttlichen Teleologie anhand des »Nützlichkeitssystems« der weiblichen Physis *[Zur Teleologie]* (B VI/1,301-304). Noch einmal geht es um eine satirische Wiederherstellung der Gleichheit, die im Munde des Tanzbären schon so gebeutelt worden war. Diesmal ist es die Heinesche, nicht mehr die Trollsche Gleichheit aller Kreatur:

> Durch dieselben Dämpfe, Räder
> Springt und singt und gähnt ein jeder,
> Und derselbe Omnibus
> Fährt uns nach dem Tartarus.
>
> (B VI/1,304)

Anmerkungen

Heines Werke werden zitiert nach: Heinrich Heine, *Sämtliche Schriften*, hg. v. Klaus Briegleb, München 1976.

1 *Herders Sämtliche Werke*, hg. v. B. Suphan, Bd. 24, Berlin 1886, S. 188-197.

2 Friedrich Schlegel, *Vom ästhetischen Werte der griechischen Komödie* (1794), in: *Kritische Friedrich-Schlegel-Ausgabe*, hg. v. E. Behler,

Bd. 1, Paderborn 1979, S. 19-33. Auch Schiller und Jean Paul sind in Übereinstimmung mit dieser Position der Auffassung, daß Satire keinesfalls – wie Tucholsky später, vielleicht mit dem Hintergedanken an Heine, sagen wird – »alles« darf. Vgl. dazu: Jürgen Brummack, *Zu Begriff und Theorie der Satire*, in: DVjs 45 (1971, Sonderheft), S. 275-377.

3 Ebd., S. 32.

4 Ebd., S. 24.

5 Vgl. S[iegbert] S. Prawer, *Heine. The Tragic Satirist*, Cambridge 1961.

6 Zur Bedeutung der »Rückübersetzung« als Tätigkeit des Rezipienten vgl. Ulrich Gaier, *Satire. Studien zu Neidhart, Wittenweiler, Brant und zur satirischen Schreibart*, Tübingen 1967, S. 387-397.

7 Es hat auch aus Freundeskreisen nicht an Ermahnungen gefehlt, die klassische Dämpfung der Satire nicht aufzugeben. So schreibt etwa Varnhagen von Ense noch 1844: »Ihr Genius würde am schönsten leuchten und am mächtigsten wirken, wenn er anstatt der Schärfe die Milde hervorkehrte, und er das Pathos der Menschen anspräche« (Heine, *Säkularausgabe* [vgl. Anhang], Bd. 26, S. 117; Brief vom 26. 10. 1844). Zur politischen Rezeption der Heineschen Satire-Konzeption vgl. Alfred Opitz, Ernst-Ulrich Pinkert, *Heine und das neue Geschlecht (I). Von der »Poesie der Lüge« zur »politischen Satire«. Die Rezeption von Heines Lyrik in der Literaturkritik der Junghegelianer*, Aalborg 1981, S. 116-127.

8 Jürgen Brummack, *Heines Entwicklung zum satirischen Dichter*, in: DVjs 41 (1967), S. 98-116; hier S. 114f.

9 Ebd., S. 99f.

10 Zu dem Gedicht als Musterbeispiel früher Satire vgl. Jürgen Brummack, *Heines Entwicklung*, S. 111-115; Siegbert S. Prawer, *Heines satirische Versdichtungen*, in: K. H. Borck, U. R. Henss (Hg.) *Der Berliner Germanistentag 1968. Vorträge und Berichte*, Heidelberg 1970, S. 181-183; Gerhard Höhn, *Heine-Handbuch. Zeit, Person, Werk*, Stuttgart 1987, S. 62f.

11 Schlegel, *Vom ästhetischen Werte der griechischen Komödie*, S. 27.

12 Höhn, *Heine-Handbuch*, S. 63.

13 Gaier, *Satire*, S. 397.

14 *Jean Pauls sämtliche Werke, historisch-kritische Ausgabe*, hg. v. E. Berend, 1. Abt., Bd. 8, Weimar 1933, S. 15f. Zum Problem der Entfremdung von der Natur und der Technik des verfremdenden Zitats im Dienste der Satire gegen den Philister als Touristen vgl. Norbert Altenhofer, *Harzreise in die Zeit*, Düsseldorf 1972, S. 12f. Zur Entwicklung der Naturschilderung von der »Kunstperiode« zur modernen, subjektiv-lyrischen und allegorisch-satirischen oder -enthusiastischen Beschreibung vgl. Karlheinz Fingerhut, *Apoll und der Gott der Freiheit*, in: ders., *Standortbestimmungen. Vier Untersuchungen zu Heinrich Heine*, Heidenheim 1971, S. 115-127.

15 »Aristophanes ist der größte Satiriker, und ich möchte wünschen, daß die persönliche Satire bei uns wieder in Schwang käme« (Heine im Gespräch mit E. Wedekind, in: H. H. Houben [Hg.], *Gespräche mit Heine*, Frankfurt/Main 1926, S. 72).

16 Vgl. zusammenfassend Höhn, *Heine-Handbuch*, S. 202-204 (zur Platen-Polemik); S. 349-359 (zur Börne-Schrift).

17 Vgl. Heines Anmerkung zur Notiz von Varnhagen, »der deutsche Aristophanes Graf Platen wolle den Dichter Heine wegen dessen satyrischer Injurien beim hiesigen Kammergerichte verklagen«, was einem Armutszeugnisse gleichkäme, »da ein Aristophanes in seinem Witz wohl ein schärferes Schwerdt haben müßte, als jedes gerichtliche seyn könnte!« (Heine, *Säkularausgabe*, Bd. 20 K, S. 258).

18 Günter Oesterle, *Heinrich Heines Tannhäusergedicht – eine erotische Legende aus Paris*, in: Rolf Hosfeld (Hg.), *Signaturen. Heinrich Heine und das 19. Jahrhundert*, Berlin 1986, S. 6-48.

19 Schlegel, *Vom ästhetischen Werte der griechischen Komödie*, S. 24-29. Schlegel lobt an Aristophanes die »schöne Fröhlichkeit« und die »erhabne Freiheit«, sieht aber in diesen ästhetischen Prinzipien zugleich die Quelle der Fehler, »welche den Verlust ihrer Freiheit und ihrer Schönheit nach sich zogen«. Denn sie sind nur da möglich, wo die »Bildung des Menschen durch Freiheit und Natur« geschieht, wo »alle seine Kräfte ihrem freien Spiel und ihrer eigenen Entwicklung ungehemmt überlassen sind« (S. 24). Sobald aber die Sinnlichkeit Übergewicht gewinnt – und das ist mit historischer Notwendigkeit der Fall –, »wird aus Freude Ausschweifung, aus Freiheit zügelloser Frevel« (S. 25). Das Athener Publikum des Aristophanes ist bereits aus diesem glücklichen Naturzustand hinausgetreten. Es ist weniger gebildet als das der Tragiker, und so gibt es bei ihm eine »Rohigkeit, ehe der öffentliche Geschmack gebildet; Verderbtheit, nachdem die öffentliche Sittlichkeit schon entartet war. Beides findet sich im Aristophanes« (S. 26). Denn, da dieser »zu dem Volke in seiner Sprache redet«, eben um die »Freude und die Schönheit« nicht zu einem »Privilegium der Gelehrten, der Adligen und der Reichen« zu machen, sondern als »heiliges Eigentum der Menschheit« (S. 26) zu erhalten, mußte er sich dem »Grade der Reizbarkeit und der Fassungskraft seines Publikums« (S. 27) anpassen. Um »eine nicht so reizbare Empfänglichkeit zu beleben«, waren »stärkere Reize, heftigere Erschütterungen erfordert; die Widersprüche und Kontraste, überhaupt die Verhältnisse, welche der ungebildete Verstand fassen soll, müssen grober und faßlicher sein« (S. 27). Aus diesem Grunde – Schlegel nennt ihn einen »politischen« und einen »bürgerlichen« – mußte Aristophanes auch als Satiriker gegen die »Reinheit der Kunst« verstoßen. Seine Satire mußte »sehr oft nicht poetisch, sondern persönlich« (S. 29) sein, »demagogisch« und »den Wünschen und den Meinungen des Volkes schmeicheln[d]« (S. 29).

20 Winfried Woesler, *Heines Tanzbär. Historisch-literarische Untersu-chungen zum »Atta Troll«*, Hamburg 1978, S. 298-321, nennt die Stich-wörter »heiter-ironische Schreibart«, »komisch-parodistische Ele-mente«, »Witzstil«, »Salonton«, »ironische Sprechweise«, »scheinba-res Lob/Tadel«, »Zusammenspiel von Illusion und Desillusionierung«, »Ansätze eines versöhnlichen Humors«. »Satirische Schärfe« findet er nur vereinzelt und nicht bezogen auf Personen. Rolf Hosfeld, *Die Welt als Füllhorn: Heine. Das neunzehnte Jahrhundert zwischen Romantik und Moderne*, Berlin 1984, S. 118-121, bezieht – unter Berufung auf Michael Bachtin, *Literatur und Karneval. Zur Romantheorie und Lachkultur*, München 1969, S. 151 ff. – diese Form der ästhetisch mit Perspektiven spielenden Satire auf die Tradition der menippeischen Sa-tire.
21 Walter Hinck, *Ironie im Zeitgedicht Heines. Zur Theorie der politi-schen Lyrik*, in: M. Windfuhr (Hg.), *Internationaler Heine-Kongreß 1972*, Hamburg 1973, S. 81-104, bes. S. 83-87.
22 Vgl. den Kommentar von Klaus Briegleb, der auf Stellen in *Lutezia* hin-weist (B VI/2,88). Zum Gedicht vgl. vor allem Winfried Freund, *Hein-rich Heine: Die Wanderratten – Zeitgeschichtlicher aspekt und dichteri-sche autonomie*, in: WW 26/2 (1976), S. 122-132.
23 Leonello Vincenti, *La poesia satirica di Heine*, in: Studi Germanici N. S. 1 (1963), S. 165 (»Brecht *ante litteram*, ma senza le conclusioni pedagogiche di Brecht«); auch Walter Hinck, *Ironie im Zeitgedicht Heines*, S. 103; Prawer, *Heine. The Tragic Satirist*, S. 247.
24 Prawer, *Heine. The Tragic Satirist*, S. 244.

Joseph A. Kruse
Heinrich Heine – Der Lazarus

1. Kulissen und Rollen

Schon als Autor der *Reisebilder* und des *Buches der Lieder*
schlüpfte Heine – trotz oder möglicherweise gerade wegen der un-
mittelbaren Anrede seines Publikums und der dadurch gestifteten
Nähe – in verschiedenste Rollen (durch die er sich halb auch wieder entzog), entwarf er die unterschiedlichsten Bühnenprospekte,
aus deren Kulissen er als ernsthafter Partner seiner Leser oder ironischer Unterhalter hervortrat oder in die er sich zurückzog. Die
Rollen konnten phantastische Entwürfe oder Identifikationen mit
literarischen oder historischen Vorbildern sein. Sie waren allen
Epochen und Weltreligionen entlehnt und für die zeitgenössischen
Leser entschlüsselbar als Solidarisierungs- oder Identifikationsmuster, nach denen der Schriftsteller Heine seine privaten Befind-
lichkeiten in Beziehung setzte zu den politischen und sozialen
Zuständen der Zeit. Als Graf vom Ganges in *Ideen. Das Buch Le
Grand,* als Hofnarr Kunz von der Rosen in den *Englischen Fragmenten,* als sterbender Fechter im *Buch der Lieder*[1] wechselte er
die Masken je nach biographischer Station und Aussageabsicht.
Ständig perfektionierte er seinen Anspielungsreichtum. Vergleiche
und Identifizierungen mit dem Don Quijote oder dem Tannhäuser, mit dem Propheten Amos oder dem Reformator Martin Luther, mit dem Messias bzw. Jesus von Nazareth, mit Aristophanes,
Lessing und Goethe, mit Merlin oder dem aussätzigen Kleriker aus
der Limburger Chronik, mit dem König Nebukadnezar und Hiob
aus dem Alten oder dem Verlorenen Sohn und den Lazarus-Gestalten aus dem Neuen Testament knüpfen ein assoziatives Netz
historischer, poetischer und individueller Anspielungen, die für
den Dichter selber gerade in der Spätzeit als lebensnotwendige Sti-
lisierungen gebraucht werden. Heines so leicht daherkommende
Bildung[2] hatte für ihn eine durchaus existentielle Bedeutung. Die
Gestalten seiner Lektüre und Phantasie sprechen partiell mit seiner
Stimme und tragen abwechselnd sein Gesicht. Und umgekehrt
sind diese Gestalten von ihm vereinnahmt und verinnerlicht worden; sie sprechen aus ihm und durch ihn und leben im Schriftsteller
Heine weiter: einige Figuren im Zentrum seiner Existenz, viele nur

am Rande, ab und an benötigt als Vehikel der Selbstaussage. Die sprechenden Figuren korrespondieren mit den sprechenden Situationen. Heine sitzt in der düstern Düsterstraße in Hamburg, während er am *Buch Le Grand* arbeitet. Seine Stimmung kann dabei nicht die beste sein. Er läßt die Romfahrt Tannhäusers gewissermaßen als Probereise vor dem eigenen Deutschlandbesuch in Hamburg enden, wo es im Michaelisviertel eine Straße mit dem Namen Venusberg gibt.[3] Dort verharrt Tannhäuser offenbar im Dienste der Frau Venus, wie Heine selber dem Pariser Leben verhaftet bleibt.

Auch die Lazarus-Figur kennt ihre realen topographischen Bezüge. Heines Zeit der »Matratzengruft« beginnt im Mai 1848; seit September des Jahres wohnt er dann in der rue d'Amsterdam Nr. 50 (heute 54), in der er bis zum August 1854 die überhaupt längste Zeit seines Pariser Vierteljahrhunderts verbringt.[4] Die rue d'Amsterdam, 1826 fertiggestellt und so benannt, kreuzt ihrerseits nämlich die alte rue Saint-Lazare, die seit 1770 so heißt und durch die rue Lamartine, Bleue und de Paradis zur maison Saint-Lazare führt, die ursprünglich das Aussätzigenheim beherbergte, dann seit 1632 das Stammhaus für den Orden des hl. Vinzenz von Paul darstellte (der deshalb auch den Namen Lazaristen führte), schließlich als Gefängnis und Besserungsanstalt genutzt wurde. Der Straßenname bezieht sich wie der Name des spätestens seit dem frühen 12. Jahrhundert existierenden Leprosenheimes auf die Gestalt des armen, aussätzigen Lazarus aus der Beispielerzählung Jesu, der als Schutzpatron der Aussätzigen verehrt wurde. Heines Rolle des Lazarus findet also in nächster Nähe ihre aussagekräftige Bühne mit starkem Lokalkolorit.[5] Hinzu kommt, daß sein Arzt David Gruby, der sich 1841 in Paris niederließ, wo er 1898 starb, seine erste Pariser Zeit in der rue Saint-Lazare Nr. 66 verlebte. Für den kranken deutschen Dichter in Paris fügten sich seine *Lazarus*-Gedichte als *Livre de Lazare*[6] im weiteren Sinne (und nicht nur als französischer Zyklus der 26 von 33 Gedichten der *Gedichte. 1853 und 1854*) selbstverständlich viel beziehungsreicher an eine solche Straßenbezeichnung an (zumal diese durch den Namen des Bahnhofs Saint-Lazare ergänzt wurde, der seit 1843 im Winkel von rue d'Amsterdam und Saint-Lazare seinen Platz hatte), als das für deutsche Leser auf den ersten Blick erscheinen konnte und entzifferbar war.

2. Lazarus-Figuration

Heines Lazarus-Rolle liegen beide Gestalten dieses Namens aus dem Neuen Testament zugrunde. Einmal identifiziert er sich besonders mit jenem genannten aussätzigen Bettler aus der Parabel Jesu, die im Lukas-Evangelium 16, 19-31 steht. Der arme Lazarus liegt von Geschwüren bedeckt vor der Tür des Reichen. Die Hunde lecken ihm die Schwären. Nach seinem Tod wird er aber von Engeln in den Schoß Abrahams getragen. Daß in der Bibel aus Heines Privatbibliothek just diese Seiten gar nicht ganz aufgeschnitten sind, spricht nicht gegen eine intensive Kenntnis der Erzählung.[7]

Die Volksfrömmigkeit machte aus dem Protagonisten der Parabel einen Zeitgenossen Jesu und verehrte ihn als Helfer beim Aussatz und allen damit verwandten Krankheiten. Die im Mittelalter vor den Städten gelegenen Leprosenhäuser waren unter seinen Schutz gestellt und nahmen nach ihrer Bezeichnung in den romanischen Sprachen den Namen Lazarette an, der dann auf andere Krankenhäuser, vor allem Militärhospitäler, übertragen wurde. Gegen Mitte des 12. Jahrhunderts entstand übrigens in Jerusalem zum Gedenken wohl an beide Lazarus-Gestalten eine Genossenschaft zur Pflege von Kranken, insbesondere von Aussätzigen, der als Ritterorden vom hl. Lazarus speziell in Frankreich in Blüte stand. Zeitweilig konnte nur ein aussätziger Ritter zum Großmeister gewählt werden. Nach wechselvoller Geschichte ging der Orden der Lazarusritter mit Sitz des Großmeisters in Frankreich, wo dieser auch nach der Aufhebung und Vereinigung mit den Johannitern im Jahre 1490 seine Rechte behaupten konnte, erst in der Revolution von 1789 unter. Ein Staatsdekret aus dem Jahre 1830 hob den Ritterorden vom hl. Lazarus schließlich förmlich auf.[8]

Heine, der sich poetisch stets als Ritter gerierte und beispielsweise in der 2. *Bergidylle* als »Ritter vom heiligen Geist« auftritt[9], wird die mit dem armen Lazarus zusammenhängende mittelalterliche Wirkungsgeschichte genauso bekannt gewesen sein wie die als kirchengeschichtliche Legende auf Frankreich bezogene Version vom Wirken des Lazarus aus Bethanien als erster Bischof von Marseille. Nach dem Johannesevangelium 11, 1-44 und 12, 1-11 wird Lazarus, Bruder der Maria und Martha von Bethanien, der mit Jesus befreundet war, nach viertägigem Aufenthalt im Grabe durch Jesus von den Toten erweckt, damit selber zum Anlaß vieler Bekehrungen und Gegenstand der hohenpriesterlichen Observation. Der Legende nach soll Lazarus zusammen mit seinen Schwestern und anderen neutestamentlichen Personen in die Provence gekommen sein; Maria wird durchaus mit der Sünderin Maria Magdalena gleichgesetzt.

Nachdem Lazarus 50 Jahre als Bischof von Marseille gewirkt habe, sei er den Martertod gestorben. Noch 1848 erschien in Paris eine Verteidigungsschrift für diese Legende aus der Feder des gelehrten Sulpicianers M. Faillon als *Monuments inédits sur l'Apostolat de Ste. Marie Madeleine en Provence et sur les autres apôtres de cette contrée, St. Lazare etc.*[10]

Beide Lazarus-Figuren fanden in der bildenden Kunst und in der Literatur einigen Widerhall. Beide mußten vor allem dem französischen Leser als eng mit der Geschichte Frankreichs verknüpfte Gestalten geläufig sein. Heine vermengt beide Figuren, identifiziert sich aber nach 1848 zutiefst mit der des armen Lazarus, während z. B. Victor Hugo gewissermaßen in »Christus-Pose« das Volk zur Auferstehung ruft und an den auferstandenen Lazarus erinnert: »Lazarus! Lazarus! Lazarus! / Erhebe dich!«[11] Ähnlich wie Heine im ersten seiner *Lazarus*-Gedichte mit dem Titel *Weltlauf* hatte sich Auguste Barbier bereits 1837 in einer lyrischen Sammlung namens *Lazare* für die Armen, die Proletarier ausgesprochen.[12]

Heine selbst vermischt nicht nur in seiner Identifikationsfigur des Lazarus die beiden neutestamentlichen Gestalten, er greift auf das alttestamentarische Urbild des von Krankheit und Not heimgesuchten und stärksten Anfechtungen ausgesetzten Menschen zurück: das Buch Hiob ist das Maß und Assoziationsfeld auch für Lazarus.[13] Hiob-Lazarus erhält durch die Abteilung des *Romanzero* mit dem Titel *Lamentationen,* in denen die ersten *Lazarus*-Gedichte mitgeteilt werden, gleichzeitig die literarisch-prophetische Dimension des Jeremias und seiner Klagelieder. Somit stehen zwei Gestalten des Alten und zwei des Neuen Testaments hinter der Figuration des Lazarus, jeweils eine als poetische Schöpfung (Hiob und der arme Lazarus) und eine als real überlieferte historische Person (Jeremias und der auferstandene Lazarus). Das Bindeglied zwischen den vier Gestalten, die zu einer Lazarus-Figuration zusammenfließen, stellt als den Dichter stets verfolgende existentielle Chiffre die traditionelle Vorstellung vom Ewigen Juden und »Schlemihl« dar. Heine ist der Lazarus mit all diesen Im-

plikationen und kann sich deshalb auch in die Tradition der jüdischen *Lamentationen* und *Hebräischen Melodien* von Jeremias bis
Jehuda ben Halevy einreihen:

> Lange schon, jahrtausendlange
> Kochts in mir. Ein dunkles Wehe!
> Und die Zeit leckt meine Wunde,
> Wie der Hund die Schwären Hiobs.
>
> Dank dir, Hund, für deinen Speichel –
> Doch das kann nur kühlend lindern –
> Heilen kann mich nur der Tod,
> Aber, ach, ich bin unsterblich![14]

Aus einer fiktionalen Rolle wird für Heine bei dem so verstande-
nen Lazarus bis in die Nachwirkung hinein seine reale Altersbe-
dingung mit ihren entsprechenden topographischen, landesge-
schichtlichen, familienhistorischen, krankheits- und sonstig situa-
tionsabhängigen Komponenten. Aus einer literarischen Selbststilisierung wird eine existentielle Position. Im Entwurf seines Begleit-
schreibens zum Testament vom 13. November 1851 wechselt
Heine in den unverstelltesten Gebetston, damit die Figuration Lazarus – Hiob akzeptierend und produktiv fortführend:

Nur du, o Gott! bist der wahre Urheber meines Untergangs; jene arme
Menschen tragen nicht die Schuld. O Gott! Du wolltest, daß ich zugrunde
ging, und ich ging zugrunde. Gelobt sei der Herr! Er hat mich herabge-
stürzt von dem Postamente meines Stolzes, und ich, der ich in meinem dialektischen Dünkel mich selber für einen Gott hielt und Gefühle hegte und
Tugenden übte, die nur einem Gotte ziemten – ich liege jetzt am Boden,
arm und elend, und krümme mich wie ein Wurm. Gelobt sei der Herr! Ich
trage mit Ergebung meine Qualen, und ich leere den Kelch der Erniedrigung, ohne mit den Lippen zu zucken, bis zum letzten Tropfen. Weiß ich
doch, daß ich aus dieser Erniedrigung auferstehe, gerechtfertigt, geheiligt
und gefeiert.[15]

3. Krankheit und Tod

Nicht erst der späte Heine hat sich aufgrund seiner endgültigen
Misere mit Krankheit und Tod beschäftigt. Psychische Verletzungen und persönliches Unwohlsein bestimmen die schwarze Romantik des *Buches der Lieder*. In der deutschen Periode wimmelt
es von Botschaften über die angegriffene Gesundheit, die ihrerseits
als komplementäres Indiz für die bedrohliche politische Lage und

den unbefriedigenden Status als jüdischer Außenseiter von ihm selbst interpretiert wird. Poesie und Krankheit sind bereits für den Dichter der *Heimkehr* eine unausweichliche Symbiose eingegangen: die »liebe Kleine«, an deren Haus der Dichter des morgens vorübergeht, fragt ihn mit »schwarzbraunen Augen«:

> Wer bist du, und was fehlt dir,
> Du fremder, kranker Mann?

Die Antwort stellt eine Gratwanderung zwischen stolzem Selbstbewußtsein und klarer Selbstanalyse dar. Heine ist der Poet der unglücklichen Liebe sowie der gleichzeitig unglückseligen Zeitverhältnisse:

> »Ich bin ein deutscher Dichter,
> Bekannt im deutschen Land;
> Nennt man die besten Namen,
> So wird auch der meine genannt.
>
> Und was mir fehlt, du Kleine,
> Fehlt manchem im deutschen Land;
> Nennt man die schlimmsten Schmerzen,
> So wird auch der meine genannt.«[16]

Todesgedanken und -sehnsucht am Anfang der *Heimkehr* im Loreley- und dem Lüneburg-Gedicht finden ihr Echo in den beiden vorletzten Texten: »Krankes Herz und müde Glieder« finden Linderung und Erlösung durch Tränen im Mondschein; Nachtigall, Liebe und Traum sind im folgenden Gedicht die Antwort auf die erste Strophe, in der Tag und Nacht als Metaphern für Leben und Tod die verlockendste Einheit bilden:

> Der Tod das ist die kühle Nacht,
> Das Leben ist der schwüle Tag.
> Es dunkelt schon, mich schläfert,
> Der Tag hat mich müd gemacht.[17]

Poesie und Krankheit gehören auch für den in Paris sich persönlich wohler fühlenden deutschen Dichter zusammen. In seiner *Geschichte der Religion und Philosophie in Deutschland* sagt er in bezug auf die kranke alte Welt, zu der er selber gehört und die durch die Gedanken des Schriftstellers aus ihren Betten gejagt wird:

Ich bin der Krankste von Euch allen und um so bedauernswürdiger, da ich weiß was Gesundheit ist. Ihr aber, Ihr wißt es nicht, Ihr Beneidenswerten! Ihr seid kapabel zu sterben, ohne es selbst zu merken.[18]

Diese Aussage korrespondiert mit seiner Betrachtung über Unterschiede und Vergleichbarkeiten von E. T. A. Hoffmann und Novalis in der *Romantischen Schule;* denn die »große Ähnlichkeit zwischen beiden Dichtern besteht wohl darin, daß ihre Poesie eigentlich eine Krankheit war«. Der »Rosenschein« in den Dichtungen des Novalis sei nicht die Farbe der »Gesundheit, sondern der Schwindsucht«, und die »Purpurglut« in Hoffmanns *Phantasiestücken* sei nicht die »Flamme des Genies«, sondern des »Fiebers«. Also hatte man durchaus Recht, wenn die Beurteilung ihrer Schriften nicht als »Geschäft des Kritikers«, sondern als eines des Arztes angesehen wurde. Heine räsoniert aber nicht ohne persönliche Betroffenheit über die beiden kranken Vertreter der romantischen Schule. Er läßt seine Charakteristik einmal in einer Diagnose der eigenen Verfassung gipfeln, zum andern folgt eine Interpretation der zeitgenössischen Literatur, wobei er gewissermaßen seiner späteren Rolle durch den Begriff des »Lazaretts« vorgreift, und schließlich bietet er eine gleichfalls als Frage formulierte Definition der Poesie und ihrer Besonderheit:

Aber haben wir ein Recht zu solchen Bemerkungen, wir, die wir nicht allzusehr mit Gesundheit gesegnet sind? Und gar jetzt, wo die Literatur wie ein großes Lazarett aussieht? Oder ist die Poesie vielleicht eine Krankheit des Menschen, wie die Perle eigentlich nur der Krankheitsstoff ist, woran das arme Austertier leidet?[19]

Diese Perspektive der 30er Jahre findet ihre Entsprechung etwa in den Gedichten eines spürbaren Lebensüberdrusses. Man vergleiche den Zyklus *Verschiedene*, der 1844 in die *Neuen Gedichte* aufgenommen wurde und aus der gleichen Zeit stammt.[20]

   Krankheit und Tod rücken dann seit dem Frühjahr 1848 – wie so häufig bei Heine in bewußter Parallelisierung von äußeren, politischen Ereignissen (in diesem Fall die Februarrevolution) mit der eigenen körperlichen und geistigen Verfassung – in den Mittelpunkt seiner persönlichen Bewältigungsnot. Sein physischer Niedergang, von ihm selbst als Folge der Syphilis verstanden, machte ihn zum Opfer der Venus. Daran ändert freilich die moderne medizinhistorische Erklärung einer myatrophischen Lateralsklerose nichts, die offenbar als richtige Deutung seiner Symptome bei ihm angenommen werden muß.[21]

   Heine erträgt auf einem acht Jahre dauernden Sterbebett die Leiden eines Hiob-Lazarus, nachdem er durch den Erbschaftsstreit mit der Familie seines Onkels Salomon in den vorangegangenen Jahren geradezu vor den Augen der Öffentlichkeit zum anklagend-angeklagten Bettler degradiert worden war. Die *Lazarus*-Gedichte sind der selbst von Karl Kraus anerkannte echte Ausdruck seines langsamen Sterbens und seiner »Matratzengruft«, wie Heine die Leidenszeit im Nachwort zum *Romanzero* nennt. Diese Gedichte schlagen, das wurde in der Forschung eindringlich betont[22], neue, illusionslose Töne an, wobei sogar eine Steigerung von jenen 20 Gedichten des *Lazarus*-Zyklus aus den *Lamentationen* des *Romanzero* zu jenen 11 Gedichten aus der Sammlung *Gedichte. 1853 und 1854* sowie zu den 14 Nachlaßgedichten mit dem Vermerk »Zum Lazarus« festzustellen ist.

Heine selbst spricht in einem Brief an seinen Verleger Julius Campe vom 9. November 1854 über die französische Prosaübersetzung seiner Gedichte aus den *Vermischten Schriften* von 1854, die mit einem Begleitwort des Übersetzers Saint-René Taillandier unter dem Titel *Le Livre de Lazare* vor ihrer französischen Buchform in *Poëmes et Légendes* in der ›Revue des Deux Mondes‹ am 1. November 1854 erschienen waren, in den höchsten Tönen:

[...] ich schicke Ihnen anbei im französischen Original die wenigen aber schönen Worte, die er der Übersetzung meiner Gedichte vorandruckte. Ich sagte ihm, sie »das Buch Lazarus« zu nennen, indem spätere Gedichte sich daran knüpfen und ein Ganzes bilden werden. Die Übersetzung ist sehr gut, und ich bekomme von allen Seiten Lobspenden, die ich kaum erwartete; ich wundre mich, daß die Leute gleich eingesehn, wie hier wieder ein ganz neuer Ton angeschlagen worden, und also ein Fortschritt vorhanden.[23]

Insgesamt wird man der Heine-Ausgabe von Klaus Briegleb darin beipflichten können, daß das Lazarus-Thema über die engeren Zyklen hinausweist und bestimmend ist für die gesamte späte Lyrik. Gesundheit und Krankheit, Leben und Tod, irdische Freuden und das Schattenreich, göttliche Gerechtigkeit wie Unberechenbarkeit, Grab und Auferstehung, Himmel und Hölle werden thematisiert vor dem Horizont der antiken wie jüdisch-christlichen Überlieferung.

Während aber beispielsweise seine Altersgenossin Annette von Droste-Hülshoff ihre geistliche Dichtung als Selbstbefragung etwa an der Ordnung des Kirchenjahres entlang erarbeitet und sich trotz aller zweifelnden Individualisierung der kirchlichen Vorstellung unterordnet, hat Heine die aufklärerischen und zeitkritischen

Elemente seiner Lyrik und Prosa auch auf die religiöse Ebene angewendet. Er gibt damit die einmal gewonnenen Positionen der säkularisierten Weltauffassung nicht auf, variiert sie aber aufgrund der eigenen Bedürfnisse zu einer privaten religiösen Haltung, die er selber, als ihm von Alfred Meißner wegen des *Lazarus*-Gedichts *Laß die heilgen Parabolen* Atheismus vorgehalten wird, »lächelnd« mit der Formel »religiös, blasphemisch-religiös« umschreibt.[24]

Die eigenen Schmerzen haben ihn desillusioniert und für alle Weisen des Unrechts noch stärker sensibilisiert, als er es früher aufgrund seiner Außenseiterposition bereits war. Er weiß sich als »arme unbegrabene Leiche«, die dem »Totenreiche« verfallen ist.[25] Sein »Leib ist jetzt ein Leichnam, worin / Der Geist ist eingekerkert«; so heißt es im Gedicht über die »schwarze Frau«, die ihn zärtlich »ans Herz geschlossen« und ihm als Vampir das Leben aussaugt.[26] Der diesem 2. Gedicht des *Lazarus*-Zyklus der *Gedichte. 1853 und 1854* folgende Text beschreibt die Lähmung des Körpers als Lähmung der Zeit und bringt jene Halluzinationen durch Halbschlaf und Wachträume ins Bild, wie sie dem vom Opium abhängigen Kranken erscheinen. »Ich habe heute schon einen Centner Opium verschluckt und bin sehr schläfrig«, schreibt der Dichter am 3. August 1854 in einem Brief an Campe.[27] Das 3. *Lazarus*-Gedicht lautet:

> Wie langsam kriechet sie dahin,
> Die Zeit, die schauderhafte Schnecke!
> Ich aber, ganz bewegungslos
> Blieb ich hier auf demselben Flecke.
>
> In meine dunkle Zelle dringt
> Kein Sonnenstrahl, kein Hoffnungsschimmer,
> Ich weiß, nur mit der Kirchhofsgruft
> Vertausch ich dies fatale Zimmer.
>
> Vielleicht bin ich gestorben längst;
> Es sind vielleicht nur Spukgestalten
> Die Phantasien, die des Nachts
> Im Hirn den bunten Umzug halten.
>
> Es mögen wohl Gespenster sein,
> Altheidnisch göttlichen Gelichters;
> Sie wählen gern zum Tummelplatz
> Den Schädel eines toten Dichters. –

Die schaurig süßen Orgia,
Das nächtlich tolle Geistertreiben,
Sucht des Poeten Leichenhand
Manchmal am Morgen aufzuschreiben.[28]

Der todkranke Dichter vermag zwischen Leben, Wachen, Schlaf, Traum und Tod nicht mehr zu unterscheiden. Das »fatale Zimmer« weitet sich zur Landschaft der »Götter im Exil«. Die Botschaften der Poesie sind solche aus anderen Zeiten und Welten. Erst der kranke Dichter vermag als ungehinderter Grenzgänger aufzutreten; sein Kopf, einst bei der preußischen Zollkontrolle in *Deutschland. Ein Wintermärchen* ein »zwitscherndes Vogelnest / Von konfiszierlichen Büchern«[29] ist jetzt als »Schädel eines toten Dichters« der »Tummelplatz« jener Götter, von denen sich Hiob-Lazarus verabschiedet hat, »scheidend in Liebe und Freundschaft«, weil sie ihm so wenig wie die Venus von Milo im Louvre, die »keine Arme« hat, in seiner Erniedrigung »helfen« konnten. Heine ist nunmehr »der Barmherzigkeit Gottes bedürftig«.[30] Der Name »Lazarus«, übrigens als Vorname seines Urgroßvaters van Geldern in der Familie geläufig, bedeutet nichts anderes als »deus auxilium«, Gott ist Hilfe.[31] Auch das wird Heine gewußt haben. Er reiht sich auf diese Weise solidarisch in die Leidensgeschichte des jüdischen Volkes ein als »Abkömmling jener Märtyrer, die der Welt einen Gott und eine Moral gegeben, und auf allen Schlachtfeldern des Gedankens gekämpft und gelitten haben«.[32]

An Gustav Kolb schrieb er am 19. Oktober 1848 nach seinen ersten Wochen in der rue d'Amsterdam:

Es ist wahr, daß der Schmerz ein seelenreinigendes Medicament ist, aber mich dünkt, ich hätte doch diese Kur entbehren können.[33]

Knapp anderthalb Jahre später bekennt er seinem Freund Heinrich Laube am 7. Februar 1850:

Kennst Du jenes schauerliche, peinigende Gefühl, welches ich *die Verzweiflung des Leibes* nennen möchte? Daran laborire ich eben heute. Gottlob, daß ich jetzt wieder einen Gott habe, da kann ich mir doch im Uebermaaße des Schmerzes einige fluchende Gotteslästerungen erlauben; dem Atheisten ist eine solche Labung nicht vergönnt.[34]

Heines Verarbeitung seiner Todesängste und -schmerzen in oft extremen lyrischen Gegensätzen findet nach dem Schock der ersten
Krankheitsjahre zunehmend Raum auch für jenes Thema, auf das
er seit dem *Buch der Lieder* geradezu fixiert schien, das aber in seiner Situation jede traditionelle Fessel sprengt: das Liebesmotiv.
Liebe, Poesie, Krankheit und Tod hatten in seiner Lyrik stets zu-
sammengehört. In den *Verschiedenen* heißt es:

> Gesanglos war ich und beklommen
> So lange Zeit – nun dicht ich wieder!
> Wie Tränen, die uns plötzlich kommen,
> So kommen plötzlich auch die Lieder.
>
> Melodisch kann ich wieder klagen
> Von großem Lieben, größerm Leiden,
> Von Herzen, die sich schlecht vertragen
> Und dennoch brechen, wenn sie scheiden.[35]

Ebenfalls in den *Neuen Gedichten* bringt die Romanze *Ritter Olaf*
eine um vieles erweiterte Liebesauffassung zur Sprache, die als Bekenntnis zur natürlichen Schönheit der Welt, als Überschreiten der
Standesgrenzen durch den Eros und als stolze Botschaft von der
Einheit des freien Individuums mit dem Universum zu lesen ist,
eine Einheit, die durch den nahenden Henkerstod nicht gestört,
sondern eher herausgefordert und bekräftigt wird:

> »Ich segne die Sonne, ich segne den Mond,
> Und die Stern, die am Himmel schweifen.
> Ich segne auch die Vögelein,
> Die in den Lüften pfeifen.
>
> Ich segne das Meer, ich segne das Land,
> Und die Blumen auf der Aue.
> Ich segne die Veilchen, sie sind so sanft
> Wie die Augen meiner Fraue.
>
> Ihr Veilchenaugen meiner Frau,
> Durch Euch verlier ich mein Leben!
> Ich segne auch den Holunderbaum,
> Wo du dich mir ergeben.«[36]

Der »verliebte Lazarus«[37] des *Romanzero* nimmt anfangs eine eher
voyeuristische Haltung ein und erzählt Liebesgeschichten mit teilweise exotischem Anstrich (z. B. vom Sklaven Mohamet aus dem

Stamme jener Asra, die da sterben, wenn sie lieben). Doch möchte er auch selber vor dem Sterben noch einmal um »Frauenhuld beseligt werben«, wenngleich aus gewisser Distanz und »ohne Lärmen«[38]; auch empfiehlt er seine Frau Mathilde den Schutzengeln.[39] Sein Herz bricht am Ende (ein phraseologischer Hinweis auf die Liebessphäre) nach dreißigjährigem Dienst im Freiheitskriege.[40] »Liebe, Wahrheit, Freiheit und Krebssuppe« lautete seine Passion bereits im *Buch Le Grand*.[41]

Die späteren *Lazarus*-Gedichte gewinnen ihre ganz eigene Alters- und Todeserotik. Noch das Symbol der Krankheit selbst, die »schwarze Frau«, wird als zärtlich verschlingende Partnerin geschildert.[42] Erinnerungen an verpaßte Gelegenheiten (»Besonders eine feuergelbe / Viole brennt mir stets im Hirn. / Wie reut es mich, daß ich dieselbe / Nicht einst genoß, die tolle Dirn«)[43], an verflossene, ja verstorbene Liebschaften bilden eine Kette von Sexualphantasien (»Oft kommt zu mir die tote Blume / Im Fiebertraum; alsdann zumut / Ist mir, als böte sie posthume / Gewährung meiner Liebesglut«).[44] Selbst die sonst biographisch kaum belegte Jugendliebe zu seiner Kusine Therese, der Schwester der geliebten Amalie, erhält in den *Lazarus*-Gedichten von 1853 und 1854 plötzlich Konturen *(Du warst ein blondes Jungfräulein, so artig; Vom Schöppenstuhle der Vernunft; Ein Wetterstrahl, beleuchtend plötzlich)*. Die melancholisch-anklagende Jugenderinnerung wird flankiert durch die erneut sich aussprechende Anhänglichkeit an seine Frau Mathilde (»Mich locken nicht die Himmelsauen / Im Paradies, im selgen Land; / Dort find ich keine schönre Frauen / Als ich bereits auf Erden fand«).[45]

Die *Lazarus*-Gedichte aus dem Nachlaß greifen ebenfalls auf Erinnerungen zurück und resümieren (»Doch wer von Wonne trunken ist, / Der rechnet nicht nach eitel Stunden. // Wo Seligkeit, ist Ewigkeit«).[46] Sie beschwören die Liebe seiner Frau (z. B. *Ich war, o Lamm, als Hirt bestellt*), gewinnen aber durch einige Gedichte, die nicht mit der Lazarus-Chiffre versehen wurden, einen neuen Rahmen realer Liebe hinzu. Diese Texte beziehen sich auf Heines Bekanntschaft mit Elise Krinitz (»Mouche«), die als junge, abenteuerliche Besucherin dem kranken Dichter die letzten Monate erleichterte. Heines Humor vermag dem »kuriosen Paar« und seiner notgedrungen platonischen Liebe manche bizarre Seite abzugewinnen:

Vertraut sind ihre Seelen,
Doch jedem von beiden bleibt fremd
Was bei dem andern befindlich
Wohl zwischen Seel und Hemd.[47]

In seinem großen Gedicht an die »Mouche« hat er neben seiner an-
tik-jüdisch-christlichen Privatmythologie auch die neue Form der
unkörperlichen Erotik zwischen ihm, dem Lazarus im Grab, und
seiner letzten Liebe, der Passionsblume, dargestellt. Die Vereinigung geschieht im unausgesprochenen Wort:

Wir sprachen nicht, jedoch mein Herz vernahm,
Was du verschwiegen dachtest im Gemüte –
Das ausgesprochene Wort ist ohne Scham,
Das Schweigen ist der Liebe keusche Blüte.[48]

5. Poesie als Widerstand und Überlebensstrategie

Zum armen Lazarus und dem Lazarus im Grabe, Hiob und Jeremias gesellt sich, wie gesagt, als ihr existentielles Bindeglied innerhalb der Heineschen Selbstinterpretation die Gestalt des Ewigen
Juden. Heine hat aber auch noch ein anderes Identifikationsmuster
gefunden, das seiner Lazarus-Rolle gewissermaßen vom Beruf her
entsprach. Es handelt sich um den eingangs erwähnten misselsüch-
tigen Kleriker aus der Limburger Chronik, den er am Ende der *Geständnisse* auftreten läßt. Ähnlich wie Heine als Hofnarr Kunz von
der Rosen am Schluß der *Englischen Fragmente* sein politisches
Trösteramt für das deutsche Publikum auslegt, ist seine Annähe-
rung an den Kleriker der Limburger Chronik die poetologische
Antwort auf Krankheit, Ausgrenzung und Tod. Heines Leidenszeit ist nur das »Plagiat«, ausgeführt vom großen »Aristophanes
des Himmels«, jenes Ausgestoßenseins, das der »Klerikus« der
Limburger Chronik erduldet hat. Seine Lieder wurden 1480 »in
ganz Deutschland […] gepfiffen und gesungen«. Sie waren »süßer
und lieblicher, als alle Weisen, so man zuvor in deutschen Landen
kannte, und jung und alt, zumal das Frauenzimmer, sei ganz davon
vernarrt gewesen, so daß man sie von Morgen bis Abend singen
hörte«. Der von der Misselsucht behaftete Kleriker mußte sich,
»vor aller Welt verborgen«, in einer Einöde aufhalten. Heine
spricht seinen Leser dann an, um dessen Verständnis für das

Schicksal des kranken, einsamen Dichters und für die Wirkung seiner Dichtung herauszufordern:

Du weißt gewiß, lieber Leser, was für ein schauderhaftes Gebreste im Mittelalter die Misselsucht war, und wie die armen Leute, die solchem unheilvollen Siechtum verfallen, aus jeder bürgerlichen Gesellschaft ausgestoßen waren und sich keinem menschlichen Wesen nahen durften. Lebendig Tote wandelten sie einher, vermummt vom Haupt bis zu den Füßen, die Kapuze über das Gesicht gezogen, und in der Hand eine Klapper tragend, die sogenannte Lazarusklapper, womit sie ihre Nähe ankündigten [...].

Heine schließt mit der Andeutung seiner eigenen gespensterhaften Vision in »trüben Nachtgesichten«, in denen er seinen »Bruder in Apoll« vor sich zu sehen glaubt. Auge und Ohr bemerken »den armen Klerikus der Limburger Chronik«:

[...] seine leidenden Augen lugen sonderbar stier hervor aus seiner Kapuze; aber im selben Augenblick huscht er von dannen, und verhallend, wie das Echo eines Traumes, hör ich die knarrenden Töne der Lazarus-Klapper.[49]

Dieser Mit-Lazarus gehört zu den von Heine am eindringlichsten geschilderten Berufsgenossen, dessen Lieder dem Tode Widerstand leisten, als Überlebensstrategie für den Dichter gelten und als notwendige Erheiterung dem Publikum dienen. Daß Heines Poesie weiterlebt, auch wenn sein eigenes Leben endet, war bereits die Botschaft seiner letzten Lamentation *Enfant perdu*. Diese Hoffnung bleibt ihm wider alle Hoffnung, weil er sich aus dem Buch Hiob in der *Späteren Note* zu seinen Denkworten über *Ludwig Marcus* eine Theologie des Zweifels und der »Verzweiflung« entwickelt hat, mit der das Leben überhaupt nur durchzustehen ist und die ihrerseits allein aus der Poesie erwachsen konnte: der Poesie des Buches der Bücher, der Bibel, der »großen Hausapotheke der Menschheit«, der Heine gewissermaßen seine homöopathischen Dosen an lebensbewältigenden Texten hinzufügt – auch insofern sich in die Tradition der großen Leidensgeschichte des jüdischen Volkes einfügen.[50]

Bewußte Leser haben Heine diese Leistung seiner Lazarus-Rolle, die Widerstand verkörperte und Überlebensstrategien anbot, schon zu Lebzeiten gedankt. Georg Weerth schrieb am 1. April 1855 aus Buenos Aires an den Dichter in Paris, daß er neulich auf der Börse die ›Revue des Deux Mondes‹ mit Heines Gedichten gefunden habe und gratulierte ihm angesichts einer Krankheit, von der man früher das Schlimmste befürchten mußte, »zu einer Thätigkeit die fast ohne Beispiel ist«. Da zufällig zur gleichen Zeit auch ein junger französischer Offizier sich mit Heines Gedichten beschäftigte, spazierten beide »am La Plata auf und ab und wiederholten uns gegenseitig was wir aus Ihren Versen behalten hatten«. Weerth formuliert dann sein Resümee, das auch für Leser späterer Generationen Geltung besitzt:

Sehen Sie, so setzen Sie aus Ihrem Bette heraus in der weitesten Entfernung noch immer die Köpfe und die Herzen in Bewegung.[51]

Anmerkungen

1 Vgl. das *Heimkehr*-Gedicht »Nun ist es Zeit, daß ich mit Verstand / Mich aller Torheit entledge; / Ich hab so lang als ein Komödiant / Mit dir gespielt die Komödie.« (Heinrich Heine, *Sämtliche Werke*, hg. v. Klaus Briegleb, 6 Bde., München 1968-1976 (im folgenden: B), Bd. I, S. 130. – Siehe dazu Jürgen Voigt, *Ritter, Harlekin und Henker. Der junge Heine als romantischer Patriot und als Jude. Ein Versuch*, Frankfurt/Main und Bern 1982 (Europäische Hochschulschriften, Reihe I: Deutsche Sprache und Literatur, Bd. 454), Kapitel »Der wunde ritter« (sic!), S. 156-171, bes. S. 169-171.

2 Vgl. z. B. Joseph A. Kruse, *Heines Leihpraxis und Lektürebeschaffung,* in: Georg Jäger und Jörg Schönert (Hg.), *Die Leihbibliothek als Institution des literarischen Lebens im 18. und 19. Jahrhundert,* Hamburg 1980 (Wolfenbütteler Schriften zur Geschichte des Buchwesens, Bd. 3), S. 197-227.

3 Zum »Venusberg« im Hamburger Michaelis-Stadtteil und Heines Verwendung des sprechenden Straßennamens vgl. Joseph A. Kruse, *Heines Hamburger Zeit*, Hamburg 1972 (Heine-Studien), S. 319, und ders., *Denk ich an Heine. Biographisch-literarische Facetten*, Düsseldorf 1986, S. 74.

4 Vgl. die Liste seiner Pariser Wohnadressen im Ausstellungskatalog *Heine in Paris. 1831-1856*, hg. v. Joseph A. Kruse und Michael Werner, Düsseldorf 1981 (Veröffentlichungen des Heinrich-Heine-Instituts, Düsseldorf), S. 173.

5 Jacques Hillairet, *Dictionnaire Historique des Rues de Paris*, 2 Bde., Paris ⁶1976; Supplbd. (zusammen mit Pascal Payen-Appenzeller), Paris ²1975; hier Bd. I, S. 500 (La Maison de Saint-Lazare, Faubourg-Saint-Denis Nr. 99-105); Bd. II, S. 453-455 (rue Saint-Lazare).

6 Die Weimarer Heine-Säkularausgabe der Werke und Briefwechsel (im

folgenden HSA) betont den eigenen Stellenwert der französischen Werke und damit auch die Version des *Livre de Lazare* (Berlin (Ost) und Paris 1970ff., Bd. 13, bearb. v. Pierre Grappin innerhalb von *Poëmes et Légendes*, 1978, S. 237-272; vgl. auch den Komm.-Bd. S. 239-250).

7 *Die Bibel, oder die ganze Heilige Schrift des alten und neuen Testaments, nach der deutschen Übersetzung D. Martin Luthers.* Zweite mit Stereotypen gedruckte Ausgabe. Frankfurt am Mayn 1827, bey Heinrich Ludwig Brönner, S. 94f. (Nachlaßbibliothek Heines im Heinrich-Heine-Institut, Düsseldorf; eine weitere Bibelausgabe aus Heines Besitz umfaßt nur das Alte Testament, erschienen Hannover 1835 in der 35. Aufl. in der Hahnschen Hofbuchhandlung).

8 Vgl. Wetzer und Welte's *Kirchenlexikon oder Encyclopädie der katholischen Theologie und ihrer Hilfswissenschaften,* Bd. VII, Freiburg im Breisgau ²1891, Sp. 1559-1577 (Art. *Lazarus,* Orden und Congregationen), bes. Sp. 1559-1562; weiterhin *Realencyclopädie für protestantische Theologie und Kirche,* unveränd. Nachdruck der 1896-1913 in Leipzig hg. Ausgabe, Graz 1971, Bd. XI, S. 325f. (Art. *Lazarusritter*).

9 Vgl. Voigt, a.a.O., Kapitel »Der neue ritter« (sic!), S. 393-402.

10 Vgl. Wetzer u. Welte's *Kirchenlexikon,* Bd. VIII, ²1893 (Art. *Marseille*), Sp. 903-907.

11 Dolf Oehler, *Ein Höllensturz der Alten Welt. Zur Selbsterforschung der Moderne nach dem Juni 1848,* Frankfurt/Main 1988, S. 248 (das IV. Kapitel des 2. Teiles ist Heines Spätzeit und seiner Lazarus-Rolle gewidmet: »Letzte Worte – Die Lektion aus der Matratzengruft«, S. 239-267).

12 Vgl. Pierre Larousse, *Grand Dictionnaire Universel du XIXe Siècle,* Bd. 10, Paris 1873, S. 280.

13 Es sei wenigstens erwähnt, daß in der oben herangezogenen Bibelausgabe aus Heines Besitz (Altes und Neues Testament, 1827) das zum Buch gehörende grüne Seidenband sich als Lesezeichen zwischen den Kapiteln 31f. und 33 des Buches *Hiob* befindet, S. 548f.

14 B VI/1,135f. (II. Teil von *Jehuda ben Halevy;* vgl. auch den IV. Teil über Chamissos »Schlemihl«). – Vgl. bereits S. S. Prawer, *Heine. The Tragic Satirist,* Cambridge 1961, S. 179-186, bes. S. 180; weiterhin Frauke Bartelt, *Entstehung und zeitgenössische Aufnahme des »Romanzero« von Heinrich Heine. Studien im Zusammenhang einer historisch-kritischen Edition,* Diss. Kiel 1973, S. 45f.

15 B VI/1,549.

16 B I,114f. (*Heimkehr* Nr. 13).

17 B I,148f. (*Heimkehr* Nr. 86 und 87).

18 B III,594. – Vgl. Norbert Schöll, *»Ich bin der Krankste von Euch allen«. Zum Stil in Heines Berichten über das Zeitgeschehen,* in: Heine-Jahrbuch 19 (1980), S. 49-68.

19 B III,441.
20 Als Beispiel sei genannt das letzte *Angelique*-Gedicht:

> Dieser Liebe toller Fasching,
> Dieser Taumel unsrer Herzen,
> Geht zu Ende, und ernüchtert
> Gähnen wir einander an!

Die letzte Strophe bringt das Motiv des Memento mori auf einen eigenwilligen Punkt:

> Morgen kommt der Aschenmittwoch,
> Und ich zeichne deine Stirne
> Mit dem Aschenkreuz und spreche:
> Weib, gedenke, daß du Staub bist. (B IV,333 f.)

21 Vgl. Manfred Windfuhr, *Heinrich Heine. Revolution und Reflexion*, Stuttgart ²1976, S. 109, der sich auf den Medizinhistoriker Hans Schadewaldt, Düsseldorf, berufen kann. – Zur gesamten Krankheitsgeschichte vgl. Gerhard Höhn, *Heine-Handbuch. Zeit, Person, Werk*, Stuttgart 1987, S. 114; s. auch Arthur Stern, *Heinrich Heines Krankheit und seine Ärzte*, in: Heine-Jahrbuch 3 (1964), S. 63-79.

22 So von Wolfgang Preisendanz in seinem Kapitel »Die Gedichte aus der Matratzengruft« in seinem Buch *Heinrich Heine. Werkstrukturen und Epochenbezüge*, München ²1983, S. 99-130; dort heißt es als Summe (S. 130), »daß in den Gedichten des ›Buchs Lazarus‹ die ironisch vermittelte Antithetik von Poesie und faktischer Erfahrung in eine – sit venia verbo! – realistische Lyrik überführt wurde«. – Vgl. zu den *Lazarus*-Gedichten auch den Kommentar von Klaus Briegleb (B VI/2,55 f. und 217-227; S. 55 die Bemerkungen über Lazarus als »Chiffre eines wesentlichen Teils der späten Lyrik«, auf die weiter unten rekurriert wird).

23 HSA 23,390f.

24 Michael Werner (Hg.), *Begegnungen mit Heine. Berichte der Zeitgenossen*, 2 Bde., Hamburg 1973, Bd. II, S. 351.

25 *Den Strauß, den mir Mathilde band* (*Lazarus*-Nachlaßgedicht, B VI/1,340).

26 B VI/1,202.

27 HSA 23,359.

28 B VI/1,202f. – Vgl. Höhn, a.a.O., S. 129 und Windfuhr, a.a.O., S. 248.

29 B IV,580.

30 Nachwort zum *Romanzero*, B VI/1,182 und 184.

31 Vgl. Wetzer und Welte's *Kirchenlexikon*, Bd. VII, Sp. 1557-1577 (Art. *Lazarus*).

32 B VI/1, 481 *(Geständnisse)*.

33 HSA 22,298f.

34 HSA 23,26f.

35 B IV,367.

36 B IV,383.

37 So Gerhard Höhns Umschreibung der späten Liebesmotivik, a.a.O., S. 129. – Vgl. auch die Studie von Irene Guy, *Sexualität im Gedicht. Heinrich Heines Spätlyrik*, Bonn 1984, mit interessanten Aufschlüssen zur Lazarus-Figur (bes. Kap. III, S. 171-228).

38 B VI/1,110f. *(Der Abgekühlte)*.

39 B VI/1,115f.

40 B VI/1,120f. *(Enfant perdu)*.

41 B II,262.

42 B VI/1,202.

43 B VI/1,203.

44 B VI/1,204.

45 B VI/1,208.

46 B VI/1,322.

47 B VI/1,343 *(Lotosblume)*.

48 B VI/1,348 *(Es träumte mir von einer Sommernacht)*.

49 B VI/1,500f. – Sonstige Beispiele für Identifikationsanspielungen in den späten Gedichten (B VI/1) sind: Alexander der Große (S. 99), der ungläubige Thomas (S. 100), Hamlet (S. 104), Gellert (S. 105), Salomo (S. 111), Jesus (S. 201 u. 337), Ödipus (S. 207), Orpheus (S. 323) und Siegfried (S. 325).

50 B V,190f.

51 HSA 17,292f. – Vgl. z. B. Peter Henisch, *Hamlet, Hiob, Heine. Gedichte*, Salzburg und Wien 1989 (mit Heine-Parodien bzw. -Paraphrasen).

Manfred Windfuhr
Der Erzähler Heine

»Der Rabbi von Bacherach«
als historischer Roman

Nach wie vor werden Heines Erzählversuche in der Literatur verhältnismäßig wenig beachtet und von der Qualität her meist niedrig eingestuft. Bei den Interpreten scheint Übereinstimmung darüber zu herrschen, daß der Autor über keine erzählerische Bega-
bung verfügte und mit der fiktiven Prosa nicht umzugehen wußte.
Diese Seite seines Schaffens sei »beyond his powers«, erklärte apo-
diktisch Jeffrey L. Sammons und nannte als besondere Defizite
»failures in controlling the fictive persona«.[1] Bei den Lesern wird
diese Ansicht nicht geteilt, da sie diesen Sektor aus Heines Gesamtwerk keineswegs vernachlässigen. Figuren wie der philiströse
Taufjude Gumpelino und sein vorwitziger Diener Hyazinth in den
Bädern von Lucca oder der tölpelhafte Weltverbesserer Atta Troll
finden bis heute amüsierte und nachdenkliche Resonanz. Offenbar
fehlt es diesem Autor doch nicht an der Fähigkeit, fiktive Personen
mit unverwechselbarem Profil zu schaffen und aussagekräftige
Handlungssequenzen zu erfinden. Vielleicht hat man bisher nicht
die richtigen Fragen gestellt, um Heines Erzählungen in ihrer Eigenart zu würdigen oder die eigentlichen Ursachen für die vom
Umfang her begrenzte Produktivität in diesem Gattungsbereich
zu erkennen. Zu wenig wurde z. B. erörtert, ob es nicht mehr äußere Zwänge als persönliches Unvermögen waren, die Heine an
der Ausarbeitung großer epischer Werke hinderten. Wer wie er
durch seine publizistische Tätigkeit und Funktion als »Opposi-
tionssprecher« in einer Periode heftiger politischer Tageskämpfe
ständig beansprucht wurde, fand nicht den für Romane notwendigen zusammenhängenden Freiraum. Seine Stimme war dadurch in
der deutschen und französischen Öffentlichkeit zwar durchweg
präsent, aber um den Preis fehlender Rückzugsmöglichkeiten in
längerfristige Perioden der Meditation und Produktion. Große
epische Werke erfordern natürlich besonders lange Arbeitszeiten
und ausreichende Konzentration. Nicht zufällig sind die meisten
Werke Heines Zusammenfügungen aus Einzelteilen und Einzelar-
tikeln, sie entstanden additiv und nicht konzentrisch, bei den Ly-

riksammlungen sowieso, aber auch bei den Prosaarbeiten.

Die großen Erzähler der Periode standen außerhalb von solchen beanspruchenden Öffentlichkeitsaufgaben. Jeremias Gotthelf wirkte als Landpfarrer im stillen Lützelflüh in der Schweiz, Adalbert Stifter ließ sich für den umfangreichsten Roman von seinem Amt als Schulinspektor pensionieren, auch Eduard Mörike kam erst wieder zu größerer Produktivität, nachdem er sein Pfarramt aufgegeben hatte. Im Sommer 1832 gebrauchte Heine selbst dieses Argument, als er einen Hamburger Freund über den Abbruch der Arbeiten am *Schnabelewopski* informierte: »Im Schreiben von belletristischer Art habe ich in der letzten Zeit wenig Glück gehabt. Der Strudel war zu groß, worin ich schwamm, als daß ich poetisch frey arbeiten konnte. Ein Roman ist mir mißglückt« (HSA 21,39).[2] Der Autor stand damals in der Pflicht, für die ›Allgemeine Zeitung‹ regelmäßige Berichte über die *Französischen Zustände* abzuliefern.

Vielleicht richtete sich die Erwartungshaltung der Interpreten auch auf Romanformen und Romanthemen, die Heine nicht interessierten bzw. an die er nicht anknüpfen wollte. Er stellte sich weder in die Linie des Entwicklungsromans, seit Wieland und Goethe eine typisch deutsche Domäne, noch folgte er der romantischen Märchenerzählung, die es um 1800 zu bedeutenden Resultaten gebracht hatte. Legt man die »reinen« Erzählversuche zugrunde, orientierte er sich vielmehr an außerdeutschen, europäischen Erzähltraditionen und versuchte sie zu erneuern und mit seinen Interessen zu verbinden. Der *Schnabelewopski* sollte ein eigener Beitrag zum Schelmenroman sein, der zuerst von der spanischen Barockliteratur entwickelt worden war und bei Grimmelshausen einen frühen deutschen Höhepunkt erreicht hatte. Heine brachte hier neben autobiographischen Erinnerungen erste Ansätze zu seiner Kulturantinomie und deutliche Zeitkritik unter. Noch weiter zurück reichte die Form der Konversationserzählung, mit der er in den *Florentinischen Nächten* experimentierte. *Il Decamerone* von Giovanni Boccaccio, erzählerisches Hauptwerk der Renaissance, war in diesem Fall nach eigener Aussage sein großes Vorbild und lieh ihm den äußeren Rahmen. Durch und im Dialog mit einer Todkranken ließ er die Hauptfigur seine erotische Vergangenheit aufarbeiten und dabei außerdem über die verschiedensten Kunst- und Zeitthemen reflektieren. Freilich verkürzte sich der Dialog rasch zum Monolog, indem Maximilians Bekenntnisse immer ausführlicher und artistischer ausfielen und keine Gegenrede mehr zuließen.[3] Am jüngsten war die Gattung des historischen Romans, die Heine seiner jüdischen Erzählung vom Rabbi Abraham zugrunde legte. Geht man von diesen drei erzählerischen »pattern« aus, läßt sich sein Erzählwerk von einem einheitlichen, systematischen Ansatz her erfassen, bezogen auf die europäische Romanliteratur und ihre verschiedenen Erzähltypen. Im folgenden beschränken wir uns auf den zuletzt genannten Aspekt und erörtern die strukturellen Merkmale, die den *Rabbi* mit dem frühen Geschichtsroman verbinden.[4]

Wenn man sich damals auf diese Gattung einließ, stellte man sich in die Nachfolge Walter Scotts. Scott hatte mit einer Serie von Romanen aus der englisch-schottischen Geschichte lange Zeit gültige Muster des Geschichtsromans geschrieben und war europäisch auf das breiteste rezipiert worden. Unerreicht schien er durch eine Reihe von Neuansätzen: die Aufwertung der Geschichte im Roman, die Abkehr vom bloß romanhaften Roman, das größere Maß an Wirklichkeitsnähe durch Verankerung in bestimmten Epochen und Beteiligung historischer Figuren im Vorder- oder Hintergrund, die wissenschaftliche Nachprüfbarkeit des zeitlichen und geographischen Rahmens, die ausführliche Vergegenwärtigung von Landschaften, Sitten, Gebräuchen, Kostümen und des sonstigen Ambientes. Er war der Meister der atmosphärischen Beschwörung versunkener Perioden, geschichtliche und private Vorgänge wurden aufs engste miteinander verwoben. Mit großem Geschick entwickelte er spannende und abenteuerliche Konflikte und personifizierte sie in farbigen Figuren. Besondere Mühe verwandte er immer auf seine Darstellungen von Turnieren, Schlachten, Festen und anderen Großveranstaltungen, bei denen er einerseits große Menschenmassen in Bewegung setzen, andererseits ins Kleinste gehende Beschreibungen der wechselnden Aufmachungen liefern konnte. Scotts Detailmalerei war nicht unumstritten, aber doch für viele Zeitgenossen unabhängig von der theoretischen Berechtigung Hauptmotiv des Lesevergnügens. Indem Zeit und Raum so detailliert einbezogen wurden, besaßen die Hauptfiguren nicht mehr die zentrale Rolle, über die sie im Entwicklungsroman verfügten. Der Roman öffnete sich zum gesellschaftlichen Roman, ja zum Zeit- und Raumroman. Wichtig war auch, daß der historische Anspruch Neutralität in der Bewertung verlangte und den Gebrauch von Polemik zurückdrängte. Dies sind die Merkmale des Grundtyps bei Scott, gewisse Variationen fehlen nicht. *Wa-*

werley hat Züge des Entwicklungsromans, andererseits gibt es noch den Schauerroman.[5]

Eben solche Eigenschaften ließ diese Gattung für Heine damals anziehend erscheinen, im Unterschied zu Ludwig Börne, der im historischen Roman »une dégénération de la poésie« sah.[6] Zwar beschränkt auf vergangene Perioden, transponiert in die Geschichte, handelte es sich hier gewissermaßen um eine Vorstufe des aktualisierenden Zeitromans, wie er dann für die jüngeren Jungdeutschen zentral wurde. Heine gehörte nicht zu den Kritikern von Scotts Detailmalerei. Noch als er ihn wegen seiner restaurativen Napoleon-Biographie tadelte, nahm er ihn in dieser Hinsicht in Schutz. In Abschnitt IV der *Englischen Fragmente* (erstmalig 1828 erschienen) hieß es:

Es war Britanniens größter Dichter, man mag sagen und einwenden, was man will. Zwar die Kritiker seiner Romane mäkelten an seiner Größe und warfen ihm vor: er dehne sich zu sehr ins Breite, er gehe zu sehr ins Detail, er schaffe seine großen Gestalten nur durch Zusammensetzung einer Menge von kleinen Zügen, er bedürfe unzählig vieler Umständlichkeiten, um die starken Effekte hervorzubringen.

Heine verglich dann Scotts »populären Reichthum« mit einem Millionär, der statt mit Goldbarren mit »Säcken voll Groschen und Pfennigen« bezahlt, eine Zahlungsweise, die auf den Marktplätzen bereitwilliger angenommen werde als große Münzen oder Scheine (DHA VII,223). Verschiedentlich lobte Heine auch Scotts »Unpartheilichkeit«, von der stärkeren Betonung der Parteilichkeit nach 1830 ist noch nichts zu spüren. Wenn der Romancier Angelsachsen und Normannen, Engländer und Schotten oder verschiedene Gruppen innerhalb Schottlands gegeneinander auftreten läßt, vermeidet er die allzu direkte Wertung und gibt sie nur indirekt zu erkennen. Dies entspringe, so Heine, nicht einer abstrakten »Dichtergröße« oder einer gottähnlichen Freiheit von Vorurteilen, sondern hänge mit Scotts Herkunft und Erziehung zusammen, die ihn mit beiden Seiten verbänden. Heine lobt also »seine Unpartheylichkeit bey der Schilderung der Aristokraten und Demokraten« und findet diese Zurückhaltung keineswegs tadelnswert (DHA VII,220).[7]

Beide Züge versucht Heine auch bei seinem eigenen Ansatz eines Geschichtsromans zu beachten. Trotz der Gegensätze zwischen Christen und Juden, die für die Erzählung konstitutiv sind, hält er sich von direkter Verteufelung oder Polemik zurück. Daß die Christen die Täter und die Juden die Opfer sind, soll aus den erzählten Fakten selbst hervorgehen, nicht durch massive moralische Aburteilungen. Zum Konzept der Unparteilichkeit gehört auch der in der *Rabbi*-Literatur oft als verwirrend empfundene Umstand, daß die jüdische Seite von Kritik nicht verschont bleibt, besonders im Frankfurt-Teil. Die Detailmalerei im *Rabbi* wird uns noch näher beschäftigen. Er ist Heines erzählerisches Werk mit dem größten Detailrealismus. Wie Scott will er die lokalen Verhältnisse, die historischen Umstände, die Lebensgewohnheiten, Gebräuche und Bekleidungen seiner Figuren mit möglichster Genauigkeit beschreiben, und es verstößt nicht gegen die Gattungsgesetze, wenn er dabei viel zitiert oder paraphrasiert, was ihm aus seinen Vorlagen nützlich erscheint. Im Gegenteil glaubt er damit seinem Text eine besondere historische Glaubwürdigkeit zu geben. Freilich verbindet er die Detailistik nicht wie Scott mit wortreichen Wiederholungen und einem rhetorischen Konversationsstil. Seine Texte bleiben dicht und konzentriert. Auch ist auszuschließen, daß Heine für den *Rabbi* zu irgendeinem Zeitpunkt an Umfänge dachte, wie sie Scotts Romane in der Regel erreichten. Werke dieser Breite standen außerhalb der Planung gerade in der Frühzeit. In späteren Jahren hat er den *Rabbi* seltener einen Roman oder eine Novelle, sondern bevorzugt ein »Sittengemälde« genannt. Während der Arbeit selbst gebraucht er gern auch den Begriff der »Quelle«. Nach Abschluß des Brouillons zu Kapitel II heißt es, der *Rabbi* werde »ein Buch seyn das von den Zunzen aller Jahrhunderte als *Quelle* genannt werden wird« (HSA 20,204). Bei dieser Begriffsverwendung spielt zwar auch eine von Zunz stammende Unterscheidung mit, wonach nur jüdische Autoren jüdische »Quellen« verfassen könnten, nach der Taufe erlösche diese Fähigkeit (vgl. HSA 20,216 und 248f.). Der gebräuchliche Sinn von Quelle als historisches Dokument bleibt aber erhalten und ist bei diesem Erzählprojekt von leitender Bedeutung.

Der angestrebte Dokumentarismus darf nun freilich nicht im Sinne des Historismus mißverstanden werden. Sowohl Scott als auch Heine bemühen sich zwar um Detailtreue, auch um Stimmigkeit in den großen Linien, halten aber dennoch daran fest, daß der Dichter im poetischen Interesse mit dem Stoff teilweise auch frei verfahren darf. Der Dichter hat ein anderes Aufgabenfeld als der Historiker. Man will ein der Geschichte frei nachempfundenes

Bild alter Zustände entwerfen und nimmt dafür kleine Ungenauigkeiten oder Widersprüche – bewußt oder unbewußt – in Kauf. Der realistische Geschichtsroman nach der Jahrhundertmitte praktizierte eine noch weit strengere historiographische Genauigkeit und achtete auch auf eine größere Integration aller Teile. Im *Rabbi* werden wir auf kleinere Unstimmigkeiten in der Chronologie oder sonstigen faktischen Bereichen und auf eine auffallende Selbständigkeit der einzelnen Kapitel stoßen. Dies war aber vom biedermeierlichen Verständnis her möglich, teilweise sogar erwünscht.[8] Im Zusammenhang von Immermanns *Trauerspiel in Tyrol* ging Heine selbst auf diese Fragen ein. Er grenzte sich von den »stolztrocknen Historiographen« und »pergamentenen Staatsarchivaren« ab und betonte das Recht des Dichters auf »selbsterfundene Gestalten und Umstände«. Das Volk verlange »nicht den treuen Bericht nackter Thatsachen, sondern jene Thatsachen wieder aufgelöst in die ursprüngliche Poesie, woraus sie hervorgegangen«. Wieder ist von Scott die Rede. Heine fügt hinzu:

In gleicher Weise möchte ich behaupten, Walter Scotts Romane gäben zuweilen den Geist der englischen Geschichte weit treuer als Hume; wenigstens hat Sartorius sehr recht, wenn er in seinen Nachträgen zu Spittler jene Romane zu den Quellen der englischen Geschichte rechnet (DHA VII,28 f.).

Es waren nicht nur die formalen und methodischen Vorzüge, die Scotts Geschichtsromane damals für den Autor so attraktiv erscheinen ließen, sondern auch ihre zentralen gedanklichen »Botschaften«, der Einsatz für die bedrohten Volksüberlieferungen der Schotten und Engländer, die Warnung vor dem Verlust der eigenen Identität durch eine gesichts- und profillose Einheitszivilisation. In einem Abschnitt von *Nordsee* III, Heines zweiter wichtiger Scott-Würdigung, äußert er sich zu diesem inhaltlichen Hauptzug und betont, daß es sich nicht um ein Sonderproblem der britischen Völker handele. Scott treffe vielmehr eine allgemeine moderne Problematik und spreche ein generelles Lebensgefühl aus:

es ist der große Schmerz über den Verlust der Nazional-Besonderheiten, die in der Allgemeinheit neuerer Cultur verloren gehen, ein Schmerz, der jetzt in den Herzen aller Völker zuckt. Denn Nazionalerinnerungen liegen tiefer in der Menschen Brust, als man gewöhnlich glaubt. Man wage es nur, die alten Bilder wieder auszugraben, und über Nacht blüht hervor auch die alte Liebe mit ihren Blumen. Das ist nicht figürlich gesagt, sondern es ist eine Thatsache.

Unter Heines Einzelbelegen für diese Entwicklung bleiben die Juden nicht ausgespart. Die beschriebene Gefahr betreffe auch die »rabbinischen Synagogen, woraus sogar die Gläubigen fliehen« (DHA VI, 160 f.). Der Autor überträgt also Scotts Grundmotiv auf sein spezielles Anliegen, auch die Juden, die sich schon damals als »Nation« verstanden, waren gegen die allgemeinen Tendenzen nicht gefeit. Scotts Hauptanliegen auf die Juden angewandt führte zur Darstellung der jüdischen Riten und Gewohnheiten, der Sederfeier im ersten Kapitel und der Synagogenfeier im zweiten Kapitel des *Rabbi*, die dort einen so zentralen Raum einnehmen. Auch sie werden beschworen, weil sie unterzugehen drohen, die von Sympathie und Wehmut getragene Einfühlung dient auch ihrer Bewahrung und Wiederherstellung.

Es ist also keine bloß äußere Anlehnung an Scott, wenn sich Heine in seiner jüdischen Erzählung so intensiv mit den jüdischen »Nazional-Besonderheiten« befaßte und dafür in aller Breite auf die Details einging.[9] Dies entsprach der gewählten Gattung und war die Sache selbst, nicht eine rein stoffliche Angelegenheit, wie am Beispiel der Sederfeier und ihren Quellen zu ersehen ist. In diesem Zusammenhang soll die in der *Rabbi*-Literatur mehrfach diskutierte Frage noch einmal aufgenommen werden, inwieweit Heine seine rituellen Kenntnisse 1824/25 schon mitbrachte oder erst durch fremde Hilfe erarbeiten bzw. ergänzen mußte. Rosenthal verweist darauf, daß der Autor »zumindest einige hebräische Gebete und gewisse jüdische Sitten und Gebräuche« schon seit der Düsseldorfer Jugendzeit kannte. Das religiöse Verhalten in Heines Elternhaus kennzeichnet er als »reform-jüdisch« im Mendelssohnschen Sinne, d. h. praktiziert wurden nicht »Formen althergebrachter striktester Gesetzesobservanz und Gebräuche«, sondern die »milderen Formen«. Im einzelnen setzt Rosenthal bei Heine schon vor der *Rabbi*-Zeit Kenntnisse und Erfahrungen in folgenden Bereichen voraus

– Sabbatgebote
– Gebräuche von Pessach und Sukkoth (Laubhüttenfest)
– Hauptgebete, z. B. das »Achtzehngebet«
– wichtige Elemente der Synagogenfeiern

– Grundfragen jüdischer Kleidung, Ernährung und sonstiger Lebensgewohnheiten.[10]

Dies ist pauschal gesehen gewiß zutreffend, sagt aber noch nicht viel darüber aus, wie intensiv diese Kenntnisse waren und ob dem Autor das, was er in der Jugend mehr oder weniger unbewußt praktiziert hatte, zehn Jahre später noch gegenwärtig war, um es nun bewußt und detailliert beschreiben zu können. Daß er sich gerade in der Nomenklatur und in rituellen Einzelfragen gar nicht so sicher war, zeigt die falsche Bezeichnung des »Achtzehngebets«, das er zunächst »Vierundzwanziggebet« nannte (zweimal in den Handschriften zum zweiten Kapitel). Auch bei geringen hebräischen Sprachkenntnissen mußte er eigentlich wissen, daß »Schmone 'Esre« übersetzt achtzehn bedeutet; das rabbinische Hauptgebet hat diesen Namen, weil es achtzehn Benediktionen enthält. Der Fehler dürfte ungefähr so einzuschätzen sein, wie wenn ein Christ das »Vaterunser« nicht beherrschte. Erst bei der Schlußredaktion 1840 hat Heine die richtige Bezeichnung eingesetzt.[11] So traditionsfest scheint der junge Autor also nicht gewesen zu sein. In dieselbe Richtung gehört, wenn er zum Pessachfest in der Frankfurter Synagoge die Geschichte von der Opferung Isaaks (1. Mose, 22) verlesen läßt, einen Text, der liturgischer Bestandteil des jüdischen Neujahrsfestes (2. Tag) ist.

Auch nach Beitritt zum Kulturverein unternimmt Heine nur wenig Anstrengungen, um seine rituellen Kenntnisse systematisch zu vertiefen. Obwohl in den Briefen dieser Zeit der hebräisch-jiddische Wortschatz anwächst und auch einzelne jüdische Gebräuche zur Sprache kommen (s. u.), betont er gleichzeitig, daß er »der geborene Feind aller positiven Religionen« bleibe und sich in dieser Hinsicht, also in bezug auf die dogmatischen und rituellen Fixierungen, auch nicht für die jüdische Religion einsetzen werde, so in dem bekenntnishaften Brief vom 23. August 1823 an Moser (HSA 20,107). Weder durch Herkunft noch durch seine Wendung zum aktiven Judentum ist Heine also zum Ritenkenner prädestiniert. Was bedeuten die bisherigen Beobachtungen für die Beschreibung des Sederabends, das Zentralstück des ersten Kapitels? Aus genetischer Sicht empfiehlt es sich, zwischen verschiedenen Ebenen zu unterscheiden.

Eindringlich und anschaulich wird die dem Pessachfest zugrunde liegende historisch-religiöse Bedeutung herausgearbeitet, die Erinnerung an die beiden antagonistischen Erfahrungen der jüdischen Frühzeit, das quälende und demütigende Ägyptische Exil und die befreiende Rückkehr ins Land der Väter um 1250 v. Chr. In der Rückbesinnung wird ein Hauptereignis der jüdischen Leidensgeschichte, aber auch die messianische Hoffnung auf Erlösung wachgehalten, die jährliche Feier dient der ständigen Erneuerung dieses doppelten Bewußtseins. Heine dokumentiert die Sinnebene auf mehrfache Weise. Einmal zitiert er verschiedene Textstellen aus der Pessach-Haggada, die diese Zusammenhänge verdeutlichen. Im ersten Kapitel sind dies der Abschnitt über die Exilskost (»Siehe! das ist die Kost«) und die dem Exil gewidmete Rabbiner-Diskussion in B'ne Brak (»Vorlesen der wunderbaren Geschichte«). Beide Textstellen, im Festritual zum Sederabend in der ersten Hälfte plaziert, beziehen sich also vorwiegend auf den ersten Erfahrungsbereich. Durch das Einschmuggeln der Kinderleiche und den dadurch verursachten Abbruch der Bacharacher Feier fällt der mehr der Hoffnung zugewandte zweite Festabschnitt aus. Heine hat ihn aber in anderer Form nachgeholt, indem er Sara auf der Rheinfahrt »die heilige Stadt Jerusalem« im Traum erscheinen läßt. Am Ende des ersten Kapitels formuliert er mit eigenen Worten den messianischen Teil des Festkonzepts. Nachgeholt wird auch das »Chad Gadja«-Lied, das Lied vom Lämmchen, das im Ritual den Schluß bildet und gegenüber aller menschlichen Geschichte die Rolle Gottes als letzte Instanz gegenwärtig hält. Dieses Lied läßt Heine von einem der jüdischen Torwächter im zweiten Kapitel singen. Über die Herkunft dieser Einlagen und den Zeitpunkt ihrer Einfügung wird noch zu sprechen sein. Heine aktualisiert die im Pessachfest enthaltene Sinnebene zusätzlich dadurch, daß er die erzählte Gegenwart als Wiederholung der Vergangenheit anlegt. Die Festversammlung gerät erneut in Todesgefahr; wie die Juden einst von den Ägyptern bedroht wurden, so jetzt von den Christen. Die Bacharacher Gemeinde wird umgebracht, das Rabbiner-Ehepaar kann entkommen, muß aber wieder ins Exil. Historische und zeitgenössische Leidensgeschichte überlagern sich.

Es bedarf keiner längeren Erklärung, daß diese Sinnebene dem aufgeweckten jungen Heine schon seit der Düsseldorfer Jugendzeit geläufig war und durch das historische Programm des Kulturvereins nur bekräftigt und wohl noch vertieft wurde. Das ägyptische Exil war darin das Schlüssel-, zumindest das Anfangsereignis. Heine brauchte bis auf die übernommenen Textstellen in dieser Hinsicht keine Belehrung von fremder Seite. Vertraut war ihm auch der familiäre Charakter des Festes. Der Sederabend (bzw. beide Sederabende) eröffnet das Pessachfest und wird zunächst ganz in der Familie gefeiert. Das Familienoberhaupt übernimmt die Rolle des Rabbi und leitet die einzelnen Abschnitte der Festfolge. Es hängt mit der erzählerischen Anlage des *Rabbi* zusammen, daß hier das Familienoberhaupt zugleich ein Rabbi ist. Heine hat auch die familiäre Atmosphäre des Sederabends sehr genau getroffen, einschließlich der heiter-gelösten Züge, die nur ein häusliches Fest zuläßt. Es ist sicherlich dieser Erinnerungswert, den sein Diktum festhält, daß auch vom Glauben abgefallene Juden »im tiefsten Herzen erschüttert werden, wenn ihnen die alten, wohlbekannten Paschaklänge zufällig ins Ohr dringen«. Der Autor springt aus der historischen Ebene in seine Gegenwart; er wird bekenntnishaft.

Auf mehr naiv-sinnenhafte Weise werden Hauptszenen und Hauptfiguren des historischen Geschehens durch die Abbildungen aus der Pessach-Haggada vergegenwärtigt, auf die Heine mehrfach eingeht. Die Familie des Rabbi benutzt eine Haggada mit farbigen Abbildungen, »ein hübsches, in Gold und Sammt gebundenes Pergamentbuch«, ein »altes Erbstück« aus den Zeiten von »Saras Großvater«. Es heißt, Sara habe die Bilder »schon als kleines Mädchen, am Pascha-Abend, so gerne betrachtet«. Einige Rotweinspritzer machen es um so liebenswerter. Insgesamt zehn Abbildungen werden dann im einzelnen aufgezählt:

wie Abraham die steinernen Götzen seines Vaters mit dem Hammer entzweyklopft, wie die Engel zu ihm kommen, wie Moses den Mitzri todtschlägt, wie Pharao prächtig auf dem Throne sitzt, wie ihm die Frösche sogar bei Tisch keine Ruhe lassen, wie er Gott sey Dank versäuft, wie die Kinder Israel vorsichtig durch das rothe Meer gehen, wie sie offnen Maules, mit ihren Schafen, Kühen und Ochsen vor dem Berge Sinai stehen, dann auch wie der fromme König David die Harfe spielt, und endlich wie Jerusalem mit den Thürmen und Zinnen seines Tempels bestralt wird vom Glanze der Sonne!

Die Mehrzahl der Abbildungen bezieht sich natürlich auf das Pessach-Geschehen, und zwar grob geordnet nach der überlieferten Zeitabfolge. Bei den ersten Bildern überwiegt die Thematik des Exils und der Vergeltung, dann setzen sich die erfreulicheren Anlässe durch, und am Ende steht die Vision vom himmlischen Jerusalem.

Auch in diesem Fall dürfte der Autor auf Familienerinnerungen zurückgreifen, denn wir wissen, daß im Düsseldorfer Elternhaus ebenfalls eine handschriftliche, mit Miniaturen versehene alte Pessach-Haggada benutzt wurde. Heines Urgroßvater Lazarus van Geldern erwarb sie 1723 von einem mährischen Spezialmaler, seitdem war sie im häuslichen Gebrauch. Heute befindet sie sich – unzugänglich – in englischem Privatbesitz. Es existieren aber aus den Jahren 1931 und 1933 zwei längere Beschreibungen, teilweise auch mit Abbildungen, die einen weitgehenden Vergleich zulassen.[12] Danach besteht der kleine Kodex aus 12½ Pergamentblättern und enthält neben den Texten sechzehn Miniaturen, davon fünfzehn halbseitige und eine ganzseitige (die erste Sederfeier vor dem Auszug aus Ägypten). Von den fünfzehn kleineren Bildern erfahren wir die Themen nicht ganz vollständig, immerhin ergeben sich in mehreren Fällen Übereinstimmungen mit Heines Angaben. Nun kann man einwenden, daß das Bildprogramm zur Pessach-Haggada seit dem 18. Jahrhundert ziemlich konstant bleibt und man gleiche oder ähnliche Zusammenstellungen in vielen anderen Exemplaren derselben Periode nachweisen kann.[13] Andererseits gibt es eine Bestätigung für Heines Langzeitgedächtnis gerade in diesem Fall. Noch 1837, also dreizehn Jahre später, beschreibt er in den Briefen *Ueber die französische Bühne* die ganzseitige Abbildung der Sederfeier aus »unserer Hausbibel«, die im *Rabbi* nicht erwähnt wird. Diesmal werden sogar einzelne Bildzüge wiedergegeben, die sich bis auf kleinere Erinnerungsfehler mit der vorliegenden Reproduktion decken (DHA XII,248 und 1123). Gerade der Bildteil des »Erbstücks« hat also bei Heine tiefen Eindruck hinterlassen und erlaubt ihm die optische Ergänzung zur textlichen Verdeutlichung des Pessach-Geschehens.

Weit geringer veranschlagen wir sein Erinnerungsvermögen aber in bezug auf die Mehrzahl der dargestellten Einzelriten und besonders die Reihenfolge innerhalb der Festsequenz. Vielleicht waren ihm noch solche Zeremonien geläufig, die gerade jugendliche Teilnehmer beeindrucken mußten, etwa die Frage des »Jüngsten der Tischgesellschaft« nach der Bedeutung der anstehenden Nacht, die den erklärenden Teil in Gang setzt, oder das Verspritzen von Weintropfen bei der Aufzählung der ägyptischen Plagen. Aber schon fraglich ist, ob er sie auch an der richtigen Stelle plazieren konnte. Andererseits ist Heine in dem, was er herausgreift, durchweg präzise, so daß die Annahme einer Orientierung zwingend erscheint. Dafür benutzte er die von Moser übersandte Haggada, für die er sich am 25. Juni 1824 in auffällig engem Kontext mit der ersten Niederschrift bedankt: »Die Paschafeyer ist mir gelungen, ich bin Dir für die Mitheilung der Agode Dank schuldig« (HSA 20,168). Man darf Heines Worte wohl etwas deutlicher formulieren; die »Paschafeyer« sei ihm gelungen, weil er Mosers Haggada vorliegen hatte. Welche Ausgabe der Autor kurz nach der Berlin-Reise zugeschickt erhielt, wissen wir nicht. Es wird keine illuminierte Prachthandschrift gewesen sein, die Moser nicht besaß und die er wohl auch nicht der Post anvertraut hätte. Auch ein hebräischer Text scheidet aus, weil Heine damit nicht hätte arbeiten können. Statt dessen wird es eine der frühen Übersetzungen gewesen sein, von denen mehrere Ausgaben existieren. Heine selbst benutzte 1840 bei den Ergänzungsarbeiten zum *Rabbi* eine zweisprachige Leipziger Edition von 1839, die man sicherlich zum Vergleich heranziehen kann.[14]

Von den Voraussetzungen zum Fest spricht der Autor drei Punkte an, das Mazzes-Brot, den Termin und die symbolischen Speisen. Die verwendeten Brote müssen bekanntlich ungesäuert sein und dürfen nicht mit Gesäuertem in Berührung gekommen sein. Bei Heine heißt es, die Hausfrau lege »drey von den platten ungesäuerten Brödten« mit Servietten verdeckt auf den Tisch; aus der Leipziger Haggada erfahren wir zusätzlich noch die Namen der drei Brote und daß sie in eine »Seder-Schüssel« gelegt werden (S. XI). Im zweiten Kapitel trägt Heine nach, die Frauen des Frankfurter Gettos hätten dafür gesorgt, daß das ungesäuerte Brot koscher blieb und daß der Gemeinde-Backofen wegen der Feier überlastet war. Die Haggada widmet diesen sehr viel detaillierter ausgeführten Anweisungen und Zeremonien zwei dicht bedruckte Seiten (»Die Observanzen der Gefäßreinigung«, »Wegräumung des Chamez usw.«, S. VII ff.). Heines Datierung, man feiere das Fest »am Vorabend des vierzehnten Tages im Monat Nissen«, ist nicht korrekt, die richtige Angabe wird zweimal in der Haggada vermerkt (S. VII: »Am Abende des vierzehnten Nisan«; vgl. S. IX). Interessant ist, daß die Tagesangabe erst eigenhändig in der Druckvorlage eingefügt wird, 1824 scheint sie dem Autor nicht bekannt gewesen zu sein. Ein kleiner Fehler unterläuft Heine auch bei der Aufzählung der symbolischen Speisen; er spricht zwar ausdrücklich von »sechs Schüsseln«, nennt dann aber nur folgende fünf Inhalte: »Ey, Lattig, Mayrettigwurzel, ein Lammknochen, und eine braune Mischung von Rosinen, Zimmet und Nüssen«. Er vergißt das Salzwasser oder den Essig. Ansonsten ergeben sich gegenüber der Leipziger Haggada nur geringe Varianzen bei der Bezeichnung bzw. Zusammensetzung. Das »Lattig« wird »Bitterkraut« genannt (S. XI), der Meerrettich heißt auch »Karpas« (S. XI) oder »Eppich« (S. XV), beim Fleisch ist allgemeiner von einem »Stückchen gebratenen Fleisch« die Rede (S. XI). Die »braune Mischung« heißt »Charoset« und wird reichhaltiger angerichtet: »aus geschnittenen Aepfeln und Feigen, durchmischt mit Nüssen und Mandeln, durchwürzt mit Gewürz und Würzrohr und durchfeuchtet mit Wein« (S. XI). Die Unterschiede könnten regional erklärt werden, vielleicht hatte sich Heine dazu auch bei seinen Berliner Freunden erkundigt.

Es folgt der eigentliche Festablauf. Äußerlich gesehen wird er durch das Abendessen und das Ausschenken der vier Becher gegliedert, die nach der Leipziger Haggada »auf die vier Ausdrucksweisen der Erlösung hindeuten« (S. XI). Davon werden bei Heine wegen des Abbruches nur zwei erwähnt. Für die erste Hälfte sieht das Ritual folgende, von Gebeten und Lesungen begleitete Schritte vor:

- erster Becher
- einzelne symbolische Speisen und Stücke des Mazzes-Brots werden gekostet
- Text über die Exilskost
- zweiter Becher
- Frage des Jüngsten an das Familienoberhaupt
- Text über die Rabbiner-Diskussion in B'ne Brak und weitere Erklärungen und Auslegungen
- Erläuterung der zehn ägyptischen Plagen, bei denen jeweils Weintropfen verspritzt werden
- Händewaschung als Vorbereitung auf die Abendmahlzeit.

Im wesentlichen ergeben sich auch hier Übereinstimmungen, die Abweichungen sind geringfügig. So läßt Heine den Text über die Exilskost nach dem Ausschank des zweiten Bechers verlesen. Die Frage des Jüngsten wird erwähnt, als solche aber nicht gestellt, weil das Rabbinerpaar kinderlos geblieben ist. Die Händewaschung benutzen Abraham und Sara zur Flucht, das Ritual wird im *Rabbi* an dieser Stelle abgebrochen. Heine interessieren nur die Hauptzüge, eine lückenlose Wiedergabe entspricht nicht seinem Konzept.

Beim Sprachvergleich mit der Leipziger Haggada fällt auf, daß Heine im *Rabbi* hebräische oder jiddische Bezeichnungen nur sehr sparsam verwendet, während dort auch der deutsche Text mit

Fremdwörtern durchsetzt ist. Der Autor verwendet sie nur in den Fällen, für die es keine deutschen Entsprechungen gibt: »Nissen«, »Agade«, »Mitzri« (Ägypter). Durch eine Art von lautlicher »Eindeutschung« bzw. mundartlicher Schreibung versucht er auch diese Fremdwörter dem deutschen Grundtext anzupassen, ein Vorgang, den er bei Übernahmen aus anderen Sprachen auch sonst gern praktizierte. Für das Fest selbst verwendet er die Bezeichnung »Pascha«, eine Gräzisierung des aramäischen Wortes Passah oder Pessach (»schonendes Vorübergehen«). Es wäre ein leichtes gewesen, die Festbeschreibung mit viel mehr Spezialausdrücken anzureichern, wie sie für gleiche Sachverhalte in den gleichzeitigen Briefen an Vereinsmitglieder durchaus begegnen: für ungesäuertes Brot »Mazzes« oder »Matzes« (HSA 20,72 und 87), für Exil »Goles« oder »Gohles« (HSA 20,72 und 160), für Gebetsmantel (im zweiten Kapitel) »Talles« (HSA 20,87) usw. Heine verzichtete aber offenbar bewußt darauf. Rutger Booß hat diese Zurückhaltung in den frühen Werktexten als Akt der »Selbstzensur« gedeutet.[15] Im *Rabbi* war aber das Hauptmotiv wohl eher, auch Nichtjuden anzusprechen und damit die gerade von ihm vertretene Stilhaltung der Verständlichkeit und Klarheit zu verwirklichen.

Weil die deutsche Übersetzung auch der von Moser gesandten Haggada unbefriedigend gewesen sein muß, läßt sich erklären, daß Heine seinen Freund um eine Sonderübertragung der drei Textstellen bat, von denen wir zwei schon erwähnt haben. Im Anschluß an den Dank für Mosers Haggada heißt es im Brief vom 25. Juni 1824:

und bitte Dich noch außerdem mir das Caho lach Manga und die kleine Legende Maasse be Rabbi Leser – wörtlich übersetzt zukommen zu lassen. Auch die Psalmstelle im Nachtgebete: »Zehntausend Gewaffnete stehn vor Salomons Bette« mir wörtlich übersetzt zu schicken.

Die Bitte wiederholte Heine noch einmal am 25. Oktober 1824 (HSA 20,176). Die beiden ersten Wünsche bezeichnen in fehlerhaftem Hebräisch die Abschnitte über die Exilskost (recte: »Halachma anja«) und die Rabbinerdiskussion (recte: »Maasse berabbi Elieser«). Bisher hat man gemeint, Moser habe die Bitten erfüllt und Heine seine Texte an den entsprechenden Stellen übernommen. Die erhaltenen Handschriften sprechen aber gegen diese Annahme. Vom ersten Kapitel existiert noch ab der Beschreibung der Sederfeier die eigh. Zwischenreinschrift von 1824 mit einer Überarbeitungsschicht von 1840 (H.). Außerdem besitzen wir die vollständige Druckvorlage, eine Schreiberabschrift von 1840 (h) mit Heines Ergänzungen und Korrekturen (h^H). Daraus geht folgendes hervor: an beiden Stellen hat er in H Lücken gelassen. Bei der Stelle über die Exilskost ergänzte er 1840 zunächst mit den Schriftzügen und der unterschiedlichen Tinte der späteren Überarbeitung den Text über die Rabbinerdiskussion, tilgte ihn aber wieder, als er die falsche Plazierung bemerkte. Erst in der Druckvorlage trug er bei der letzten Durchsicht den richtigen Text nach. Bei der Rabbinerdiskussion findet sich in der Grundschicht von H, also aus dem Jahr 1824, ein Teilzitat, das auf Mosers Haggada zurückgehen dürfte. Es endet mit der Aufforderung der Schüler an die Rabbiner, die Diskussion zu beenden, denn in der »Synagoge verlese man schon das große Schemahgebeth«. Das Wort »Schemahgebeth«, das Heine später durch »Morgengebet« ersetzte, zeigt beispielhaft, weshalb ihm die gedruckten Übersetzungen nicht genügten. In beiden Fällen benutzte er 1840 die Leipziger Haggada, wie aus Teilanklängen ersichtlich ist, entfernte sich aber durch freie Formulierungen von der Vorlage. Der dritte von Moser erbetene Text, das Nachtgebet, gehört nicht zum Ritus der Sederfeier, sondern hat eine bestimmte Funktion innerhalb der Flucht des Paares. Auch in diesem Fall enthält H eine Lücke, in die Heine später den endgültigen Text eingetragen hat. Wenn Moser die gewünschte wörtliche Übersetzung geliefert hätte, gäbe es wohl kaum die Hyperbel von den zweimal »Zehntausend« Beschützern. Im Hohenlied, der Vorlage für diese Stelle, ist nur von »sechzig Starken« die Rede. Die Hyperbel ist Heines eigene Zutat.

Die hier an einem Abschnitt aufgezeigte gattungstypische Detailmalerei und Arbeit aus den Quellen charakterisiert auch die Verfahrensweise der folgenden Teile des *Rabbi*. In einem bei Heine sonst nicht gewohnten Umfang benutzt er für eine Erzählung Quellen, und zwar nicht nur für Einlagen wie im *Schnabelewopski*, sondern für den narrativen und beschreibenden Grundtext. Wir sind darüber durch seine Briefe an Moses Moser, zwanzig einschlägige Entleihungen aus der Göttinger Universitätsbibliothek und sechs erhaltene Exzerpte bestens unterrichtet. Daraus läßt sich im einzelnen festhalten, was Heine seinen Vorlagen verdankt und wo er über sie hinausgeht. Vielfältige Auskünfte benötigte er noch für die geschichtliche Situierung und die rheinische Szenerie im ersten Kapitel, für den Rundgang durch Altfrankfurt und den Gettoabschnitt im zweiten Kapitel, weiterhin für die Figur des sefardischen Juden Isaak Abarbanel im 1840 hinzugefügten abschließenden Kapitel. Auf weiten Strecken ist der *Rabbi* ein dichtes Gewebe aus Zitaten, Paraphrasen und eigenem Text. Erst durch den Quellenvergleich läßt sich der spezifische Heine-Anteil präziser bestimmen. Der Autor hat in seine Schilderung der spätmittelalterlichen Szenen an Rhein und Main ein Maximum an historischen und deskriptiven Details eingearbeitet, die dokumentarische Treue begründet zu einem guten Teil die erzählerische Anschaulichkeit des Textes. Heines mehrfach wiederholte Klage über den langsamen Fortgang hängt mit diesem arbeitsintensiven Erzählprogramm zusammen, für das er ja auch noch keine eigenen Erfahrungen mitbrachte. Man darf aber die Schwierigkeiten bei der Genese nicht einfach auf den vorliegenden Text übertragen und daraus auf Brüche und Inkonsequenzen schließen.

Zu diesen Inkonsequenzen zählen einige Interpreten den angeblichen »Stilbruch« zwischen dem ersten und den folgenden Kapiteln. Es gibt in der Tat eine Stildifferenz innerhalb des *Rabbi*, der mit großem religiösem Ernst und in melancholisch-getragenem Tone einsetzt. Wiederholt spricht Heine während der Entstehungszeit dieses Abschnittes von »Anwandlungen von Pietismus« (HSA 20,165 und 166). Im zweiten Kapitel tritt dann als zusätzliche Stilschicht die Satire hinzu und bestimmt auch noch das dritte Kapitel, ohne daß der elegische Ton ganz aussetzt. Besonders auffällig ist, daß die Satire nicht nur die Altfrankfurter Verhältnisse, sondern auch einzelne jüdische Bereiche erfaßt, die ängstlichen Torwächter und die schwatzhaften weiblichen Figuren auf der Frauengalerie der Synagoge. Wer daraus eine darstellerische Schwäche oder eine weit auseinandergezogene Entstehungsgeschichte ableiten will, verkennt aber mehrere, zum Teil schon erwähnte Grundvoraussetzungen. Da zu den Merkmalen des historischen Romans auch die »Unpartheylichkeit« gegenüber den streitenden Parteien gehört, verfuhr Heine durchaus gattungsbezogen, wenn er Christen und Juden gleichmäßig behandelte und seine Kritik auch auf kritisierenswerte Erscheinungen bei den eigenen Glaubensgenossen ausdehnte. Es kommt hinzu, daß bei Scott burleske Einlagen schon vorgegeben sind. Gerne ließ auch der englische Romancier Dienerfiguren als Spaßmacher oder Originale aus der Oberschicht auftreten, um den elegischen Rückblick aufzuhellen und das Lesevergnügen zu steigern. Als Anreger diente ihm wohl das große Vorbild Shakespeare, dessen stilmischendes Verfahren er vom Drama auf den Roman übertrug. Nicht zu vergessen ist auch die Selbständigkeit der Teile, die zum Selbstverständnis des Biedermeierromans gehörte. Wir befinden uns zeitlich noch vor dem integrierten Roman des Realismus, der nicht nur die Handlungen, sondern auch die Stilebenen vereinheitlichte und sich statt dessen stärker um Sprecherdifferenzierungen bemühte. Im älteren Roman wollte man nicht nur deutlicher belehren, sondern auch kräftiger unterhalten und dazu gehörte u. a. die stilistische Abwechslung.

Die besonders enge Verschränkung von Pathos und Ironie, das ständige Umschlagen der Stilebenen ist aber erst ein Kennzeichen des entwickelten Heine-Stils. Es läßt sich zeigen, wie der Autor gerade in den Entstehungsjahren der beiden ersten *Rabbi*-Kapitel 1824/25 diesen unverwechselbaren eigenen Ton durchsetzte. Zwischen dem ersten und zweiten Kapitel entstand der größte Teil der *Harzreise*, in der Ernst und Komik, Sentimentalität und Parodie der Sentimentalität zum erstenmal bis in den einzelnen Absatz, ja den einzelnen Satz hinein verbunden werden. Stilbeispiele brauchen wohl nicht zitiert zu werden.[16] Diesen Stilzug griff Heine im Mittel- und Schlußteil des *Rabbi* auf und führte ihn weiter. Andererseits ist nicht auszuschließen, daß auch erneute getragene Abschnitte gefolgt wären, hätte dieser Text die lange beabsichtigte Fortsetzung gefunden. Er blieb aber wie der *Schnabelewopski* Fragment und nur die Exposition eines umfassenderen historischen Romans über die jüdische Leidensgeschichte. Auch in diesem Fall verhinderten die Zeitumstände die Verwirklichung eines größeren epischen Plans.

Anmerkungen

1 Jeffrey L. Sammons, *Heinrich Heine. The Elusive Poet,* New Haven/ London 1969, S. 302.
2 Zitate aus Heines Werken nach der Düsseldorfer Heine-Ausgabe, Hamburg 1973 ff. (= DHA); Briefzitate nach der Heine-Säkularausgabe, Berlin (Ost) und Paris 1970 ff. (= HSA).
3 Vgl. Manfred Windfuhr, *Heines Fragment eines Schelmenromans,* in:

Heinrich Heine, hg. v. Helmut Koopmann, Darmstadt 1975, S. 232 ff., und ders., *Zensur und Selbstzensur nach dem Bundestagsbeschluß. Heines ›Florentinische Nächte‹*, in: *Das Junge Deutschland*, hg. v. J. A. Kruse und B. Kortländer, Hamburg 1987, S. 218 ff.

4 Die folgenden Einzelanalysen entsprechen den Abschnitten 2.3 und 3.1. der *Rabbi*-Einführung in Band V der Düsseldorfer Heine-Ausgabe (in Vorbereitung). Alle Zitate des *Rabbi* nach dieser Ausgabe.

5 Vgl. Hartmut Steinecke, *Romantheorie und Romankritik in Deutschland. Die Entwicklung des Gattungsverständnisses von der Scott-Rezeption bis zum programmatischen Realismus* (2 Bde.), Stuttgart 1975 und 1976.

6 Ludwig Börne, *Sämtliche Schriften*, hg. v. Inge und Peter Rippmann, Düsseldorf 1964, Bd. II, S. 1038.

7 Vgl. auch *Begegnungen mit Heine*, hg. v. Michael Werner, Hamburg 1973, Bd. I, S. 142.

8 Vgl. Friedrich Sengle, *Biedermeierzeit*, Stuttgart 1971 ff., Bd. II, S. 803 ff.

9 Schon verschiedentlich ist darauf hingewiesen worden, daß es zwischen *Ivanhoe* (1820) und dem *Rabbi* auch vom jüdischen Stoff her Berührungspunkte gibt. Tatsächlich reizen Isaac von York und seine Tochter Rebecca zu einer Gegenüberstellung mit Rabbi Abraham und seiner Frau Sara. Auch Scott verfolgt das Schicksal eines jüdischen Paares in feindlicher christlicher Umgebung. Doch arbeitet er weit mehr als Heine mit Klischees, indem er Isaac die Züge eines Schacherjuden und Rebecca die einer heißblütigen und zauberkundigen Orientalin mitgibt. Ihre Lebensschicksale werden nicht mit letzter Konsequenz zu Ende geführt. Trotz aller Gefährdungen werden sie immer wieder gerettet, teils durch eigene Klugheit und List, teils durch Hilfe ihrer christlichen Freunde. Schließlich verlassen Vater und Tochter England und ziehen nach Granada, ohne daß wir Näheres über die neuen Lebensumstände erfahren. Der Erzähler nimmt die Juden letztlich aus den Zwängen der christlichen Umgebung heraus und entführt sie in ein geschichtsloses Utopia.

10 Ludwig Rosenthal, *Heinrich Heine als Jude*, Frankfurt/Main 1973, S. 91 ff.

11 Ersichtlich aus den *Rabbi*-Handschriften H im Heinrich-Heine-Institut, Düsseldorf (Slg. Strauß 239-296) und der Druckvorlage h in der Bibliothèque Nationale, Paris (Allemand 384, 144-190).

12 Elisabeth Moses, *Jüdische Kult- und Kunstdenkmäler in den Rheinlanden*, in: Rheinischer Verein für Denkmalpflege und Heimatschutz 24 (1931), H. 1, S. 184 ff., und Rahel Wischnitzer-Bernstein, *Die Haggadah Heinrich Heines*, in: Gemeindeblatt der israelitischen Religionsgemeinde zu Leipzig, 7. 4. 1933, S. 2 f.

13 Rainer Feldmann, *Heinrich Heine. Der Rabbi von Bacherach*, Paderborn 1984, S. 112 ff.

14 *Die Pesach-Hagada, oder Erzählung von Israël's Auszug aus Egypten, zum Gebrauche der beiden ersten Abende des Mazot-Festes. Von Neuem wörtlich aus dem hebräischen Originale verdeutscht,* Leipzig 1839. Ein Exemplar befindet sich in Heines Nachlaß-Bibliothek (Heine-Institut, Düsseldorf). Die Seitenangaben folgen dieser Ausgabe.

15 Rutger Booß, *Dialekteigentümlichkeiten bei Heine,* in: *Internationaler Heine-Kongreß 1972,* Hamburg 1973, S. 520.

16 Vgl. Manfred Windfuhr, ›*Der Rabbi von Bacherach‹. Zur Genese und Produktionsästhetik des zweiten Kapitels,* in: Heine-Jahrbuch 28 (1989).

Michael Werner
Der Journalist Heine

»Es ist die Zeit des Ideenkampfes, und Journale sind unsre Festungen«, schrieb Heine am 11. November 1828 an Gustav Kolb (HSA 20,350) und formulierte damit eine Grundeinstellung zu Presse und Journalismus, die praktisch sein ganzes Leben begleiten sollte. Genauer gesagt: seine Einschätzung der Presse war Funktion seiner Auffassung der Epoche als einer Zeit des »Ideenkampfes«, in dem sich das Schicksal der Menschheit entscheide. Diese Einstellung vermag zu erklären, warum es Heine – im Gegensatz zu Vertretern romantischer oder klassizistischer Dichtungsauffassung – keineswegs für unter seiner Würde hielt, als Journalist ins Zeitgeschehen einzugreifen. Das Wort geht der Tat voran (vgl. B V,55), und der wortgewaltige »Tribun« übt ein »Amt« aus, das ihn direkt am Geschichtsprozeß beteiligt. Hier liegt die Wurzel für Heines publizistisches Engagement: in seiner persönlichen Teilnahme am Weltgeschehen und in der Mission, die er sich in diesem Geschehen selbst zudachte. Die journalistische Praxis bedurfte einer besonders anspruchsvollen Legitimation.

Damit ist jedoch nur ein Teil des Problems angedeutet. Die Entscheidung zu publizistischer Arbeit steht immer im Wechselbezug zur Auffassung der Lyrik. Heine hat bekanntlich bis in die Mitte der zwanziger Jahre die Versdichtung über die Prosa gestellt. Erst mit dem Erfolg der *Reisebilder* und der zunehmenden Politisierung seiner schriftstellerischen »Mission« wurde eine kämpferische Kunstprosa aufgewertet, die dem Verseschmieden zeitweilig nur noch privaten Charakter verlieh. Seinem Verleger Campe, der zu Jahresende 1837 einen Preis für das beste Gedicht ausgeschrieben und dafür eine goldene Feder ausgesetzt hatte, schrieb Heine humorig:

> Der Sangesvogel, der ist todt,
> Du wirst ihn nicht erwecken!
> Du kannst Dir ruhig in den Steiß
> Die goldne Feder stecken.
>
> (HSA 21,242)

Darin äußert sich die Überzeugung, die Zeit der Lyrik sei vorbei und die Prosa nunmehr an der Tagesordnung. Und diese Aufwertung der Prosa kommt insbesondere der journalistischen Arbeit zugute.

Freilich sind auch hier zunächst genauere Unterscheidungen zu treffen. Prosa bedeutet noch nicht in jedem Fall Journalismus, sondern umfaßt für Heine bekanntlich so verschiedene Gattungen wie Reisebeschreibung, Essay, autobiographisches Memoire und Literaturkritik. Und auch innerhalb der eigentlichen Publizistik sind Untergruppierungen wie der große politische Artikel, der Tagesbericht und die Kulturberichterstattung zu verzeichnen. Was das publizistische Genre für Heine darum in erster Linie ausmacht, ist eher der Veröffentlichungsträger (die Zeitung, das Periodikum) und nicht so sehr die Schreibart. Dabei sind, wie so oft bei Heine, die Übergänge fließend, da seine systematische Praxis der Vorveröffentlichung in Zeitschriften auch als Buchtext geplante Schriften einschließt und somit das Kriterium des Veröffentlichungsträgers unscharf wird. Lassen wir darum die Frage vorläufig beiseite und halten nur fest, daß mit dem »Journalisten« eine prinzipielle Dimension von Heines schriftstellerischem Schaffen ins Blickfeld gerät, die ihrerseits grundlegend an seinem Selbstverständnis beteiligt ist.

Als letztes, nicht unerhebliches Motiv für journalistische Tätigkeit sei der pekuniäre Anreiz erwähnt. Angesichts des schwach entwickelten Buchmarkts mußte ein Berufsschriftsteller damals geradezu zwangsweise auch den Zeitungs- und Zeitschriftenmarkt in seine Veröffentlichungsstrategien einbeziehen. Natürlich war Heine kein professioneller Journalist im modernen Sinn. Auch in Zeiten relativ intensiver Berichterstattung, wie etwa im Frühsommer 1840, hat er sich nie ausschließlich dem Journalismus ergeben, sondern ist immer »mehrgleisig« gefahren. Darüber hinaus mochte er eine hohe Berichtsfrequenz, die im übrigen nie an die der »hauptamtlichen« Journalisten heranreichte, nicht über einen längeren Zeitraum hinweg aufrechterhalten. Charakteristisch ist dagegen für ihn die generelle Aufwertung literarisch anspruchsvoller Publizistik, zu der ihn individuelle Disposition, Marktlage und die spezifische politisch-soziale Entwicklung seiner Zeit geführt haben.

Heines erste Zeitschriftenpublikation galt, sieht man einmal von Vorveröffentlichungen einzelner Gedichte ab, dem ›Rheinisch-Westfälischen Anzeiger‹, einem bedeutenden Regionalblatt, dem er aus persönlich-landsmannschaftlichen Gründen verbunden war. Dort veröffentlichte er 1820 seinen literaturprogrammatischen Aufsatz *Die Romantik* und in der ersten Jahreshälfte 1822 die später unter dem Titel *Briefe aus Berlin* zusammengefaßte Artikelserie, die seine eigentliche journalistische Tätigkeit eröffnet. Diese Berichte aus der preußischen Hauptstadt, die in mancherlei Hinsicht die späteren Korrespondenzen aus Paris vorwegnehmen, waren zwar im Rang der Lyrik noch untergeordnet – ganz zu schweigen vom Drama, das für Heine damals als Gattung noch eine uneingeschränkte Vorrangstellung besaß –, und doch arbeitete er bereits in diesen auf den ersten Blick unscheinbaren Artikeln einige grundlegende Züge und Merkmale seiner Kunstprosa heraus: rhetorisch durchgebildeter Witzstil, ironische Grundhaltung, Mischung von empirischen (aber manchmal fiktiven) Erlebnispassagen mit Kommentar und Wertung, kecke Personalsatire, raffinierte Ideenassoziation mit scheinbar planloser, aber in Wirklichkeit kunstvoller Anordnung der Details. Die ersten journalistischen Gehversuche des damals Vierundzwanzigjährigen erwiesen sich im übrigen auch insofern als prägende Erfahrung, als Heine hier erstmals mit Zensurproblemen konfrontiert wurde, und zwar sowohl mit Eingriffen der Redaktion wie mit staatlicher Zensur (vgl. HSA 20,58 f.). Und schließlich wurde sich Heine hier der für den damaligen Journalismus noch so charakteristischen Verbindung von Öffentlichem und Privatem bewußt: Seine Korrespondenzen brachten ihm Händel mit Literaten und Offizieren ein, die sich durch einige seiner Äußerungen beleidigt fühlten. Der öffentliche Sprecher wurde privat für seine öffentliche Arbeit zur Rechenschaft gezogen. Im Umgang mit solchen Querelen wie auch in der Konfrontation mit der Zensur lernte Heine eine Reihe von Kunstgriffen des journalistischen Handwerks, die ihm in der Folge sehr zustatten kamen.

Eine neue Dimension gewann Heines Journalismus durch die Anstellung bei der Münchner Niederlassung des Verlags Cotta zum 1. Dezember 1827. Inzwischen hatte er sein Jurastudium abgeschlossen, sich taufen lassen und war dennoch in seinen Berufsplänen dadurch kaum weitergekommen. Eine Niederlassung in Hamburg als Advokat war gescheitert, Projekte zu akademischer Tätigkeit waren in Berlin nicht ernsthaft betrieben worden. Als einzige Konstante hatte sich die Schriftstellerei erwiesen, die ihm unter anderem mit den bei Hoffmann und Campe verlegten ersten beiden Bänden der Reisebilder überregionales Ansehen eingetragen hatte. Cotta war auf der Suche nach begabten Journalisten für seine Münchner Zeitschriften ›Das Ausland‹ und ›Neue allgemeine politische Annalen‹, die er in dem relativ liberalen Klima der bayerischen Hauptstadt zu erneuern gedachte. Eine ganze Reihe ehemaliger Burschenschafter und verfolgter »Demagogen« wie Kolb, Lindner, Hermes und Mebold wurden damals von Cotta verpflichtet. Durch Lindner und Varnhagen auf Heine aufmerksam gemacht, wünschte er diesen fester an seine Münchner Institute zu binden.

Das Angebot traf Heine in einer Phase drängender Stellungssuche (vgl. HSA 20,300). Zudem war er überzeugt, auf diese Weise eine politische Plattform in dem sich abzeichnenden Krieg gegen die »Aristokraten« (HSA 20,304) zu erhalten. So zauderte er nicht lange und ließ sich umgehend als Redakteur der ›Neuen allgemeinen politischen Annalen‹ verdingen, einer Monatsschrift, die ab Januar 1828 unter diesem neuen Titel erschien. Heine betrachtete diesen Schritt als Fortsetzung der mit den *Reisebildern* eingeschlagenen kämpferischen Linie. »[…] ich zeige der Welt, daß ich etwas andres bin als unsre Sonnettirenden Almanachspoeten«, schreibt er am 30. Dezember 1827 an Merckel (HSA 20,313).

Die eigentlichen Redaktionsgeschäfte waren zwischen ihm und dem Mitherausgeber Lindner in der Weise geregelt, daß sich dieser mehr um die tatsächliche Geschäftsführung kümmerte, wohingegen Heine einen Teil der Verbindungen nach außen wahrnahm, Mitarbeiter anwarb usw. Die Hauptlast lag jedoch eindeutig bei Lindner. Heine war eher das Zugpferd, dessen Name den Verkauf befördern sollte und der außerdem möglichst zu jedem Heft einen Text zu liefern hatte. Um dieser Auflage nachzukommen, arbeitete er Artikel aus, deren Material er von seiner im Sommer 1827 erfolgten Englandreise mitgebracht hatte und die er später in die *Englischen Fragmente* aufnahm. Zudem kümmerte er sich bei Gelegenheit um konzeptionelle Fragen. So plante er im Frühjahr 1828 ein Heft zur Judenemanzipation in Württemberg (das dann nicht mehr zustande kam).[1] Die Arbeit wurde ihm global entgolten: Er erhielt für sechs Monate das vergleichsweise bedeutende Gehalt von 100 Karolin (ca. 630 preußische Taler).

Man hat bislang an Heines Münchner Tätigkeit nicht genügend betont, daß sie nicht etwa einem literarischen, sondern eher zeithistorisch-politischen Blatt galt. Der Schwerpunkt der ›Neuen allgemeinen politischen Annalen‹ lag bei Arbeiten zur liberalen Theorie, zu Staatsrecht und Politikgeschichte. In dieser Ausrichtung drückt sich Heines damalige Entscheidung für eine kämpferische Publizistik aus. Indessen kam es jedoch bald zu persönlichen Querelen mit Lindner[2], und auch der kommerzielle Erfolg stellte sich nicht in dem erhofften Maße ein, so daß die ›Annalen‹ im Sommer 1828 ihr Erscheinen einstellten. Wie Heines gleichzeitige Bemühungen, an der Münchner Universität als außerordentlicher Professor Fuß zu fassen, zeigen, betrachtete er die konkrete publizistische Tätigkeit damals doch nur als vorübergehenden Notbehelf. Bei seiner Bewerbung an der Universität standen dagegen seine allgemeinen schriftstellerischen Qualitäten im Vordergrund; sie verlief nach dem alten Modell des Mäzenatentums für den »großen Schriftsteller«, den »wahren Genius«, den eine »wohltätige Fürstenhand […] in Schutz und zugleich in Pflege« nehmen sollte.[3] Mit dem Scheitern dieser Bewerbung war Heine einerseits wieder auf die Schreibarbeit als Broterwerb (und damit auch auf den Journalismus) zurückgeworfen, andererseits jedoch war ihm generell, angesichts der von den Ultramontanen gegen ihn entfachten Kampagne, die Zukunft in München verstellt.

Frankreich

Nach den zwei Hamburger Jahren 1829 bis 1831 eröffnete die Übersiedlung nach Paris Heine erstmals wieder Möglichkeiten zu umfassender journalistischer Betätigung. Überhaupt nahm erst in der französischen Hauptstadt Heines Vorstellung von Funktion und Praxis der Publizistik scharfe Konturen an. Die Voraussetzungen dazu boten zum einen die Struktur und der Entwicklungsstand des französischen Pressewesens und zum anderen das Informationsnetz, das die deutsche Presse damals in Paris angelegt hatte und mittels dessen das politische und kulturelle Zeitgeschehen Frankreichs nach Deutschland vermittelt werden sollte. Paris war somit zugleich Stoff und Struktur journalistischer Berichterstattung.

Eine zweite Doppelung ergab sich durch das Publikum. Angesichts einer überaus raschen Integration in die tonangebenden literarischen Kreise und der relativ günstigen Marktchancen für deutsche Kultur und Wissenschaft in Paris bot sich Heine die Aussicht, für die Vermittlung Deutschlands an das französische Publikum aktiv zu werden. Daraus entstanden Projekte wie die Zeitschrift ›Europe littéraire‹, an deren Genese Heine entscheidenden Anteil nahm und die ihrerseits am Beginn von Heines Deutschland-Schriften der dreißiger Jahre stand. Damit diversifizierten sich sowohl Heines journalistische Praxis wie auch die Vermittlungsprozesse, an denen er teilhatte.

Im großen und ganzen lassen sich zwei Grundformen solcher Praxis erkennen. Die eine tendiert zum Essay. Sie umfaßt größere Einheiten und ist meist für Zeitschriften bestimmt. Ihr gehören die Arbeiten über die französische Gemäldeausstellung an, über Religion und Philosophie in Deutschland, über die neuere deutsche Literatur, über die französische Bühne. Da ihnen meist ein spezieller Gegenstand und eine im vorhinein abgesteckte Schreibintention zugrunde liegen, lassen sie sich später verhältnismäßig leicht zu Buchpublikationen zusammenfassen bzw. umarbeiten. Sie sind bereits in ihrer Zeitschriftenform in der Regel mit Heines Namen unterzeichnet. Dementsprechend sind Heines Zugeständnisse an die journalistische Veröffentlichungsform eher gering. Sie betreffen allenfalls die Artikellänge bzw. die Möglichkeit einer Unterteilung in Kapitel, die im Umfang einem Aufsatz entsprechen. Ihre Informations- und Unterhaltungsintention deckt sich im allgemeinen mit der einer Buchpublikation.

Das zweite Modell schließt sich enger an eigentliche journalistische Traditionen an. Es betrifft die politische und auch kulturelle Berichterstattung aus Paris in für Tageszeitungen bestimmten Artikeln. Dazu gehören im wesentlichen Heines Beiträge zur ›Allgemeinen Zeitung‹. Manches erschien auch in anderen Blättern wie der ›Zeitung für die elegante Welt‹ oder in französischen Tageszeitungen. Der Schwerpunkt liegt jedoch bei der ›Allgemeinen Zeitung‹, deren Eigenheiten darum besonders zu berücksichtigen sind. Innerhalb dieses Grundmodells läßt sich wiederum unterscheiden zwischen einer Langform (die Heine Cotta gegenüber als »große fortlaufende Aufsätze« bezeichnet) und einer Kurzform, der sogenannten »Tageskorrespondenz« (vgl. HSA 21,393) bzw. »Tagesberichten« (DHA XII/1,193 ff.). Beide Formen differieren nicht nur im Umfang, sondern auch in der jeweiligen Verteilung von Bericht und Kommentar, von Erzählung und Räsonnement. Die Mischung beider Formen ist charakteristisch für die zwischen 1840 und 1848 geschriebenen Berichte, wobei jedoch eine Tendenz zur Großform des ausgearbeiteten Artikels festzustellen ist.

Französische Zustände

Heines Berichterstattung für die ›Allgemeine Zeitung‹, der wir uns im folgenden näher zuwenden, vollzieht sich in zwei Etappen: in der Artikelserie 1831-1832, die später als Buch unter dem Titel *Französische Zustände* erschien (1833), und in den Berichten der vierziger Jahre, deren meiste später in *Lutezia* (1854) eingingen. »Dort müssen Sie schreiben, für hier«, schrieb die mütterliche Freundin Rahel Varnhagen an Heine aus Berlin nach Paris (HSA 24,128) und legte damit das Programm fest, nach dem Heine seine journalistische Arbeit gestaltete.

Es war im Winter 1831/32, als Heine über den damals in Paris weilenden stellvertretenden Redakteur der AZ, Gustav Kolb, den Verleger Cotta wissen ließ, er gedenke für die Zeitung »eine Art politischer Skizzen über die Deputirtenkammer u[nd] sonstige Pariser Szenen« zu liefern.[4] Kolb selbst hatte Heine zu solchen Arbeiten ermuntert, da er sich (und Cotta) davon frischen Wind für die AZ versprach. Für Heine selbst war ein solcher Vorschlag damals nicht selbstverständlich. Börne hatte ihm angetragen, mit ihm gemeinsam eine öffentliche, zensurfreie Zeitschrift herauszugeben. Auch von anderer Seite versuchte man ihn für Journalpläne zu gewinnen.[5] Die Entscheidung zugunsten der AZ und gegen Börne mußte alsbald zu einer Polarisierung von Heines Stellung in Paris führen. Die AZ galt bei den Republikanern und Radikaldemokraten als »deutsche Phryne« oder »Metze«[6], d. h. als insbesondere an Metternich verdungenes Blatt. Wer sich mit ihr einließ, geriet unter Republikanern und Demokraten alsbald in den Ruch der Käuflichkeit.[7] Zudem unterlag die Zeitung in Bayern nach der Julirevolution einer relativ strengen Zensur, ganz zu schweigen von der Redaktionszensur, die man in Augsburg aufgrund der engen Beziehungen nach Wien besonders ernst nahm – wir kommen auf diese Probleme zurück.

Diese Nachteile wurden jedoch in Heines Augen durch eine Reihe von Vorteilen aufgewogen, die schließlich den Ausschlag zugunsten der AZ gaben. Zum einen kam es ihm darauf an, eine größtmögliche Zahl von Lesern zu erreichen. Dafür bot die AZ als damals auflagenstärkstes Blatt in Deutschland die besten Voraussetzungen. Aus diesem Grund konnte sie auch die höchsten Honorare bezahlen, was für Heine ebenfalls von nicht zu unterschätzender Bedeutung war. Und schließlich war die politische Linie der AZ (gemäßigter Liberalismus bei prinzipiellem Pluralismus der verschiedenen, in der Zeitung vertretenen Positionen) mit Heines damaliger Selbsteinstufung als »Gemäßigter« ganz gut vereinbar (HSA 21,31), der sich aus den Tageskämpfen zurückziehen und nunmehr auf die »soziale Revolution« konzentrieren wollte. Freilich unterlag Heine einer Illusion, wenn er glaubte, auf diese Weise ungestört in der AZ publizieren zu können.

Die erste Klippe betraf die Zensur. Der AZ-Journalist sah sich einer doppelten Zensur ausgesetzt: der internen Redaktionszensur und der externen amtlichen. Dazu kam, als Antizipation der Fremdzensur, die Selbstzensur des Autors. Ausschlaggebend für das Ganze waren natürlich die offiziellen Regierungsverordnungen der amtlichen Zensur, für die zunächst der Augsburger Zensor zuständig war. Dieser unterstand seinerseits wiederum dem Innenministerium als dem ausführenden Organ von Zensurinstruktionen, deren Normen letztlich in der Wiener Staatskanzlei festgelegt wurden. Bei der amtlichen Zensur handelte es sich wohlgemerkt um eine Vorzensur, d. h. die Druckfahnen waren dem Zensor jeweils zur Genehmigung vorzulegen. Um Streichungen und Lücken zu vermeiden, die ja den Herstellungsprozeß empfindlich störten, übte die Redaktion im voraus eine interne Zensur aus, bei der man versuchte, die Reaktionen des amtlichen Zensors vorwegzunehmen und die Texte so zu entschärfen, daß der Zensor möglichst nichts mehr zu monieren hatte. Darum war die Redaktionszensur de facto die konkrete Hürde, die es zu überwinden galt. Da die Beiträge im allgemeinen nicht unterzeichnet waren, trug die Redaktion auch juristisch die Verantwortung für die Texte.

Mit der Selbstzensur versuchte der Autor seinerseits den redaktionellen Eingriffen zuvorzukommen. Dadurch wurde die amtliche Zensurregelung in internalisierter Form quasi in den Schreibprozeß selbst hineinverlagert und somit konstitutiv für das Schreiben. Eine ganze Reihe der von Heine in diesem Zusammenhang entwickelten Techniken lassen sich sowohl als internalisierte Schreibhemmung wie als produktive Nutzung der Schreibhindernisse beschreiben. Eines der dabei auftretenden Probleme liegt in der Vermischung der Kontrollinstanzen. Wenn Heine an Cotta schreibt: »Ich bitte, Herr Baron, sorgen Sie, daß mir an meinen Artikeln wenig verändert wird, sie kommen ja doch schon censirt aus meinem Kopfe« (HSA 21,35), so deutet er damit unter anderem an, daß die Zensur bereits sein Denken zu beeinflussen droht. An anderer Stelle schreibt er von der »Nothwendigkeit [...] jeden Gedanken den ich denke im Kopfe gleich zu zensiren, zu schreiben, während das Censurschwert an einem Haare über meinem Kopfe hängt – das ist um wahnsinnig zu werden!« (HSA 21,172). Ein anderes Problem betrifft das Verhältnis von Selbstzensur und Stil. Heine selbst hat wiederholt auf die stilbildende Funktion der Zensur hingewiesen, so etwa, als er am 1. März 1832 ebenfalls an Cotta schrieb: »Die Blätter der freyen Presse bedürfen kaum des guten Styls, da sie die Menge durch das Leben selbst hinreißen« (HSA 21,31), womit er andeutet, Zensur bewirkt guten Stil. Am bekanntesten ist sein Ausruf angesichts der Aufhebung der Zensur im März 1848:

[...] ach! ich kann nicht mehr schreiben, ich kann nicht, denn wir haben keine Censur! Wie soll ein Mensch ohne Censur schreiben, der immer unter Censur gelebt hat? Aller Styl wird aufhören, die ganze Grammatik, die guten Sitten.[8]

In solcher humorigen Verzweiflung drückt Heine die Erkenntnis aus, daß die von ihm zur Umgehung der Zensur entwickelte »Grammatik« zu seiner schriftstellerischen Identität gehört. Publikationsbedingungen und Schreibweise sind eine untrennbare Verbindung eingegangen. Einige Beispiele dieser Schreibweise werden weiter unten noch vorgeführt. Hier einstweilen nur der Verweis auf die Doppelfunktion der Zensur als formprägendes Stimulans und Inhibitionsinstanz.

Aber auch die institutionalisierte Außenzensur hat sich auf Heines Praxis entscheidend ausgewirkt. Die Artikelserie 1831-32 wurde durch eine Intervention Friedrich von Gentz' bei Cotta schon im April 1832 gestört. Die Bundesbeschlüsse vom 5. Juli 1832, die eine neue Verschärfung der Zensur brachten, hatten eine weitere, erhebliche Einschränkung des Handlungsspielraums der Redaktion zur Folge. So konnte Heines großer Artikel vom 25. Juni nicht mehr veröffentlicht werden. Ähnliches wiederholte sich im übrigen elf Jahre später, als eine erneute Verschärfung der Zensur abermals dazu führte, daß Heine seine Korrespondenztätigkeit gewissermaßen versiegen ließ. In beiden Fällen konnte die Entscheidung für die liberale AZ also nicht verhindern, daß die Zensur gegen seine Rede schließlich das letzte Wort behielt.

Mit ähnlichen Schwierigkeiten hatte sich Heine auch bei seinen Versuchen auseinanderzusetzen, während der dreißiger Jahre eine eigene Zeitung zu gründen. Dabei ging es ihm zum einen darum, seine finanzielle Situation aufzubessern; zum anderen zeigt sich jedoch auch hier seine instrumentelle Auffassung der Presse im Meinungsbildungskampf. Zu dem am weitesten gediehenen Projekt, der »Pariser Zeitung« aus dem Jahre 1838, schreibt er an August Lewald, »daß ich einestheils viel Geld gewinnen will um meine Kriege zu führen, anderes Theils, daß ich in diesem Kriege eine formidabele Bastion aufzurichten denke, von wo aus ich meine Kanonen am besten spielen lassen kann« (HSA 21,256). Bekanntlich scheiterte der Plan am Einspruch der preußischen Regierung, die der Zeitung von vornherein die Einfuhr nach Preußen verweigerte und damit das potentielle Hauptabsatzgebiet sperrte. Ob das von Heine ersonnene Projekt, den französischen Zeitungen in Deutschland durch eine deutsche Pariser Zeitung mit einer gezielten Politik des Informationsvorsprungs Konkurrenz zu machen, tatsächlich lebensfähig war, bleibe einmal dahingestellt.[9]

Lutezia

Die zweite Artikelserie Heines fällt in die Jahre 1840 bis 1844, mit einigen Ausläufern, die bis ins Revolutionsjahr 1848 reichen. Angesichts der neuen, innenpolitischen Dynamik (sich abzeichnende erste parlamentarische Niederlage des Bürgerkönigs in der Frage der Dotation des Herzogs von Nemours, d. h. der finanziellen Ausstattung des zweiten Sohns von Louis-Philippe durch das Staatsbudget anläßlich seiner Heirat) beschloß Heine, auf seinem »Wachtposten« (HSA 21,285) wieder aktiv zu werden.[10] Die Entscheidung für die AZ folgte durchaus ähnlichen Motiven wie schon zehn Jahre zuvor. In einer »späteren Notiz« aus dem Jahre 1854 führte er dazu aus:

Es gibt obskure Winkelblätter genug, worin wir unser ganzes Herz mit allen seinen Zornbränden ausschütten könnten – aber sie haben nur ein sehr dürftiges und einflußloses Publikum […]. Wir handeln weit klüger, wenn wir unsre Glut mäßigen, und mit nüchternen Worten, wo nicht gar unter einer Maske, in einer Zeitung uns aussprechen, die mit Recht eine Allgemeine Weltzeitung genannt wird, und vielen hunderttausend Lesern in allen Landen belehrsam zu Händen kommt. Selbst in seiner trostlosen Verstümmlung kann hier das Wort gedeihlich wirken; die notdürftigste Andeutung wird zuweilen zu ersprießlicher Saat in unbekanntem Boden. Beseelte mich nicht dieser Gedanke, so hätte ich mir wahrlich nie die Selbsttortur angetan, für die »Allgemeine Zeitung« zu schreiben. (B V,289).

Damit ist nicht gesagt, daß Heine immer die zensurfreien »obskuren Winkelblätter« verschmähte. Er publizierte ja zuweilen auch in Emigrantenzeitschriften wie dem ›Geächteten‹ und dem ›Vorwärts‹. Doch bei der politischen Berichterstattung stand die größtmögliche Breitenwirkung als Kriterium obenan.

Was Inhalt und Form von Heines neuer Artikelserie anlangt, so läßt sich gegenüber den dreißiger Jahren einerseits zunehmende Sachkenntnis und andererseits eine Verfeinerung des literarisch-rhetorischen Instrumentariums beobachten. Mehr noch als die *Französischen Zustände* gerät deshalb die aus diesen Artikeln hervorgegangene *Lutezia* zugleich zum Musterbuch journalistischer Prosa unter den Bedingungen des Vormärz und zur polyphonen, Politik, Kultur und Geschichte ineinander verschränkenden Stadtdarstellung.[11]

Die wichtigste Materialquelle für Heines Arbeit blieb immer die zeitgenössische Presse. Man hat vielfach – aber keineswegs erschöpfend – nachgewiesen, wie Heine diese Informationen verarbeitete. Tägliche »Überwachung« der wichtigsten Pariser Blätter – sei es durch eigene Lektüre im Lesekabinett, sei es durch Befragung befreundeter Kollegen wie List, Seuffert usw. – gehörte darum zu den Grundvoraussetzungen der journalistischen Arbeit. Die allgemein zugänglichen Quellen wurden ergänzt durch persönliche Beziehungen zu politischen und diplomatischen Kreisen sowie zu Vertretern der damals z. T. eigene Kurierdienste beschäftigenden – Hochfinanz. So verfügte Heine z. B. in der Damaszener Judenaffäre über Insider-Informationen.[12] Für die erste Jahreshälfte 1840 sind auch seine Beziehungen zum Kreis um den Ministerpräsidenten Thiers in Rechnung zu stellen.[13] Der Infor-

mationsbeschaffung diente schließlich der tägliche Gang in die Ca-
fés am Palais Royal, die als eine Art Nachrichtenbörse fungierten,
wo man Bekannte traf, Neuigkeiten austauschte und das Tagesge-
schehen kommentierte. Natürlich konnte nur ein Bruchteil der
von Heine wahrgenommenen und zur Verarbeitung in Betracht
gezogenen Nachrichten in die eigenen Texte eingehen. Darum
kommt einer Untersuchung der jeweiligen Selektionsprozesse besondere Bedeutung zu. Die Frage, worüber Heine nicht berichtete,
ist zuweilen genauso aufschlußreich wie die nach dem Untersu-
chungsgegenstand.

Bei all dem ist jedoch in Rechnung zu stellen, daß es Heine nur
in Ausnahmefällen darauf ankam, über besonders »heiße« tages-
politische Informationen zu verfügen. Ihm ging es eher um die
richtige Einschätzung der Dinge, die Unterscheidung von Wichti-
gem und Belanglosem, um das Aufspüren der zukünftigen grundlegenden Entwicklungen. Insofern stellte er etwa die Beschreibung
und Beurteilung von Personen, die übergreifenden Situationsana-
lysen, das Auffinden des charakteristischen Merkmals oder Details
in den Vordergrund. Informationsbeschaffung hieß darum für ihn
Offenheit eben zur Wahrnehmung solcher oft unscheinbaren Einzelheiten, deren Funktion als »Signatur« der Zeit – ein Signalwort
für Heines Konzeption der Berichterstattung – sich nur dem wachen Kombinationsvermögen des distanzierten Beobachters er-
schloß. Für solches Spurenlesen, Suchen nach den signifikanten
Merkmalen, bedurfte es nicht so sehr der Masse an Nachrichten,
sondern des geeigneten Apperzeptionsapparates.

Zu diesem Beobachten gehört freilich auch das Einbeziehen des
eigenen Standpunkts, und zwar nicht nur bei der Wahrnehmung
von Geschichte, sondern auch bei ihrem Beschreiben, d. h. eine Reflexion über die Stelle, die der Beobachter selbst im Informationssy-
stem einnimmt. Wie sah Heine seine Aufgabe im Netz der Pariser
AZ-Korrespondenten, welche Rollenverteilung ist in seinen Berichten impliziert? Wie verstand er seine Berichte im Verhältnis zur
allgemeinen Frankreich-Berichterstattung der deutschen Presse?
Welche Haltung nahm er der französischen Berichterstattung gegenüber ein? Besonders die Antwort auf die erste Frage gibt Aufschluß über Heines eigene Journalismuskonzeption.

Heine unterschied immer zwischen reinem Nachrichtenjourna-
lismus und der journalistischen Reflexion über Nachrichten und
Ereignisse. Ersteres überließ er beflissentlich anderen. In der AZ

waren damals Joseph Savoye, Seuffert, Audibert und Foelix dafür
zuständig. Heine nahm für sich dagegen einen Freiraum zum
Kommentieren in Anspruch, der einen gewissen Abstand zum Ereignis voraussetzte. Das zweite Spezifikum betraf den Platz innerhalb des von der AZ angebotenen Meinungsspektrums. Einer der
Grundsätze der Augsburger Redaktion bestand ja darin, durch
Meinungspluralismus eine gewisse Objektivität anzustreben. Angesichts fehlender Parteigruppierungen nimmt es allerdings nicht
wunder, daß die Grenzen zwischen den einzelnen Positionen von
Fall zu Fall bzw. Ereignis zu Ereignis schwankten, wie ja auch die
politischen Konstellationen durchaus noch nicht festgeschrieben
waren. Von besonderem Interesse ist z. B. die Rollenverteilung bei
der Wiederaufnahme von Heines Berichterstattung im Frühjahr
1840.

Während etwa Foelix und Audibert im Sinne des zurückgetrete-
nen konservativen Kabinetts Soult argumentieren und der Baron
Eckstein das gesamte konstitutionelle »Repräsentativsystem« von
einer Position konservativen Erneuerungswillens her kritisiert,
schließt sich Heine eher an Friedrich List an, der damals für eine
Vermittlung des linken Zentrums mit den gemäßigten Konservativen eintrat, ganz im Sinne der von Thiers dann am 1. März 1840
gebildeten neuen Regierung.[14] Was Heines erste Einsendungen an
die AZ hingegen von vergleichbaren Artikeln Lists und Savoyes
unterscheidet – vor allem, wenn man die von der Redaktion gestri-
chenen bzw. zurückgewiesenen Passagen in Rechnung stellt –, ist
insbesondere der kritische, respektlose Ton gegenüber Louis-Philippe. Erst im Artikel vom 9. April 1840 fand Heine zu einer ausge-
wogeneren Darstellung des Bürgerkönigs, welche die Zensur unbeschadet überstehen konnte, aber mithin auch seine Besonderheit
im Berichtsspektrum der AZ fürs erste abschwächte. Eigene Wege
ging Heine dann allerdings wieder schon ab Ende April in der Hervorhebung der sozialen Spannung – ein Thema, bei dem er sich ku-
rioserweise mit dem konservativ-linkskatholischen Eckstein traf –
und in der Affäre der Juden von Damaskus, bei der er sich als un-
beugsamer Kritiker der Regierung Thiers erwies. Auch seine kon-
sequente Besprechung des Kommunismusthemas ab Dezember
1841 hebt ihn von den anderen AZ-Korrespondenten ab. In allen
diesen Fällen läßt sich das Besondere seiner Position nur vor dem
Hintergrund der allgemeinen Berichterstattung der AZ verstehen.

Mehr noch als die politische Orientierung unterscheidet die literarische Aufbereitung Heines Artikel von denen seiner Kollegen. Damit ist nicht gemeint, daß seine Korrespondenzen lediglich ihrer ästhetischen Qualitäten wegen in die Zeitung Eingang fanden. Doch sein literarisch-ästhetischer Anspruch, der sich etwa in dem Selbsturteil spiegelt, mit der *Lutezia* eine »Chrestomathie guter publicistischer Prosa« zu liefern (HSA 23,210), wird durch den Textbefund bestätigt. Dabei sind zwei Ebenen zu unterscheiden, die der Sprachgestalt und die der kompositorischen Konstruktion.

In der Vorrede zur französischen Ausgabe der *Lutezia (Lutèce)* betont Heine, die Zensur habe ihn dazu gezwungen, einen bestimmten Stil zu entwickeln,

das Ereigniß sowohl als meine Ansicht darüber, alles was ich dachte und fühlte, in die Form des Faktums zu kleiden, indem ich etwa fremden Personen meine Privatmei[n]ungen in den Mund legte oder gar parabolisch verfuhr. Meine Briefe enthalten daher viel Historietten und Arabesken deren Symbolik nicht jedem verständlich ist […].[15]

Dieser Zensurstil, dessen Merkmale hier nicht im einzelnen entfaltet werden können[16], wurde Heine somit zunächst durch die äußeren Umstände nahegelegt, entsprach jedoch auch einer rhetorischen Grundstruktur seiner Schreibweise. Hier liegt der Grund für Heines Dialogszenen, in denen verschiedene Ansichten auf verschiedene Sprecher verteilt werden, zu vielfacher Modalisierung der vorgebrachten eigenen Urteile, zur Unkenntlichmachung von Personenbezügen, zu allegorischer Überhöhung der beobachteten »Fakten«. Wie sehr Heine bis ins kleinste Detail den sprachlichen Ausdruck durchziseliert, zeigt ein Blick in die Entwurfshandschriften, die im Durchschnitt bei keinem anderen Text vergleichbar intensive Überarbeitungsvorgänge aufweisen.

Anstelle abstrakter Feststellungen entwirft Heine szenische Konstruktionen wie z. B. den Gegensatz zwischen der luxuriösen Warenwelt der Schaufenster und den armen verhungerten Gesichtern der Passanten, welche die Luxusgegenstände »begaffen«, zu Beginn des Artikels vom 11. Dezember 1841 (*Lutezia* XXXVII). Zuweilen verläßt er die Beschreibungsebene und montiert Bildassoziationen wie die bekannte Passage aus dem Artikel vom

4. Dezember 1842, die die Stimmung zum Jahreswechsel vergegenständlicht:

Hier in Frankreich herrscht gegenwärtig die größte Ruhe. Ein abgematteter, schläfriger, gähnender Friede. Es ist alles still, wie in einer verschneiten Winternacht. Nur ein leiser, monotoner Tropfenfall. Das sind die Zinsen, die fortlaufend hinabträufeln in die Kapitalien, welche beständig anschwellen; man hört ordentlich wie sie wachsen, die Reichtümer der Reichen. Dazwischen das leise Schluchzen der Armut. Manchmal auch klirrt etwas, wie ein Messer das gewetzt wird. (B V,425)

Aber auch die Großstruktur einzelner Aufsätze zeigt ein ähnliches, »parabolisches« Verfahren. Der Artikel vom 19. Dezember 1841 (*Lutezia* XXXVIII) etwa konstruiert eine kunstvolle Parallele zwischen dem Obelisken von Luxor auf dem Concorde-Platz und dem Staatsgebäude der Julimonarchie, die beide nicht auf festem Boden stehen. Diese »Parabel« wird ergänzt durch die Besprechung eines Kupferstichs nach einem »eklektischen« Gemälde von Delaroche, das somit nach den Prinzipien der staatstragenden Philosophie der Julimonarchie gemalt ist. Überhaupt ist die Verbindung von Kunst- und Gesellschaftsanalyse, die wechselseitige Beleuchtung des einen durch das andere, für eine Reihe von Artikeln grundlegend (11. Dezember 1841, 20. März 1843, 5. Mai 1843; *Lutezia* XXXVII, LV/LVI, LVII/LIX). Einen ähnlichen Zweck verfolgen die Doppel- und Dreifachporträts: Louis-Philippe und Thiers im Artikel vom 25. Februar 1840, Guizot, Lamennais und Louis Blanc im Artikel vom 25. Januar 1842.[17] Der Artikel vom 7. Februar 1842 (*Lutezia* XLII) entwirft anläßlich des Karnevals ein suggestives Bild der Gesellschaft, indem der Gegensatz von Gesellschaftstanz der »vornehmen Welt« und Cancan der »untern Klassen« herausgearbeitet wird.[18] Das Genrebild der Karnevalsszene wird unversehens zum Zerrbild, in dessen Deformation sich die aus den Fugen geratene Gesellschaft spiegelt.

»Faktum« und Theorie

Damit ist eine Ebene angedeutet, auf der Heines Doppelanspruch auf Natur und Kunst, auf authentische Faktendarstellung und ästhetischem Prinzip ausgetragen wird. Er selbst benutzte für diesen Sachverhalt das Bild der Daguerreotypie, der 1839/40 aufkommenden Vorform der Photographie. Im »Zueignungsbrief« der *Lutezia* heißt es dazu rückblickend:

Ein ehrliches Daguerreotyp muß eine Fliege ebensogut wie das stolzeste Pferd treu wiedergeben, und meine Berichte sind ein daguerreotypisches Geschichtsbuch, worin jeder Tag sich selbst abkonterfeite, und durch die Zusammenstellung solcher Bilder hat der ordnende Geist des Künstlers ein Werk geliefert, worin das Dargestellte seine Treue authentisch durch sich selbst dokumentiert. Mein Buch ist daher zugleich ein Produkt der Natur und der Kunst, und während es jetzt vielleicht den populären Bedürfnissen der Leserwelt genügt, kann es auf jeden Fall dem späteren Historiographen als eine Geschichtsquelle dienen, die, wie gesagt, die Bürgschaft ihrer Tageswahrheit in sich trägt. (B V,239)

Mit der künstlerischen Kombination photographisch genauer Momentaufnahmen, dem Zusammenspiel zahlreicher Perspektiven auf einen in sich vielschichtigen Gegenstand – Pariser »Politik, Kunst und Volksleben« –, wollte Heine somit eine spezifische, journalistische Zeitgeschichtsschreibung befördern, in der sich Totalität (das Leben in seiner Vielfalt) und Selektivität (die »Signatur« des Zeitgeistes) verbinden.

Freilich wissen wir heute, daß das Prinzip der photographischen Genauigkeit nicht ganz wörtlich zu nehmen ist. Schon während der Schreibphase der Artikel spielen, wie wir gesehen haben, fiktive Momente, szenische Überhöhungen, Personal- und Sprecherverschiebungen mit hinein. Insofern gilt die Metapher der Daguerreotypie nicht so sehr für die »Fakten«, die zuweilen fingiert sein können, als für die Zeitdarstellung, die ihre konstitutiven Bedingungen – z. B. die Zensur – in sich selbst trägt. Bei der Überarbeitung für die Buchfassung wird nun eben die Authentizität insofern zum Schreibproblem, als Heine neben den offen als später ausgezeichneten Notizen eine Reihe von Einschüben und Veränderungen vornimmt, deren retroaktiver Charakter dem Leser verborgen bleibt. Diese Zusätze betreffen nicht nur die Personendarstellung – insbesondere im Kulturbereich –, sondern auch Einschätzungen der politischen Situation. Grundsätzlich verstärkt er z. B. die Ebene der Prophetie, indem er nachträglich Fehlprognosen eliminiert und richtige »Voraussagen« einbaut. Solche Tatsachenkosmetik verfolgt indessen gerade das Ziel, den faktischen, ereignisbezogenen Journalismus in einen übergeordneten historiographischen Zusammenhang zu stellen, »das Werk artistisch vollendet und mit den Zeitfragen im Einklang erscheinen zu lassen«

(HSA 23,320). Es geht Heine darum, über die auch nach den Eingriffen unvermeidlichen »Widersprüche und Leichtsinnigkeiten« hinaus, die »strengste Einheit der Ansichten und unwandelbare Liebe für die Sache der Menschheit« sichtbar zu machen (B V,230).

An dieser Stelle berühren sich journalistisch-publizistische Technik und Geschichtsauffassung. Heines Paris-Bilder sind getragen von der Frage nach der sich jeweils in der Geschichte verwirklichenden Idee, nach dem »Geist«, der die widersprüchlichen Oberflächenerscheinungen einander zuordnet. Trotz aller »dämonischen« Momente, die insbesondere mit den Revolutionsprophezeiungen verbunden sind, bleibt die Erklärungsmethode hegelianisch-rationalistisch, sind die Kommentare von einem Standpunkt her zu lesen, der an der Idee eines geschichtlichen Fortschritts festhält, an der Idee der »selbstbewußten Freiheit des Geistes« (B V,438). Entscheidendes Kriterium bei der Ermittlung der »Zeitfragen« ist, auch über die Enttäuschung von 1848/49 hinaus, das »Beharren in meinen demokratischen Grundsätzen« (B V,230), wie Heine in der Vorrede zu *Lutèce* formuliert. Hier liegt der Grund für Heines Einschätzung der *Lutezia* als eines »Geschichtsbuch[s] […], das den heutigen Tag anspricht und in der Zukunft fortleben wird« (HSA 23,320). Der Kunstanspruch des Journalismus ist unter anderem durch den Beitrag bedingt, den er zur Geschichtsschreibung leistet.

Damit setzt Heine seine eigene Form der Publizistik doch deutlich vom Alltagsjournalismus ab, den er zuweilen despektierlich unter dem Begriff »Zeitungsartikel« abwertete (B V,438). Der wahre, sich zur Höhe der »großen Interessen« der Zeit aufschwingende Journalist ist für ihn weitgehend unabhängig von den Tagesfragen, und damit auch von dem sich damals herausbildenden Parteienwesen. Im (von der AZ abgelehnten) Artikel vom 3. Juni 1840[19] (*Lutezia* XI) streicht Heine die Gefahren heraus, die der freien Presse durch die wachsende Kommerzialisierung und durch die Parteibildung drohten: Einzelne Zeitungen würden von Parteien aufgekauft, denen sie alsdann zum für alle Mitglieder verbindlichen Sprachrohr dienten. Darum sei in diesen Blättern kein Platz mehr zur Besprechung der »Fragen der Menschheit«, die Berichterstattung erschöpfe sich in der Diskussion der »Tagesinteressen« vom Gesichtspunkt der »banalen Parteifragen« her. Unter diesen Bedingungen kann sich die in der französischen Verfassung verankerte formaljuristische Pressefreiheit als eine »bittere Verhöhnung für geniale Denker und Weltbürger« erweisen, die de facto in der durch das Parteienwesen bestimmten Tagespresse nicht veröffentlichen können (B V,282).

Hier wird deutlich, daß Heines Journalismusauffassung, ähnlich wie sein Selbstverständnis als Dichter, in den Ideen der Aufklärung wurzelt, die er anderswo als »schöne Ideale von politischer Sittlichkeit, Gesetzlichkeit, Bürgertugend, Freyheit und Gleichheit, die rosigen Morgenträume des 18. Jahrhunderts« bezeichnete (HSA 23,181). Von daher erklärt sich die zentrale Stelle, die dem emanzipatorischen Journalismus in Heines Selbstbild zukommt, die Überhöhung der historischen Aufgabe des Publizisten. Karl Kraus' Polemik gegen Heines »Feuilletonismus«[20] übersieht gerade die Tatsache, daß es Heine mit diesen Ideen durchaus ernst war.

Anmerkungen

1 Vgl. HSA 20,328 f. (zu den hier benutzten Siglen B, HSA und DHA, siehe Anhang).

2 Vgl. *Begegnungen mit Heine*, hg. v. Michael Werner, Hamburg 1973, 2 Bde. (= Werner I und II), Hinweis I,161 f.

3 Minister Schenck an König Ludwig I. vom 28. Juli 1828 (Werner I,169 f.).

4 Werner I,240.

5 Vgl. Werner I,241.

6 Ludwig Börne, *Sämtliche Schriften*, hg. v. Inge und Peter Rippmann, Dreieich 1977, Bd. 3, S. 438. Sogar Campe bezeichnet die AZ als »allgemeine Metze« (HSA 24,147).

7 Werner I,276.

8 Werner II,108.

9 Die Erfahrung lehrt eher, daß die Hauptabnehmer der deutschen Pariser Emigrantenpresse in Paris selbst unter der deutschen Kolonie zu suchen waren.

10 Auch finanzielle Gründe mögen zu Heines Wiederaufnahme der journalistischen Arbeit beigetragen haben: 1840 liefen die Zahlungen aus dem Vertrag mit Campe über die Gesamtausgabe aus, so daß eine Lücke in Heines Budget entstand.

11 Vgl. Volkmar Hansen, *Paris, gespiegelt in Heines Augen*, in: *Rom–Paris–London, Erfahrung und Selbsterfahrung deutscher Schriftsteller*

und Künstler in fremden Metropolen. Ein Symposion, hg. v. Conrad Wiedemann, Stuttgart 1988, S. 457-478.

12 Vgl. HSA 21,363.

13 Vgl. HSA 21,367.

14 Vgl. etwa Lists Artikel vom 22., 24., 28. Februar und 2. März in der ›Allgemeinen Zeitung‹ vom 27. und 29. Februar, 4. und 7. März (Korrespondentenzeichen: Δ).

15 DHA XIII,293 (wir zitieren nach dem deutschen Entwurf).

16 Vgl. Michael Werner, *Der politische Schriftsteller und die (Selbst-)Zensur. Zur Dialektik von Zensur und Selbstzensur in Heines Berichten aus Paris 1840-1844 (»Lutezia«)*, in: Heine-Jahrbuch, 1987, S. 29-53, und die Ausführungen Volkmar Hansens in DHA XIII,425-427.

17 Die AZ veröffentlichte nur den Guizot und Lamennais betreffenden Teil. Die Partie über Blanc bildete die Grundlage zum Artikel XXV der *Lutezia*.

18 Vgl. dazu die eindringliche Interpretation von Klaus Briegleb, *Opfer Heine? Versuche über Schriftzüge der Revolution*, Frankfurt/Main 1987, S. 347-361.

19 Das ursprüngliche Datum ist unsicher. In *Lutezia* setzt Heine den 3. Juni ein.

20 Karl Kraus, *Heine und die Folgen*, München 1911.

Robert C. Holub
Heine als Mythologe

Heine war Mythologe auf zweierlei Weise. Zum einen widmete er sich im gebräuchlicheren Sinne des Wortes dem Mythenstudium. Damit soll nicht gesagt werden, daß er ein Experte auf mythologischem Gebiete war, sondern lediglich, daß er, wie schon seine ersten literarischen Versuche bezeugen, ein lebhaftes Interesse für verschiedenste Mythen und Legenden hatte.

Nach dem Besuch dreier deutscher Universitäten war Heine mit denjenigen Mythen vertraut, welche die meisten Studenten des frühen 19. Jahrhunderts kannten. Insbesondere die griechisch-römische Mythologie gehörte damals zum Grundstock einer jeden Universitätsbildung. Darüber hinaus widmete sich Heine der nordischen Mythologie und der europäischen Volksdichtung, wobei er sich in seinen frühen Jahren vor allem mit deutschen Volksmärchen befaßte. Aber selbst Heines Interesse an nordischer Mythologie und europäischer Volksdichtung ist für einen Studenten, der sich an einer deutschen Universität im ersten Viertel des 19. Jahrhunderts immatrikuliert hatte, keineswegs ungewöhnlich. Es war die Suche nach der eigenen Vergangenheit, die vielen Intellektuellen dieser Zeit die nordische Mythologie so anziehend erscheinen ließ. Aus dem gleichen Grund war das Sammeln von Volksballaden, von Legenden und Märchen damals unter Schriftstellern weit verbreitet. *Des Knaben Wunderhorn* (1806-08) und Grimms *Kinder- und Hausmärchen* (1812-22) sind die beiden berühmtesten Sammlungen dieser Art. Außerdem beschäftigte sich Heine mit indischer Mythologie. Doch auch das überrascht wenig, wenn man sich an das philologische Interesse, das Franz Bopp dem Sanskrit entgegenbrachte, oder an die Beschäftigung der Gebrüder Schlegel mit indischen Versepen erinnert. Der an Mythologie interessierte Heine ist somit kaum als atypisch anzusehen. Allerdings zeigte er hier wie auch anderswo in der kreativen Aneignung bekannter Traditionen einen außerordentlichen Erfindungsreichtum.

Heine kann auch in einem zweiten Sinne als Mythologe gelten insofern, als er sich sein eigenes Mythensystem schuf, um die Probleme seiner Epoche literarisch gestaltend zu kommentieren. Anleihen an die antike Mythologie ermöglichten es ihm, eine eigene moderne Mythologie zu schaffen. So vergleicht er etwa Napoleon häufig mit Prometheus, sei es in direkter Weise oder mittels symbolischer Assoziationen. Allerdings war es Goethe, der den Vergleich zwischen dem korsischen Herrscher und dem titanischen Wohltäter der Menschheit wesentlich pointierter herausarbeitete, wie Hans Blumenberg gezeigt hat.[1] Heines interessanteste mythologische Stilisierung einer zeitgenössischen Figur scheint mir diejenige Goethes selbst zu sein. In Heines Schriften erscheint Goethe mehrfach als ein Symbol der griechischen Antike, das mit den Attributen des Herrschers der olympischen Götter versehen wird.[2] Der in dieser Hinsicht aufschlußreichste, wenn auch leicht ambivalente Passus findet sich in der *Romantischen Schule*. Dieses Werk aus der Mitte der dreißiger Jahre des 19. Jahrhunderts enthält eine bewußt fiktive Darstellung von Heines Zusammenkunft mit Goethe im Jahre 1824. Was sich bei diesem Treffen tatsächlich abspielte, werden wir wohl nie mit Sicherheit erfahren. Goethe notierte sich in seinem Tagebuch lediglich »Heine von Göttingen«, und Heine pflegte verschiedene Versionen darüber von sich zu geben, je nachdem, in welcher Stimmung er sich gerade befand und vor welchem Publikum er sprach. In seiner *Romantischen Schule,* wo die Gestalt Goethes hauptsächlich als Folie der spiritualistischen Tendenzen der Romantiker fungiert, erscheint Goethe als wahrhafter Jupiter, der mit Autorität über die Kulturszene herrscht. Selbst Goethes negative Züge werden entschuldigt: »Um seinen Mund will man einen kalten Zug von Egoismus bemerkt haben; aber auch dieser Zug ist den ewigen Göttern eigen, und gar dem Vater der Götter, dem großen Jupiter, mit welchem ich Goethe schon oben verglichen« (B III,405).[3] Wenn auch Goethes Schriften als unfruchtbar für die moderne Generation gelten, und wenn Heines Bemerkungen über Goethe nicht ohne einen ironischen, herablassenden Unterton geschrieben sind, so dient ihm doch die Mythologisierung Goethes als Legitimation für seine Kritik an den regressiven Tendenzen der Romantik. Mythologisierung hat hier im Sinne Heines literarischer Technik eine klare, politische Bedeutung.

Wie nun beides – Heine als Rezipient traditioneller Mythen und zugleich als Schöpfer eines neuen politisierten mythischen Universums – zusammenkommt, läßt sich am besten am Motiv der Götter im Exil zeigen. Dies ist ein Motiv, das Heine während seiner ganzen Schaffenszeit verwertet, von der Lyrik der zwanziger Jahre bis hin zu den Werken der »Matratzengruft« seiner letzten Lebensjahre. Der Grundidee nach wurden die Götter der Antike durch die christliche Religion entmachtet, wodurch das mythologische Reich der Griechen und Römer dem christlichen Regime Platz machte. Nach Heine gingen die antiken Götter zwar nicht zugrunde, sahen sich jedoch gezwungen, ihre Vorherrschaft abzutreten und sich mit irdischeren Angelegenheiten zu begnügen. Dolf Sternberger hat in diesem Zusammenhang die These vertreten, daß dieses Motiv eines Kampfes zwischen zwei Systemen göttlicher Wesenheiten nicht ursprünglich von Heine stammt. Edward Gibbon hätte, so Sternberger, einen ähnlichen Kampf in seiner *History of the Decline and Fall of the Roman Empire* dargestellt.[4] Es erscheint jedoch ebenso wahrscheinlich, daß Heine seine metaphysische Darstellung des Übergangs vom heidnischen zum christlichen Weltbild unter dem Einfluß hegelianischen oder saintsimonistischen Gedankenguts entwickelt hat. Die geschichtsphilosophischen Theorien sowohl Hegels als auch Saint-Simons enthalten Elemente, die Heine leicht in das poetische Bild eines göttlichen Widerstreites um Vorherrschaft übersetzt haben könnte. Aber selbst wenn Sternberger recht haben sollte und Heine das Motiv der verbannten Götter von Gibbon entlehnt hat, besteht dennoch kaum ein Zweifel daran, daß es Heine war, der dieses Motiv im 19. Jahrhundert popularisiert hat. Tatsächlich nahm Heine in den fünfziger Jahren für die Entdeckung dieses Motivs stolz das Verdienst des Urhebers in Anspruch, obgleich er zugeben mußte, daß andere seitdem dieses Thema »viel weitläufiger, umfassender und gründlicher« behandelt hätten als er (B VI/1,400).

In den zwanziger Jahren des 19. Jahrhunderts, als das Thema der verbannten Götter zum erstenmal in Heines Werk auftaucht, hat sich in seinem Denken die Opposition zwischen Hellenentum und Christentum, die in seinem späteren Werk eine große Rolle spielen sollte, noch nicht herauskristallisiert. Aus diesem Grund haben hier die griechischen Götter noch eine weniger positive Funktion als in den Werken der dreißiger Jahre. In den zwei Gedichtzyklen der *Nordsee* (1826-27) finden wir, was die Götter betrifft, noch einen Anflug seiner alten Sturm-und-Drang-Haltung, nämlich Hierarchien in Frage zu stellen. Dies geschieht vor allem durch die Anthropomorphisierung der Götter, denen lediglich einige ihrer früheren Attribute gelassen werden. Apollo steht noch für künstlerische Leistung, Venus bleibt die Göttin der Liebe, und Jupiter oder Zeus erscheint nach wie vor als oberster, allmächtiger Herrscher. Doch die Idealität der olympischen Götter wird durch ihren Kontakt mit der prosaischen zeitgenössischen Welt immer weiter untergraben. Verpflanzt in die moderne Epoche, in das 19. Jahrhundert des Restaurationseuropa mit seiner beginnenden Industrialisierung, werden sie konfrontiert mit einer biedermeierlich-provinziellen Gesellschaft und wirken dementsprechend nur noch wie Schatten ihres früheren Daseins. Eliza M. Butler geht übrigens so weit, zu behaupten, daß Heines trivialisierende Anthropomorphisierung der griechischen Götter zum erstenmal seit Winckelmann einen neuen Zugang zur griechischen Mythologie eröffnet habe.[5] In *Nordsee* I und II sehen wir die Göttin Luna, wie sie ihren Ehegatten Sol anfleht: »Komm! / Komm! die Kinder verlangen nach dir« (B I,182); wir treffen auf den Dichter, der als Gott auftritt und sich dabei »den göttlichsten Schnupfen, / Und einen unsterblichen Husten« (B I,185) zuzieht; und wir erfahren, daß der Sonnengott mit der alten Meeresgöttin eine Vernunftehe eingeht (B I,201). Diese weltliche Darstellung der antiken Mythologie, dieses paradoxe Porträt der unsterblichen Götter ohne göttliche Qualitäten im sterblichen Exil, ist weit mehr als Spott über die Tradition. Wie András I. Sandor in seiner ausführlichen Behandlung dieses Motivs herausgestellt hat, sind hier auch ästhetische und politische Dimensionen zu berücksichtigen. »It makes the viewer accept a flux, a world of change, in which that which is must be accepted, and that which will come to be should be valued.«[6] Die Funktion des Motivs der verbannten Götter besteht darin, uns die Welt, selbst in ihrer olympischsten Manifestation, als Prozeß erkennen zu lassen. Die in den antiken Mythen personifizierten ewigen Ideale werden so in eine Perspektive gerückt, die nicht die Ideale als solche verneint, sondern ihren hohlen Charakter im Kontext einer verkommenen, philisterhaft gewordenen Sozialordnung offenbaren soll.

Der Spott über die anthropomorphisierten Gottheiten ist im Gedicht *Die Götter Griechenlands* verwoben mit einer direkten Herausforderung der göttlichen Hegemonie. Dieses Gedicht enthält die ausführlichste Thematisierung des Motivs der verbannten Götter in Heines früher Lyrik. Es stellt zugleich eine Fortführung, ja eine Politisierung der deutschen Rezeption der griechischen

Mythologie dar. Sein Titel spielt selbstredend auf das gleichnamige Gedicht Schillers aus den Jahren 1788 und 1793 an. Walter Rehm hat Schillers *Götter Griechenlands* zusammen mit Goethes *Iphigenie* als »das Zeugnis« bezeichnet, »in dem der deutsche Griechen-Mythus am geschlossensten zum Ausdruck gelangt«.[7] Heines Gedicht übernimmt mehr als nur den Titel von seinem Vorgänger. Beide Gedichte sind Reflexionen über den unwiederbringlichen Verlust der griechischen Ideale in einer modernen, christlichen Ära. Wo allerdings Schillers Gedicht zwischen einer elegischen Sehnsucht nach der Vergangenheit und einer Réveille für die moderne Kultur schwankt, haben Heines ironische Verse einen anderen Ton und eine andere Funktion. In ihnen berichtet der Erzähler von einer Zusammenkunft mit den Göttern, die bei Sonnenuntergang die Form von Wolken annehmen. Am Ende des Gedichtes verbleiben nur die Sterne. Der Rahmen, in dem sich Heines Reflexionen über die vergangenen Herrlichkeiten Griechenlands abspielen, ist der halbbewußte, traumartige Zustand, den wir so oft in seinem frühen Werk finden und der sich grundsätzlich von Schillers philosophischer Klarheit unterscheidet. Heines Götter wandern als demoralisierte Besiegte ziellos in ihrem ungewählten Exil umher. Die Gottheiten, »[...] Die einst so freudig die Welt beherrschten«, ziehen nun »verdrängt und verstorben / Als ungeheure Gespenster [...] / Am mitternächtlichen Himmel« (B I,205). Und zwar bleiben Heines Gefühle angesichts des miserablen Götterloses recht gemischt. Mit einer Geste, die sich gegen das Establishment wendet, verwirft er die gesamte antike Welt: »Ich hab euch niemals geliebt, ihr Götter! / Denn widerwärtig sind mir die Griechen, / Und gar die Römer sind mir verhaßt.« Diese Antipathie beruht auf ihrer allbeherrschenden Stellung in der antiken Gesellschaft. Die Götter hielten es bei den Kämpfen der Menschen stets »mit der Partei der Sieger«, wie es heißt. Demzufolge tritt Heine in diesem frühen Gedichtzyklus als ein Freund der Heruntergekommenen und Schwachen auf, als eine Prometheus-Figur, die selbst den unendlichen Kräften der Götter trotzt.

Doch selbst im Frühstadium von Heines Werk ist schon ein weiteres Symbolpotential im Motiv der exilierten Götter spürbar. Die olympischen Götter erscheinen Heine im Vergleich zu dem, was nach ihrer Ablösung erfolgen sollte, einer gewissen Unterstützung wert. Denn »die neuen, herrschenden, tristen Götter« sind »feig und windig«. Sie täuschten Demut vor und freuten sich derweil an dem Mißgeschick der anderen (»Die schadenfrohen im Schafspelz der Demut«). Heine artikuliert hier zum erstenmal die Gegenüberstellung eines christlichen Spiritualismus (ohne daß das Wort »Christentum« selbst erscheint) und heidnischen Sensualismus, der mit der alten mythologischen Ordnung assoziiert wird. Er tritt also auf die Seite der Anciens nicht, um ihr Ancien régime wiederherzustellen oder zu einer vergangenen Utopie zurückzukehren, sondern weil er mit ihnen die Feindschaft gegen das Christentum teilt. Was Heine am klassischen Erbe anzieht, ist nicht die Ruhe, Harmonie und Größe, welche die deutsche gräkophile Tradition von Winckelmann bis Schiller und Hegel bestimmte, sondern eher, was er als ihr »gutes, ambrosisches Recht« (B I,207) ansieht. Eine positive Haltung gegenüber dem Leben, eine Negation der religiösen und moralischen Askese innerhalb der neuen Ordnung, eine »Gleichheit der Genüsse« (B V,324), wie er es später ausdrückt, das sind die Grundzüge, die Heines Parteinahme für die heidnischen Götter im christlichen Exil motivieren. Bereits um 1825 beginnt Heine damit, die klassische Mythologie mit Blick auf aktuelle politische Fragen umzudeuten. Obgleich das Gedicht *Die Götter Griechenlands* noch großenteils der Sturm-und-Drang-Tradition und der für sie typischen Rezeption der antiken Mythologie angehört, markiert es auch den Anfang einer neuen zentralen Thematik, die für den Mythologen Heine im ersten Jahrzehnt seines Pariser Exils vorherrschend wird.

In seiner einfachsten Form kann diese Thematik durch das Gegensatzpaar Spiritualismus und Sensualismus beschrieben werden. Obwohl dieser Gegensatz schon in Heines Schriften aus den späten zwanziger Jahren impliziert ist, wird er doch nach seiner Ankunft in Paris im Jahre 1831 zunehmend wichtiger für ihn. Es ist diese Antinomie, die in den zwei umfangreichen Essays über die deutsche Kultur, *Die Romantische Schule* und *Zur Geschichte der Religion und Philosophie in Deutschland* (1835), strukturbildend wirkt, indem sie das deutsche Denken als ein Schlachtfeld dieser beiden antagonistischen Strömungen umreißt. Im erstgenannten Essay porträtiert Heine die romantische Bewegung als eine spiritualistisch-regressive Wende zum Mittelalter und zum Katholizismus hin. Im zweiten Werk schildert er einen historischen Prozeß, durch welchen der Spiritualismus des katholischen Mittelalters langsam durch die Fortschritte in der intellektuellen Entwicklung der Deutschen ausgehöhlt wurde. Die Hauptstadien dieses Aushöhlungsprozesses, von Luther, Spinoza und Kant markiert, kennzeichnen zugleich den Fortgang der politischen Emanzipation. Heines Hauptwerk über das mythologische Denken, die Schrift *Elementargeister,* ist ebenfalls in diesem Kontext anzusiedeln. Dieser Aufsatz wird oft im Zusammenhang mit Heines politischem Rückzug als Antwort auf das Verbot jungdeutscher Schriften im Dezember 1835 interpretiert. Der Essay erschien 1837 erstmals in deutscher Sprache als Teil des dritten Bandes des *Salon,* für den Heine seinem Verleger Julius Campe als Titel »Das stille Buch« oder »Märchen« vorschlug. Allerdings war eine französische Ausgabe dieses Essays, die einiges Material enthielt, das in der deutschen Ausgabe fehlt, bereits 1835 als Teil des Werkes *De l'Allemagne* erschienen. Es ist daher richtiger, die *Elementargeister* als Teil eines Versuches zu verstehen, den Franzosen um die Mitte der dreißiger Jahre die wichtigsten Tendenzen in der deutschen Kultur nahezubringen.

Tatsächlich weisen die *Elementargeister* eine ähnliche Struktur wie Heines andere, aber wesentlich berühmteren Essays über die deutsche Kultur aus diesen Jahren auf. Das Thema der *Elementargeister,* zumindest was den größeren Teil des Werkes angeht, ist die deutsche Volksdichtung. Heine stellt die verschiedenen deutschen Legenden, Märchen und Mythen als Teil einer antispiritualistischen Tradition dar, einer Tradition, die durch das Aufkommen des Christentums nur teilweise verschüttet wurde. Diese sensualistische Dimension der deutschen Volkstradition wird zwar in der ersten Hälfte des Werkes nur beiläufig erwähnt, nimmt jedoch in der zweiten Hälfte eine prominente Stelle ein. In diesem Zusammenhang ist vor allem die Darstellung des Teufels als eines Vertreters der menschlichen Vernunft, der Logik und des Materialismus (B III,676-78) interessant; ebendieselbe Kennzeichnung des religiösen Antichrist erscheint später in Heines Schriften in bezug auf den politischen Antichrist Karl Marx. Nach Heine muß der Teufel – aus der Perspektive der christlichen Kirche gesehen – als Bedrohung erscheinen, nicht etwa weil er die Menschen zu sündhaften Gedanken und Handlungen verführte, sondern weil er die Inkarnation der Aufklärung ist: »Der Teufel glaubt nicht, er stützt sich nicht blindlings auf fremde Autoritäten, er will vielmehr dem eignen Denken vertrauen, er macht Gebrauch von der Vernunft!« (B III,678) Hier treffen wir wieder auf den Gegensatz zwischen Romantik und Aufklärung, Glaube und Vernunft, Spiritualismus und Sensualismus, dieses Mal in Gestalt einer wenig gewürdigten, deutschen mythologischen Tradition, die vom Christentum verfälscht und entstellt wurde. Heines Anliegen ist es jedoch nicht, die deutsche Volkskunst und den Aberglauben ohne Vorbehalt zu verteidigen. Was Heine bewahrenswert findet, sind nicht die Fabeln und Fiktionen der alten germanischen oder hellenistischen Welt, sondern die Prinzipien, auf denen diese Kulturen fußten. Wie er in bezug auf die griechischen Philosophen sagt, war es deren Aufgabe nicht, den verbannten Göttern neue Kraft zu verleihen: Es »galt vielmehr den Hellenismus selbst, griechische Gefühls- und Denkweise, zu verteidigen und der Ausbreitung des Judäismus, der judäischen Gefühls- und Denkweise, entgegenzuwirken« (B III,685). Ebenso intensiv bemüht sich Heine in den *Elementargeistern*, die mythologische Konfrontation zwischen dem sensualistischen und materialistischen Erbe der Alten Welt mit dem asketischen Spiritualismus der neuen westlichen Welt herauszuarbeiten.[8]

Während der Mythologe Heine der dreißiger und vierziger Jahre ganz offen für den hellenistischen Sensualismus der gefallenen Götter des Olymp Partei ergreift, setzt der gealterte, entkräftete Heine der Matratzengruft völlig andere Akzente. Dies ist leicht zu erklären. In den fünfziger Jahren verwirft Heine den Sensualismus, den er vorher mit der Mythologie der antiken Welt verbunden hatte, und beginnt statt dessen an eine monotheistische und spiritualistische Gottheit zu glauben. Diese veränderte Geisteshaltung wird am bündigsten in den beiden letzten Strophen des Gedichtes *Halleluja* ausgedrückt:

> Fort mit der Lyra Griechenlands,
> Fort mit dem liederlichen Tanz
> Der Musen, fort! In frömmern Weisen
> Will ich den Herrn der Schöpfung preisen.
>
> Fort mit der Heiden Musika!
> Davidis frommer Harfenklang
> Begleite meinen Lobgesang!
> Mein Psalm ertönt: Halleluja!«
>
> (B VI/1,336)

Heines Abwendung vom Hellenentum als einem ideologischen Emblem progressiven Denkens muß wohl in Zusammenhang damit gesehen werden, daß es der Achtundvierziger Revolution nicht gelungen ist, die Art von umfassender Umwälzung, für die Heine sich eingesetzt hatte, zu verwirklichen oder auch nur zu thematisieren. Die tieferen Gründe für Heines Neubewertung der griechischen Mythologie und ihrer Bedeutung für die zeitgenössische Welt liegen jedoch in seinem persönlichen Leiden. Im Nachwort zum *Romanzero* (1851) schreibt er: »Ich hatte damals noch etwas Fleisch und Heidentum an mir, und ich war noch nicht zu dem spiritualistischen Skelette abgemagert, das jetzt seiner gänzlichen Auflösung entgegenharrt« (B VI/1,180). In dieser und in allen Betrachtungen Heines über seine Bekehrung zum Christentum kann dem Leser kaum die spielerische Ironie entgehen, die dabei mitklingt. Heine wird nicht ein so ergebener Anhänger der christlichen Lehre, daß er nicht mehr fähig gewesen wäre, die Umstände, die seine Konvertierung ausgelöst haben, mitzureflektieren. Nichtsdestoweniger zeigen sein Beharren auf der Nutzlosigkeit des Hellenischen – am anschaulichsten symbolisiert in seiner Begegnung mit der armlosen Venus von Milo (B VI/1,184) – sowie seine immer häufigere Bejahung der jüdischen Tradition, daß er sein eigenes mythologisches Universum umstrukturiert hat.

Diese Umstrukturierung wirkt sich jedoch auf Heines Spätwerk nicht so aus, wie man erwartet hätte. Größtenteils behält Heine die Dichotomie Sensualismus–Spiritualismus bei und identifiziert sie nach wie vor mit der Dichotomie Hellenentum versus jüdischchristliche Tradition. Heine verficht nun nicht, wie denkbar wäre, die vorher so heftig angegriffene spiritualistische Alternative, sondern bleibt seiner früheren Kritik an der Religion weitgehend treu. Sein Glaube an einen eigenen Gott veranlaßt ihn nicht, für die monotheistische Kirche einzutreten, weder in seinem persönlichen Leben noch in seinen Schriften. Andererseits wird seine Distanz gegenüber dem Sensualismus der griechischen Gottheiten deutlich spürbar. Heines neue Haltung kann am besten als eine unbehagliche Neutralität gegenüber beiden Strömungen bezeichnet werden: Weder als Hellene noch als Nazarener kommentiert Heine den Konflikt zwischen beiden, aber dafür als leidenschaftsloser Ironiker. Dies kommt vielleicht am klarsten zum Ausdruck in dem Essay *Die Götter im Exil* (1854), ein Werk, welches das Thema des zweiten Teils der *Elementargeister* weiterentwickelt. Heine untersucht hier im Detail das Schicksal von sieben olympischen Göttern im christlichen Exil. Über vier von ihnen hat er nicht viel zu erzählen. Apollo lebt als Schäfer in Niederösterreich, bis er von einem eifrigen Mönch entdeckt und verraten wird. Mars reist als Landsknecht durch Italien. Pluto und Neptun verbleiben in ihrem ursprünglichen Element, und zwar ungestört durch den Anbruch einer neuen Ära. Merkur und Bacchus gelingt es dagegen im Vergleich zu den anderen besser, sich in die neue Welt einzuleben. Merkur bringt es zu einem holländischen Kaufmann, während Bacchus als Vorsteher eines Klosters in Tirol alljährlich ein heimliches Bacchanal feiert. Beide Götter haben sich erfolgreich den Erfordernissen der christlichen, kapitalistischen Weltordnung angepaßt. Jupiter, der letzte Gott, von dem Heine berichtet, lebt als Einsiedler auf einer nördlichen »Kaninchen-Insel«.

Was an dieser Schilderung der olympischen Götter ins Auge sticht, ist die Tatsache, daß sie nicht mehr fähig sind, die einstigen sensualistischen Ideale zu verkörpern. Jupiter ist in seiner Isolation so heruntergekommen, daß er praktisch nicht mehr als früherer Götterkönig wiederzuerkennen ist. Auf die Nachricht hin, daß die Ruinen seines Tempels inzwischen zum Füttern und Tränken von Schweinen benutzt werden, stößt er »einen Seufzer aus, der den ungeheuren Schmerz verriet; gebrochen sank er nieder auf seinen Steinstuhl, bedeckte sein Gesicht mit beiden Händen und weinte wie ein Kind« (B VI/1,421). Merkur dagegen scheint sich in seiner neuen Rolle recht wohl zu fühlen. Als Gott der Diebe und Kaufleute ist er für die zeitgenössische Gesellschaft bestens geeignet. Und Dionysos hat es immerhin zu einer hohen Position in der Kirche gebracht, wenn er sich auch gezwungen sieht, seine rituellen Orgien unter dem Mantel der Verborgenheit auszuführen. Es kann kein Zweifel daran bestehen, daß Heine mit diesem umgearbeiteten Bacchus-Mythos die katholisierende Heuchelei kritisieren wollte. Zugleich möchte er damit – in einer fast nietzscheanischen oder freudianischen Anmerkung zum Gang der Geschichte – nahelegen, daß sinnliche Leidenschaften trotz ihrer Sublimierung ins Spiritualistische nie ganz aussterben. Heines Beschreibung der griechischen Götter im Exil enthält jedoch keinerlei Hinweise darauf, daß diese Gestalten noch ein effektives Glück auf Erden verheißen könnten. Ihm erscheint Glück in den letzten Jahren seines Lebens als etwas, was sich kaum fassen läßt, schon gar nicht in Gestalt eines einzigen Mythos. Tatsächlich hält sich der Dichter in den Mythen, die in dem Ballettwerk *Die Göttin Diana* angesprochen werden, aus dem Konflikt zwischen Sensualismus und Spiritualismus deutlich heraus. Der Höhepunkt des zweiten Bildes

dieses Werkes ist ein »Pas-de-deux, wo griechisch heidnische Göt-
terlust mit der germanisch-spiritualistischen Haustugend einen
Zweikampf tanzt«. Und obgleich das Ballett mit der Eingliederung
des mittelalterlichen Ritters in die Welt des Venusberges schließt,
deuten die letzten Worte des Werkes, »Glorie der Verklärung«, auf
ein Weiterbestehen spiritualistischer und sensualistischer Elemente hin. Heines mythologische Neigungen sind hier nicht mehr
an die Prinzipien der verbannten Götter gebunden. Vielmehr
schwanken sie zwischen einem resigniert-weltlichen Kompromiß
mit der heuchlerischen Gesellschaft und einer ästhetisch-phanta-
stischen Harmonie zwischen Spiritualismus und Sensualismus hin
und her.

Was geschieht mit dem Mythos der politischen Emanzipation
nach diesem »Unentschieden« zwischen Hellenen und Nazare-
nern? Ursprünglich war Befreiung mit gräkophilen Prinzipien verbunden, mit Nektar und Ambrosia, mit Tanz, Nymphen und
dionysischem Jubel. In der Börne-*Denkschrift* (1840) war dieser
Mythos der neohellenistischen Befreiung der gemäßigteren Vorstellung einer nazarenischen, politischen Transformation der
Herrschaftsverhältnisse gegenübergestellt worden. Aus der Kran-
kenbettperspektive der fünfziger Jahre werden dagegen Heine die
Begrenzungen beider Positionen klar. Der Mythos der politischen
Befreiung wird aber trotzdem nicht aufgegeben, sondern auf eine
Figur projiziert, die weder hellenistisch noch christlich ist, nämlich
auf Moses.[9] In einem Brief an Heinrich Laube vom Januar 1850
verwirft Heine Hegel, den er mit einiger Spitzfindigkeit zum
Hauptvertreter des heidnischen Sensualismus macht, und schreibt:
»[…] der alte Moses steht in Floribus«.[10] In seiner Behandlung der
Moses-Figur in den *Geständnissen* (1854) werden die politischen
Dimensionen seiner neuen Präferenzen noch deutlicher. Moses erscheint hier nicht mehr ausschließlich als Führer des jüdischen
Volkes – Christus vorwegnehmend, aber auch Christus erlie-
gend –, wie er in der *Denkschrift* auftaucht, sondern als eine starke
moralische Autorität, die für Gerechtigkeit und Gleichheit eintritt.
Moses wird als ein Sozialist avant la lettre porträtiert, der jedoch
im Gegensatz zum utopischen Sozialismus eines Saint-Simon, dem
Heine in früheren Jahren einmal nahegestanden hatte, ein konsequenter Realist ist. Anstatt die Abschaffung des Privateigentums
zu predigen, paßt er sein politisches und ökonomisches Programm
der bestehenden Stufe des moralischen Bewußtseins an. »Moses

wollte nicht das Eigentum abschaffen, er wollte vielmehr, daß jeder dessen besäße, damit niemand durch Armut ein Knecht mit knechtischer Gesinnung sei. Freiheit war immer des großen Emanzipators letzter Gedanke, und dieser atmet und flammt in allen seinen Gesetzen, die den Pauperismus betreffen« (B VI/1,488). Der Mythos des hellenischen Genußlebens wurde so in Heines Repertoire durch den bescheideneren Mythos des praktischen, sozialistischen Gesetzgebers ersetzt. Das Banner der Freiheit geht dementsprechend von den vertriebenen griechischen Göttern, die zu alt und schwach geworden sind, um das Königreich von Nektar und Ambrosia zu verwirklichen, auf Gottes gerechten und strengen Sendboten über.

Aus dieser überblickhaften Darstellung von Heines Rezeption und Eigenkreation von Mythen wird deutlich, daß die wichtige Komponente in Heines Denken die politische Emanzipation bleibt. Da aber bei Heine die Anwendung von Mythen eine aufklärerische Funktion erfüllt, bleibt er stets in Widersprüchen befangen. Genau besehen schließt nämlich sein Verhältnis zu Mythos und Aufklärung jene Art von kritischer Aktivität, die für Heines Schreiben typisch ist, von vornherein aus. Die von Nietzsche wie auch von Adorno und Horkheimer in ihrer *Dialektik der Aufklärung* (1947) vertretene Position, die den meisten Poststrukturalisten durchaus vertraut ist, geht davon aus, daß Aufklärung, wie auch Vernunft und Fortschritt, selber Mythen sind. Die Gegenseite versteht den Mythos als diejenige Stufe in der menschlichen Entwicklung, die durch ein Mehr an menschlicher Vernunft überwunden werden kann und soll. Dies wird vielleicht am besten im Werk von Jürgen Habermas entwickelt. Während die skeptische Tradition Aufklärung und Vernunft in einen Topf wirft, errichtet die rationalistische Tradition eine unüberwindbare Grenze zwischen Aufklärung und Vernunft. Heine läßt sich in keines dieser beiden Felder einordnen. Sein ironisches Verhältnis zur Vernunft, zum Beispiel in der Saul-Ascher-Episode aus der *Harzreise* (1826) oder im Kapitel 15 des *Buchs Le Grand* (1827), wie auch seine positive Haltung gegenüber Mythen, seien es eigene oder traditionelle, scheinen ihn in Opposition zur Aufklärung zu setzen. Im Kontext seines Gesamtwerkes spielen jedoch Vernunft- und Aufklärungskritik wie auch seine vielfältigen Mythen eher eine befördernde Rolle selbstreflexiver und selbstkritischer Aktivitäten. Heine, der Mythologe, erscheint daher als Bewahrer und zugleich als Zerstörer mythologischen Denkens. Indem er alte Mythen für die moderne Welt umdeutet und neue erfindet, verwandelt er den mythologischen Bereich in eine Kraft, die dem emanzipatorischen Ziel der Aufklärung dient.

Anmerkungen

1 Hans Blumenberg, *Arbeit am Mythos*, Frankfurt/Main 1979, S. 504-566.
2 Für eine ausführliche Diskussion dieses Zusammenhangs vgl. meine Studie *Heinrich Heine's Reception of German Grecophilia. The Function and Application of the Hellenic Tradition in the First Half of the Nineteenth Century*, Heidelberg 1981, S. 59-86.
3 Ich zitiere Heines Werk nach der sechsbändigen Ausgabe, hg. v. Klaus Briegleb, München 1968-76 (s. Anhang).
4 Dolf Sternberger, *Heinrich Heine und die Abschaffung der Sünde*, Frankfurt/Main 1976, S. 189 f.
5 Eliza M. Butler, *The Tyranny of Greece over Germany: A Study of the Influence Exercised by Greek Art and Poetry over the Great German Writers of the Eighteenth, Nineteenth and Twentieth Centuries*, Cambridge 1935, S. 299.
6 András I. Sandor, *The Exile of Gods: Interpretation of a Theme, a Theory, and a Technique in the Works of Heinrich Heine*, Den Haag 1967, S. 11.
7 Walther Rehm, *Griechentum und Goethezeit. Geschichte eines Glaubens*, Bern ³1952, S. 198.
8 Siehe auch Gerhard Höhn, *Heine-Handbuch. Zeit, Person, Werk*, Stuttgart 1987, S. 299-301.
9 Diese Einsicht in die Rolle der Moses-Figur in Heines Werk verdanke ich Bluma Goldsteins Monographie *Wandering in a European Wilderness: The Moses Figures of Heine, Kafka, Freud, and Schönberg*, die in Kürze erscheinen wird.
10 Heinrich Heine, *Säkularausgabe. Werke – Briefwechsel – Lebenszeugnisse* [vgl. Anhang], Bd. 23, Berlin (Ost) und Paris 1972, S. 24.

Anhang

Inhalt

Vorbemerkung

Die *Chronologie* erfaßt die wichtigsten Daten zu Heines Leben und Werk. Sie beruht auf der zweiten, erweiterten Ausgabe der Heine-Chronik, die Fritz Mende 1981 herausgebracht hat.

Vollständige, umfangreiche und/oder kommentierte *Bibliographien* sind inzwischen leicht zugänglich, so daß sich dieser Band mit einer knappen Auswahl begnügen kann (Spezial-Bibliographien verzeichnen bis 1990 ca. 13 000 Primär- und Sekundärtitel). Die Anordnung ist bis auf B.7 (Monographien) chronologisch.

Zusammen mit den *Werkausgaben* werden die von den einzelnen Autoren dieses Bandes benutzten Siglen angegeben. Daraus folgt: Strikte Einheitlichkeit der Zitierweise ist nicht angestrebt worden (und dem jetzigen Editionsstand nach auch nicht durchführbar). Die Werkzitate sind also in der jeweiligen Form belassen und nicht auf eine einzige Ausgabe umgestellt worden.

Briefe werden überwiegend mit Adressat und Datum zitiert und sind deshalb in den unterschiedlichen Ausgaben leicht auffindbar.

Die Angaben zur *Wirkungsgeschichte* berücksichtigen weder rezeptionsgeschichtliche Darstellungen noch Spezialuntersuchungen zur Wirkung bzw. Rezeption durch einzelne deutsche oder französische Autoren (s. dazu z. B.: Sammons, *A Selected Critical Bibliography*, S. 143-172, oder Höhn, *Heine-Handbuch*, S. 418 ff., mit Dokumentation der Wirkung Heines auf aktuelle, deutschsprachige Autoren). Quellentexte zur zeitgenössischen Aufnahme und Wirkung enthalten die von Klaus Briegleb und Manfred Windfuhr herausgegebenen Ausgaben.

Unter den *monographischen Darstellungen* werden keine Aufsätze, Essays, Vor- oder Nachworte etc. vermerkt, sondern nur selbständige Veröffentlichungen jüngeren Datums. Hinter die zeitliche Begrenzung: zweite Hälfte der 60er Jahre (einsetzende Heine-Renaissance) wurde nur in einem Fall zurückgegangen, und zwar als Ehrenbezeigung vor einem bei uns zu wenig gelesenen ausländischen Germanisten: vor Siegbert Salomon Prawer. (Angaben zu Verlagen erfolgen nur bei Gesamtausgaben.)

A. Chronologie zu Leben und Werk

1797   13. Dezember: Heinrich Heine (Geburtsname Harry) wird in Düsseldorf im elterlichen Haus Bolkerstraße 275 (später 53) als ältester Sohn des jüdischen Kaufmanns Samson Heine (1764-1828) und seiner Ehefrau Betty, geb. van Geldern (1771-1859), geboren.

1803   Heine wird in die israelitische Privatschule Rintelsohns aufgenommen.

1804   August: Aufnahme in die Normalschule im älteren ehemaligen Franziskanerkloster. Fortsetzung des Religionsunterrichts in der israelitischen Privatschule.

1806   Mit der französischen Besatzungszeit wird in Heines Elternhaus ein Tambour einquartiert, wahrscheinlich das Modell Le Grands aus *Reisebilder* II.

1807   Eintritt in die Vorbereitungsklasse des Lyzeums (das im ehemaligen Franziskanerkloster untergebracht ist).

1809   Heine erhält privaten Französischunterricht.

1810   April: Aufnahme in die untere Klasse des Düsseldorfer Lyzeums.

1811   Oktober: Eintritt in die obere Klasse des Lyzeums.
       November: Heine erlebt Napoleons Ritt durch den Hofgarten.

1812   Heine befindet sich bis 1813 in der höchsten, der »Philosophischen Classe«, in welcher der zur rheinischen Aufklärung zählende Rektor Schallmayer unterrichtet.

1814   Ende September: Abgang vom Lyzeum ohne Reifezeugnis.
       Oktober: Besuch der Handelsschule von Vahrenkamp.

1815   September: Kurze, zweimonatige kaufmännische Lehrzeit im Frankfurter Bankhaus Rindskopf.

1816   Abreise nach Hamburg und neue Lehrzeit im Bankhaus des Onkels Salomon Heine. Bei Aufenthalten auf dem Landhaus des Onkels verliebt sich Heine in seine Cousine Amalie.

1817   Erste Gedichte erscheinen in einer Hamburger Zeitschrift.

1818 Mai: Salomon Heine richtet seinem Neffen ein Manufakturwarenge-
schäft ein, das im März 1819 wegen drohenden Bankrotts liquidiert
wird.
1819 Juni: Rückreise nach Düsseldorf und Vorbereitung auf das von Salomon Heine finanzierte Studium.
Anfang Dezember: Immatrikulation an der Universität Bonn und
Beginn des Studiums der Rechts- und Kameralwissenschaften. Vorlesungen u. a. bei A. W. Schlegel und Arndt.
1820 Bekanntschaft mit Professor A. W. Schlegel.
Sommer: Arbeit an dem Drama *Almansor*.
Oktober: Immatrikulation an der Universität Göttingen.
Dezember: Wegen einer verbotenen Duellforderung vor dem Uni-
versitätsgericht.
1821 Januar: »consilium abeundi« von der Universität für ein halbes Jahr.
Danach Abreise von Göttingen.
April: Immatrikulation an der Universität Berlin (bis Mitte 1823 vier
volle Semester). Vorlesungen u. a. bei Böckh, Hegel, Savigny, Wolf
und Raumer.
August/September: Reise nach Polen.
1821 Dezember: Heines erstes Buch *Gedichte* erscheint in Berlin (mit Jah-
reszahl 1822).
1822 Februar: Beginn des Drucks der Korrespondenzberichte *Briefe aus
Berlin*.
August: Aufnahme in den »Verein für Kultur und Wissenschaft der
Juden«; aktive Mitarbeit.
Ende Oktober: Begegnung mit Hegel.
1823 April: Heines zweites Buch *Tragödien, nebst einem lyrischen Intermezzo* erscheint in Berlin.
Mai: Abreise von Berlin. Aufenthalte in Lüneburg und Hamburg.
1824 Januar: Fortsetzung des Studiums in Göttingen, das am 20. Juli
1825 mit der Promotion bei Gustav Hugo zum Dr. jur. beendet
wird.
September, Anfang Oktober: Fußreise durch den Harz und Besuch
bei Goethe.
1825 Juni: Religionsunterricht; am 28. Übertritt zum evangelischen Glauben und Taufe in Heiligenstadt durch Pfarrer Grimm.
Herbst: Übersiedlung nach Hamburg, um sich als Advokat nieder-
zulassen.
1826 Januar: Beginn des Zeitschriftendrucks der *Harzreise*.
Mai: *Reisebilder. Erster Teil* erscheint im Hamburger Verlag Hoff-

mann und Campe, gefolgt von drei weiteren Teilen (Bd. II: 1827, Bd. III: 1829 [mit Datum 1830] und Bd. IV: 1831).

1827 April-August: Reise nach England, die in *Reisebilder* IV ihren Niederschlag findet, und Rückreise über Holland.

Oktober: *Buch der Lieder* erscheint in Hamburg bei Hoffmann und Campe.

Oktober/November: Abreise nach München, wo Heine in der ersten Jahreshälfte 1828 die ›Neuen allgemeinen politischen Annalen‹ herausgibt.

1828 August bis Anfang Dezember: Italienreise, die in *Reisebilder* III und IV verarbeitet wird.

1830 Sommer: Während der Sommerferien auf Helgoland erhält Heine die aufrüttelnden Nachrichten der Pariser Julirevolution (*Ludwig Börne. Zweites Buch*).

1831 März: Mangels fester Aussichten auf eine berufliche Anstellung in Deutschland entschließt sich Heine, als freier Berufsschriftsteller nach Paris überzusiedeln.

Mai: Am 1. verläßt Heine Hamburg und trifft am 19. Mai in Paris ein.

Oktober: Beginn der intensiven Korrespondententätigkeit mit dem Druck von Kunstberichten (*Französische Maler*).

1832 Winter: Heine verkehrt in Kreisen der verfolgten Saint-Simonisten.

Januar: Die Augsburger ›Allgemeine Zeitung‹ beginnt mit dem Druck großer politischer Berichte (*Französische Zustände*).

1833 März-Mai: Der neugegründete Pariser ›Europe littéraire‹ veröffentlicht eine Serie von literaturgeschichtlichen Artikeln (später: *Die romantische Schule*).

1834 März/November/Dezember: Die ›Revue des Deux Mondes‹ druckt drei große Essays über deutsche Geistesgeschichte (später: *Zur Geschichte der Religion und Philosophie in Deutschland*).

Oktober: Bekanntschaft mit Crescence Eugénie Mirat (»Mathilde«), die Heine am 31. August 1841 heiratet.

1835 10. Dezember: Bundestagsbeschluß gegen das Junge Deutschland (Heine, Gutzkow, Laube, Mundt, Wienbarg), was Publikationsverbot bedeutet.

11. Dezember: Verbot sämtlicher unzensierter Schriften Heines in Preußen.

1840 Februar: Die ›Allgemeine Zeitung‹ beginnt mit dem Druck der größten Folge von Korrespondenzartikeln (1854 überarbeitet als *Lutezia* erschienen).

1841 September: Nach Erscheinen von *Ludwig Börne. Eine Denkschrift*
(Anfang August 1840) kommt es zum Duell mit Salomon Strauß,
dem Gatten von Jeanette Wohl, Börnes Lebensgefährtin.

1843 Oktober-Dezember: 1. Reise nach Hamburg.
Dezember: Nach Rückkehr aus Hamburg Bekanntschaft mit Karl
Marx.

1844 April: Anfang einer Reihe von Grenzhaftbefehlen und Ausweisungs-
anträgen gegen die Pariser Mitarbeiter der ›Deutsch-Französischen
Jahrbücher‹ und des ›Vorwärts‹, die *Zeitgedichte* von Heine sowie
Deutschland. Ein Wintermärchen veröffentlicht haben.
Juli-Oktober: 2. Reise nach Hamburg, zusammen mit Mathilde.
Dezember: Tod Salomon Heines und Beginn des langwierigen Erb-
schaftsstreites.

1848 Februar: Fortschreitende Lähmungserscheinungen erzwingen einen
Aufenthalt in einer Heilanstalt.
Februar: Heine wird Zeuge der revolutionären Straßenkämpfe in Paris.
Mitte Mai: Körperlicher Zusammenbruch im Louvre, wahrscheinlich vor der Venus von Milo (»Auch schaute die Göttin mitleidig auf
mich herab«, so gibt Heine die Szene im *Nachwort* zum *Romanzero*
wieder, »doch zugleich so trostlos, als wollte sie sagen: siehst du
denn nicht, daß ich keine Arme habe und also nicht helfen kann?«).
September: Heine wird ständig bettlägerig (myatrophische Lateralsklerose) und kann seine »Matratzengruft« nicht mehr verlassen
(»Mein Leib ist so sehr in die Krümpe gegangen, daß schier nichts
übrig geblieben als die Stimme«).
Während der »Matratzengruft«: Absage an Hegels Philosophie und
Rückkehr zu einem persönlichen Gott (darüber in *Geständnisse*).

1851 Oktober: *Romanzero*, der dritte und letzte große Lyrikband des
nunmehr todkranken Dichters, erscheint.

1854 Dezember: Beginn der Arbeit an den ersten Bänden der französischen Gesamtausgabe (*Œuvres complètes*).

1855 Elise Krinitz, von Heine »Mouche« genannt, besucht seit Juni den
sterbenden Dichter.

1856 17. Februar: Tod Heines.
20. Februar: Beerdigung auf dem Friedhof Montmartre, an der etwa
hundert Personen teilnehmen, u. a. die Schriftsteller Théophile Gau-
tier und Alexandre Dumas sowie der Historiker François-Auguste
Mignet.

B. Ausgewählte Bibliographie

1. Gesamt- und Auswahlausgaben

Sämmtliche Werke, hg. v. Adolf Strodtmann, 21 Bde., Hamburg: Hoffmann und Campe 1861-66 [erste rechtmäßige Gesamtausgabe; 2 Supplementbände 1869 und 1884: *Letzte Gedichte und Gedanken* und *Memoiren*].

Sämtliche Werke, hg. v. Ernst Elster, 7 Bde., Leipzig und Wien: Bibl. Institut o. J. [1887-90], Neudruck 1893 (Sigle E).

Sämtliche Werke, hg. v. Oskar Walzel, 10 Bde. und 1 Registerband, Leipzig: Insel 1910-20.

Werke und Briefe, hg. v. Hans Kaufmann, 10 Bde., Berlin (Ost) und Weimar: Aufbau 1961-64.

Werke, hg. v. Christoph Siegrist, Wolfgang Preisendanz, Eberhard Galley und Helmut Schanze, 4 Bde., Frankfurt/Main: Insel 1968.

Sämtliche Schriften, hg. v. Klaus Briegleb, 6 Bde., München: Carl Hanser Verlag 1968-76 [1985 revidierte Neuauflage des Bandes Bd. VI, 1]; Taschenbuchausgabe in 12 Bdn., München: Hanser 1976 und danach 1981 Berlin: Ullstein [Konkordanz der seitengleichen 6- und 12bändigen Ausgabe: Bd. I = 1 und 2; Bd. II = 3 und 4; Bd. III = 5 und 6; Bd. IV = 7 und 8; Bd. V = 9 und 10; Bd. VI,1 = 11; Bd. VI,2 = 12] (Sigle B).

Sämtliche Werke, hg. v. Werner Vordtriede und Uwe Schweikert, 4 Bde., München: Winkler 1969-72.

Säkularausgabe. Werke – Briefwechsel – Lebenszeugnisse, hg. v. den Nationalen Forschungs- und Gedenkstätten der klassischen deutschen Literatur in Weimar und dem Centre National de la Recherche Scientifique. Berlin (Ost) und Paris: Akademie-Verlag und Editions du CNRS 1970 ff. (Sigle HSA).

Historisch-kritische Gesamtausgabe der Werke, hg. v. Manfred Windfuhr, Hamburg: Hoffmann und Campe 1973 ff. [Düsseldorfer Heine-Ausgabe] (Sigle DHA).

Werke, hg. und komm. v. Stuart Atkins, 2 Bde., München: Beck 1973 und 1978.

Französische Übersetzung:

Von den zwischen 1855 und 1885 im Pariser Verlag Michel Lévy frères erschienenen *Œuvres complètes* sind nur 7 der 13 Bde. durch Heines Mitarbeit autorisiert; Text: HSA, Bd. 13-19, und DHA (in den entsprechenden Bänden).

2. Briefe, Zeugnisse und Dokumentationen zu Leben und Werk

Gespräche mit Heine, hg. v. Heinrich Hubert Houben, Frankfurt/Main 1926.

Briefe. Erste Gesamtausgabe nach den Handschriften, hg. v. Friedrich Hirth, 6 Bde., Mainz 1950-57 (fotomech. Nachdruck in 2 Bdn. 1965).

Werke und Briefe, hg. v. Hans Kaufmann [vgl. oben B. 1], Bd. VIII und IX.

Säkularausgabe [vgl. oben B 1], Bd. 20-27.

Fritz Mende, *Heinrich Heine. Chronik seines Lebens und Werkes,* Berlin (Ost) 1970; 2., bearb. u. erw. Aufl. Stuttgart usw. 1981. [Auf der Berliner Ausgabe beruht: *Heine-Chronik. Daten zu Leben und Werk,* zus.-gest. v. Fritz Mende, München 1975 (Reihe Hanser Chroniken)].

Dichter über ihre Dichtungen, hg. v. Norbert Altenhofer, 3 Bde., München 1971.

Begegnungen mit Heine. Berichte der Zeitgenossen, hg. v. Michael Werner (in Fortführung von H. H. Houbens »Gespräche mit Heine«), 2 Bde., Hamburg 1973.

Joseph A. Kruse, *Heinrich Heine. Leben und Werk in Daten und Bildern,* Frankfurt/Main 1983 (it 615).

3. Bibliographische Hilfsmittel, Forschungsberichte, Arbeitsbücher

Heine Bibliographie, hg. v. Gottfried Wilhelm und Eberhard Galley, 2 Bde., Weimar 1960 [Bd. 1: *Primärliteratur 1817-1953;* Bd. 2: *Sekundärliteratur 1822-1953.*].

Heine-Bibliographie 1954-1964, hg. v. Siegfried Seifert, Berlin (Ost) und Weimar 1968.

Heine-Bibliographie 1965-1982, hg. v. Siegfried Seifert und Albina A. Volgina, Berlin (Ost) und Weimar 1986.

Ferner:

Heine-Jahrbuch 1962 ff. [mit fortlaufenden Bibliographien].

Jeffrey L. Sammons, *Heinrich Heine. A Selected Critical Bibliography of Secondary Literature, 1956-1980,* New York, London 1982.

Eva D. Becker, *Heinrich Heine. Ein Forschungsbericht 1945-1965,* in: DU, Beilage »Forschungsberichte: Literaturwissenschaft«, 1966, H. 4, S. 1-18.

Jeffrey L. Sammons, *Phases of Heine Scholarship, 1957-1971*, in: GQ 46 (1973), S. 56-88.

Jost Hermand, *Streitobjekt Heine. Ein Forschungsbericht 1945-1975*, Frankfurt/Main 1975.

Werner Feudel, *Positionen und Tendenzen in der Heine-Forschung der BRD*, in: *Streitpunkt Vormärz. Beiträge zur Kritik bürgerlicher und revisionistischer Erbauffassungen*, hg. v. der Akademie der Wissenschaften der DDR, Berlin (Ost) 1977, S. 183-218.

Beatrix Müller, *Die französische Heine-Forschung 1945-1975*, Meisenheim/Glan 1977 (Hochschulschriften Literaturwissenschaft 28).

Michael Werner, *Sozialgeschichtliche Heine-Forschung 1970 bis 1978*, in: *Internationales Archiv für Sozialgeschichte der deutschen Literatur 5* (1980), S. 234-250.

Michael Werner, *Heine-Forschung in Frankreich 1975-1982*, in: *Interferenzen: Deutschland und Frankreich*, hg. v. Lothar Jordan, Bernd Kortländer und Fritz Nies, Düsseldorf 1983, S. 80-91.

Werner Vordtriede/Uwe Schweikert, *Heine-Kommentar*, 2 Bde., München 1970.

Wilhelm Gössmann/Winfried Woesler, *Politische Dichtung im Unterricht: »Deutschland. Ein Wintermärchen«*, Düsseldorf 1974 (Fach: Deutsch).

Eberhard Galley, *Heinrich Heine*, 4. verb. Aufl., Stuttgart 1976 (Sammlung Metzler 30).

Jost Hermand, *Der frühe Heine. Ein Kommentar zu den »Reisebildern«*, München 1976.

Karl-Heinz Fingerhut (Hg.), *Heinrich Heine: »Deutschland. Ein Wintermärchen«. Mit ergänzenden Texten zum historischen Verständnis engagierter Poesie des deutschen Vormärz* [Bd. 1: *Unterrichtsmodelle*, Bd. 2: *Modellanalysen*], Frankfurt/Main 1976 (Reihe: Literatur und Geschichte).

Wilhelm Gössmann (Hg.), *Heine im Deutschunterricht. Ein literaturdidaktisches Konzept*, Düsseldorf 1978 (Fach: Deutsch).

Jürgen Brummack (Hg.), *Heinrich Heine. Epoche – Werk – Wirkung*, München 1980 (Beck'sche Elementarbücher. Arbeitsbücher für den literaturgeschichtlichen Unterricht).

Gerd Heinemann, *Heinrich Heine. Reisebilder*, München 1981 (Interpretationen).

4. Wirkungsgeschichte (Quellen, Materialien; Zeugnisse)

Karl Hotz (Hg.), *Heinrich Heine: Wirkungsgeschichte als Wirkungskritik. Materialien zur Rezeptions- und Wirkungsgeschichte Heines,* Stuttgart 1975 (Literaturwissenschaft – Gesellschaftswissenschaft).

Heinrich Heine. Ein Arbeitsbuch mit Primärtexten und Materialien zur Rezeptionsgeschichte, hg. v. Gerd Heinemann, Frankfurt/Main usw. 1976 (Texte und Materialien zum Literaturunterricht).

Heine in Deutschland, Dokumente seiner Rezeption 1834-1956, hg. v. Karl Theodor Kleinknecht, Tübingen 1976 (Deutsche Texte 36).

Heinrich Heines Werk im Urteil seiner Zeitgenossen, hg. v. Eberhard Galley und Alfred Estermann, Hamburg 1981 ff. (Heine-Studien) [bisher 4 Bde. zum Zeitraum 1821-1838].

Almuth Grésillon/Michael Werner, *Dossier HEINE;* in: romantisme 30 (1980), S. 83-99.

Ich hab ein neues Schiff bestiegen… Heine im Spiegel neuer Poesie und Prosa. Eine Anthologie, hg. v. Uwe Berger und Werner Neubert, Berlin (Ost) und Weimar 1972.

Geständnisse. Heine im Bewußtsein heutiger Autoren, hg. v. Wilhelm Gössmann, Düsseldorf 1972.

5. Reihen, Sammelbände, Symposien und Sonderhefte

Heine-Jahrbuch, Hamburg 1962 ff. [1962-1976 hg. v. Eberhard Galley; 1977 ff. von Joseph A. Kruse].

Heine-Studien, Hamburg 1971 ff. [1971-1976 hg. v. Manfred Windfuhr, 1977 ff. von Joseph A. Kruse].

Heinrich Heine zu Ehren, Tribüne 11 (1972), H. 43.

Heine und seine Zeit, ZfdPh 91 (1972), Sonderheft.

Internationaler Heine-Kongreß 1972. Referate und Diskussionen, hg. v. Manfred Windfuhr, Hamburg 1973 (Heine-Studien).

Heinrich Heine. Streitbarer Humanist und volksverbundener Dichter. Internationale wissenschaftliche Konferenz Weimar 1972, Weimar 1973.

Cahier Heine, Redaktion Michael Werner, Paris 1975, 1981, 1984 [drei Hefte].

Heinrich Heine, hg. v. Helmut Koopmann, Darmstadt 1975 (Wege der Forschung 289).

Heinrich Heine, DD, H. 35 (1977).

Wolfgang Kuttenkeuler (Hg.), *Heinrich Heine, Artistik und Engagement*, Stuttgart 1977.

Heinrich Heine. Dimensionen seines Wirkens. Ein internationales Heine-Symposion, hg. v. Raymond Immerwahr und Hanna Spencer, Bonn 1979 (Studien zur Literatur der Moderne 8).

Heinrich Heine und die Zeitgenossen, hg. v. der Akademie der Wissenschaften der DDR, Berlin (Ost) und Weimar 1979.

Heinrich Heine, Monatshefte 73/4 (1981).

Heinrich Heine 1797-1856. Internationaler Veranstaltungszyklus zum 125. Todesjahr 1981, Trier 1981 (Schriften zum Karl-Marx-Haus).

Luciano Zagari/Paolo Chiarini, *Zu Heinrich Heine*, Stuttgart 1981 (LGW-Interpretationen 51).

Heinrich Heine, Text + Kritik 18/19, 4. völlig veränd. Aufl. 1982.

Wilhelm Gössmann/Joseph A. Kruse (Hg.), *Der späte Heine 1848-1856*, Hamburg 1982 (Heine-Studien).

Heinrich Heine und das neunzehnte Jahrhundert: SIGNATUREN, hg. v. Rolf Hosfeld, Berlin 1986 (Argument-Sonderband AS 124).

Heinrich Heine. Einblicke und Assoziationen, hg. v. Joseph A. Kruse, Düsseldorf 1988 (Veröffentlichungen des Heinrich-Heine-Instituts).

Rose und Kartoffel. Ein Heinrich-Heine-Symposium, hg. v. A. A. van den Braembussche und Ph. van Engeldorp Gastelaars, Amsterdam 1988 (Amsterdamer Publikationen zur Sprache und Literatur 78).

Heinrich Heine im Spannungsfeld von Literatur und Wissenschaft. Symposium anläßlich der Benennung der Universität Düsseldorf nach Heinrich Heine, hg. v. Wilhelm Gössmann und Manfred Windfuhr, Hagen 1990 (Kultur und Erkenntnis 27).

6. Gesamtdarstellungen zu Leben und Werk

Adolf Strodtmann, *Heinrich Heine's Leben und Werke*, 2 Bde., Berlin 1867-69, 2. erw. Aufl. 1873.

Ludwig Marcuse, *Heinrich Heine. In Selbstzeugnissen und Bilddokumenten*, Hamburg 1960 (Rowohlts Monographien 41) [beruht auf der umfassenderen Darstellung von 1932: *Heinrich Heine. Melancholiker, Streiter in Marx, Epikureer]*.

Hans Kaufmann, *Heinrich Heine. Geistige Entwicklung und künstlerisches Werk*, Berlin (Ost) und Weimar 1967, 3. überarb. Aufl. 1976.

Manfred Windfuhr, *Heinrich Heine, Revolution und Reflexion*, Stuttgart 1969; 2. überarb. Aufl. 1976.

Jeffrey L. Sammons, *Heinrich Heine. A Modern Biography*, Princeton 1979.

Hanna Spencer, *Heinrich Heine*, Boston 1982 (Twayne's World Authors Series).

Franz Futterknecht, *Heinrich Heine. Ein Versuch*, Tübingen 1985 (Mannheimer Beiträge zur Sprach- und Literaturwissenschaft 7).

Wolfgang Hädecke, *Heinrich Heine. Eine Biographie*, München 1985.

Gerhard Höhn, *Heine-Handbuch. Zeit, Person, Werk*, Stuttgart 1987.

7. Monographische Darstellungen (alphabetisch)

Norbert Altenhofer, *Harzreise in die Zeit. Zum Funktionszusammenhang von Traum, Witz und Zensur in Heines früher Prosa*, Düsseldorf 1972 (Schriften der Heinrich-Heine-Gesellschaft 5).

Albrecht Betz, *Ästhetik und Politik, Heinrich Heines Prosa*, München 1971 (Literatur und Kunst).

Oliver Boeck, *Heines Nachwirkung und Heine-Parallelen in der französischen Dichtung*, Göppingen 1972 (Göppinger Arbeiten zur Germanistik 52).

Rutger Booß, *Ansichten der Revolution. Paris-Berichte deutscher Schriftsteller nach der Juli-Revolution 1830; Heine, Börne u. a.*, Köln 1977 (Sammlung Junge Wissenschaft).

Klaus Briegleb, *Opfer Heine? Versuche über Schriftzüge der Revolution*, Frankfurt/Main 1986 (stw 497).

Paolo Chiarini, *Alle origini dell'intellettuale moderno. Saggio su Heine*, Roma 1987 (Biblioteca minima).

Herbert Clasen, *Heinrich Heines Romantikkritik. Tradition – Produktion – Rezeption*, Hamburg 1979 (Heine-Studien).

Michael Espagne, *Federstriche. Die Konstruktion des Pantheismus in Heines Arbeitshandschriften*, Hamburg 1991 (Heine-Studien).

Karl-Heinz Fingerhut, *Standortbestimmungen. Vier Untersuchungen zu Heinrich Heine*, Heidenheim 1971.

Walter Grab, *Heinrich Heine als politischer Dichter*, Heidelberg 1982.

Götz Großklaus, *Textstruktur und Textgeschichte. Die »Reisebilder« Heinrich Heines. Eine textlinguistische und texthistorische Beschreibung des Prosatyps*, Frankfurt/Main 1973 (Schwerpunkte Germanistik).

Slobodan Grubačić, *Heines Erzählprosa. Versuch einer Analyse*, Stuttgart usw. 1975 (Studien zur Poetik und Geschichte der Literatur 40).

Irene Guy, *Sexualität im Gedicht. Heinrich Heines Spätlyrik*, Bonn 1984 (Abhandlungen zur Kunst-, Musik- und Literaturwissenschaft 354).

Volkmar Hansen, *Thomas Manns Heine-Rezeption*, Hamburg 1975 (Heine-Studien).

Gerd Heinemann, *Die Beziehungen des jungen Heine zu Zeitschriften im Rheinland und in Westfalen*, Münster 1974 (Veröffentlichungen der Historischen Kommission Westfalens 34).

Heinz Hengst, *Idee und Ideologieverdacht. Revolutionäre Implikationen des deutschen Idealismus im Kontext der zeitkritischen Prosa Heinrich Heines*, München 1973.

Walter Hinck, *Die Wunde Deutschland. Heinrich Heines Dichtung im Widerstreit von Nationalidee, Judentum und Antisemitismus*, Frankfurt/Main 1990.

Robert C. Holub, *Heinrich Heine's Reception of German Grecophilia. The Function and Application of the Hellenic Tradition in the First Half of the Nineteenth Century*, Heidelberg 1981 (Reihe Siegen. Beiträge zur Literatur- und Sprachwissenschaft 27).

Rolf Hosfeld, *Die Welt als Füllhorn: Heine. Das neunzehnte Jahrhundert zwischen Romantik und Moderne*, Berlin 1984.

Richard Gary Hooton, *Heinrich Heine und der Vormärz*, Meisenheim/Glan 1978 (Hochschulschriften Literaturwissenschaft 30).

Ruth L. Jacobi, *Heinrich Heines jüdisches Erbe*, Bonn 1978 (Abhandlungen zur Kunst-, Musik- und Literaturwissenschaft 243).

Karl-Heinz Käfer, *Versöhnt ohne Opfer. Zum geschichtstheologischen Rahmen der Schriften Heinrich Heines 1824-1844*, Meisenheim/Glan (Hochschulschriften Literaturwissenschaft 36).

Walter Kanowsky, *Vernunft und Geschichte. Heinrich Heines Studium als Grundlegung seiner Welt- und Kunstanschauung*, Bonn 1975 (Abhandlungen zur Kunst-, Musik- und Literaturwissenschaft 150).

Su-Yong Kim, *Heinrich Heines soziale Begriffe. Gesellschaftsentwicklung und Bedeutungswandel*, Hamburg 1984 (Heine-Studien).

Hartmut Kircher, *Heinrich Heine und das Judentum*, Bonn 1973 (Literatur und Wirklichkeit 11).

Ralf Klinkenberg, *Die Reisebilder Heinrich Heines. Vermittlung durch literarische Stilmittel*, Frankfurt/Main und Bern 1981 (Europäische Hochschulschriften I,394).

Leo Kreutzer, *Heine und der Kommunismus*, Göttingen 1970 (Kleine Vandenhoeck-Reihe 322).

Eduard Krüger, *Heine und Hegel. Dichtung, Philosophie und Politik bei*

Heinrich Heine, Kronberg/Taunus 1977 (Monographien Literaturwissenschaft 33).

Joseph A. Kruse, *Heines Hamburger Zeit,* Hamburg 1972 (Heine-Studien).

Joseph A. Kruse, *Denk ich an Heine. Biographisch-literarische Facetten,* Düsseldorf 1986.

Paul Konrad Kurz, *Künstler Tribun Apostel. Heinrich Heines Auffassung vom Beruf des Dichters,* München 1967.

Wolfgang Kuttenkeuler, *Heinrich Heine. Theorie und Kritik der Literatur,* Stuttgart 1972 (Sprache und Literatur 72).

Ursula Lehmann, *Popularisierung und Ironie im Werk Heinrich Heines. Die Bedeutung der textimmanenten Kontrastierung für den Rezeptionsprozeß,* Frankfurt/Main und Bern 1976 (Europäische Hochschulschriften I,164).

Jean Pierre Lefebvre, *Der gute Trommler. Heines Beziehungen zu Hegel,* Hamburg 1986 (Heine-Studien).

Ernst Loeb, *Heinrich Heine. Weltbild und geistige Gestalt,* Bonn 1975 (Studien zur Germanistik, Anglistik und Komparatistik 31).

Willfried Maier, *Leben, Tat und Reflexion. Untersuchungen zu Heinrich Heines Ästhetik,* Bonn 1969 (Literatur und Wirklichkeit 5).

Michael Mann, *Heinrich Heines Musikkritiken,* Hamburg 1971 (Heine-Studien).

Fritz Mende, *Heinrich Heine. Studien zu seinem Leben und Werk,* Berlin (Ost) 1983.

Dierk Möller, *Heinrich Heine: Episodik und Werkeinheit,* Wiesbaden und Frankfurt/Main 1973.

Lucienne Netter, *Heine et la peinture de la civilisation parisienne 1840-1848,* Frankfurt/Main usw. 1980 (Europäische Hochschulschriften I,336).

Günter Oesterle, *Integration und Konflikt. Die Prosa Heinrich Heines im Kontext oppositioneller Literatur der Restaurationsepoche,* Stuttgart 1972.

Klaus Pabel, *Heines »Reisebilder«. Ästhetisches Bedürfnis und politisches Interesse am Ende der Kunstperiode,* München 1977.

S[iegbert] S. Prawer, *Heine, The Tragic Satirist. A Study of the Later Poetry 1827-1856,* Cambridge 1961.

Siegbert Salomon Prawer, *Heine's Jewish Comedy. A Study of his Portraits of Jews und Judaism,* Oxford 1983.

Wolfgang Preisendanz, *Heinrich Heine. Werkstrukturen und Epochenbezüge,* München 1973 (UTB 206).

Fritz J. Raddatz, *Heinrich Heine. Ein deutsches Märchen. Essay*, Hamburg 1977.

Clemens Rauschenberg, *Emanzipation als Synthese. Zur Kritik der radikalen Vernunft in Heinrich Heines Philosophie der Revolution*, Frankfurt/Main usw. 1987 (Europäische Hochschulschriften I,969).

Ritchie Robertson, *Heine*, London 1988 (Jewish thinkers).

Margaret A. Rose, *Die Parodie: Eine Funktion der biblischen Sprache in Heines Lyrik*, Meisenheim/Glan 1976 (Deutsche Studien 27).

Ludwig Rosenthal, *Heinrich Heine als Jude*, Frankfurt/Main und Berlin 1973.

Jeffrey L. Sammons: *Heinrich Heine. The Elusive Poet*, New Haven/London 1969.

Hanna Spencer, *Dichter, Denker, Journalist. Studien zum Werk Heines*, Bern, Frankfurt/Main usw. 1977.

Dolf Sternberger, *Heinrich Heine und die Abschaffung der Sünde*, Hamburg und Düsseldorf 1972 (1976 als st 308).

Michael Terraudin, *Heinrich Heine. Poetry in Context. A Study of »Buch der Lieder«*, Oxford, New York, München 1989.

Giorgio Tonelli, *Heinrich Heines politische Philosophie (1830-1845)*, Hildesheim und New York 1975 (Studien und Materialien zur Geschichte der Philosophie 9).

Martin Walser, *Heines Tränen*, Düsseldorf 1981 (Broschur 113).

Erhard Weidl, *Heinrich Heines Arbeitsweise. Kreativität der Veränderung*, Hamburg 1974 (Heine-Studien).

Michael Werner, *Genius und Geldsack. Zum Problem des Schriftstellerberufs bei Heinrich Heine*, Hamburg 1978 (Heine-Studien).

Benno von Wiese, *Signaturen. Zu Heinrich Heine und seinem Werk*, Berlin 1976.

Winfried Woesler, *Heines Tanzbär. Historisch-literarische Untersuchung zum »Atta Troll«*, Hamburg 1978 (Heine-Studien).

Stefan Bodo Würffel, *Der produktive Widerspruch. Heinrich Heines negative Dialektik*, Bern 1986.

Irmgard Zepf, *Denkbilder. Heinrich Heines Gemäldebericht. Eine Untersuchung der Schrift »Französische Maler«*, München 1980.

Edda Ziegler, *Julius Campe – Der Verleger Heinrich Heines*, Hamburg 1976 (Heine-Studien).

Rechte-Vermerk

für die bereits an anderer Stelle gedruckten Beiträge:

Helmut Heißenbüttel, Materialien und Phantasmagorie im Gedicht. Anmerkungen zur Lyrik Heinrich Heines, in: Helmut Heißenbüttel, Zur Tradition der Moderne. Aufsätze und Anmerkungen 1964-1971, Berlin und Neuwied: Luchterhand 1972, S. 56-69. Mit freundlicher Genehmigung des Autors.

Norbert Altenhofer, Chiffre, Hieroglyphe, Palimpsest: Vorformen tiefenhermeneutischer und intertextueller Interpretation im Werk Heines, in: Ulrich Nassen (Hg.), Texthermeneutik. Aktualität, Geschichte, Kritik, Paderborn, München, Wien, Zürich: Schöningh 1979, S. 149-150 und S. 164-180. Mit freundlicher Genehmigung des Verlages.

suhrkamp taschenbücher materialien

Herbert Achternbusch. Herausgegeben von Jörg Drews. stm. st 2015

Apokalypse. Weltuntergangsvisionen in der Literatur des 20. Jahrhunderts. Herausgegeben von Gunter E. Grimm, Werner Faulstich und Peter Kuon. stm. st 2067

Baudelaires ›Blumen des Bösen‹. Herausgegeben von Hartmut Engelhardt und Dieter Mettler. stm. st 2070

Samuel Beckett. Herausgegeben von Hartmut Engelhardt. stm. st 2044

Thomas Bernhard. Werkgeschichte. Herausgegeben von Jens Dittmar. stm. st 2002

Arbeitsbuch Thomas Brasch. Herausgegeben von Margarete Häßel und Richard Weber. stm. st 2076

Brasilianische Literatur. Herausgegeben von Michi Strausfeld. stm. st 2024

Brechts ›Antigone‹. Herausgegeben von Werner Hecht. stm. st 2075

Brechts ›Dreigroschenoper‹. Herausgegeben von Werner Hecht. stm. st 2056

Brechts ›Gewehre der Frau Carrar‹. Herausgegeben von Klaus Bohnen. stm. st 2017

Brechts ›Guter Mensch von Sezuan‹. Herausgegeben von Jan Knopf. stm. st 2021

Brechts ›Heilige Johanna der Schlachthöfe‹. Herausgegeben von Jan Knopf. stm. st 2049

Brechts ›Herr Puntila und sein Knecht Matti‹. Herausgegeben von Hans Peter Neureuter. stm. st 2064

Brechts ›Kaukasischer Kreidekreis‹. Herausgegeben von Werner Hecht. stm. st 2054

Brechts ›Leben des Galilei‹. Herausgegeben von Werner Hecht. stm. st 2001

Brechts ›Mann ist Mann‹. Herausgegeben von Carl Wege. stm. st 2023

Brechts ›Mutter Courage und ihre Kinder‹. Herausgegeben von Klaus-Detlef Müller. stm. st 2016

Brechts Romane. Herausgegeben von Wolfgang Jeske. stm. st 2042

Brechts ›Tage der Commune‹. Herausgegeben von Wolf Siegert. stm. st 2031

Brechts Theaterarbeit. Seine Inszenierung des ›Kaukasischen Kreidekreises‹ 1954. Herausgegeben von Werner Hecht. stm. st 2062

Brechts Theorie des Theaters. Herausgegeben von Werner Hecht. stm. st 2074

Hermann Broch. Herausgegeben von Paul Michael Lützeler. stm. st 2065

Brochs theoretisches Werk. Herausgegeben von Paul Michael Lützeler und Michael Kessler. stm. st 2090

suhrkamp taschenbücher materialien

251/2/8.90

suhrkamp taschenbücher materialien

Peter Huchel. Herausgegeben von Axel Vieregg. stm. st 2048

Johnsons ›Jahrestage‹. Herausgegeben von Michael Bengel. stm. st 2057

Uwe Johnson. Herausgegeben von Rainer Gerlach und Matthias Richter. stm. st 2061

Joyces ›Dubliners‹. Herausgegeben von Klaus Reichert, Fritz Senn und Dieter E. Zimmer. stm. st 2052

Juden in der deutschen Literatur. Ein deutsch-israelisches Symposion. Herausgegeben von Stéphane Moses und Albrecht Schöne. stm. st 2063

Der junge Kafka. Herausgegeben von Gerhard Kurz. stm. st 2035

Kaiser, Gerhard: Geschichte der deutschen Lyrik. Band 1: Von Goethe bis Heine. 3 Bände. stm. st 2087

– Geschichte der deutschen Lyrik. Band 2: Von Heine bis zur Gegenwart. 3 Bände. stm. st 2107

Marie Luise Kaschnitz. Herausgegeben von Uwe Schweikert. stm. st 2047

Alexander Kluge. Herausgegeben von Thomas Böhm-Christl. stm. st 2033

Wolfgang Koeppen. Herausgegeben von Eckart Oehlenschläger. stm. st 2079

Franz Xaver Kroetz. Herausgegeben von Otto Riewoldt. stm. st 2034

Landschaft. Herausgegeben von Manfred Smuda. stm. st 2069

Lateinamerikanische Literatur. Herausgegeben von Michi Strausfeld. stm. st 2041

Einladung, Hermann Lenz zu lesen. Herausgegeben von Rainer Moritz. stm. st 2099

Literarische Klassik. Herausgegeben von Hans-Joachim Simm. stm. st 2084

Literarische Utopie-Entwürfe. Herausgegeben von Hiltrud Gnüg. stm. st 2012

Literatur und Recht. Von Klaus Lüderssen. stm. st 2080

Literaturverfilmungen. Herausgegeben von Franz-Josef Albersmeier und Volker Roloff. stm. st 2093

Karl May. Herausgegeben von Helmut Schmiedt. stm. st 2025

Karl Mays ›Winnetou‹. Herausgegeben von Dieter Sudhoff und Hartmut Vollmer. stm. st 2102

Friederike Mayröcker. Herausgegeben von Siegfried J. Schmidt. stm. st 2043

E. Y. Meyer. Herausgegeben von Beatrice von Matt. stm. st 2022

Moderne chinesische Literatur. Herausgegeben von Wolfgang Kubin. stm. st 2045

Adolf Muschg. Herausgegeben von Manfred Dierks. stm. st 2086

251/3/8.90

suhrkamp taschenbücher materialien

251/4/8.90

Biographien
in den suhrkamp taschenbüchern

Biographien
in den suhrkamp taschenbüchern

260/2/8.90

Biographien
in den suhrkamp taschenbüchern

260/3/8.90